KB124602

평화와 인권의 21세기를 위하여

20세기 한국의 야만

참여사회연구소 기획 | 이병천 · 이광일 편

2

일빛

20세기 한국의 야만2 ― 평화와 인권의 21세기를 위하여

펴낸곳 도서출판 일빛
펴낸이 이성우
엮은이 이병천 · 이광일
기획 문희정
편집 조혜정
디자인 김진
마케팅 최정원 · 노경석 · 송혜진

등록일 1990년 4월 6일
등록번호 제10-1424호

초판 1쇄 인쇄일 2001년 9월 10일
초판 2쇄 발행일 2001년 10월 14일

주소 121-837 서울시 마포구 서교동 339-4 가나빌딩 2층
전화 02) 3142-1703~5   팩시밀리 02) 3142-1706
E-mail ilbit@unitel.co.kr

값 14,000원

ISBN 89-85893-78-5 (03300)

20세기 한국의 야만 2
─평화와 인권의 21세기를 위하여

서문

　이 책은 참여사회연구소가 모두 2권으로 기획한 『20세기 한국의 야만』 두 번째 권에 해당한다. 1권에서는 일제 시대부터 해방 이후 1960년까지 시기를 다루었는데, 이번에는 그에 후속되는 시기인 1961년 박정희 정권의 등장이후 2001년 현재까지를 다루고 있다. 냉전 개발독재, 신군부독재, 문민정부, 그리고 비록 약화되고 있긴 하지만 지금의 '국민의 정부' 아래서도 여전히 계속되고 있는 우리 삶의 여러 야만적 측면들을 반성적 안목으로 돌아 보면서 평화와 인권의 21세기로 나아가기 위한 역사적 교훈을 제공하고자 하였다.

　2권의 제작은 1권에 비해 더 어려움이 많았는데, 이는 대상으로 하는 시대 성격의 복잡성 때문이기도 했지만 필자들이 대부분 각기 자기 영역에서 '현재적 야만'과의 씨름에 종사하고 있는 분들이라 원고 집필에 시간적 여유가 부족했기 때문이기도 했다. 그럼에도 불구하고 연구소의 기획 취지를 존중하여 귀중한 시간을 쪼개어 좋은 원고를 보내 주신 모든 집필자 여러분께 깊은 감사의 말씀을 드린다.

　1권의 제작 과정에서도 그러했지만, 2권의 경우에는 특히 참여사회연구소 살림을 도맡아 짊어지고 있는 박정은 간사의 노고가 컸다. 여러 일들이 겹쳐서 진행되고 있는 가운데 필자들을 재촉하여 원고를 받아 내야 하는 일은 무척 고단한 일이었음에 틀림이 없다. 2권 출간 과정에서의 연구소 실무 업무는 거의 그녀의 손발에 힘입었다고 해도 과언이 아닐 것이다. 또한 1권의 출간 이후 예상 밖으로 2권을 이렇게 빨리, 무난히 출간할 수 있게 된 것은 일빛 출판사의 노력 덕택이다. 어려운 출판 사정에도 불구하고 두 권의 기획을 흔쾌히 수락한 이성우 사장, 그리고 오래 동안 무던히도 속을 썩이고 있던 '한국의 야만' 기획을 도중에 떠맡아 잘 마무리 해 준 문회정 실장께 감사의 뜻을 전한다.

　이 책은 처음부터 학문적 깊이를 지향하는 전문 학술서가 아니라 평범한 일반 시민들이 비판적 시민 의식을 높이는 데 도움을 주기 위한 시민 교양서로서 기획되었다. 그렇지만 두 권을 모두 마무리 하는 시점에서 이러한 주관적인 기획 취지가 얼마나 잘 살아났는지 마음 한 구석에 우려가 없지 않다. 그에 대한 평가는 결국 독자들의 몫이다. 이 책에 대한 독자들의 애정과 격려, 그리고 기탄없는 채찍질을 기대해 마지 않는다. 이 책에 대한 독자들의 관심 표명은 참여사회연구소에서 보다 나은 새로운 시민 교양서를 만드는 데 자양분을 제공해 줄 것으로 편자들은 믿고 있다.

2001년 9월 5일

이병천 · 이광일

차 례

차 례

20세기 한국의 야만 2

야만의 세기를 넘어서

이광일(성공회대학교 사회문화연구소 연구교수)
이병천(강원대학교 경제무역학부 교수)

야만의 기록이 없는 문화란 있을 수 없다.
그렇지 않은 경우는 한번도 없다.
—발터 벤야민

역사는 과거가 아니다.
역사는 현재를 살고 있는 사람들이 생활하는 것이다.
—신영복

냉전개발독재와 유신독재 · 신군부독재 · 민주적 개방 · 신자유주의

야만의 세기로서의 20세기

　19세기 이래 자본주의의 본격적인 성장과 더불어 등장한 '근대화'라는 발상은 합리적 이성에 의해 인류가 부와 번영을 누릴 것이라는 계몽주의를 토대로 널리 확산되었다. 문명과 단짝을 이루고 있던 야만의 얼굴, 급속한 성장의 이면에서 심화되고 있었던 억압과 착취, 빈곤과 불평등, 인간성의 소외는 '전통사회'로부터 '근대사회'로 이행하는 과정에서 나타나는 일시적 병리현상으로 간주되기조차 하였다. 애초 '부와 교양'을 지닌 부르주아지들에 의해 옹호되었던 이와 같은 낙관적 믿음은 그러한 변화로부터 격리되어 있던 비서구 지역이 이후 제국주의에 의해 식민지화되는 상황에서도 역사발전을 위해 불가피하다는 관념으로 지속되었다. 그리고 그 믿음의 중심에는 상이한 위상에 놓여 있는 계급, 계층들간의 비대칭적 사회관계와 그로부터 기인하는 갈등, 그리고 그것의 해소를 외면하거나 주변적인 것으로 내모는 성장제일주의가 자리잡고 있었다.

　그렇지만 일시적으로 당대의 고통을 잊게 한 이 장미빛 전망은 20세기에 들어와서 산산 조각이 나 버렸다. 20세기 벽두에 발발한 1차세계대전은 인류가 번영과 공존의 길로 가기보다 오히려 파멸의 길로 갈 것이라는 비관적 관념을 증폭시켰다. 기본적으로 초과이윤과 식민지 확장에 대한 자본과 국가 권력의 끝없는 욕망에 지배된 이 전쟁은 자본주의의 발상지이며 이성의 본고장이라 인식되었던 유럽을 초토화시켰고, 그 모순은 짜르(tsar) 치하 러시아의 볼세비키 혁명으로 응집되어 표현되었다. 설상가상으로 이 전쟁의 상흔과 혼돈이 치유되기도 전에 발생한 또 한 차례의 세계대전은 이성에 대한 믿음을 거의 해체시켰다. 아우슈비츠에서 나치에 의해 유대인들이 학살되고, 남양열도에서 식민지 조선의 여성들이 '종군위안부'로 일본 제국주의-군국주의의 성노리개가 되는 상황은 미래를 이끌어 줄 계몽의 빛, 바로 그 이성이 처참하게 모멸당하는 순간이었다. 그리고 이 순간 무고한 대중에게 강요된 선택지는 죽음이거나,

그렇지 않으면 인간이하로 생존하는 것이었다.

두 차례에 걸친 세계대전 이후 상식을 지닌 사람들은 이와 같은 야만적 상황이 되풀이되지 않기를 원하였지만 결국 그것은 하나의 주관적 희망사항이 되어 버렸다. 이미 볼세비키 혁명과 그에 대한 서구열강들의 반혁명 개입전쟁, 그리고 2차 세계대전 중 가장 치열한 전투로 기록된 독-소전은 전후 국제정치 정세의 방향을 예고하였다. 이러한 징후는 케넌(G. Kennan)의 '긴 전문(long telegram)' 이후 반세기 동안 미소의 냉전으로 표현되면서 인류를 다시금 새로운 야만적 상황으로 몰아넣었다. 냉전은 흑백논리에 의한 '적과 동지의 구분'을 모든 행위의 기본 준칙으로 강요하였고, 이로부터 벗어나는 모든 것은 이적 행위로 간주하며 단죄의 대상으로 삼았다. 미국은 매카시즘의 진원지가 되었고, 표현의 자유를 만끽할 것으로 여겨졌던 할리우드도 이 마녀사냥의 무풍지대로 남을 수 없었다. 「모던 타임즈(modern times)」라는 작품을 통해 컨베이어벨트 시스템으로 상징되는 반인간주의와 매카시즘의 야만성을 비판한 채플린(C. Chaplain)마져도 그 곳에 더 이상 머물 수 없었다.

다른 한편 볼세비키 혁명을 통해 자본주의의 대안으로 부각되었던 소비에트 공화국 또한 자본주의 체제를 극복하기 위한 프로젝트를 제시하기보다 냉전의 심화와 더불어 성장제일주의라는 동일한 범주 안에서 '따라잡기식 전략'에 몰두하였다. 이러한 양상은 스탈린이 이른바 '사회주의의 완성'을 선언하는 순간 최고점에 달하였다. 소비에트 공화국의 경험은 간접적이지만 후발국가들에서 자본주의 세계체제의 바깥으로 나가기 위한 프로젝트가 얼마나 힘든 여정인가를 잘 보여주었다. 이렇게 하여 냉전체제에 의해 더욱 조장된 성장제일주의는 체제의 차이를 불문하고 의연히 관철되면서 이 세계를 지배하게 되었다.

그렇지만 이러한 숨막히는 상황은 1968년 새로운 도전에 직면하였다. 미국, 프랑스와 독일, 그리고 일본 등 자본주의 중심국가들에서 기존의 질서에 저항하며 급진적 변화를 요구하는사회운동의 새로운 물결이 일어났다. 이 변화의 물결은 단지 선발자본주의 사회에서만 일어난 것이 아니라 냉전을 매개로 그와 대립적 의존관계를 형성하였던 사회주의 체제 내에서도 발생하였다. 기존 질서에 대한 이러한 저항들은 명확한 대안을 제시하지는 못하였지만 그 기저에는 그 동안 '모멸받은 이성'에 대한 반성, 그것에 올바른 위상을 부여하는 문제가 놓여 있었다. 이 반성은 이성의 자기 비판적, 자기 계몽의 능력을 제거하고 이를 단지 이해득실의 계산능력으로 치환시킨 근대 도구적 이성의 지배논리와 그에 근거한 물질중심적 삶의 양식에 대한 비판을 함축하는 것이었다. 그 비판 대상의 중심에는 탐욕의 상징인 거대 자본이 있었고 그것을 떠받치는 가장 강력한 대중적 담론인 성장제일주의가 있었다.

그렇지만 이러한 비판과 저항은 물리력의 독점을 공적으로 부여받은 이른바 '근대 이성국가들'에 의해 폭력적으로 진압되었다. 혁명의 열기는 썰물처럼 빠져나가고 파리에서, 워싱턴에서, 동경에서 그리고 이른바 '대안의 세계' 저편 프라하에서 있었던 저항은 철없는 젊은이들의 '질풍노도'로 취급되기에 이르렀다. 의미 있는 저항이 존재하지 않는 가운데 성장제일주의에 지배된 양 체제의 맹주들은 냉전체제가 보장해 준 자신들의 위상과 권위를 누군가가 침해하지나 않을까 우려하면서 제어장치 없는 '죽거나 혹은 살거나'의 제로섬 게임에 돌입하였다. 결국 이 게임의 한 주체였던 소비에트 공화국은 좌익 독재의 치명적 결함과 전세계적으로 전개된 무한경쟁, 정치군사적 경제적 경쟁을 담보할 내적 역량의 부재로 인해 붕괴되고 말았다.

그런데 68년 혁명의 좌절은 결코 그 자체만으로 국한된, 단순한 에피소드로 끝나지 않았다. 이 좌절은 20세기 냉전, 그리고 권위주의 국가가 강요한 야만의 지배를 당연한 것으로 치부하고 나아가 그것을 조장하는 결과를 초래하였다. 선진 자본주의의 황금기가 마감되는 시점에 발발한 68년 혁명의 좌절 이후 세계자본주의의 만성적 위기, 실물경제와 유리된 금융자본의 급속한 팽창을 조건으로 하여 1980년 벽두 미국과 영국에 신자유주의 정권, 즉 레이건 행정부와 대처 내각이 들어서면서 야만에 대한 비판적 성찰의 공간이 다시금 거의 봉쇄되는 상황이 도래하게 되었다

동구권의 해체, '사회주의 시장경제'를 내건 중화인민공화국의 자본주의 세계체제로의 새로운 통합을 계기로 신자유주의는 더욱 영향력을 배가시키게 되었다. 신자유주의는 시장원리로의 단순한 복귀를 넘어 기존의 복지국가와 그것을 뒷받침하던 노자간 타협체제, 즉 사회조합주의를 부정하고 무한 경쟁과 약육 강식, '시장에서는 돈이 말한다'고 하는 1원1표의 원칙을 사회 모든 영역에 적용하고자 한다는 점에서 '총을 들지 않은 자본의 공개적 독재'라는 비판에 직면하였다.

사회 기본문제의 원인 및 해소방안을 경쟁력 부재와 그것의 강화로 환원시키는 경향이 있는 신자유주의는 기존의 사회관계를 자본의 전면적 지배의 관계로 재편성하면서 주체적으로, 그러면서 더불어 살고자 하는 모든 진지한 노력과 삶을 부정하고, 그것의 정치적 표현인 민주주의를 최소화시키는 데 전력을 집중하고 있다. 따라서 노동자, 사회적 약자들은 공동체의 운명을 결정하는 주체의 지위로부터 배제당하고 이른바 '세계화된 소수 지배엘리트들'이 우리 삶의 양식과 방향을 결정하게 되었다. 이렇게 하여 신자유주의가 지배하는 곳에서 선택된 개인의 욕망과 권위는 보장받을지언정 주체이면서 더불어 사는, 자치와 연대의 삶을 지향하는 사회적 인간관계의 '숭고미'는 점차 자취를 감추게 되었다. 바로 이러한 맥락에서 우리는 신자유주의가 냉전의 적자이자 민주주의를 체계적으로 공격하는 또 다른 야만의 시작이라고 말할 수 있을 것이다.

냉전분단체제, 공개적 독재체제, 그리고 '한강의 기적'

냉전체제의 고착과 성장제일주의에 따른 병리 현상은 탈식민지 사회들에서 더욱 심화되었다. 제국주의국가들에 의해 식민지화되어 뒤늦게 자본주의 세계체제에 편입된 이들 국가들은 2차세계대전 이후 몇몇 예외를 제외하면 대체로 동원형 '따라잡기식(catch up)' 발전모델을 추진하였다. 세계체제에서 차지하는 주변부적 위상, 뒤늦은 산업화, 동원가능한 자원의 부재 등으로 인해 이들 사회는 자신들의 지향을 자본주의로 하든 혹은 사회주의로 하든 커다란 차이 없이 자연스럽게 이 모델을 수용하였다. 특히 냉전으로 인한 체제간 경쟁의 심화는 이들 국가들이 성장제일주의를 신봉하며 그것을 극대화시키는 요인이 되었는데, 한국사회— 북한사회 또한 마찬가지이다— 는 그 하나의 전형이었다.

무엇보다 세계적으로 냉전의 획기적 분기점이 된 1950년 6·25 전쟁의 발발과 그 결과가 이후 남한의 반공-성장제일주의를 위한 비옥한 역사적 토양을 제공하였다. 체제간, 진영간, 민족간 모순 및 갈등의 표현인 이 전쟁은 냉전의 극치라 할 분단체제를 고착화시키고 민족 구성원 모두에게 형언할 수 없는 상처만을 남겨 놓았다. 개별적 수준에서 살아 남은 대중들에게 남겨진 것은 이유를 알길 없는 가족과 이웃의 죽음, 이산, 기아, 미래의 삶에 대한 불안과 불투명성, 냉전과 전쟁을 경험하며 본능적으로 터득한 상대체제에 대한 무차별적인 증오뿐이었다. 이 와중에서 가장 중요한 것은 생존 그 자체였다. 이와 같은 상황은 개별 행위자의 수준을 넘어 지배적인 사회시스템으로 구조화되었다. 전쟁은 한국사회를 극우반공규율사회로 개편시켰으며 거기에는 최소한의 기본적 합리성조차 부정되었다. 사회정치적으로 진보세력은 북한과 동일시되면서 그 존재 자체를, 시민권을 부정당하였다.

60년대 들어 군사 쿠데타로 박정희 정권이 등장한 이후 성장제일주의와 냉

전은 밀접하게 결합되었다. 기능적 측면에서 그 이전 시기 국가가 이른바 '약
탈국가'의 성격을 지녔다면 5·16쿠데타 이후 국가는 한일협정과 베트남전쟁
개입을 계기로 반공주의와 산업화를 본격적으로 결합시켜 추진하는 반공-안보
'발전국가'로서의 성격을 지니게 되었다. 냉전분단체제와 성장제일주의의 결
합은 "싸우면서 건설한다"는 모토로 나타났다. 극우반공 규율사회는 아직 계급
으로서의 집단적 자각이나 민주주의의 역사와 경험이 얕은 대중에게 이러한
발상들이 커다란 저항 없이 관철될 수 있도록 하는 기본 조건을 제공하였다.
그리고 이와 같은 발상은 권력에 의해 단순히 위로부터 주입된 것은 아니었다.
여전히 보릿고개의 모면이 초미의 관심사였던 대중들에게 그 이데올로기는 매
우 현실적인 것으로 다가갔다.

　냉전분단체제와 성장제일주의의 화신이라 할 권위주의 국가는 이러한 목표
를 극대화시키기 위해 민주적 요구를 배제시키기 시작하였다. 6·3항쟁 —— 한
일회담반대투쟁 —— 과 3선개헌 반대투쟁을 좌절시킨 후 국가의 파쇼화 경향은
본격화되었다. 언론과 학원에 대한 탄압이 본격화되고 이러한 경향은 장기집
권에 대한 집착과 맞물리면서 더욱 심화되었다. 특히 1970년을 전후로 개발
체제의 위기가 현실화되는 가운데 박정권은 1971년 부정선거 시비 속에 치러
진 대통령선거에서 근소한 차로 승리하였지만, 집권의 위기를 절감하게 되었
고 이에 '국가보위에 관한 특별조치법'을 발동하여 일체의 민주적 기본권을 유
보, 부정하였다. 그리고 이것은 그 이듬해인 1972년 공개적 독재체제인 유신
체제로 이어지면서 제도화되었다.

　이제 자유, 평등, 연대의 민주주의의 지향은 사회정치적 갈등을 조장하고 이
른바 국민 총화에 해악을 끼치는 반체제적인 것으로 간주되었다. 근대민주주
의의 기본원리는 형해화·공동화되어 이른바 '한국적 민주주의'로 변질하였
다. 계급, 교육, 재산, 사회적 지위, 지역, 피부색깔 등을 이유로 차별하지 않는

다는 민주주의의 기본원칙은 사문화되었다. 기본권의 가장 일반적이고 핵심적 목록이라고 할 양심과 사상의 자유, 언론과 출판의 자유는 사라졌으며 모든 것이 검열의 대상이 되었다. 인권과 시민권, 개인적 자유와 정치적 참여의 자유이 양자 모두가 전례없이 억압되고 질식당했다. 공개적 독재체제는 시민사회의 생기 있는 모든 숨구멍을 막아버리고자 하였다. '발전 안보국가'는 정치적인 것, 정치적 공공 영역의 봉쇄를 그 본질적 특성으로 했던 것이다.

무엇보다 이러한 억압구조에 전면적으로 노출된 집단은 바로 생산현장의 노동자 계급이었다. 이들은 노동기본권도 보장받지 못한 채, 무제한적으로 착취당하였다. 근로기준법에 규정된 최소한의 노동권리는 말할 것도 없고 인간으로서의 기본권리마저 이들에게는 주어지지 않았다. 생산현장에서는 비인간적 작업환경과 병영적 노동통제 아래 저임금 장시간 노동에 시달리고, 작업이 끝나면 사생활이라고는 전혀 보장되지 않는 빈민가 쪽방에서 마치 전쟁과 같은 내일의 노동을 위해 고단한 몸을 잠시 던져야 하는 그런 존재들이었다. 이들 '난장이'들은 노동과정에서 자아를 실현하며 미래를 꿈꾸기보다 오히려 동물과 같은 자신의 비참한 현실을 직시하면서 좌절하고 자학하였다.

사정이 이러함에도 불구하고 노동자들은 반공규율사회가 이 사회구성원들에게 내재화시킨 관념, 특히 "노동운동을 하는 것은 용공, 친공과 같다"는 지배 이데올로기에 짓눌려 인간이고자 하는 최소한의 항의조차도 스스로 억제해야 하는 자기검열의 시대를 살아야 했다. 그리고 그 검열을 보증하는 것은 생산현장에서 열심히 일하는 것이었다. 6·25 이후 '용공, 친공의 원죄'를 강요받고 태어났다고 해도 좋을 남한의 노동자들이 그것을 부정하는 방법은 생산성 향상을 위해 매진하는 길밖에 없었다. 서구 근대 자본주의 태동기에 캘빈(J. Calvin)이 주장한 '노동(직업)의 신성성'은 반공규율사회에서 이러한 방식으로 강화되어 관철되었다. 노동자들에게 부여된 소명은 그 언제가 될지 모르지만 이들의 땀과 눈물을 먹고 자라나는 빵을 나눌 수 있는 시기까지, 이를 기반으로 민주주의를 시행할 수 있는 그 때까지, 즉 적대적 경쟁자인 북한을 압도할 수 있는 그 때까지 기계처럼 쉬지 말고 일하라는 것이었다.

따라서 최소한의 인간임을 확인받고자 한 이들의 요구와 저항은 때 이른 투쟁으로 치부되며 자본의 사적 폭력 기제인 '구사대'와 독재권력에 의해 무차별 진압되었다. 이들에게는 오직 '인종의 미학'만이 강요되었다. 노동자들은 기계처럼 일을 하였다. 프레스에 손이 짓눌리고 잘려나가도, 열악한 노동환경 속에 자신의 폐와 장이 썩고 신경이 마비되어도 열심히 일하였다. 그 반대급부로 이들에게 노동자라는 '불순한 보통명사' 대신 주어진 것은 바로 '산업역군,' '수출전사'라는 '면죄부'였다. 이 야만적 현실에 대해 노동자들은 평화시장에서, 동일방직에서 "우리는 기계가 아니다.""아무리 가난할지라도 똥을 먹고 살 수는 없다"고 절규하였던 것이다.

반공규율사회에서 공개적 독재권력의 주도로 강력히 추진된 성장제일주의는 이처럼 생산현장의 인간과 인간의 관계를 파괴시켰을 뿐만 아니라 인간과 자연의 관계 또한 크게 왜곡시켰다. 자연은 단지 인간의 욕망을 충족시키기 위해, 개발 소비되는 정복 수단으로만 인식되었다. 그것은 단순히 노동의 대상으로 간주되었을 뿐 인간과 더불어 진화하는 또 다른 세계내 존재로 인식되지 못하였다. 이른바 '도구적 이성' ─기술합리주의─ 이 압도적 원리가 되었다. 성장제일주의의 정치적 표현인 '조국근대화'라는 명목 아래 산허리가 잘려나가고 갯벌은 매립되었다. 공장에서 유출된 유독 매연 및 폐수는 경제성장, 혹은 수출증대를 위해 불가피하다는 논리에 의해 공공연히 방치되었다. 작업장의 노동자가 기계의 부속품으로 오직 착취의 대상으로 전락한 것과 마찬가지로 자연은 무차별적인 개발과 소비의 대상으로 전락하였다. 급속한 도시화에 따른 주거 환경의 조성 또한 생태계나 자연환경에 대한 배려 없이 이루어져 역설적으로 인간은 스스로의 삶 자체를 위협하는 인공적 장애들에 둘러싸이게 되었다. 개발은 특정집단에게 이익을 갖다주었지만 그 끝은 그들 모두를 포함하여 결국 천민적인 '총체적 위험사회', 그리하여 전반적 무책임 사회를 낳았다.

냉전분단체제, 성장제일주의의 발호는 '군부독재' 주도 아래 관철되었다는 점에서 정치경제의 영역에서만 모순을 쏟아내는데 머물지 않고 속도전이라는 군사문화 마인드를 우리 사회 곳곳에 내재화시켰다. 속도전은 군부독재 주도 동원형 '따라 잡기식 성장모델'의 기본적 특성이 되었다. 따라서 발전의 내용과 질을 중시하는 풍토보다는 외형적이고 가시적인 것을 모든 작업의 최대 목표로 삼는 정신 구조와 행동 패턴이 지배하게 되었다. 목표가 정해지면 "하라면 해"라는 군대의 명령 법칙에 따라 모든 관련자는 아무런 이의제기 없이 마치 블랙홀에 빠져 들어가듯 그 목표를 향해 일사불란하게 움직였다. 전시행정과 그에 따른 인센티브의 제공은 '수출목표 200억불 조기달성,' '공기 1년 단축 완공' 등에서 보이듯이 '조기,' '단축' 등의 단어를 최고의 미덕으로 격상시켰다.

그런데 이 지점에서 주목해야 할 것은 사회 거의 전영역을 지배한 이같은 반이성, 야만성이 작동하는 매커니즘이다. 이러한 극단적 야만성은 이미 지적한 바대로 독재권력에 의해 보장된 비대칭적 사회정치적 관계를 매개로 관철되었다. 속도전은 독재 권력과 특권 자본의 결탁 및 이들 지배 연합에 의한 대중 억압체제의 형태를 통해 감행되었다. 독재 권력과 자본의 결탁——이른바 '정경유착'으로 표현된다——은 냉전의 수행과 산업화의 진전이라는 목표 아래 공공연히 심화되었다. 권력과 자본의 공공연한 혹은 내밀한 결탁이 진전되면 될수록 부패의 골은 확대되었고, 노동자·민중 등 사회정치적 약자에 대한 억압과 착취는 강화되었다. 이러한 불평등 관계를 사회정치적 쟁점으로 문제삼는 개인이나 세력들에게 국가권력은 테러, 고문, 구금, 투옥을 일삼았고 급기야 자의적으로 그들의 목숨을 빼앗기조차 하였다. 거기에서 인권은 존재하지 않았으며 용공조작사건들과 같이 기존 지배체제의 작동을 합리화시키기 위한 수단들만이 동원되었다. 1964년 6·3 항쟁기, 그리고 민청학련사건이 발생한 1974년 등 두 차례에 걸쳐 조작된 인민혁명당사건은 그 한가지 대표적 사례이다. 특히 1974년의 2차 인민혁명당사건은 독재 권력의 광기가 극에 달하였음을 보여주었다. 이 사건 관련자 8명은 국가보안법의 적용대상이 되어 고문에 시달리다 온전한 재판도 받아보지 못하고 대법원에서 사형확정판결이 난 지 하루만에 형장의 이슬로 사라졌다. 또한 그 중 2구의 시체는 가족에게 인도되지 않고 화장되었는데, 그 이유는 고문 때문이었다. 이것은 반공의 이름아래 인간의 존엄성 자체를 말살하는 반인류적 만행이었다고 할 것이다. 제네바에 본부를 둔 국제법학자협회는 이 날을 사법사상 '암흑의 날'로 선포하였고, 이것은 공개적 독재체제로서의 유신체제의 반인류적 성격을 적나라하게 드러내 준 사건이었다.

파시스트화하여 대중과 분리된 국가권력은 대외적으로도 한일회담과정에서 보이듯, 경제성장의 재원확보를 위해 과거 식민지시대 고난의 역사를 스스로 외면하거나 베트남전쟁 개입이 말해주듯 '자유민주주의' ──실제 내용은 극우반공── 를 지킨다는 명목이었지만 동일한 처지에 있는 다른 나라의 '민족해방운동'에 개입하는 행위도 서슴치 않았다. 냉전분단체제에서 작동된 반공 개발독재의 정치는 최소한의 이성적 논의와 토론조차도 국론분열, 시간낭비로 취급하며 배제함으로써 역사가 줄 수 있는 '학습의 효과' 마저 대중의 뇌리에서 지워버리려 하였다.

이처럼 비대칭적인 사회정치적 관계와 그것의 정치적 표현인 공개적 독재체제는 인간과 자연의 관계를 파괴하는 데에도 밀접히 연결되어 있었다. 물론 이

문제들은 인간 일반의 생존과 관련된 보편적인 것이지만 그 피해는 사회경제적으로 소외된 사람들에게 집중되었으며 이러한 양상은 지금도 변함이 없다. 사회 저변의 대중들은 환경 및 생태계 파괴로부터 비롯된 직접적이고 전면적인 피해에 노출되어 있을 뿐만 아니라 그들을 둘러싼 사회적 환경, 즉 작업장과 주거지에서도 항상 심각한 위험에 처하게 되었다. 따라서 우리는 마땅히 환경보호의 차원을 넘는 환경정의(environmental justice)를 요구해야 하는 것이지만 아직 이것은 희망사항일 뿐 요원하다. 원진레이온의 노동자들은 아무런 정보와 교육도 받지 못한 채 작업 과정에서 사용되는 이황화탄소에 장기간 노출되어 고통받았는데, 이들은 수십 년이 지난 후에야 비로소 그것이 직업병이었다는 사실을 알게 되었다.

그런데 역설적이게도 이 모든 야만성을 대가로 해서 비로소 달성된 것이 그토록 찬탄되어 왔던 '한강의 기적' 이라는 사실은 이제 더 이상 대부분의 사람들에게 낯설지 않다. '한강의 기적' 은 6 · 25 전쟁 이후 공고화된 냉전분단체제, 모든 여타 가치 규범을 압도하고 속도전으로 전개된 성장제일주의, 그리고 그것을 뒷받침한 군부 독재 권력아래 이루어진 결과물이었다. 스스로 놀라워하고 자랑할 정도의 급속한 경제성장을 이루었지만 그 이면에는 계급 계층간 모순의 심화, 지역간 세대간 의사소통의 파편화와 분절화, 그리고 남북간 적대적 대결 구도의 심화가 구조화되어 있었다. 이러한 사실들은 이 신화에 대한 평가가 특정엘리트——대표적으로 박정희——에 대한 규범적 판단의 문제로 축소될 수 없음을 의미한다. 왜냐하면 이 지배엘리트의 수장 또한 야만성을 고취, 조장한 당시 사회관계의 외부에 존재한 것이 아니라 그 관계를 고스란히 대변한 화신과 같은 존재였기 때문이다.

신군부독재, '민주화 이행'과 야만의 그늘

유신체제는 1979년 YH노조의 신민당사투쟁, 부마항쟁 등 민중투쟁에 대한 대응방식을 둘러싸고 그 균열이 증폭되면서 결국 10·26사태로 이어졌고 이로 인해 5·16쿠데타로 들어선 박정희 정권 19년의 지배는 마감되었다. 그런데 이 사건은 의도하지는 않았지만 위로부터의 수동혁명적 효과를 유감없이 발휘하였다. 공개적 독재체제의 수장으로서 내외의 비판과 저항에 직면해 있던 박정희는 그 누구도 예상하지 못했던 이 '궁정동 만찬'을 계기로 그 생을 마감함으로써 오히려 저항의 주체였던 대중의 동정과 추모의 대상으로 변모하였다. 독재자의 장례행렬에 대한 대중의 애도는 이 체제의 극복이 얼마나 어려운 것인가를 상징적으로 예고하는 것이었다.

10·26사태이후 이른바 '서울의 봄' 시기에 한편으로 민주화의 진전은 필연적이라는 분위기가 지배적이었지만 다른 한편으로 카리스마와 공포의 소유자였던 박정희의 암살과 권력공백은 향후 정치일정에 대한 불안감을 조성하였다. 특히 김대중, 김영삼씨의 분열은 이 불안감을 더욱 자극하는 요인이 되었다. 이러한 상황에서 이미 12·12사태를 통해 군부 내에서 실권을 장악한 전두환 일파는 1980년 5월 17일 전국에 계엄령을 선포하고 5·18 광주민중항쟁을 무자비하게 유혈 진압함으로써 공개적 독재체제를 재구축하는데 성공하였다. 신군부는 광주에서의 민중 저항을 '빨갱이, 불순폭도들의 반국가적 행위'로 규정하여 대대적인 이데올로기 공세를 가하여 광주를 고립시킴으로써 사태를 일단 평정할 수 있었다. 지배이데올로기로서의 반공주의의 지배력은 여전히 변함없이 강력하였고, 이 위기의 시기에 다시 호명되어 민주주의를 압살한 자기고유의 임무를 충실히 수행하였다.

그렇지만 신군부독재체제는 조직적으로 민중을 학살하고 등장하였기에 5·16쿠데타 당시의 상황과 비교해 자신들의 집권을 설득할 수 있는 그 어떠한 대중적 정당성도 지닐 수 없었다. 그렇기 때문에 집권 내내 국가안전기획부, 보안사, 치안본부 등 억압적 국가기구들을 동원해 폭력과 고문으로 공포를 조성하면서 정권을 유지해나갔다. 그 결과 광주에서의 학살(genocide)과 세기적 고문기술자 이근안은 신군부의 상징이 되었다. 반대로 이것은 "민주주의는 피를 먹고 자란다"는 말 그대로 이 폭압 체제와 대결한 민중들의 투쟁과 희생이 얼마나 컸던가를 반증하는 것이다.

　1987년 오랜 반독재투쟁의 응집물인 6월항쟁을 계기로 한국사회는 '탈군부독재'를 핵심으로 하는 이른바 '민주화이행'의 문턱을 넘었다. 그리고 이 이행의 과정은 '문민정부'를 자임했던 김영삼 정권을 거쳐, 다시 '국민의 정부'를 자임하는 현재의 김대중 정권으로까지 이어지고 있다. 1980년 광주민중항쟁 이후 노동운동 및 민중운동, 그리고 학생운동의 치열한, 헌신적 반독재 연합투쟁의 성과물이라고 할 민주화이행으로 시민사회의 자율성은 확대되었고 정치적 개방 또한 진전되었다. 이에 대응하여 완고한 냉전분단체제는 미소냉전의 해체와 맞물려 상대적으로 이완되었고 군부 독재 지배체제 또한 붕괴되었다. 김대중 정부의 등장이후에는, 단속적이지만 분명 획기적인 6·15 선언을 분수령으로 하는 북한과의 정부간 대화, 그리고 그에 이은 민간 교류가 진행되고 있으며, 신군부가 자행한 80년 광주에서와 같은 학살, 근대국가의 형성 이후 그것의 상징처럼 각인되어 온 정치적 반대자에 대한 테러, 고문, 살해 등과 같은 야만의 모습은 이제 사라진 것처럼 보인다. 즉, 시민사회에 대한 과거와 같은 전면적이고 노골적인 국가의 억압형태들은 보이지 않고 있다. 이것은 80년대 이후 노동, 민중운동 그리고 이들의 투쟁을 발판으로 해서, 그리고 후발성의 이익을 누리며 새로운 운동주체로 부상한 시민운동 등의 성장으로 인해 6·25 전쟁 종결 이후 줄곧 지속되어온 우리 사회의 극우보수 지배의 비대칭적 사회관계가 정상적 관계로 변모되어 가고 있음을 보여준다고 할 것이다.

그럼에도 불구하고 우리 사회는 여전히 극우 보수화의 유혹으로부터 근본적으로 벗어나지는 못하고 있다. 그리고 이러한 경향성은 이 사회의 구석구석에서 해소되지 않은 채 여전히 작동하고 있는 반민주적 야만성과 맞닿아 있다. 그 원인은 냉전분단체제, 신군부 독재 세력과 보수자유주의 정치세력들간의 협약——이른바 6·29선언과 이후 3당합당에 의한 김영삼정권의 등장, DJP연대에 의한 김대중정부의 출범 등——에 의해 이루어진 민주화의 근본적으로 제한적인 성격——이른바 제한적 민주화——에 있다. 이러한 상황은 민주주의의 진로가 사회 각 계급 계층간의 세력관계에 의해 규정되는 만큼 객관적으로 민주 세력의 미약한 역량을 반영하는 것이라는 점에서, 또한 민주화과정은 단선적 발전경로로 진전되기보다 나선형의 발전과정으로 이루어진다는 생각에서 대수롭지 않게 지나칠 수 있을지도 모른다

　　그런데 문제의 심각성은 현재와 같은 '민주화의 답보' 가 단순히 시간적 지체의 문제, 따라서 때가 되면 자연히 해소될 수 있는 문제가 아니며, 민주화의 진로가 보수 반동화의 경향들에 의해 위축, 후퇴되고 있다는 점에 있다. 물론 과거처럼 시민사회 일반에 대한 국가의 파시스트적 공세는 보이지 않는다. 그러나 '민주적 개방' 이후 한국의 민주주의는 여전히 두터운 구체제의 유산에 포위된 채 발육부진 상태로 신자유주의의 새로운 반격을 맞이하였다. 여전히 노동부문이나 진보정치세력에 대한 통제와 억압은 획기적으로 개선된 것이 없으며, 오히려 신자유주의 구조조정과 맞물려 노동자들에 가해지는 국가와 자본의 극단적 공세가 부평의 대우자동차노조와 울산 효성물산의 예에서 볼 수 있듯이 기본적 인권자체를 부정할 정도로 매우 심각한 수위에 이르고 있다. 이것은 '제한적 민주화' 의 핵심이 민주화의 불균등한 관철임을 확인해 주는 것으로서, 민주화의 주된 혜택은 특정 소수 세력들에게 돌아가고 있다. 지배세력들은 이른 바 자율 개혁의 논리를 들이대면서 더 많은 민주주의를 향한 걸음 걸

음마다 발목을 붙잡고 있다. 과거 권위주의 혹은 파시스트국가가 반공주의, 성장제일주의, 그리고 군부독재 자체의 재생산을 위해 노동을 억압하였다면 '민주화 이행' 이후 국가는 '민주화된 정부'라는 바로 그 절차적 정당성을 배경으로, 민주주의를 절차적 개념으로 공동화하여 그 실질을 거세하고, 이른바 세계화시대의 무한경쟁에서 살아남기 위해 노동에 대한 공세가 불가피하다는 신자유주의의 극단적 경쟁논리를 내세우며 이들에 대한 억압을 합리화하고 있다. 상황이 이러한데도 이 억압이 과거 군부독재 시대와 달리 사회 전체의 문제로 심각하게 다가오지 않는 것은 이미 언급한대로 제한적 민주화에 따라 상대적으로 시민사회의 자율적 영역이 존재하는 가운데 국가의 집중적 공세가 민주노조운동이라는 특정대상에 집중되고 있기 때문이다.

다른 한편 분단체제는 북한에 대한 태도 및 정책을 둘러싼 이견을 매개로 민주주의를 감금, 유폐시키고자 하는 극우보수 세력들의 이념 공세의 마르지 않는 샘이 되고 있다. 사실 이 공세는, 이를 구실로 한국사회 내부의 사회관계를 재차 극우보수적으로 재편하여 자신들의 과거의 영광을 되찾고자 하는데 목적이 있다고 본다면, 그 주 대상은 북한 그 자체라기 보다는 이 사회 내의 민주, 진보세력이라 할 것이다. 2001년 8·15 평양축전에 시민단체가 참여하는 과정에서 일어난 일부 인사들의 돌출적 행태는 신중함과 사려가 부족한 것으로 비판 받아 마땅할 것이지만, 만약 우리 사회가 건강한 이성적 사회라면 초유의 대규모 민간 교류와 탈분단의 발걸음에서 수반될 수 있는 시행 착오적인 것으로 볼 수도 있었을 것이다. 그러나 불행히도 수구 세력은 평양 축전 참가와 민간 교류를 통해 얻은 큰 성과적 측면은 도외시한 채 일부 돌출적인 행동만을 침소 봉대하여 여론을 호도하고, 마침내는 통일부 장관을 사퇴시키는 사태까지 몰아 갔다.

그런데 바로 이 지점에서 우리가 다시 엄밀하게 재고해 보아야 될 것은

1987년 이후 널리 회자되고 있는 '민주화이행'이라는 용어에 대해서다. 한마디로 말해서 이 개념은 기본적으로 최소민주주의의 발상으로부터 시작하는 엘리트주의 민주주의의 계통에 자리잡고 있다. 따라서 그 핵심은 선거에 의한 정부의 구성이며, 거기에서는 대중은 정치의 주체가 아니라 통치의 대상으로 존재할 뿐이다. 그러므로 우리가 민주화 이행이라는 현상적 개념(언어)에 집착하면 할수록 역설적으로 실제 민주주의의 공고화는 오히려 더 요원해질 가능성이 커진다. 이런 맥락에서 민주화이행이라는 개념은 각 부문에서의 민주화의 실질적 진전이 민주주의를 최소의 수준에 가두어두려는 지배적인 사회, 정치세력들 그리고 민주화의 최소주의적 이데올로기와의 대결을 통해 쟁취될 수밖에 없다는 엄연한 진리를 반증해 주고 있다 할 것이다.

민주화이행에도 불구하고 과거의 야만적 양상들이 한국사회의 구석구석에 형태를 달리하며 의연히 작동되고 있다면 그것은 곧 '문민정부', 혹은 '국민의 정부'의 등장에도 불구하고 과거의 사회관계가 여전히 정치적으로 재생산되고 있음을 확인시켜주는 것이라 할 수 있다. 그리고 이것은 야만성의 원인을 국가의 폭력이나 억압에만 돌릴 수는 없는 이유이기도 하다. 그 이면에는 이를 추동하는 억압적 사회관계들이 존재한다. 그리고 이러한 관계들의 여러 양상과 표현들은 여전히 쉽게 포착할 수 있다. 지금 이 순간에도 아직 해결되지 않은 채 남아 있는 양심수 문제와 과거 군부독재시대의 각종 의문사 속에서, 신자유주의의 파고 속에 인간으로서의 기본권리조차 온전히 누리지 못하는 현장 노동자들에게서, 그들의 또 다른 모습인 실업자와 비정규직 노동자들에게서, 공공연히 자행되는 감옥과 군대 내의 인권유린 속에서 그리고 아이들을 죽음으로 몰고 가는 화석화된 제도교육 속에서, 야만성은 그 짙은 그늘을 드리우면서 지금도 우리의 주변을 옥죄고 있다.

야만의 극복, 다시 '민주주의'로

1960년대 이후 한국의 야만이 냉전분단체제, 성장제일주의, 그리고 군부 독재로 구성된 세 축의 산물이라고 할 때, 야만의 극복을 위한 방안은 선명하게 다가오는 듯하다. 단순화한다면 그것은 냉전분단체제의 해소, 성장제일주의의 극복, 국가권력의 민주화와 시민사회의 발전으로 요약할 수 있을 것이다. 그렇지만 이 과제들의 실현은 그리 쉬운 것이 아니다. 왜냐하면 이러한 야만성은 진공상태에서 관철된 것이 아니라 역사적으로 형성된 비대칭적 사회관계 속에서, 나아가 대중들의 심성(mentality)에 대한 지배를 통해서 실현되었기 때문이다.

이미 지적한대로 냉전분단체제가 강요하는 야만성은 87년 이후 진전된 '민주화이행'과 냉전체제의 붕괴에 의해 상당히 호전된 것은 사실이지만, 여전히 이 사회 구석구석에 긴 그림자를 드리우고 있다. 남북한간의 화해가 불가역적인 시대의 징표가 되고 있는 이 시점에도 냉전과 반공의 십자군을 자처하는 극우세력은 이에 대해 완고히 저항하고 있으며 매카시즘에 대한 향수를 노골적으로 드러내고 있다. 조선일보 등 '언론재벌'의 세무조사를 둘러싼 최근의 논란 속에서 확인할 수 있듯이, 극우세력에게 분단이라는 현실은 여전히 최소한의 개혁조차 저지하고 자신들의 기득권을 유지하기 위한 가장 강력한 방패막이로 이용되고 있다. 인간을 기계로 파악했던 성장제일주의 또한 후퇴하기보다 신자유주의의 득세로 더욱 맹위를 떨치고 있다. 이른바 세계화시대의 생존전략이 생산성을 앞세운 경쟁력 확보와 동일시되고 있는 상황에서 파편화된 우리의 삶의 양식과 인간관계에 대한 새로운 성찰을 요구하는 것은 하나의 희망사항 수준이 되고 있다. 오히려 신자유주의의 옹호자들은 이러한 흐름에 대한 비판과 저항을 개인의 무능력을 감추기 위한 것이거나 세계화에 둔감한 시대착오자들의 치기로 간주하고 있다. 냉전분단체제와 성장제일주의의 강력한 후원자였던 독재권력의 민주화는 과거에 비해 크게 진전된 것이 사실이지만, 이른바 '문민정부'와 '국민의 정부'를 경과하고 있는 지금도, 여전히 일반민주주의 목록조차 온전히 실현되지 못하는 현실을 볼 때 그 '공고화'는 요원하기만 하다. 즉, 연대기적으로 볼 때 야만의 세기로서의 20세기는 이미 과거가 되었지만 그 야만성의 종식을 알리는 '미네르바의 부엉이'는 아직 울지 않고 있다. 그것은 곧 우리에게 반이성, 야만의 극복을 위한 새로운 근본적 반성과 노력, 그리고 실천이 필요함을 알려주는 것이다

그런데 한국사회에 야만을 강제해 온 냉전분단체제, 성장제일주의, 그리고 정치적 독재, 이 세 축은 서로 유기적으로 연관되어 있다. 따라서 야만의 극복을 위해서는 이들 각 부분이 지니고 있는 상대적으로 고유한 모순과 갈등의 해소 방안이 요구되지만, 다른 한편 각 부문의 모순을 해결하는데 필요불가결한 공통의 문제틀 또한 요구된다. 바로 이 공통의 영역이 민주주의다. 공개적 독재체제로부터 연유하는 반민주성의 극복은 말할 것도 없고 분단의 문제, 성장제일주의의 문제는 중장기적으로 민주주의라는 통로를 우회해서는 한치도 진전될 수 없다. 물론 이 통로를 우회한 단기적 진전가능성을 배제할 수는 없지만, 그것은 결국 지난 '개발독재' 시기의 역사가 보여주듯 더 많은 비용과 고통을 요구할 것이고 그 비용은 고스란히 대중의 부담으로 되돌아올 것이다. 현재 한국사회가 대면하고 있는 위기와 고통은 이러한 교훈을 잘 보여주고 있다. 분단의 극복을 위한 과정과 그 미래도 결국 '어떤 민주주의인가'라는 문제와 연결될 수밖에 없다. 노동자를 단지 상품으로, 임금에 울고 웃는 '경제적 동물'로 취급하는 성장제일주의로부터의 탈출을 위한 시도 또한 노동자들과 사회적 약자들이 노동 세계와 생활 세계, 정치적 삶의 의미 있는 주체적 구성원들이라는 점을 전제로 할 때 그 출구를 찾을 수 있는데, 바로 그 끝은 민주주의라는 문과 맞닿아 있다.

여기에 새로이 부각되고 있는 문제들, 즉 환경, 여성, 노인, 외국인노동자 등을 포함한 소수자 문제들 또한 결국 수평적 인간관계 및 삶의 질과 관련된 문제라고 할 때, '민주주의의 문제'와 분리될 수 없다. 이 미시 영역에 대한 접근과 고민은 국가권력 등의 변화만을 대상으로 했던 거대담론에 대한 일방적 비판, 혹은 그것과의 일방적 분리를 위한 것이 아니라 바로 그 거대권력과 맞물려 있으면서 기존 사회관계를 재생산하는 미시영역에 대한 관심과 이해라는 차원에서 이루어져야 한다. 따라서 여기서의 민주주의는 시민사회 내의 '현장의 정치,' 이른바 '풀뿌리 민주주의'로 표현된다.

우리 시대 '야만의 극복'은 자연상태에서 오는 그 어떤 예측할 수 없는 두려움의 극복 — 이성에 의한 근대 '문명'의 구축 — 이 아니라 바로 그러한 문명으로부터 초래된, 그 문명과 동전의 양면을 이루고 있는 '사회적 야만'의 극복에서 그 핵심을 찾아야 할 것이다. 역사의 시계추가 우측으로 크게 기울어 있고 그러면서도 이미 고전적인 계몽의 유토피아가 사라진 21세기 벽두에서, 이제 야만의 극복을 위한 그러한 노력은 우리 삶의 모든 영역과 여러 복합적 주체 위치에서, 억압받고 배제되고 소외되고 있는 모든 사회구성원들이 지금과 같이 신민(臣民)의 처지나 다름이 없는 지배권력의 통치 대상으로 전락하는 것이 아니라 진정한 정치적 주체, 자율적 시민으로서 해방될 수 있는, 차이의 정치를 포용한 새로운 시민 참여 민주의 사회 구성을 지향해야 할 것이다. 그리고 이는 이 땅의 반공–안보 부르주아 사회와 그 정치–사회적 억압 체제, 적대적 상호의존의 분단 체제가 강제한 지배적 제도와 문화, 발상들, 이데올로기의 형태들, 그리고 그 근간이 되는 비대칭적 사회관계 및 모순 구조에 대한 근원적인 비판으로부터 다시 시작될 수밖에 없다.

제2권 수록 논문의 소개

『20세기 한국의 야만』제2권에 수록된 글들은 시기적으로 1권에 이어 주로 냉전분단체제와 성장제일주의가 공개적 독재체제와 결합하여 서로 맞물려 작동하는 1960년대부터 현재까지의 주요 사건들을 대상으로 하고 있다. 제1부에서는 냉전개발독재 및 유신독재시기의 야만성을 다루고 있다.

한국군의 베트남전 개입을 다룬 김현아는 냉전분단체제가 작동하는 국제정치적 메커니즘에 주목하면서 베트남전쟁에 개입한 한국군이 베트남인에게 남긴 개별적, 집단적 상처를 고스란히 드러내 주고 있다. 그렇게 하여 왜 그 시기, 거기에 한국군이 있어야 했는가라는 물음을 전면화시키면서 우리로 하여금 그 동안 정지되었던 이성의 작동을 통해 한국군의 성격과 위상을 재고할 수 있는 계기를 마련해 주고 있다. 나아가 이 글은 냉전분단체제가 단지 한국사회라는 일국의 차원에 국한된 문제가 아니라 상이한 역사를 지닌 다른 민족의 삶을 억압하는 도구로 사용될 수 있다는 점에 주목한다는 점에서 문제의 시야를 확장시키고 있다.

'김대중 납치사건'을 다룬 전재호의 글은 유신체제를 지탱하기 위해 야당의 대통령후보였던 인물을 백주에 테러한 박정희 독재정권의 부도덕성과 '배제의 정치'를 적나라하게 보여주고 있다. 이 사건은 1971년 대통령선거에서 김대중에게 제기된 '사상논쟁'을 고려할 때, 1959년 진보당의 대통령후보 조봉암을 사형으로 내몬 냉전분단체제가 의연히 작동하고 있음을 다시 한번 확인시켜 준 사건이었다. 특히 이 사건은 중앙정보부의 지휘 아래 일본에서 일어난 사건이라는 점에서 국내외적 파장을 불러일으켰고 공개적 독재체제로서 박정권의 실체를 다시 한번 일깨워주었다.

전향제도와 감옥의 문제를 다룬 조영민의 글은 전향제도, 보호관찰처분의 역사적 기원과 이 제도들이 양심과 사상의 자유를 억압하는 것을 넘어서 인간

자체를 말살하는 것임을 구체적인 사실들, 증언들을 통해 잘 드러내 주고 있다. 이를 통해 국가권력에 맞서 전향제도를 거부하는 것이 양심과 사상의 자유, 그리고 일관된 삶의 방식을 지키고자 한 특정 개인의 문제에 국한되는 것이 아니라 바로 유(類)적 존재로서의 인간을 인간답게 존재하도록 하는 행위임을 보여준다.

'인민혁명당사건'을 다룬 김영수의 글은 냉전분단체제 하에서 진보적 정치세력들에게 국가가 어떠한 메커니즘을 동원해 용공조작을 하며 이를 통해 이 사회를 규율하고 있는가를 보여주고 있다. 이 사건은 과거 오글(J. Ogle) 목사와 시노트(J. Sinot) 신부가 폭로한 바대로 고문에 의해 조작된 것으로서 대법원의 사형확정이 내려진 8명에 대해서 바로 그 다음날 형을 집행한, 국제 사법 사상 유래를 찾아보기 힘든 야만적 사건으로도 널리 알려져 있다. 이 글에서 특히 주목해야 할 것은 고문에 의한 용공조작을 통해 모든 사회구성원들로 하여금 반공에 의한 자기검열기제를 작동시키게 해 기존의 지배구조를 재생산하고자 하는 권력의 의지이다.

박찬식은 산업화초기 열악한 노동조건과 무권리 상황에서 벌어지는 노동자들의 저항과 그 의미를 전태일의 삶을 통해 보여준다. 이 글은 경제성장이 노동자들의 희생의 대가라는 것을 재삼 강조하면서 인간해방의 불꽃으로서 전태일의 분신이 지니는 현재적 의미를 조명하고 있다. 또한 유신체제라는 공개적 독재체제가 본질적으로 추구한 것이 무엇이었는가를 상징적으로 보여주고 있다.

이광일은 정치와 경제를 분리하는 기존의 주류정치학 개념을 비판하면서 정치가 경제(사회)에 내재되어 있다는 전제로부터 논의를 시작한다. 따라서 노동자들의 경제투쟁, 특히 공개적 독재체제 아래서 전개되는 이들의 투쟁은 객관적으로 민주주의를 위한 정치투쟁의 성격을 띠게 된다는 점을 강조한다. 바로 이러한 맥락에서 YH노동조합의 신민당사 농성투쟁은 그 주체들의 의식 여부와 무관하게 70년대 유신체제에 반대하는 모든 세력을 결집시킨 '정치적 계기'가 될 수 있었다고 주장한다. 이렇게 하여 YH노동조합의 투쟁은 성장제일주의 개발체제에 대한 경제적 저항이라는 성격뿐만 아니라, 반독재민주화운동으로서의 성격과 위상을 부여받게 된다.

제2부는 신군부독재, 문민권위주의, 신자유주의 문제를 다루고 있다. 광주민중항쟁을 다룬 최정기는 80년 5월 광주에서 자행된 신군부의 폭력이 개인의 차원을 넘어 시민일반을 대상으로 자행되었다는 점에 주목하고 있다. 이 글은 광주에서의 민간인 살해가 폭력의 정당성, 폭력의 수준, 그리고 통제 정도 등의 준거에 비추어 볼 때 학살이었음을 증명하고 있다. 특히 계엄군의 총격은 지역 및 인구학적 분포 비율을 고려할 때, 단순히 시위대만을 대상으로 한 것이 아니라 시민전체를 대상으로 하고 있다고 주장한다. 이미 많은 연구가 지적하고 있지만 유신체제를 재편하는 과정에서 자행된 이 학살은 6·25 이후 한국사회에서 최대의 야만적인 사건으로 파악되고 있다.

'국가보안법과 공안정국'을 다룬 차병직의 글은 국가가 기존의 부당한 사회관계를 재생산하고 권력을 유지하기 위해 '전가(傳家)의 보도(寶刀)'로 사용해 온 국가보안법의 부당성을 역사적 사례들을 통해 일목요연하게 보여주고 있다. 이를 통해 국가보안법이 국가에 소지가 허용된 바 없는 불법무기로 폐지되어야 한다는 주장은 더욱 설득력을 얻게 된다.

분신과 의문사를 다룬 조현연의 글은 국가권력이 행사하는 폭력의 행사방식들 ── '직접적인 폭력'과 '간접적인 폭력' ── 에 주목하고 있다. 이러한 의미에서 분신과 의문사 또한 국가가 직간접적으로 행사한 폭력의 또 다른 양태임을 보여주고 있다. 특히 이 글은 단순히 국가의 폭력성에 주목하는 것을 넘어 이른바 이를 묵인하는 시민사회 내의 '침묵의 카르텔'이 이러한 분신과 의문사를 조장하는 또 하나의 메커니즘임을 날카롭게 지적하면서 우리 모두에게 비판적 '시민성'의 회복을 요구하고 있다.

한보사태를 다룬 김용복의 글과 성수대교 붕괴사건을 다룬 홍성태의 글은 냉전분단체제 아래에서 권위주의 체제와 결합한 성장제일주의가 어떠한 정치경제적, 문화적 폐해를 낳았는가를 보여주고 있다. 김용복은 '경제개발'이라는 명목 아래 심화된 국가권력(관료)과 재벌의 결탁, 그로 인한 부패고리의 형성과정을 한보사태를 통해 드러내면서 그것이 '정상적인 국가'의 작동메카니즘을 어떻게 파괴하고 있는가를 보여준다. 이를 통해 정책의 투명성, 공공성의 확보와 재벌개혁의 불가피성을 강하게 시사하고 있다. 홍성태는 성수대교 붕괴를 단지 기술적, 제도적 원인으로부터 설명하는 것에 멈추지 않고 군부독재가 구조화시킨, 속도전이라는 사회문화적 현상의 차원에서 재접근한다. 즉 성수대교의 붕괴는 군사적 성장주의와 폭압적 근대화의 자연스러운 결과물인 것이다. 이를 통해 더불어 사는 삶의 재구성이 왜곡된 정치, 경제에 대한 외과적 수술만으로는 결코 성취될 수 없다는 점을 강력하게 시사하고 있다.

환경파괴와 생태계 위협을 다룬 김정수의 글은 20세기 산업화와 성장제일주의, 자본 권력이 인간과 자연의 관계를 어떻게 파괴시키는가를 화학물질, 유전자조작, 지구온난화 문제 등을 중심으로, 국내외 사례를 제시하며 살피고 있다. 이 글은 환경파괴와 생태계 위협이 인간 존재기반을 근본적으로 부정한 20세기 야만의 가장 상징적 양태라는 점을 인식시킴으로써 자연이 인간다운 삶의 영위를 위해서 결코 외면할래야 할 수 없는, 인간과 더불어 해야 할 근본존재라는 점을 다시 한 번 확인해 주고 있다.

마지막으로 IMF체제 이후 실업과 빈곤의 문제를 다룬 노대명은 "금지된 것이 없어 모든 것이 가능하다"는 '야만적 경쟁의 논리'와 '승자독식의 논리'가 IMF관리체제 이후 일반대중, 특히 대다수 실업자들에게 강요하고 있는 '희망을 가장한 절망'에 주목한다. 노대명의 글은 이미 죽었다고 생각되던 과거가 현재 우리의 삶 속에 얼마나 깊게 내재되어 고통의 근원이 되고 있는가를 반추해 보는 계기를 제공한다. 그럼에도 불구하고 여전히 희망은 유효한데 이 글은 장기적으로 '풍요 속의 빈곤'으로 상징되는 성장제일주의 — 이른바 '20:80 사회' — 의 마력으로부터 벗어나는 것, 중단기적으로 사회적 합의와 합리적 제도에 의한 적극적인 문제 해결의 모색을 절망으로부터 탈출할 수 있는 방안으로 제시하고 있다.

참고문헌

박원순, 『국가보안법연구2』 역사비평사, 1992.

박태순 김동춘, 『1960년대의 사회운동』 까치, 1991.

이광일, 「'반체제운동'의 전개과정과 성격」 한국정치연구회편, 『박정희를 넘어서—박정희와 그 시대에 대한 비판적 연구』 푸른숲, 1998.

이광일, 「두 번의 세계전쟁, 팍스아메리카나의 구축과 재편」, 『세계사적 나침반은 어디에』 한울, 2001.

이광일, 「한국의 민주주의와 노동정치 — 급진노동운동의 이론과 실천을 중심으로」 성균관대학교 정치외교학과 박사학위논문, 1999.

이병천, 조현연편, 『20세기 한국의 야만』 제1권 일빛, 2001.

이삼성, 『20세기 문명과 야만』 한길사, 1998.

조희연, 『현대 한국사회운동과 조직』 한울, 1993.

조희연 편, 『한국민주주의와 사회운동의 동학』 나눔의 집, 2001.

한국기독교교회협의회인권위원회(KNCC), 『1970년대 민주화운동』 I-Ⅳ 1987.

한국기독교사회문제연구소, 『1970년대 민주화운동과 기독교』 1983.

한나 아렌트, 김정한 옮김, 『폭력의 세기』 이후, 1999.

A. Gramsci, *Selections from the Prison Notebooks* New York: International Publishers, 1971.

G. O'Donnell & P. Schumitter(eds.), *Transitions From Authoritarian Rule : Tentative Conclusion about Uncertain Democracies* Baltimore : Johns Hopkins Univ. Press, 1986

Scott Mainwaring, G. O'Donnell and J. Samuel Valenzuela(eds.), *Issues in Democratic Consolidation* Notre Dame : Univ. of Notre Dame Press, 1992

20세기 한국의 야만 2

냉전 개발 독재와 유신 독재

20세기 한국의 야만 2

제1장

한국군의 베트남전 참전과 민간인 학살

김현아

나와 우리 공동대표

냉전 개발 독재와 유신 독재

들어가는 글

질문 하나

지구상의 어느 나라, 우리가 이름도 제대로 알지 못하는 어느 나라에서 내전이 일어났다. 미국이 이 내전에 참여했고 우리 나라에 참전 요청을 해왔다. 대통령을 비롯한 행정부에서는 참전을 했을 경우 엄청난 경제적 이익을 얻을 수 있을 거라는 판단을 한다. IMF 상황도 벗어날 수 있고, 제2의 경제도약을 함으로써 현정권의 위기상황을 극복할 수 있는 기회가 될 수도 있다. 그래서 파병을 결정하고 국회에 파병동의안을 낸다. 국회에서는 정부를 지지하는 쪽과 명분 없는 전쟁에 전투병을 파병할 수는 없다는 의견이 팽팽이 맞선다. 어찌어찌하여 파병동의안은 국회를 통과한다. 이 전쟁의 성격이나 그 나라 사람들의 입장, 그 나라의 역사나 문화에 대한 이해없이 그렇게 한다. 그랬을 때 당신은 이 파병에 대해 어떤 입장을 취할 것인가, 그리고 어떻게 대응할 것인가.

질문 둘

군대에 소속되어 있던 당신은 개인의 의사와 상관없이 파병된다. 그런데 직접 가서 보니 이 나라 사람들 대부분은 외국군의 개입에 대해 호의적이지 않다. 더구나 이 전쟁이 미국에 대한 독립전쟁이라고 생각하는 주민들이 대부분이다. 그러므로 미국과 한국군에 대항하는 세력에 동조하는 경우가 많고 게릴라전의 성격을 띠고 있다. 전선이 따로 없는 전쟁에서 당신은 무장하지 않은 민간인을 죽여야 하는 상황과 마주친다. 이 동네 사람들이 게릴라들을 지원한다는 정보에 의존해서 '물과 물고기를 분리한다'는 차원에서 동네 자체를 없애버리고 마을 사람을 죽이라는 명령이 떨어진다. 여자와 어린 아이, 늙은이들이 당신이 겨누는 총구 앞에서 공포와 두려움에 떨고 있다. 저항할 아무런 무기도

가지고 있지 않다. 당신은 어떻게 할 것인가.

이 글은 이 질문에서부터 시작된다.

베트남전의 성격

당시에 내가 베트남의 역사와 약소국의 서러움과 그들이 투쟁하는 목적을 알고 있었다면 나는 어떻게 행동했을까. 나는 부하들과 함께 미국이 주는 수당을 받고 C레이션을 먹으며 중대원들과 매일 오락과 체육으로 소일하며 중립을 지켰을 것이다. 그리고는 심정적으로 베트남 사람들에 동조했을 것이다. 아울러 강대국 비위에 따라, 그들의 권력욕과 탐욕에 따라 부정과 착취를 일삼던 정통성 없는 사이공 정부에 야유를 보냈을 것이다. 내가 사이공 지도자들의 헛된 정치적 야망을 채워주기 위하여 무엇 때문에 목숨을 걸고 싸웠겠는가.

월남전 당시 맹호사단 수색중대장으로 참전했고, 육군대장으로 전역한 김진선 씨의 베트남전에 대한 평가다.

그 당시 나는 월남전의 본질을 전혀 알지도 못했고, 관심도 없이 싸웠다. 오로지 살아남기 위해, 공산주의를 막기 위해 베트콩을 모조리 박살내야 한다는 생각밖에 다른 아무 생각이 있을 수 없는 군인이었다.…… 월남에서의 전투는 명백한 충성의 대상이나 목적이 없다. 베트남과 무슨 특별한 인연이 있었던 것도 아니고, 처음부터 적에 대한 적개심이 있는 것도 아니다. 병사들에게 사명감을 갖게 하기 위해 정신훈화를 한다고 해봤자 '국제공산화'를 막자는 것인데 이것이 병사들에게 먹혀 들리 없다.

월남전에 파병된 대부분의 한국 군인들은 이 전쟁의 성격에 대해 모르고 있었다. 전쟁의 성격 뿐만이 아니라 베트남의 역사와 문화에 대해서도 모르기는 마찬가지였다.

비극은 여기서부터 배태되었다.

베트남전이 자기 민족의 운명을 스스로 결정하는 내전이었으며, 미국이 상대방의 극한적인 희생을 강요하면서까지 자신의 일방적인 이해를 관철시키기 위한 지배적 세계전략의 산물이었다는 것을 알았더라면 민간인 학살이라는 반인류적 전쟁 범죄는 발생하지 않았을 것이다.

한발의 총성으로 전쟁이 시작되는 것은 아니다. 모든 전쟁에는 언제나 분명한 목적이 있고, 그 목적을 지닌 세력에 의해 아주 치밀하게 계획되고 준비되어 그 시나리오가 실행된다.

공식적으로 베트남 전쟁이 시작된 것은 1965년이지만, 사실 인도차이나에 대한 미국의 개입은 그보다 훨씬 이전에 시작되었다. 베트남이 1954년 디엔비엔푸 전투에서 프랑스군을 대파한 이후부터 미국과의 전쟁은 막이 올랐다고 할 수 있다. 디엔비엔푸 전투는 아시아의 한 작은 국가가 식민모국 프랑스를 스스로의 힘으로 물리친 군사적 대승리였으며, 베트남 민중의 저력을 보여준 기념비적인 전투였다. 그러나 이러한 군사적 승리에도 불구하고 베트남은 제네바 협정의 테이블에 앉아야 했고, 그 결과 북위 17도선을 경계로 남북이 분단되는 아픔을 겪게 된다. 2년 후 자유총선거를 실시해 통일정부를 세운다는 전제 하에.

제네바 협정 이후 미국은 남베트남에 친미반공정권인 고딘디엠 정권을 세우고 대리통치를 시작한다. 그리고 미국이 '동양의 처칠'이라 치켜세운 고딘디엠은 남북 총선거 실시를 통한 통일 정부라는 제네바 협정의 규정 이행을 거부한다. 약속대로 남북 총선거가 시행될 경우 호치민이 이끄는 베트민의 승리가 확실시되었기 때문이다. 호치민이 통일베트남의 대통령이 된다면 베트남의 공산화가 이루어지고, 그렇게 되면 인도차이나 전체가 공산화한다는 것이 바로 미국이 베트남에 친미반공정권을 세우고 지원한 논리였다. 이른바 도미노 이론이다. '도미노 이론'은 1947년 트루먼 독트린에 담긴 내용 중 핵심적 요소의 하나로 그리스와 터키에 대한 미국의 개입을 전세계적 차원에서 '공산주의에 대한 자유세계의 대응'이라는 논리로 정당화하기 위한 것이었다. 당시 미 국무장관 조지 마셜은 "그리스가 떨어져나가면 터키가 뒤따르고 그렇게 되면 소련의 지배권은 중동과 아시아 전체로 파급될 것"이라고 주장했다. 이 이론에 근거하면 제3세계의 어떤 지역도 중요하지 않은 곳이 없게 된다. 이 도미노 이론은 미국의 전후 세계지배에 대한 환상과 상호작용하면서 인도차이나에 대한 미국의 개입을 현실화시켜 나갔다. 이 도미노 이론은 세계를 통제하려는 미국의 야망을 보여준다. 2차 세계대전 이후 세계 초강대국이 된 미국은 제 3세계의 모든 지역을 미국의 잠재적 개입대상으로 여기게 된다.

결국 총선거는 무산되고 고딘디엠 정권의 독재와 부패로 남베트남 민중들의 불만은 높아져갔다. 1955년에서 1963년 기간에 미국은 남베트남 군사예산의 85%를 원조하였으며, 민간부문과 군사부문을 합한 전체 사이공 정부의 예산은 그 3분의 2가 미국이 제공한 것이다. 그러나 친미정권을 통해 대리 반혁명을 추진한다는 미국의 전략은 큰 차질을 빚고 있었다. 국민적 기반이 전적으로 부재한 고딘디엠 정권은 비밀경찰에 의한 폭압정치를 해야만 했고, 당시 베트남 인구의 90%에 해당하는 농민과 학생, 지식인들의 대규모 저항을 초래했다. 독재는 남베트남 민족해방전선의 조직망만 더 넓혀나가는 결과를 낳았다. 결국 고딘디엠 정권은 붕괴하고, 연이은 수차례의 군사쿠데타를 거치면서 미국은 직접 개입방식을 선택하게 된다. 그 신호탄이 통킹만 사건이다.

통킹만 사건은 미국 해군함정 매독스호가 공해상에서 북베트남군으로부터

베트남 정세를 협의하는 미국 존슨 대통령(좌)과 맥나마라 국방장관(우). 의회에 제출된 '통킹만 결의'가 1964년 7월 상하 양원에서 가결되어 대통령은 전면적인 전쟁 권한을 획득한다.

부당한 공격을 당했다고 주장하면서 미국이 북베트남에 대한 공격을 정당화한 사건이다. 그러나 이 사건은 여러 가지 정황으로 볼 때 미국이 고의로 북베트남의 발포를 유도한 게 아닌가 의심케 한다. 당시 북베트남 영해에서는 사이공군대가 불법적인 활동을 벌이고 미군함정이 영해를 침범하면서 이를 지원하고 있었다. 즉 북베트남의 대응은 영해침공에 대한 정당한 방위행동이었다. 북베트남은 매독스호에 경고를 수차 발한 후 공격을 가했다는 사실이 밝혀졌다. 더구나 매독스호에 대한 북베트남의 제2차 공격이 있었다는 미국 정부의 주장은 아예 없었던 사건을 조작한 것이었음도 드러났다. 통킹만 사건은 전쟁을 시작하기 위한 사전포석이었다. 그리고 이듬해인 1965년 3월 2일 북폭을 감행함으로써 미국은 본격적인 베트남 전쟁을 일으킨다.

최신식 군사무기와 가공할 만한 자본력으로 무장한 초강대국 미국의 총공세에 베트남은 남베트남민족해방전선과 농민들의 민족주의적 혁명적 연대로 맞섰다. 베트남 전쟁은 단순한 공산주의와 반공산주의의 대결이 아니라 무력, 힘, 군사력, 과학, 기술 등 물질만능주의 대 민족해방, 조국통일, 사회혁명, 자주와 독립, 정신주의, 동양적인 토지소유와 관련된 농민들의 의식과의 대결 등 20세기의 총체적 모순과 갈등이 뒤엉켜 있는 복합적인 성격을 지니고 있었다.

미국은 "베트남을 석기시대로 되돌려 놓겠다"는 공언을 뒷받침이라도 하듯, 2차 세계대전 당시 태평양전쟁에서 연합국이 전체적으로 사용했던 600만 톤보다 1.5배나 많은 약 900만 톤의 폭탄을 그 좁은 땅에 퍼부어 베트남 초토화에 전력을 쏟아부었다.

미국 군대가 보여준 물량 공세는 가공할만한 것이었다. 미군은 몇 명의 베트콩만 있어도 한 발에 1,000달러가 넘는 폭탄을 무수히 투하하고, 살포식 지뢰, 감압폭탄, 네이팜탄 등 새로 개발된 초현대식 폭탄을 쏟아부었다. 미국은 하노이의 의지를 꺾기 위하여 연인원 230만을 투입하였다.…… 헬기는 연 200만 대를 출격시켜 총탄을 우박처럼 퍼부었다. 그들은 또 베트콩의 은거지인 정글을 없앤다고 고엽제까지 살포해 자연은 물론 인간에게까지 깊은 상처를 남기는 비인간적인 짓도 자행했다. 아마도 미국의 대자연 속에서 게릴라가 활동했다면 그들은 고엽제와 같은 극한적인 무기는 사용하지 않았을 것이다.…… 미국은 새로 발명된 온갖 신형무기를 그곳에서 사용하였다. 핵무기를 제외하고 그들이 할 수 있는 모든 능력을 쏟아부었다.[1]

1965년에 시작된 베트남 전쟁은 1968년에 정치적 전환점을 맞는다. 1968년 1월 31일의 구정대공세는 대부분의 농촌과 도시를 남베트남민족해방전선이 장악하는 결과를 낳는다. 미국은 이에 경악한다. 당시 미국의 공식분석으로 남부베트남의 공산게릴라는 29만명 정도였다. 그러나 구정대공세에는 그들의 수가 50만에서 60만 정도로 추산할만한 숫자에 이르렀다. 이는 미국민들에게 커다란 충격을 안겨주었다. 구정대공세는 공산게릴라가 남베트남의 농민 대중들과 맺고 있는 연대의 깊이를 보여주는 것이었다. 미국이 무엇을 위해 싸우는 것인지에 대해 미국민들의 의심이 본격화하는 시점이었다. 이 구정대공세로

1965년 4월 17일 정부의 베트남 정책에 반대하는 데모가 화이트 하우스 앞에서 일어난다. 평화단체와 학생을 중심으로 한 참가자는 1만을 넘었다.

남베트남민족해방전선과 북베트남군도 막대한 피해를 입었지만 그 정치적 의미는 대단했다.

미국내에서의 반전시위가 본격화되었고, 유럽 국가에서 학생과 노동자들의 대규모 봉기가 일어났다. 1968년 5월 혁명이 그것이다. 동구에서는 체코슬로바키아에서 소련의 제국주의와 스탈린주의에 저항하는 '프라하의 봄'을 촉발시켰다.

당시 제 3세계의 고통과 시련을 상징하는 베트남의 구정공세는 제1세계 내부에 비판적 정신을 부활시킨 것이다.[2]

구정대공세 이후 미국은 베트남에서의 승리를 의심하기 시작했다. 미국은 '베트남 전쟁의 베트남화' 전략을 세운다. 이제 미국은 자신의 권위를 어느 정도 유지하면서 협상 테이블에서 보다 많은 양보를 받아내야 했다. 이런 연유로 미국의 작전은 더욱 잔혹해진다. 네이팜탄과 고엽제의 대량살포로 베트남의

다낭 기지에서 출동한 미 해병대에게 체포된 베트남 사람들. 실제로는 농민인지 *NLF* 병사인지 구별이 어려웠다

모든 숲과 들판이 불타고, 마을에서는 체계적인 학살이 일어난다.

밀라이 민간인학살은 베트남전 당시 미국의 최대 민간인학살 사건이다. 1968년 3월 16일 아침, 선미지역의 작은 마을인 솜랑에 로켓헬기의 기관총으로 엄호사격을 받으며 군인들이 투입되었을 때 주민들의 저항은 전혀 없었다. 그러나 미군들은 집을 불태우고 마을 사람들을 모이게 해놓고 무차별 사격을 가하였다. 여자들은 윤간을 당했고 잔악한 방법으로 살해당했다. 미군의 피해는 이 끔찍한 학살에 협오감을 느껴 스스로 자신의 발등에 총을 쏘아 부상을 입은 흑인 병사 1명이 전부였다.

남녀노소를 가리지 않는 살상과 파괴는 베트남 전쟁이 '인민의 전쟁 (people war)'이었음을 역설적으로 증거하는 것이나 다름이 없다. 한 사회, 한 민족의 구성원 전체를 남녀노소, 무장 여부를 가리지 않고 '적'으로 규정해 제거하는 것을 정당화하는 것이 '인민의 전쟁'에서 제국주의 군대가 약소민족

인민을 대하는 방식이다. 베트남의 밀라이 마을에서 미군들의 눈에는 어린 아이들도 예비 베트콩으로, 그리고 노인들은 전 베트콩으로 다같이 제거해야 할 '빨갱이'로 간주되었던 셈이다.[3]

그들의 눈에는 베트콩 사람들이 '사람'으로 보이지 않았을 것이다. 사냥해야 할 한 마리 사슴이었고, 노란 '국(gook : 베트남전에서 미군들은 베트남인들을 '국' 즉 오물, 때, 찌꺼기라 불렀다. 이 '국'이란 말은 베트남 사람들보다 한국 사람들이 먼저 들었던 말이었다. 한국전에 참전한 미군들은 한국 사람들을 '국'이라 불렀다. 그들은 이 '국'들을 노근리를 비롯한 여러 지역에서 학살했다)이었을 따름이다.

미국은 오직 전쟁의 승리에만 집착했을 뿐 한 번도 베트남 사람들의 생명, 인간의 존엄성 등에 대해서는 생각하지 않았거나 고려한 적이 없었던 것이 아닐까. 베트남의 전 영토를 초토화시키고, 베트남인들의 참혹한 시체만 널려 있는 들판 위에 그들이 세우고자 한 자유와 정의는 도대체 어떤 것이며, 누구를 위한 것이었을까.

이러한 전쟁에 한국군이 파견된다. 전세계 모든 나라가 부도덕한 전쟁, 인류의 양심에 칼을 긋는 전쟁이었다고 말하는 베트남 전쟁에 한국의 '국'들이 파병되는 것이다.

한국군의 베트남전 참전의 배경

사실 한국군의 베트남 파병논의는 50년대 이승만 정부에서부터 비롯된다. 1954년 제1차 인도차이나 전쟁에서 프랑스군이 베트민군에게 패배를 하고 있던 시기에 유엔 극동군사령관 존헐 장군은 기자회견을 통해 "한국의 이승만 대통령은 인도차이나 공산군과 투쟁하고 있는 프랑스 군대를 원조하기 위하여 한국군 전투사단을 인도차이나에 파병할 것을 제의하였다"고 밝혔다. 이것이 공식적인 이승만의 첫시도였다. 그후에도 이승만은 인도차이나에서 공산세력의 확대는 국제공산주의의 자유세계에 대한 침략의 일환으로 보고 자유아시아 국가들이 단합된 행동으로 이를 저지시켜야 한다고 믿고 한국이 이를 적극적으로 방어한다는 의사를 표명하였다. 프랑스 정부가 이 제의에 반대하여 이승만의 베트남 파병시도는 좌절된다. 미국 또한 미군이 한국에 주둔하고 있는 상황에서 한국군을 다른 나라에 파병하는 것에 대한 미국내 여론의 반발이라는 측면을 이유로 이 제안을 거절한다.

베트남 파병이 다시 거론된 것은 5·16 쿠데타 이후 1961년 11월 워싱턴에서 열린 박정희와 케네디의 1차 회담에서였다. 군사쿠데타로 정통성이 결여되어 있던 박정희 정부는 미국의 지지에 정권의 존폐여부가 달려 있었다. 이 회담에서 미국은 한일국교정상화와 형식상 최소한의 선거를 실시할 것(합법적인 정부를 수립하는 민정이양의 모양새를 갖출 것)을 요구하고, 박정희는 베트남 참전 가능성을 포함하여 한국의 지원을 제의한다.

1963년 10월 15일 선거를 통하여 제3공화국이 출범한다. 그러나 첫임기 4년 동안 박정희 정부는 한일국교정상화에 대한 반정부 학생시위와 야당에 의한 극렬한 비판, 집권당 내부에서의 통치권에 대한 강력한 도전에 노출되었다.

즉 1963년 대통령선거에서 윤보선 후보를 15만표차로 누르고 당선되기는 하였으나 합법적인 민간정부를 전복하여 새로운 정부를 구성하였다는 정통성의 부재는 박정희 정부의 태생적 한계로 작용하였다.

이러한 태생적 한계를 가진 박정희 정부는 경제성장을 이루는 것으로서 정부의 정통성을 확보하려고 하였다. 그러나 한국에 대한 미국의 군사, 경제원조가 감소하자 박정희 정권의 기반이 동요하기 시작하였고, 베트남에 군사지원을 통하여 베트남 특수라는 경제효과와 파병의 대가로서의 원조를 획득하려는 목적을 상정했을 것이다. 당시 한국의 경제환경은 외화부족과 물가고로 인한 경제위기가 만연한 상태였다. 게다가 불경기, 식량난마저 가세하여 전국민의 삶은 피폐화되고 있었다. 이러한 상황하에서 미국은 무상원조를 차관으로 바꾸고, Buy 아메리칸정책과 군원이관 등의 긴축재정정책을 취함으로써 성장정책을 추구하는 한국경제에 심각한 상황을 초래하게 하였다.

박정희의 지도력에 대항하는 역쿠데타 시도와 쿠데타 지도자들간의 내부알력 또한 박정희 정권을 위협하는 요소였다. 1961년 5월의 군권장악 이후로 1963년 12월의 민간정부 수립에 이르기까지 12차례의 역쿠데타 시도가 있었다. 즉 1963년 12월 합법적인 민간정부로 변모하긴 하였지만, 군사쿠데타로 인한 합법적 민간정부의 전복가능성이라는 선례의 수립은 군부의 내재된 동요와 권력갈등으로 표출되었다. 이 또한 박정희 정부를 압박하는 중요한 요소로 작용하였다.

이러한 정치적 상황하에서 박정희는 베트남 파병을 하나의 정치적 돌파구로써 생각했을 가능성이 있다. 결국 박정희 정권은 베트남 파병을 결정한다. 여기에는 아시아의 다른 나라에 비하여 상대적으로 강한 냉전의식에 의하여 베트남을 냉전의 전장으로 본 것과 주한미군철수 내지 감축을 하지 않겠다는 미국의 확고한 공약을 얻음으로써 한국의 안전보장 확보, 미국으로부터의 경제적 군사적 원조의 획득, 베트남에서의 외화 획득의 문제가 고려된 것이다.

여러 가지 위기에 직면해 있던 제3공화국 정부는 당시에 처해 있었던 대내적인 정치, 경제적 상황을 타개하기 위해 오히려 적극적으로 파병하였다고 볼 수 있다. 즉 한국의 베트남 파병은 미국의 압력에 따른 불가피한 파병이라기보다는 당시의 대내외적인 위기상황을 탈피하기 위해 박정희 정부가 적극적으로 선택한 정책결정으로서 제3공화국의 정치적 돌파구였다고 할 수 있다.

민간인 학살에 대한 퍼즐맞추기 : 퐁니마을 사건

한국은 1964년 9월 22일부터 1973년 3월 23일까지 연 32만의 병력을 베트남에 파병하였다. 1,170회의 대대급 이상 작전과 55만 6,000 회의 소규모 단위 작전을 하는 과정에서 4,960명의 한국군이 죽고 1만 6,000명이 부상당했다. 한국군 총사령부는 사이공에 있었고, 야전사령부는 나짱에 있었다.

베트남전 당시 한국군에 의한 민간인 학살 문제를 다루는 것은 한조각 한조각 퍼즐을 맞추어 나가는 것과 같다. 한국과 베트남에 흩어져 있는 기억과 고백과 눈물과 분노, 뼈조각과 살점들을 찾아 맞추어나가다 보면 전쟁과 그 속에서 죽어갔던 사람들의 그림이 완성된다.

맨 처음 나오는 그림은 베트남 사람들의 증언이다. 노인과 여자와 어린이가 대부분인 마을에 한국군이 들어와 저지른 만행에 대한 베트남 사람들의 고통스런 눈물과 이야기만으로 퍼즐은 완성되지 않는다. 많은 참전군인들과 한국인들이 그 증언을 부인하고 의심한다. 문제를 풀어가는 방법은 일단 그 마을에 과연 한국군이 들어갔었느냐 하는 사실을 확인하는 것이다. 그 마을에 대한 작전이 있었는지에 대한 사실 확인은 『월남한국군전사』나 『해병전투사』를 통해 확인을 한다. 그래서 작전일자와 민간인학살이 있었다고 주장하는 날이 맞으면 퍼즐은 반은 맞춘 셈이다. 남은 문제는 참전군인의 증언이 나와야 한다. 그 마을에서 정말 민간인을 학살했는지에 대한 참전군인의 고백이 나오면 우리는 베트남전 당시 한국군에 의한 민간인학살이라고, 인정하고 싶지 않지만 우리 눈 앞에 나타나는 그림을 마주볼 수밖에 없다.

퐁니마을 양민학살은 이 세가지 조건이 맞아져서 완성된 퍼즐이다. 거기에다 미국방부의 비밀보고서가 이 사실을 뒷받침하고 있다. 마치 작가가 사인이라도 하듯, 혹은 화룡점정, 용의 마지막 눈동자를 그려넣듯……

이 퍼즐은 어느 한 사람이나 한 단체가 맞추기는 너무나 어려운 일이다. 시민단체 '나와 우리'의 양민학살 피해지역 답사, 구수정 통신원의 현장인터뷰, 『한겨레 21』의 참전군인들과의 접촉노력, 『파월한국전사』, 『해병전투사』를 찾아내고 읽어낸 기자들의 기자정신, 참전군인들의 양심적인 고백과 증언, 베트남전 진실위원회의 미국자료 입수등의 노력이 합해져 만들어낸 완성품은, 그러나 피빛이다.

베트남 사람들의 증언

아이들 주검은 상자나 대바구니에, 어른들 주검은 커다란 채반에 담아 머리에 이고, 어깨에 지고 또는 끌면서 이 길을 걸었어. 마을은 깡그리 불타고, 어디 담요나 해먹(그물침대)이 남아 있어야지.

1968년 1월 14일(음력) 퐁니촌 럽남 마을, 당시 두명의 누나와 네명의 조카를 잃은 응웬수(71) 할아버지의 증언이다.

한국군들이 물러가고 난 뒤, 마을 사람들이 시신을 들쳐메고 길게 열을 지어 키엠루 초소를 찾아갔어. 만장도 없고, 그 흔한 눈물도 없고, 다들 넋이 나가 곡성도 풀어놓질 못했지.

또 다른 생존자 쩐티득 할머니(72)의 증언이다.

주민들은 남베트남 정부군 초소 앞 도로 양옆으로 시신을 늘어놓고 청룡에 대한 응징을 호소했다. 그러나 초소의 문은 굳게 닫힌 채 열리지 않았다. 시체 썩는 냄새가 진동을 하고, 파리떼가 하늘을 새까맣게 덮을 무렵에야 초소 군인들이 빗장을 열고, 장례에 쓸 널빤지와 천을 내주며 사태수습에 나섰다. 이미 부패해 진물이 줄줄 흐르는 주검은 다시 마을로 옮겨지지 못하고 도로변에 그대로 묻혔다.[4]

『파월한국군전사』에 나온 퐁니마을 기록

청룡여단은 1968년 1월 30일부터 2월 29일까지 여단 규모로 이른바 '괴룡 1호작전'을 벌였다. 이 작전은 68년 1월 30일 북베트남과 남베트남민족해방 전선(NLF)의 구정대공세에 맞선 것으로 '구정공세 반격작전'으로도 불렸다. 당시 북베트남군과 NLF가 청룡여단의 주둔지 호이안 시내는 물론 디엔반현 등을 공격하자 전 여단이 나서 베트콩 수색 소탕전을 시작한 것이다.

1968년 2월 12일(음력 1월 14일) 제1중대(중대장은 김석현 대위)는 08：15에 1번 도로를 정찰하며 북진하고 퐁넛 마을에 진입하였다가 공격 방 향을 서쪽으로 전환하게 되었다. 이리하여 11：05에 중대의 선두부대는 목 표(11-이곳은 퐁니촌에 해당한다)를 공격하였는데, 이때 서쪽 지역으로부터 30여 발의 적 사격을 받아 4.2인치 박격포로 발사지점을 포격하여 제압할 수 있었으나 중대는 부상자 1명이 생겨 후송하였다(『파월한국군전사』).

퐁니마을에서 한국군의 작전이 있었다는 것이 확인되었다.

참전군인이 증언한 퐁니마을

당시 1소대장 최영언 중위(58. 전 문화방송 스포츠 국장. 전 한국야구위원회 사 무총장)의 기억에 의하면 퐁니촌은 '안전마을'이었다. 게다가 미 해병대 캡소 대와 자매결연까지 맺은 마을이었다(캡 소대란 미군이 정보수집을 위해 조그마한 개별단위 부대로 편성한 소대). 그 날 1중대는 1. 2. 3 소대 순으로 1열 종대를 지 어 퐁니촌 측면을 통과하고 있었다. 그런데 갑자기 마을로부터 선두 1소대 병 력 쪽을 향해 총알이 날아왔다. 순간적으로 모든 소대원들이 수풀 바닥에 엎드 렸다. 누군가 한 명이 총에 맞아 부상한 듯 했다. 최영언 소대장은 중대장 김석현 대위에게 긴급히 무전을 쳤다. 중대장의 응답은 마을을 공격하라는 것이었다. 1소대와 2소대가 방향을 왼쪽으로 틀고 총을 쏘며 마을에 진입했다. 베트콩은 이미 자취를 감춘 듯 했다.

> 우리가 마을을 공격할 때 베트콩들은 이미 다 도망가고 없었다. 마을 주민들이 저항했으면 모르겠는데 그런 움직임도 전혀 없었다. 애들이 겁이 나서 도망가니까 죽인 건지 참……

당시 2소대장 이상우(57. 부산 동아대 체육대학장)의 증언은 퐁니마을 생존자들의 증언과 완전히 일치하고 있다.

> 아무리 전쟁터였지만 뒤로 보낸 주민들을 사살한 것은 분명히 잘못된 일이다. 왜 후송시킨 아이들과 부녀자, 노인을 죽였는지 도무지 이해가 안 간다.

그는 다음날 아침 2소대가 1번 국도 정찰을 나가서 목격한 스산한 풍경을 잊을 수 없다고 했다. 베트남 민간인들이 1번 국도 서쪽, 퐁니촌편 도로변에 가족들의 시신을 가마니 등으로 덮어놓고 통곡하고 있었다. 정확한 것은 아니지만 어림잡아 40~50구는 됐다고 한다. 그들은 원망스런 눈길로 한국군을 쳐다보고 있었다.[5]

미군보고서에 나온 퐁니마을

전쟁이 한창 진행 중이던 1968년 7월 미국의 랜드재단은 '베트콩의 정치스타일'이라는 비밀보고서를 간행한다. 이 보고서는 미 국방부의 용역을 받은 랜드 재단이 베트콩 포로와 피난민 300명을 인터뷰한 자료를 토대로 네이썬 라이츠 교수가 1966년 작성한 것이다. 그런데 이 보고서에 한국군의 양민학살에 관한 증언이 많이 나온다.

이 보고서를 토대로 미 국방부는 1969년 12월 12일 주월미대사관에 한국군, 특히 한국 해병대가 베트남의 민간인들을 대상으로 저지른 비인도적인 행동에 대한 모든 정보를 요구하는 메시지를 발송한다.

이 전문을 보낸 사람은 '브라운 각서'를 작성했던 전 주한미대사인 브라운이다.

그렇다면 미국은 왜 이 시기에 한국군에 의한 베트남 민간인 학살 문제를 제기했을까.

바로 사이밍턴 청문회 때문이다. 1970년 2월 24일부터 26일까지 사이밍턴 청문회가 열리기로 되어 있었다. 이 사이밍턴 청문회는 미국의 재정 지원하에 베트남전에 참전한 동맹군 문제를 논의하기 위해 개최될 예정이었다.

그런데 1969년 12월 당시 미국은 밀라이 학살사건(미군에 의한 양민학살 사건)이 폭로되어 매우 시끄럽던 기간이었다(실제 미라이 양민학살사건이 일어난 건 1968년 3월 16일이었으나 이 때까지 사건이 은폐되어 있다가 69년 12월에 폭로된 것이다).

이런 와중에 한국군에 의한 양민학살 사건이 터지면 불붙기 시작한 반전운동과 용병시비 등으로 베트남전에 치명적인 타격을 받을 것이었다.

이러한 여러 가지 이유들이 복합적으로 작용하여 미 국방부는 주월미대사관에 한국군의 양민학살에 대한 보고서를 요청하고, 미 대사관은 주월미군사령부에에 이를 요청한다. 주월미군사령부는 감찰부에 랜드보고서에 제기된 진실성에 대한 조사와 미군이 자체조사한 한국군의 양민학살만행에 관한 자료가 있는지 알아볼 것을 지시한다.

300쪽이 넘는 방대한 이 비밀보고서 안에는 1968년 2월 12일 쿠앙남성 디엔반현 퐁니 마을에서 민간인 69명이 살해당한 사건에 대한 주월미군사령부 감찰부의 12월 23일자 보고서가 들어있다. 첨부된 사진과 함께.

상등병 J. Vaughn

2월 12일 월요일 13시 경 CAP D-2 해병대와 Sylvia 대위 그리고 Seacrest 하사관은 서쪽의 제 1루트를 통해 퐁니 마을에서 작전 수행을 하고 있는 한국 해병대의 움직임을 살피고 있었다. 한국군은 마을에 포격을 가한 다음 자동화기로 습격을 시작했다. 우리가 있는 곳에서는 집이 불타고 마을에서 연기가 나고 있는 것을 쉽게 볼 수 있었다.

PF 중의 하나가 부상당한 소년과 여자를 CAP으로 데리고 왔을 때 비로소 나는 한국군이 마을의 민간인에게도 총을 겨누고 있고 따라서 더 많은 부상자들이 도움을 기다리고 있음을 알 수 있었다.

15시경 우리는 퐁니와 퐁넛으로 들어가 도와주라는 허락을 받았다. 우리의 경비대는 5명의 미해군과 26명의 PF 그리고 S-3 구성되었다. 나는 베트남 전쟁에 대한 pictorial study를 위해 카메라를 가지고 갔다.

우리는 동쪽 경로의 잠복을 고려해 퐁니 근처의 넓은 루트를 선택했다. 우리가 발견한 것은 사진에 기록되어 있다.

사진 A : 처음으로 간 집.

사진 B & C : 타버린 집들.

사진 D : 잿더미에 묻힌 마을 주민.

사진 E : 마을 주민들이 불에 탄 채 이 집에서 발견되었다.

사진 F & G : 가슴이 도려진 채 아직도 살아있는 여자.

사진 H : 가장 큰 여자들과 아이들의 집단. 거의 모두 죽었음. 오른쪽 위의 여자와 아이들은 아직 살아있음. 사진 F&G에 있는 여자도 이 집단에서 찾았음.

사진 I&J : 가까운 거리에서 총에 맞은 여자와 아이. 아이의 머리가 증거.

사진 J1&J2 : 사진 I&J에 있는 여자와 아이가 발견된 집단.

사진 K&J : 쌀포대에 가려진 채 도랑에서 발견된 여자와 아이들의 시체.

사진 M : 이 아이는 몸 어느 곳에도 마크가 없다. 근처 연못에서 익사한 것으로 보임.

사진 N : 총에 맞은 채 연못 근처에서 발견됨. 사진 가운데 임신한 여자는 가까운 거리에서 머리에 총을 맞음(머리 앞이 날라감). 왼쪽 아이는 사진 M과 동일한 인물.

사진 O&P : 20대 초반 여자. 두 손 모두 손가락이 찢어지고 왼쪽 팔에 부상을 당함. CAP D-2 가 치료하고 있음.

마을을 돌며 사진을 찍을 때 발견한 이상한 점 중 하나는 시체 더미 주위에서 총구멍을 발견할 수 없었다는 점이다. 이는 마을 주민 모두가 가까운 거리에서 총에 맞았거나 총검에 찔렸다는 것을 입증한다.

이 진술서는 1968년 2월 17일에 USMC J.Vaughn 상등병에 의해 작성되었다.

J.M.Campanelli

USMC소령

퍼즐은 이제 다 맞춰졌다. 귀신인지 사람인지도 알 수 없는 베트남 사람들이 주검을 들고 늘어서 있다. 통곡도 잊고 눈물도 마른.

다른 조각들

풍니 마을 사건은 아주 커다란 그림의 단지 한 조각일 뿐이다. 아직 수많은 조각들이 이곳에 남겨져 있다. 이 조각들이 다 맞춰졌을 때 비로소 베트남전은 그 실체가 드러날 것이다.

다 맞추어지진 않았지만 이제부터는 베트남 중부 4개 성의 사람들이 이야기하고 있는 한국군에 의한 민간인 학살에 대한 기억을 더 들어보자.

꾸앙남성 디엔터현 투이보촌

1967년 12월 21일 오전 10시경 2대의 헬기가 투이보촌으로 들어서는 고소이 지역에 청룡부대 1개 소대를 내려놓고 떠난다. 한국군들은 마을로 밀고 들어오면서 닥치는대로 총을 쏘아댔고, 주민들은 총알을 피할 수 있는 땅굴을 찾아 몸을 숨긴다. 한국군들은 마을 곳곳의 땅굴을 수색해 모두 밖으로 나오라고 지시한다. 그리고 굴 속에서 기어나오는 사람들을 차례대로 쏘았다. 이 과정에서 모두 145명의 민간인들이 목숨을 잃는다.

응웬 티니는 그 날 학살에서 살아남았지만 턱과 혀 반쪽이 날아가는 바람에 지금도 음식을 제대로 먹지 못하고 있다.

"아들과 딸, 외손주를 잃었어. 나에게는 모두 4명의 자식이 있었는데 전쟁통에 모두 잃었지."

3살짜리 외손자는 응웬티니의 품에서 두 개골이 산산조각이 났다.

꾸앙응아이성 선띤현 푹빈촌

1966년 음력 9월 27일 아침 7시경이었다. 우리들은 평상시나 다름없이 밥을 먹거나 일을 할 채비를 하고 있었다. 한국군은 마을로 들어오며 닥치는

한국군에 의해 아들과 딸, 외손주를 잃고, 자신도 턱이 반이나 날아간 응웬 티니 할머니

대로 쏘았다. 밥을 먹다가, 젖을 먹이다가 사람들은 죽었다. 그리고 모아서 죽이기도 했다. 한국군이 들어왔을 때 나는 땅굴에 있다가 달아나서 사탕수수밭에 숨었다. 불을 지르고 난리가 났다. 한국군들이 산으로 물러나고 보니 사람들은 2~3명씩 5~6명씩 꼬꾸라지고 엎어지고 각양각색으로 죽어 있었다. 밥을 먹다가 죽은 사람도 있고 젖을 먹이다가 죽은 사람도 있었다. 우리 집은 더 난리가 아니었다. 아버지는 밥을 먹다가 밥그릇을 든 채 넘어져 었었다. 입안에는 밥알이 그대로 있었다. 조카들은 기어 다니길래 "아, 안 죽었구나" 하고 가보니 기어 다니는 채로 죽어있었다. 뚜껑 없는 땅굴로 가보니 어머니와 조카들이 앉아 있었다. 안 죽은 줄 알고 꺼내려고 보니 앉은 채로 모

두 죽어 있었다. 외조카는 모두 세명의 아이를 데리고 있었는데 생후 2달된 아이는 죽어서도 가슴에 안고 있었다. 젖을 먹이던 중이었는지 젖 한 쪽이 나와 있었다. 얼마나 무서웠는지 얼굴이 파랬다.

응웬 리 씨의 증언이다. 그는 이야기를 하다가 목이 메어 몇번이나 눈물을 흘렸다. 중간에 가족이 죽은 이야기를 할 때는 손으로 땅을 긁으며 눈물을 흘렸다.

예비역 대령 김기태 씨의 증언에 의하면 푹빈촌은 1966년 11월 용안작전이 시행되었던 곳이다. 당시 수많은 민간인들이 희생됐다는 김기태 씨의 증언을 기초로 푹빈촌을 조사한 결과 김기태 씨의 작전지역이었음이 밝혀졌다.

빈딘성

빈딘성 타이선현 타이빈사 고자이 마을의 위령탑에는 다음과 같은 비문이 새겨져 있다.

1966년 2월 26일 미제국주의의 지휘 아래 남조선 괴뢰군인에 의해 무고한 양민 320명이 학살당하다.

이 위령비는 1992년 빈딘성 박물관에서 세웠다. 베트남 문화통신부의 자료에 의하면 빈딘성 타이선현 타이빈사에서는 1966년 1월 23일(음력)부터 26일(음력)까지 모두 15개 지점에서 맹호부대 3개 중대에 의해 집단학살 사건이 일어났다고 한다. 이 과정에서 실종자를 포함해 모두 1,200여 명의 주민이 학살당했으며 그 중 신원이 확인돼 명부에 올라있는 공식 사망자수만 해도 728명이다. 그 가운데는 어린이 166명, 여성 231명, 60~70살 노인 88명이 포함되

어 있으며, 일가족 전체가 몰살을 당한 경우도 8가구나 된다고 한다.

이 학살은 미 군항이 있던 퀴년에서 캄보디아 국경까지 베트남 중부지방을 동서로 관통하는 19번 도로를 확보하기 위한 싸움 중에 일어난 것이었다. 그 유명한 안케전투도 바로 이 19번 도로를 장악하기 위한 싸움이었다. 이 과정에서 숱한 민간인 학살이 있었는데 빈딘성 타이선현 타이빈사는 이 19번 도로와 가장 가까운 곳이었다.

푸옌성

푸옌성 투이호아 지역은 백마부대 28연대의 주둔지였다. 주민들의 증언에 다르면 1965년 말 이 지역에 맹호부대가 잠시 주둔했다가 1966년 말부터 백마부대로 교체되었다고 한다. 푸옌성 투이호아현 호아히엡사에서는 한국군에 의해 세차례의 민간인학살이 있었다. 1966년 12월 10일(음력) 다응우촌 붕타

320명이 한꺼번에 죽임을 당한 빈단성 고자이 마을의 위령비

우 마을에서 45명 학살, 같은 해 6월 18일(음력) 역시 붕타우 마을에서 35명, 12월 26일(음력) 푸락 마을에서 42명 학살 등이 베트남 정부의 공식기록이다. 그 중 남호아히엡사 붕타우촌 쩐 반 호아의 증언이다.

1965년 12월 10일(음력)의 학살로 나는 7명의 가족을 잃었다. 아버지, 어머니, 장인, 장모, 누나, 형수, 2명의 조카. 당시 마을 사람들의 수는 50~60명 정도였는데 45명의 사람들이 그 날 죽었다. 나는 산 쪽으로 도망가서 살아남았다. 당시 나는 VC(베트콩 : 남베트남 민족해방전선)가 아니었다. 그러나 이 날 양민학살은 내가 남베트남민족해방전선의 군대에 지원하는 한 원인이 되었다. 이런 양민학살에 대해 총을 들고 복수해야 한다고 생각했다. 당시 학살사건에서 살아남은 생존자는 모두 3명이다. 임신 중이었던 릉 티 퍼이, 젖

먹이였던 웬 티 리엥(엄마 밑에 깔려 살아나기는 했으나 총소리에 귀가 멀었다), 땅굴 속의 시신들 속에서 죽은 척 하고 있던 다오 티니(사실 다오 티니는 자기도 죽은 줄 알았다고 했다) 한국군이 마을 윗쪽에서 밀고 오는데 사람들은 군대가 들어오니까 가족들을 챙겼다. 그러니까 사람들은 이미 다 모여 있는 상태였다. 우리는 한국군이 총을 쏠 거라고 전혀 생각하지 못했다. 알았다면 도망갔을 것이다. 총소리가 나자 사람들은 그때서야 도망가기 시작했다. 왜 한국군들이 사람들을 죽였는지 지금 생각해도 모르겠다. 한국군들은 사람들을 향해 닥치는대로 총을 쏘았다. 가족을 잃지 않은 사람들이야 전쟁이니까 하고 넘길 수 있지만 가족을 잃은 사람들은 한국군에 대한 증오심이 대단하다. 해방 후 다시 마을로 돌아왔을 때 마을은 완전 폐허였다. 개간을 하고 집을 다시 짓고, 살기가 정말 힘들었다. 그 궁핍을 어떻게 말로 다 할 수 있으랴. 90년대 이후에야 먹고 살기가 조금 괜찮아졌다. 마을 앞에 있는 증오비는 1975년에 세운 것이다. 당시 주민들은 돈이 없었기 때문에 지방 정부가 세웠다.

베트남에서 민간인학살의 배경

몸 속에 내재된 반공 이데올로기

민간인학살은 우리에게 그리 낯선 일이 아니다. 해방공간과 6 · 25전쟁을 통해 수많은 한국인들이 같은 동족인 한국인들과 이 전쟁에 참전한 미군에 의해 학살당했다. 우리에게는 피해자로서든 가해자로서든 학살의 체험과 기억이 이미 있었다.

좌익활동자 가족과 부역혐의자 1,000명 이상을 총과 죽창으로 몰살시키고 시신은 50m 깊이의 금정굴 속에 유기한 '금정굴 사건'을 비롯, 1945년 11월

미군의 남원 학살, 1946년 10월 항쟁 시기의 수천명 민중학살, 1948년 여순 사건 당시의 좌익과 우익 쌍방 2,000여 명 피살, 1948년 제주에서의 초토화 작전으로 인한 3만 명 이상의 주민학살,[6] 그리고 한국전쟁 중 일어난 좌우익의 숱한 민간인 학살을 몸으로 겪으며 우리에게는 사상이 다르면 사람을 죽여도 된다는 의식이 정당화되기 시작했다.

학살의 정치는 적과 정치적 반대자인 무고한 민간인들에게 무자비한 보복을 가함으로써 당사자는 물론 이것을 목격한 주변 사람들에게 권력에 대한 공포감을 갖도록 해줌과 동시에 피해자들이 다시는 재기할 수 없도록 만드는 전략이었던 것이다.[7]

학살자집단들은 별 죄의식 없이 자기 정당화와 합리화를 꾀했고 학살을 명령한 자, 지휘한 자, 적극 실행한 자에 대한 역사적 책임과 단죄는 없었다. 이 문제에 대해 말하는 사람은 다시 빨갱이로 몰렸고 희생자의 가족들은 보상과 위무는 커녕 '빨갱이' 가족이었다는 이유로 감시와 차별 속에 살아야 했다. 그들은 생의 대부분을 정신적, 육체적 고통에 시달려야 했다. 이러한 사실을 들추어내는 것 자체를 반국가적인 행동으로 여겨 탄압했기 때문에 응어리진 한을 그저 가슴 속에 묻어둘 뿐 발설할 수 없었다.

베트남전 민간인학살은 이 연장선 속에서 진행되었다. 해방전쟁과 한국전쟁을 거치면서 '빨갱이는 죽여도 된다' 아니 '죽여야 한다' 라는 의식이 우리 몸에 내재되어 있었고(이승만은 육성으로 '빨개이는 포살해야 한다' 라고 말했다), 우리는 월남의 자유와 평화를 위해 '월남 빨갱이' 인 베트콩을 없애기 위해 월남으로 갔던 것이다.

반공 성전을 위해 베트남으로 파병되었던 한국군에게 남베트남민족해방전선 유격대원들은 사람이 아니라 '빨갱이' 였다. "빨갱이는 당연히 죽여야 할 존재였다."

베트남 전쟁에서 한국군들이 실시된 수색섬멸작전들은 이미 한국에서 검증받은 것들이었다.

'견벽청야'나 '적성부락 초토화' 작전은 한국전쟁 당시 작전명령들이었다.

근거불명의 막연한 의심만으로도 사람들은 죽어갔고, 이미 월북했거나 피신해버린 사람들 대신에 그 가족이나 친지들이 억울한 죽음을 당했던 것처럼 베트남에서도 역시 베트콩으로 의심되거나 그 마을에 베트콩이 있을 거라는 의심하에 온 마을 사람들이 죽임을 당한 경우가 허다했다.

미국이 베트남에서 자행한 민간인학살이 인종주의에 바탕하고 있었다면, 우리 역시 '빨갱이'라는 또 다른 인종과 마주하고 있었던 것이다.

양주동은 '빨갱이'는 '겉은 한인이나 속은 완전히 슬라브화된 사이비 한인'이라고 지목하면서 무조건적인 토벌이 필요하다고 역설하였다.[8] '빨갱이'는 이미 우리와 다른, 우리가 죽여도 좋은 또 하나의 '인종'이었던 것이다.

"그들은 나를 빨갱이년이라고 불렀다. 빨갱이고 빨갱이년이고 그 물만 들었다 하면 사람이 아니었다. 사람이 아니기 때문에 영장이고 나발이고 인권을 주장할 수도 없었다."[9]

반공민족, 혹은 반공국민은 빨갱이 '족속'과 빨갱이의 모든 가족들에 대해 어떠한 잔혹한 행동을 해도 용서될 수 있을 뿐만 아니라 공비토벌 공로자 포상에서 나타난 것처럼 오히려 그러한 행동은 자랑거리가 될 수 있었다. 학살 당시 아무런 저항력이 없는 어린아이와 부녀자도 마구 살해한 것은 다른 학살의 현장에서처럼 실제 이들이 자신을 위협할 존재로 돌변할 가능성이 있었기 때문만은 아니다. 바로 학살을 정당화하는 논리와 문화가 존재했기 때문이다.

베트남에 갔던 한국 군인들의 몸 속에 이미 내재화되어 있던 '빨갱이 콤플렉스'가 수많은 민간인을 학살하는 배경이 되었다. 빨갱이를 죽인 것에 대한 어떠한 도덕적 책임의식도 갖지 않았듯, 베트콩을 죽인다고 해서 학살의 책임을 물을 이도 없다는 것을 이미 선험적으로 알고 있었던 것이다.

공모자 혹은 방관자

베트남전에 대한 일반적인 한국인들의 태도는 열광은 아니라 하더라도 공모자 혹은 방관자의 위치에 있었음은 부인하기 힘들다. 지식인들은 베트남전 참전에 대한 비판의 담론을 만들어내지 못했고 정치권 역시 마찬가지였다.

과거에 독립운동가였고, 야당의 정치지도자이기도 했던 박순천은 비행기 위에서 이 풍요와 다산성의 대지를 내려다보고 너무도 황홀한 나머지 베트남 땅에 입을 맞추며 "우리 민족이 처음으로 남의 나라에 군대를 보내고, 민족의 위력을 발휘한 이 감격, 이 비옥하고 광활한 땅이 우리의 것이라면 얼마나 좋겠는가……"라고 동아일보에 기고한 적이 있다. 남의 나라에 조국의 들판을 빼앗긴 아픔을 누구보다도 잘 알고 있을 그가 이런 이야기를 했다는 것은 그 당시 우리 나라 사람들의 모순된 의식구조에 대해 생각해보지 않을 수 없게 만든다.

1, 2차 파병이 만장일치로 국회를 통과하고, 3차 파병에서부터 반대의견들이 개진되었으나 담론을 형성하진 못했다. 그러나 국회가 4차 파병안을 통과시켰을 때 세계는 이미 이 전쟁을 반대하는 거대한 물결을 이루고 있었다.

1966년 영국의 철학자 러셀은 '베트남에서 전쟁범죄에 관한 국제 재판소'를 조직했고, 프랑스의 철학자 사르트르는 1967년 2월 이 재판소가 개최한 스톡홀름 회의에서부터 집행위원장으로 참여했다. 이 재판에서 사르트르를 비롯한 대표자들은 베트남에서 미국의 행위가 민간인들에 대한 광범한 무차별 대량학살을 뜻하는 제노사이드라는 전쟁범죄를 포함하고 있다는 결론을 내렸다. 즉 미국은 군사적 목적을 위해서 자유와 민주주의라는 허명을 내세우며 베트남 인민에 대한 제노사이드(genocide)라는 의도적인 무차별 살상, 즉 전쟁범죄을 범했다고 이 재판소는 만장일치로 결론을 내렸다.

미국내에서도 반전운동이 본격적으로 발전하여 존슨 대통령의 1968년 대선 출마를 포기하도록 만들었다. 온 세계가 베트남전을 반대하고 반전시위를 하고 있었을 때도 한국에서 반전의 목소리는 찾기 어려웠다.

대한뉴스에서는 '귀신잡는 해병대'의 신화를 만들어내고, 여전히 부산항에서는 여학생들이 눈물의 손수건을 흔들었고, 파병군인들의 용맹성은 과장되어 미디어를 장식했다.

베트남전의 성격규명에 대한 비판적 인식은 지식인사회에서조차도 제대로 이루어지지 않았다. 당시 진보적 잡지였던 『사상계』에서조차 월남전에 대한 비판적 고찰을 찾아보기 힘들다. 아시아에 대한 무지와 국가이기주의에 기인한 것이었을까. 당시 지식인들이 국가간 관계를 읽어내고 세계정세를 파악하여 월남전에 대한 비판의 목소리를 만들어내지 못한 것은 지식인들과 언론의 직무유기에 해당된다.

수많은 위문편지쓰기운동과 위문품보내기운동에 동참한 일반 시민들 역시 파병된 군사들이 보내오는 트랜지스터 라디오와 카메라에 매료되었을지언정 불과 몇 년 전 우리가 겪었던 전쟁을 똑같이 겪고 있는 아시아 민중들의 고통에 대해선 생각하지 않았다.

미국의 정신분석가 랑거는 "독일의 광기를 만든 사람은 히틀러임과 동시에 독일의 광기가 히틀러를 만들었다고 할 수 있다"고 했다. 박정희가 연인원 32만의 병력을 베트남에 파병할 수 있었던 것은 한국인들의 방조와 묵인이 있었기 때문에 가능했다. 다른 사람들의 고통 위에서 나만 행복하면 된다는 이기적 발상은 곧 정권을 위해서 국민의 목숨을 담보로 하는 박정희와의 암묵적 공조에 다름 아니었다고 해야 할 것이다. 그것은 "베트남 전쟁으로 오늘날 우리가 이만큼 발전하지 않았느냐. 그러므로 그 문제에 대해서 말해선 안된다"라는 논리와 박정희 기념관을 건립하는 집단들과 또하나의 공조체제로 이 사회에 나타나고 있다.

베트남 전쟁은 위기에 처했던 박정희 정권을 반석 위에 올려놓았다. 베트남 전쟁으로 정권의 초석을 다진 박정희는 장기집권의 길로 들어서고 암울한 폭압정치가 시작되었다. 그러나 이 폭압정치의 실현에는 대다수 국민의 일조가 있었다. 3선개헌과 유신헌법을 통한 폭압정치의 물적 토대는 바로 베트남 전쟁이었기 때문이다. 반전운동을 낳아 전세계적으로 자유와 이성의 새로운 장을 열게 하는 베트남 전쟁이 한국에서는 정반대의 상황을 촉발시켰다.

"1980년의 5월의 광기는 무엇보다 전두환에게서 나온 것이지만, 동시에 그것은 우리들 모두가 지닌 광기가 아니었던가."[10]

국가주의에 바탕한 국가폭력

베트남전에서 한국군은 5,000여 명이 죽고 1만 6,000여 명이 부상했다. 32만의 병사들은 한번의 거부의 몸짓없이 전장터로 향하였다. 미국의 경우 1961년에서 1975년 전쟁이 끝날 때가지 베트남 전쟁에 참전하기 않기 위해 징집을 거부하고, 또는 기피하고 해외로 망명한 숫자가 57만이었다고 한다. 국가의 '명령'을 거부한 것이다. 그러나 한국에서는 징집거부사태가 일어나지 않았다.

남북한 주민 모두에게 전시 동원과 군사주의적인 동원체제의 경험은 별로 새로운 것이 아니었다. 왜냐하면 모든 사람들이 전쟁 발발 불과 5년 전인 일제 강점기의 전시 동원체제에서 이미 지겹고 힘든 동원과 배급의 경험, 그리고 강제징집을 겪었기 때문이었다. 따라서 주민들은 국가가 인민의 생명과 재산을 마구 사용할 수 있다는 사실을 전혀 이상하게 생각하지 않을 수 있었다. 개인의 자유와 사사로운 생활 영역의 보장은 일제 말 이후 계속 전쟁을 겪은 우리 민족에게는 너무나 사치스러운 것이었다.

'민족중흥의 역사적 사명을 띠고 이 땅에 태어'나고, '자랑스런 태극기 앞에 조국과 민족의 무궁한 영광을 위하여 몸과 마음을 바쳐 충성을 다할 것을 굳게 다짐'하며 자란 우리는 '괴로우나 즐거우나' 나라를 사랑해야 한다는 의식이 이미 내면화되어 있었다.

또한 국가에 대한 거부는 곧바로 반역으로 이어졌던 사례들을 통해 국가는 정당하고 오류를 범할 수 없고, 선험적 존재라는 인식이 이미 우리 안에 바탕하고 있었다. 국가가 개인의 운명을 결정하는데 아무런 문제제기를 할 수 없도록 국가주의는 이미 우리 의식 깊숙이 내면화되어 있었던 것이다.

국가주의란 국가의 정당성을 움직일 수 없는 진리로 받아들일 것을 강요하는 이념이다.[11] 베트남 파병 또한 이 국가주의에 바탕을 두고 있다.

"오늘날 우리 우방이 공산주의의 위협을 받고 있는데 우리가 좌시할 수는 없는 것 아닌가. 친구가 물에 빠져 생명의 위협을 받을 때 이를 구하는 것은 친구로서의 의무"라는 말로 박정희는 자신의 결정에 정당성을 부여했다. 국민의 목숨을 담보로 친구를 구하는, 우방의 공산주의를 막기 위해 자신의 나라 국민들을 사선으로 보내는 무책임하고도 위험한 결정이었다. 국가권력은 조국과 민족의 이름으로 자신의 특수한 이해를 보편적 이해로 등치시켰다. 그럼에도 불구하고 국민들은 국가의 결정을 의심하지 않았으며 국가의 부름을 거역하지 않았다.

남북한에서 반국가 행위는 그것을 죄악시하는 강도가 다른 제3세계의 그것과 다르다. 다른 나라에서는 그것이 주로 권력집단의 자의적인 판단에 의존한다면 한반도 남북에서의 그것은 거의 전국민적 지지에 근거해 있다. 그것에 근거해 국가는 반국가적 행위를 한 인간에게서 인간성 자체를 박탈할 권리를 지니며, 국민들은 그가 감옥에서 온갖 비인간적 처우를 받으며 40년 이상을 갇혀 있거나 혹은 폭력에 의해 죽음에 이른다해도 특별한 관심을 갖지 않는다. 우리

의 내면은 이렇듯 오래 전부터 국가주의의 강력한 지배를 받고 있었던 것이다.[12]

베트남에서의 민간인 학살을 시인하는 일부의 참전군인들은 말한다. "우리는 군인들이다. 명령에 따를 수밖에 없는 처지였던 것이다." 이 말은 나치 대원들, 그리고 1980년 광주에서 공수부대원들이 했던 말과 똑같다. 군인이 된다는 것은 사람임을 포기하는 순간이다. 이 때 국가는 개인을 하나의 도구로 사용하는 것이다. 국가의 결정에 대한 가치판단은 할 수 없는 것인가. 국가의 가치판단과 개인의 가치판단이 다를 경우 국가는 개인의 판단을 억압하고 탄압할 수 있는가. 일본의 한 고등학교의 졸업식장에서 일본 국기에 대한 경례와 일본 국가를 제창할 것을 요구하는 학교 당국의 처사에 반해 그것을 거부하고 졸업식장을 나온 일본 학생들 또한 국가에 대한 거부를 한 셈이므로 반역죄에 해당하는 것인가.

개인이 국가에 맞설 권리, 국가의 개인 사생활을 침해하는 것을 방지하는 제도, 국가를 구성한 개인의 행복과 권리를 보장하는 수단적 장치로 보는 가치체계가 결여된 것은 한국이라는 국가의 기원과 전근대적 성격의 결합에 기인한다.

'사망통지서'라는 영화에서 남편을 베트남 전쟁에서 잃은 한 미국 여성은 "내 남편은 영웅인가, 살인자인가. 나는 내 남편을 살인자로 부르고 싶지 않다. 그러나 진실의 입장에서 보면 내 남편은 살인자였다"라고 말하고 있다. 국가는 평범한 한 남자를 살인자로 만들었다. 그리고 그에 대한 책임은 결국 개인이 지게 된다. 국가의 의지로 월남에 파병되었던 사람들 중에서 고엽제에 시달리거나 정신적 장애를 입은 사람들의 나머지 생은 결국 개인의 몫으로 남게 된다

국가가 자신의 존립을 위하여 자신의 주민을 학살하고 성폭력을 범하는가 하면 외국군대의 주둔을 허용하고 주민에 대한 그들의 범죄를 묵인하는 모순,

그리고 식량위기, 실업위기로 인한 주민의 안전한 삶이 위협받아도 대규모 군비를 소비하는 모순을 국가안보론은 안고 있다.[13]

국가의 무오류성, 국가의 무조건적 정당성에 대한 비판적 질문이 봉쇄되어 있는 한 앞으로도 개인의 몸과 꿈과 상상력은 늘 국가폭력 앞에 노출되어 있을 것이다.

'다른' 기억에 대한 억압

베트남전에 대해 말한다는 것은, 더구나 민간인 학살에 대해 말한다는 것은 아직도 어려운 일이다. 적어도 한국에서 '공식적인 기억'과 다른 기억에 대해 말하고자 하는 것은 기존질서에 대한 도전이자 반역이라는 사회구조 때문이다. 사실 베트남전 당시의 민간인학살 이야기는 우리 사회의 공공연한 비밀이었다. 군대에서는 전설처럼 이야기되는 무용담이었고, 교련 선생님들은 수업 시간 중에 이 '불온한 기억'을 공공연하게 이야기하기도 했다. 그러나 이 '불온한 기억'들이 공식적인 담론의 장에서는 억압되었다. 국가는 공식적인 기억과 다른 여타의 기억과 해석들은 불법화하고 탄압하였다. 공식화된 기억만이 재생산되어 진실이 되었다.

베트남전의 성격 규명에 대한 시도가 여러 차례 있었지만 개인들은 고초를 당해야했고, 그것을 언설화하는 작업은 폭력에 의해 탄압당하기도 했다. 참전 군인들의 한겨레신문사 난입사건은 우리 사회의 지표를 보여주는 대표적인 예다. 그들은 베트남전 민간인학살 문제를 이야기 하는 사람들을 '빨갱이'라고 말했다. 기존의 해석과 다른 해석을 하는 집단은 바로 '좌경', '불순', '용공', '친북론자'들이었다. 이것은 우리의 삶 자체가 분단현실에 좌우되고 있고, 적어도 한국 사회에서 기존의 질서와 집단기억에서 빠져나오려고 할 때 걸려들 수밖에 없는 올가미이자 덫인 것이다. 사회적 약자, 소수자들의 저항 역시 반공과 애국의 이름으로 탄압되었다.

우리와 다른 기억을 하는 자들은 모두 빨갱이다.

자신의 기억만이 진실이라고 우기는, 진실의 문제를 떠나 차이와 다양성이라는 것은 애초에 말할 수 조차 없는 이 사회의 집단 이데올로기의 배후에는 그러나 그것을 만들어내고 이 사회 속에 퍼트리고 우리 몸 속에 각인시키고자 하는 냉혹한 이성이 있다.[14] 화인처럼 우리의 뇌수에 새겨서 유전자화시키고자 하는 세력이 분명히 존재한다.

베트남을 이야기하는 것은 우리 마음 속 깊숙히 뿌리내리고 있는 야만과 광기의 실체를 마주하는 일이다. 한국전 당시의 양민학살에 대한 은폐와 망각이 베트남전에서의 비극을 초래했고, 베트남전의 성격규명과 민간인학살에 대한 완벽하고 철저한 기억의 은폐는 광주학살로 이어졌다. 왜곡된 기억은 왜곡된 역사를 만들어낸다. 억눌려온 기억들에 대한 말할 수 없을 때, 말하지 않았을 때 또하나의 새로운 학살이 일어났다는 것을 한국의 현대사는 잘 드러내준다.

기억하기, 말하기, 의심하기

아우슈비츠 수용소에서 유대인 학살을 집행한 독일 병사들의 대부분은 열렬한 나치 당원이 아니라 예비군으로 각지에서 소집된 평범한 독일 아저씨들이었다. 나치즘의 사회적 기반은 소수의 광신자들이 아니라 바로 이들 평범한 독일인들이었다는 것은 많은 것을 시사한다.[15]

권력은 정신과 일상을 교묘하게 조작하여 사람들을 자발적으로 굴종하게 만들고 일상 생활의 미세한 국면에까지 지배력을 행사한다. 폭력은 우리의 일상에 견고하게 자리잡고 있다. 이 일상의 폭력, 일상의 파시즘을 직시하고 싸우지 않는 한 나는 언제 베트남 사람들을 죽일지, 우리 사회의 소수자를 박해하는데 일조하고 그 일에 대한 반성조차 할 수 없는 인간이 되어 버릴지 알 수 없다.

폭력은 교육과 언론, 다양한 상징을 통해 우리의 내부로 들어온다. 일상이 그 폭압적 시스템 속에서 살아온 내 몸은 나도 모르는 사이 이 논리들을 내면화한다. 자발적 복종을 끊임없이 의심하지 않는 한 이미 내면화된 일상의 파시즘으로부터 벗어날 수 없다. 제도교육과 미디어와 권력은 개인의 일상을 치밀하게 파고 들어와 삶 자체를 그들의 논리로 내재화한다. 일상의 폭력에 대한 의심과 훈련이 개인의 인권을 지키고 타인의 인권을 침해하지 않을 수 있는 길이다.

정서의 일부로 만들어진 반공주의와 국가에 대한 충성이 실제로는 내 영혼의 상상력을 짓누르고, 내 삶의 영역을 축소하고, 내 인식의 한계를 결정짓고, 나 스스로의 해방을 억누르는 기제로 작용한다는 것을 알아차리는 것조차 내가 한국사회에서 쓸데없이 민감하고 예민하고 전투적이라는 소리를 들어가면서야 획득되는 것이다. 서해교전 당시 이미 죽은 시체를 적나라하게 보여주는 9시 뉴스를 보며, 그들의 시신에 대한 모독에 부르르 떨지 않았다면 우리 몸에 흐르는 피를 의심해보아야 할 것이다.

맺는 글

우리는 그들을 잊었다. 월남 패망, 으시시한 음악과 함께 붉은 글자로 우리들의 가슴에 각인된 월남 패망은 그러나 곧 잊혀져갔다. 패망한 나라의 사람들은 어떻게 되었는지, 2차 세계대전 때 쏟아부은 폭탄의 두 배가 쏟아졌다는 그 땅에 과연 곡식은 자라는지, 고엽제로 불타버린 밀림엔 생명이 자라는지 아주 까맣게 잊었다. 무서운 망각이었다.

그곳에서 벌어들인 돈으로 고속도로를 닦고, 경제개발을 하고, 1일 생활권을 만드느라 부산을 떠는 동안 그들은 폐허 위에 집을 짓고, 들판을 다독여 쌀을 수확하고, 새우를 양식하고, 염전을 만들었다. 고난의 세월이었다. 땅을 파면 수습되지 않은 뼛조각들이 누워 있고, 지뢰는 도처에 묻혀 있어 언제 터질지 몰랐다. 그들은 오열로 시신을 수습하고 통곡으로 영혼을 달랬다. 가난과 결핍 속에서 아이들을 키우고, 사탕수수와 땅콩을 심고 강마다 오리떼를 키웠다.

이제 베트남에는 열대의 나무들이 그늘을 드리우고, 들판은 풍요롭고, 물소들은 한가로이 풀을 뜯는다. 그러나 인간의 몸과 마음에 새겨진 상처는 아직도 선연하다. 몸 속에 남아 있는 탄피는 세월이 지나면서 더욱 덜거덕거리고, 처참하게 죽은 가족들은 여전히 꿈 속을 서성이고, 때로 밥에선 피냄새가 난다. 하늘문을 열지 못한 혼넋들은 들판을 서성이고 영혼의 상처는 세월이 가면서 더욱 깊어진다.

박물관을 짓고 위령비를 세우고 따이한 제사를 지내며, 그들은 아직도 맹호와 청룡이라는 단어를 기억한다. 그리고 그 기억은 우리의 기억과는 너무·다르다. 우리는 이 다른 기억을 어떻게 받아들일 것인가.

주

1) 김진선, 「산자의 전쟁 죽은자의 전쟁」

2) 이삼성, 『20세기 문명과 야만』

3) 이삼성, 『20세기 문명과 야만』

4) 구수정 통신원의 취재기록, 『한겨레 21』

5) 고경태 기자, 『한겨레 21』

6) 김영범, 「한국전쟁과 양민학살」

7) 김동춘, 『전쟁과 사회』

8) 김동춘, 『전쟁과 사회』

9) 박완서, 『엄마의 말뚝』

10) 문부식, 「상처들이 말을 하기 시작했다」, 『당대비평』

11) 김동춘, 『전쟁과 사회』

12) 문부식, 「잃어버린 기억을 찾아서」, 『당대비평』

13) 이김현숙, 「성인지적 관점에서 본 한반도의 평화와 인권」

14) 권혁범, 「내 몸 속의 반공주의 회로와 권력」

15) 임지현, 「일상적 파시즘의 코드 읽기」

참고문헌

강인철, 「전쟁의 기억 기억의 전쟁」

김진선, 『산자의 전쟁, 죽은 자의 전쟁』 중앙 M & B

김동춘, 『전쟁과 사회』 한길사

김현아, 「한국군의 베트남전 참전」, 『논쟁으로 본 한국사회 100년』 역사비평사

문부식, 「잃어버린 기억을 찾아서」, 『당대비평』 1999 가을

황병주, 「박정희 시대의 국가와 민중」, 『당대비평』

황상익, 「국가폭력과 트라우마」

『우리 안의 파시즘』 삼인

『동아시아와 근대의 폭력』 1, 2 삼인

2001 제주인권학술회의 자료집, 「한반도의 평화와 인권」

20세기 한국의 야만2 제2장

김대중 납치사건과 긴급조치의 시대

경남대학교 극동문제연구소 객원연구위원

냉전 개발 독재와 유신 독재

들어가는 글

박정희 정권(이하 박정권)이 통치하던 60·70년대는 한국 현대사에 가장 큰 영향을 남긴 시대라 할 수 있다. 21세기를 사는 우리들에게 그 시대는 '한강의 기적'이 일어난 시대로 기억된다. 사실 당시의 유산은 오늘날에도 우리들 곁에서 쉽게 볼 수 있다. 아파트, 고속도로, 고층빌딩, 자동차, 지하철과 같은 근대적 시설 뿐 아니라 유적지, 성곽, 국악, 탈춤 등과 같은 유무형의 문화재도 당시 보수·정화되기 시작한 것이다. 이런 측면에서 보면 현재의 한국사회는 60·70년대에 많은 빚을 지고 있다.

그러나 박정권 시기는 그렇게 긍정적으로 기억될 수는 없다. 당시 집권세력의 민주주의 파괴, 공권력의 인권유린, 자본측의 노동기본권 억압 등은 박정권 시기의 또 다른 부정적 모습이다. 박정권은 북한의 남침 위협을 내세우면서 부국강병을 주장하였고, 이를 근거로 국민의 자유와 권리를 침해하였다. 그들은 국가안보와 경제발전을 위해서는 민주주의도, 인권도, 노동자의 권익도 희생될 수 있다고 생각했다. 그러나 "폭력은 정당화 될 수 있다. 그러나 결코 정당한 것은 아니다"라는 한나 아렌트(Hannah Arent)의 말대로 박정희의 독재는 정당화될 수 있지만, 그것은 결코 정당한 것이 아니었다.

이 글은 박정권의 민주주의 파괴와 인권유린은 과오이지만 경제발전은 공적이라는 견해를 받아들이지 않는다. 박정권의 정치와 경제, 곧 권위주의적 통치와 경제개발은 분리될 수 있는 것이 아니다. 박정권은 경제개발에 저해가 된다면 민주주의를 제한해야 한다고 생각했으며, 실제로 이런 논리 아래 유신체제를 정당화했다. 일부 학자들도 이에 동조해 '개발독재는 필요악'이라고 주장했다. 그들은 그 근거로 경제발전에 성공한 후발국의 대부분이 권위주의적 통치를 경험했다는 사례를 제시한다. 그러나 모든 권위주의 정권이 경제발전에 성공한 것은 아니었다. 이는 권위주의적 통치가 아니라 다른 요인에 의해 한국의 경제발전이 성공했을 가능성이 있음을 말해준다.

이 문제를 고찰하기 전에 먼저 다음과 같은 질문을 생각해 보자. 당시 발표되었던 수 차례의 용공사건들, 재야인사들에 대한 구금·투옥, 그리고 일상화되었던 휴교와 긴급조치 등이 경제발전을 위한 것이었는가, 아니면 박정권의 안정을 위한 것이었는가? 김대중 납치사건, 재야인사들과 학생들의 투옥, 휴교령이 없었다면 경제발전이 불가능했을까? 전태일이 산화하면서까지 저항했던 열악한 노동조건하에서만 경제발전이 가능했던가?

물론 경제성장 초기에 국가의 강력한 지도력은 필요하다. 그러나 강력한 지도력과 노동 억압적 정책이 동일한 것은 아니다. 산업화 초기에는 국가의 힘이 기업가들을 압도하기 때문에 만일 국가가 노동자들의 입장을 고려했다면 기업에게 더 높은 생산성을 올릴 수 있는 친(親)노동적 노동환경을 강제할 수도 있었다. 하지만 박정권은 친(親)자본적 입장에서 경제발전의 주역인 노동자의 기본권을 억압하는 정책을 펼쳤다. 게다가 극단적인 반공주의를 잣대로 노동자의 권익을 신장시키기 위한 움직임을 공산주의로 몰아 탄압하였다.

만일 박정권이 대항세력의 비판을 수용했더라면 한국경제의 대외의존성이 약화되고 정경유착의 고리가 끊어졌을지도 모른다. 박정권이 "민주주의란 자신이 좋아하는 의견을 보호하는 것이 아니라 자신이 가장 싫어하는 의견을 인정하는 것"이라는 격언을 받아들였다면 박정희가 그렇게 비참한 최후를 맞이하지 않았을지도 모른다.

일반적으로 경제성장은 김대중 납치사건이나 민주화운동 탄압과 관련이 없다고 생각된다. 그러나 당시 박정권이 자신들의 권위주의를 경제성장을 통해 정당화해야만 했다는 점에서 양자간에는 밀접한 연관성이 있다. 곧 박정권은 정통성의 부재를 만회하기 위해 경제발전에 집착하였고, 이를 다시 정권의 안정과 불법적인 집권 연장을 정당화하는 명분으로 활용하였다. 이런 측면에서 보면 박정권의 경제발전은 권위주의적 통치를 지속하기 위해 자행한 민주주의 파괴의 결과라고 볼 수 있다.

그렇기 때문에 우리가 박정권 시기의 경제성장을 마냥 자랑하거나 긍정적으로 평가할 수 없는 것이다. 반복해서 말하지만, 박정권의 경제성장은 박정권의 불법적인 연장과 안정이라는 부정의한 목표를 정당화하는 수단이었으며, 이 과정에서 민주주의는 희생되었다. 따라서 박정권의 경제발전과 권위주의를 공과 과로 구분하는 시각은 객관적인 것처럼 보이지만, 양자의 상관관계를 인식하지 못한 피상적 평가에 불과하다 할 것이다.

그럼에도, 최근까지도 박정희는 한국의 경제기적을 일으킨 영웅으로 추앙받고 있다. 과거로부터 교훈을 얻지 못하는 국민에게는 미래가 없다. 필자는 박정권 시기에 대한 공정한 평가 없이 사회정의가 세워질 수는 없다고 생각한다.

그런데 불행히도 많은 국민들은 박정희와 그 시대에 대해 허상을 갖고 있다. 소위 '구세대' 또는 '산업화 세대'는 당시 국가에 의해 자행된 언론통제로 말미암아 당시 일어났던 박정권의 무자비한 범죄적 행위를 접하지 못하였고, 신세대들 역시 잘못된 학교교육으로 말미암아 당시의 실상을 알고 있지 못한다. 따라서 현재를 살고 있는 사람들의 대부분은 겉으로 드러난 그 시기의 경제발전만을 보고 그 시대를 규정짓고 있는 것이다. 곧 당시를 제대로 알지도 못하면서 동경하고 있는 것이다.

따라서 이 장은 박정권의 반민주성과 반인륜성을 보여주는 대표적인 사례인 유신체제, 김대중 납치사건, 그리고 긴급조치를 설명한다. 이를 통해 박정권의 실체에 대해 좀 더 다가갈 수 있을 것이다.

유신체제

유신체제는 한국 역사상 가장 노골적이고 강압적인 권위주의 체제였다. 그러면 박정희 정권은 왜 1972년 10월 군정기간 동안 자신들이 만든 헌정질서를 자신들의 손으로 파괴했는가?

유신체제 등장의 국내외적 환경

박정권이 유신체제를 도입한 이유는 크게 국내적 요인과 국제적·남북관계적 요인으로 나눌 수 있다.

먼저 국내적 요인으로 1960년대 후반의 국내 경제상황의 악화가 박정권이 유신체제로 전환하는 계기가 되었다. 경제는 초기부터 박정권의 가장 중요한 정통성 구축의 기제였다. 박정권은 자신에게 부재한 정치적 정통성을 만회하기 위해 1962년부터 경제개발계획을 추진했다. 60년대 중반 경제가 성장하면서 박정권의 이러한 전략은 성공하는 듯 했다.

그러나 60년대 말이 되면 경제성장이 둔화되게 되는데, 그것은 박정권의 경제개발정책의 한계에서 도출된 것이다. 박 정권은 해외로부터 자본과 원료를 들여와 국내의 저임금 노동력과 결합시켜 완제품을 해외에 수출하는 '수출주도산업화 전략'을 채택하였다. 그런데 저임금 노동력에 의존한 전략은 낮은 생산성을 가져올 수밖에 없었고, 정부에 의한 외자의 할당은 정경유착을 낳았으며, 이는 자본의 비생산적 사용을 가져왔다. 따라서 박정권의 수출주도전략은 60년대 중반의 경제성장에도 불구하고 기업의 수출채산성을 높이지는 못했다.

따라서 외국으로부터 빌려온 자금(원리금)을 상환해야 하는 60년대 후반이 되면서 한국의 경제상황은 악화되었다. 당시 많은 수출기업들이 자금상환을 감당하지 못하고 도산하였다. 1969년 박정권에 의해 실시된 제1차 부실기업 조사에 따르면 정부지불보증 차관업체와 은행 관리업체 83개 사 가운데 45%가 부실로 판명되었다. 더욱이 60년대 말부터 진행된 세계적인 스테그플래이션은 한국의 경제상황을 더욱 악화시켰다. 따라서 한국의 경제성장률은 1970

년 7.6%에서 1971년 8.6%, 1972년 5.1%로 하락하였다.

박정권은 초기에는 금융긴축조치를 통해 위기를 극복하려 하였으나 경제구조 자체의 취약성으로 인해 실패하였다. 더욱이 긴축으로 인한 금융시장의 경색은 기업들이 자본을 조달할 수 있는 자금시장을 위축시켰고, 이는 부실기업뿐 아니라 대기업까지 위기로 빠트렸다. 결국 박정권은 1972년 8월 3일 기업을 사채부담으로부터 벗어나도록 한 '경제안정과 성장에 관한 긴급명령 제15호' 라는 강제조치를 발동하였다. 이는 경제 위기를 극복하기 위해 박정권이 특단의 조치를 취했음을 보여준다. 그들이 이런 조치를 취할 수밖에 없었던 이유는 경제위기가 단순히 자신들의 정통성 보완 기제였던 경제만의 불안정만을 가져온 것이 아니라 다음과 같은 정치 사회적 위기를 동반했기 때문이었다.

둘째 60년대의 급속한 경제성장이 만들어 놓은 사회적 결과(도시이주민의 증가와 농촌의 상대적 저발전)는 유신체제 등장의 국내적 요인이었다. 60년대 경제발전이 가져온 가장 큰 사회적 변화는 이농현상이었다. 많은 농민들은 일자리를 찾아 고향을 떠났다. 그러나 도시는 그들 모두에게 일자리를 주지 않았다. 일부만 일자리를 얻었고, 다수는 미취업 또는 불완전 고용의 상태에 남겨졌다. 따라서 그들은 자본이 노동자들에게 저임금을 강제할 수 있게 하는 산업예비군이 되었다.

한편 저임금을 기반으로 생산된 한국의 저가상품은 미국과 일본으로 수출되었고, 한국경제는 이를 기반으로 성장하였다. 그러나 당시 노동자들의 상황은 급속한 경제성장과 달리 전혀 나아지지 않았다. 1970년 전태일의 분신은 이들의 상황이 얼마나 열악했는가를 대변해주는 사건이었다. 당시 도시이주민에게 도시는 희망의 땅이었지만, 도시는 희망을 실현시켜 주는 땅이 아니었다. 따라서 그들은 경제성장의 역군이었지만 그 수혜자는 아니었다.

농민 역시 도시이주민과 마찬가지로 경제성장의 수혜자가 아니었다. 농촌은 저임금에 기반한 경제성장을 위해 식량생산기지가 되어야 했다. 도시노동자의 낮은 생활비가 유지되기 위해서는 농민이 생산한 곡물의 가격도 낮아야만 했다. 이것이 박정권이 저곡가 정책을 추진하는 이유였다. 결국 60년대의 급속한 경제성장에도 불구하고 농촌과 도시의 소득격차는 해가 갈수록 벌어졌고, 이는 농민들에게 좌절감을 안겨 주어 더 많은 농민들을 이농의 대열에 합류하게 만들었다.

60년대 경제성장이 낳은 농민과 도시빈민들의 좌절감은 60년대 말~70년대 초반의 경제위기와 결부되면서 곳곳에서 폭발하였다. 1970년 도시이주민이 모여살던 광주대단지의 폭동, 청계피복노동자 전태일의 분신사건, 파월노동자들의 KAL 빌딩 방화사건 등이 그 대표적 사건이었다. 결국 70년대 초반의 사회적 불안정은 박정권의 안정을 저해하였으며 유신체제 등장의 한 요인이 되었다.

셋째 60년대 말~70년대 초반 급격한 국제정세의 변화와 이에 따른 남북관계의 변화는 유신체제 등장의 국제적 요인이었다. "아시아의 안보는 아시아인들의 손으로"라는 닉슨의 괌 선언과 그에 따른 주한미군의 철수는 한편으로 당시 박정권이 주장한 '자주국방'의 설득력을 높여주었지만, 다른 한편으로 박정권을 지탱시켜주는 가장 핵심적인 지배 이데올로기였던 반공 · 안보 이데올로기의 수정을 요구하였다. 특히 닉슨의 데탕트 정책에 따른 일본-중국 및 미국-중국의 수교는 반공보다는 자본주의 진영과 공산주의 진영간의 화해가 시대적 조류임을 보여주면서 대결적인 남북관계의 변화를 요구하였다. 이에 따라 박정권은 북한과의 대화에 나섰고, 1972년 역사적인 남북공동성명을 발표하게 되었다. 이 과정에서 박정권은 통일을 대비한다는 명분으로 유신체제를 선포하였다.

넷째 위의 여러 요인들보다도 유신체제 등장의 결정적 계기가 되었던 것은

청중 앞에서 연설하는 박정희 후보(좌)와 박정희의 삼선 저지를 호소하는 신민당의 김대중 후보(우)

박정권의 연장이라는 정치적 의도였다. 60년대 중반에 상승했던 박정권에 대한 지지도는 60년대 말 사회경제적 상황의 악화에 따라 점차 하락하였다. 1971년 실시된 제7대 대통령 선거에서 박정희는 관권·금권 선거 및 지역감정의 조장에도 불구하고 총투표의 51.2% 밖에 얻지 못한 반면, 신민당의 김대중 후보는 43.6%를 획득하였다. 외면적인 선거 결과는 박정권에게 치명적인 위협으로 보이지는 않았지만, 도시표의 52.3%, 특히 서울에서 58%의 득표율을 올린 김대중의 부상은 제6대 대통령 선거에서 윤보선 후보가 얻은 표에 비한다면 박정권에게 큰 위기로 느껴졌다.

또한 대통령 선거에서 나타났던 여촌야도(與村野都)의 투표성향은 그 해 5월 실시된 총선에서 더욱 강화되었다. 신민당은 서울, 부산, 대구, 광주 등 대도시에서 선전하여 이전의 44석을 89석으로 늘린 반면, 공화당은 도시에서 참패하였을 뿐 아니라 당의 핵심 인물들까지 낙선하였다. 이에 박정권은 민주적인 선거제도를 통해 자신들이 집권하지 못할 가능성을 인식하게 되었고, 따라서 박정권은 민주적인 선거제도가 아닌 다른 방법, 곧 유신체제와 같은 권위주의 체제가 필요하다는 사실을 깨달았다.

유신체제 선포의 논리

그러나 박정권은 유신체제를 선포하는데 이런 정치적 이유를 내세울 수는 없었다. 대신 박정권은 앞서 지적한 국제정세의 변화와 남북관계의 변화를 내세웠다.

우선 박정권은 한편으로 70년대 초반 국제적인 화해분위기 및 주한미군의 철수를 빌미로 자주국방과 총력안보를 내세우고, 다른 한편으로 남북관계의 개선을 추진하였다. 1970년 8월15일 '통일기반조성을 위한 접근방법에 관한 구상'을 발표한 이후 박정권은 남북관계 개선을 위해 여러가지 노력을 기울였고, 그 결과 1971년 8월20일 '남북가족찾기회담'을 위한 남북실무자 접촉, 5월 이후락 중앙정보부장의 북한방문, 7월4일 '남북공동성명' 발표를 가져왔다.

이 과정에서 박정권은 1971년 12월 6일 '국가비상사태' 선포 및 12월19일 '국가보위에 관한 특별조치법' 통과를 강행했고, 결국 1972년 10월 17일 비상계엄을 선포하고, 국회해산, 정당 정치활동의 중지, 현행 헌법의 일부 기능 중지, 남북의 평화적 통일을 지향하는 신헌법안 마련 등을 담고 있는 특별선언을 발표하였다.

여기서 박정권은 국제정세의 변화가 한국의 안전에 위험을 가져오며, '민족 중흥의 위대한 기초 작업이며 민족 웅비의 대설계'인 '한반도의 평화, 이산 가족의 재결합, 그리고 조국의 평화적 통일'을 위해 예지와 용기와 단결 및 기존 체제의 유신적 개혁이 필요하다고 주장하였다. 다시 말해 박정권은 국제정세 및 남북관계의 변화로 인해 유신체제가 필요하다고 주장했다. 그러나 당시 한국의 안보 상황은 남북대화가 진행되던 중이었고, 국제정세도 남북간의 긴장 완화를 원했던 만큼 특별한 조치가 필요한 위기 상황은 아니었다.

결국 유신체제의 등장에 국제 및 남북관계의 변화가 영향을 미친 것은 사실이지만, 이러한 변화가 꼭 유신체제라는 권위주의 체제를 필요로 한 것은 아니었다. 유신체제를 선포하면서 박정권이 내세운 근거는 명분에 불과한 것이고, 60년대 말이래 경제위기와 사회적 불안정이 가져온 박정권의 정치적 위기가 유신체제의 진짜 원인이었다. 곧, 박정권은 앞으로 민주적인 절차를 통해 박정희의 재집권 가능성이 낮다는 것을 깨닫자, 아예 민주헌정질서를 파괴한 것이었다.

유신헌법의 내용

그러면 일반적으로 반민주적으로 알려져 있는 유신체제의 골간인 유신헌법의 내용은 무엇인가? 유신헌법에서는 '대표의 직접선출', '삼권분립', '정기적인 대표의 교체 가능성' 등 민주주의의 기본원리가 어떻게 왜곡되었는가?

첫째 유신헌법은 제3공화국 헌법의 대통령 선출방식 및 권한을 변경시켰다. 유신헌법에서 대통령은 국민의 직접선거에 의해 선출되는 것이 아니라 국민들이 선출한 대의원들에 의해 간접적으로 선출된다. 선출된 대의원들은 '통일주체국민회의'라는 대통령 선출기구, 곧 대통령 선거인단을 구성하여 대통령을 선출한다. 이는 1971년 선거 결과 직선제에 의한 박정희의 대통령 재선가능성이 낮아졌기 때문에 등장한 제도였다.

또한 유신헌법은 대통령의 임기를 기존의 4년에서 6년으로 연장하였고 중임제한 조항을 아예 빼버렸다. 이는 박정희의 영구집권을 보장하기 위한 것으로 삼선개헌과 같은 절차를 더 이상 겪지 않겠다는 의도를 나타낸 것이었다.

게다가 유신헌법에서 대통령의 권한은 삼권분립의 정신을 배제한 채 엄청나게 강화되었다. 대통령은 국회를 해산할 수 있고 법관과 국회의원 1/3을 임명할 수 있으며, 국회의 동의 없이 긴급조치를 발동할 수 있었고 긴급조치는 사법부의 심사대상이 되지 않았다. 이는 유신헌법에서 대통령이 다른 부서보다

우위에 있는 것을 넘어 다른 부서를 통솔하는 위치에 있음을 보여준다.

둘째 유신헌법은 대통령의 권한을 강화한 것과 반대로 입법부의 권한은 대폭 약화시켰다. 대통령이 국회를 해산할 수 있는 반면, 국회는 대통령을 탄핵할 권한을 갖지 못했다. 또한 행정부를 감독·통제할 수 있게 해 주었던 국회의 국정감사권도 폐지되었다. 게다가 이전에는 국민이 국회의원을 직접 선거로 선출하고 전국구 의원은 득표율에 따라 배분되었지만, 유신헌법에서는 국회의원의 2/3만을 선거를 통해 선출하고 나머지 1/3은 대통령이 임명한 후보를 통일주체국민회의에서 추인하였다. 이는 입법부가 대통령에게 종속되었음을 보여준다. 박정권이 이렇게 국회의 권한을 대폭 축소시킨 것은 1971년 국회의원 선거에서 신민당의 의석 증가에 불안을 느꼈기 때문이다.

한편 헌법 규정은 아니지만 박정권은 정당, 선거법을 자신들에게 유리하게 변경하였다. 우선 국회의원 선거제도에서 전국구를 없앴다. 이는 전국구에서 당선될 수 있는 야당의 비율을 그만큼 축소시키려는 의도에서 도입된 것이다. 이 법은 217명의 국회의원 중 지역구 선출 146명 제외한 73명을 통일주체국민회의에서 선출하도록 만들었기 때문에 박정권으로서는 전체 의석의 1/3을 자동적으로 친여 성향의 의원으로 채울 수 있었다.

다음으로 박정권은 한 선거구에서 한 명이 아닌 두 명의 국회의원을 선출하는 중선거구제를 도입하였다. 이 경우 도시선거구에서 둘 중 하나는 여당 후보가 당선될 가능성이 높아진다. 이 제도 역시 1971년 선거에서 나타난 여촌야도 현상이 무력화시키고, 여당 후보를 많이 확보하려는 의도에서 도입된 것이었다.

다른 한편 박정권은 기존의 2원 13부 3처 6청의 정부구조를 2원 13부 4처 13청으로 바꾸어 행정부를 강화하고, 중앙행정기구의 보조기관 설치에 관한 권한을 대통령에게 부여함으로써 대통령의 행정기구 통제도 강화하였다.

결국 유신헌법은 대통령 1인에게 입법, 사법, 행정 등 국가기구의 전권을 부여하고 대통령의 교체 가능성을 거의 불가능하게 만든 반(反)민주적 헌법으로서 유신체제라는 권위주의 체제에 법적 근거를 마련해주었다.

유신체제 선포 이후의 정당화 논리

헌법에 기초했음에도 불구하고 유신체제는 박정권의 정통성을 크게 손상시켰다. 특히 박정권의 노골적인 저항운동 탄압 및 인권유린은 국제적 여론을 악화시켰고 국내적으로도 국민에게 정당성을 얻지 못하였다. 따라서 박정권은 유신체제를 정당화시키는 논리를 지속적으로 개발하였다.

첫째 박정권은 북한과 대치하고 있는 분단상황에서 안보를 확고히 하기 위해서는 국민들이 모두 하나의 신념으로 뭉쳐야 한다는 '국민총화론'을 내세웠다. 국민총화론의 핵심은 국민의 기본권이 국가에 귀속되는 것이고, 국가 내에서만 개인의 권리가 보장된다는 것이다. 이 논리는 국가를 위해서는 국민의 권리와 의무가 제한될 수 있다는 논리로 연장되었다.

또한 유신헌법 제4조 3항은 대통령에게 국민적 조정자의 지위와 국가의 존속 및 존엄 보장이라는 '영도자의 지위'를 규정하였다. 이를 근거로 박정권은 대통령이야말로 국가적 조정자이며 헌법의 수호자이기 때문에 대통령으로 하여금 총화를 이룩하는 데 필요한 정치권력을 행사할 수 있게 해야 한다고 주장하면서 대통령의 권력집중을 정당화하였다.

다음으로 박정권은 통일주체국민회의 및 유정회의 설치, 국회기능의 축소, 입법·사법·행정에 대한 대통령의 조정권 등을 정당화하기 위해 '한국적 민주주의'라는 논리를 내세웠다. 이미 박정권은 1963년 대통령 선거에서 서구 민주주의가 한국의 상황에 맞지 않기 때문에 한국적 상황에 맞는 민주주의가 필요하며 그것을 '민족적 민주주의'라고 이름 붙였다. 그러나 1964년 한일국교정상화회담 반대투쟁에서 이 구호가 학생들에 의해 '화형' 당하자 이를 더 이상 사용하지 않았다.

그런데 박정권은 유신체제를 선포한 이후 다시 유사한 구호인 이른바 한국적 민주주의를 내세웠다. 박정권은 약육강식의 국제정세와 북한의 남침 위기를 극복하기 위해서는 국민총화가 필요한데, 서구식 민주주의는 이에 장애가 되기 때문에 한국적 상황에 맞는 한국적 민주주의가 필요하다는 논리를 내세웠다. 그러나 한국적 민주주의의 본질은 의회의 권한을 축소시키고 대통령에게 전권을 부여한 유신체제를 정당화시키는 것이었다.

이후 박정권은 한국적 민주주의를 다시 '민족주체성'의 논리와 접목시켰다. 이는 약육강식의 국제정세 아래서 살아남기 위해서는 민족주체성을 세우는 일이 가장 중요하다는 내용을 담고 있었다. 그런데 박정권이 주장하는 민족주체성을 세우는 일은 바로 유신체제를 보존하는 것이었다.

결국 박정권은 국내외적 비난에 직면하여 국민들에게 유신체제를 정당화하기 위해 다양한 논리를 내세웠지만, 그것은 권위주의 체제를 옹호하기 위한 구차한 변명일 뿐 유신체제를 정당화시켜 주지는 못했다.

김대중 납치사건

김대중 납치사건은 유신체제의 부정적 측면을 단적으로 보여준 사건이었다. 곧 이 사건은 유신체제가 국제정세나 남북관계의 변화에 부응하기 위해 절실히 필요한 체제가 아닌 박정권의 안보를 위한 정략이었다는 사실을 가장 잘 보여준 사건이었다. 그러면 사건의 실상으로 들어가 보자.

사건의 발생 배경[1]

1971년 4월의 제7대 대통령선거에서 박정희의 당선을 위협했던 김대중은 같은 해 5월에 치러진 국회의원 선거 유세 마지막 날 교통사고를 당했다.[2] 이로 인해 중상을 입었음에도 김대중은 국회의원에 당선되었고, 이는 박정권의 가장 두려운 정적이 건재함을 알리는 것이었다.

김대중은 교통사고의 후유증을 치료하기 위해 1972년 10월 11일부터 9일간의 예정으로 일본 게이오(慶應)대학 병원을 방문하였다. 그러던 중 10월 17일 밤 한국에서 비상계엄령이 선포되어 국회가 해산되고 헌법이 중지되었다는 소식을 듣게 되었고, 당시 동행하였던 신민당 의원들(김영삼, 이철승, 송원영, 양일동 등)과 달리 귀국하지 않고 일본에 남았다.

김대중은 비상계엄령이 선포된 다음날부터 비판적 내용의 성명서[3]를 발표하고, 일본 자민당 및 사회당 의원들을 만나 한국의 민주회복에 대한 자신의 결의를 전하고 협력을 구했다. 또 일본 언론을 통해 「한국 계엄령에 직언한다」(《주간 아사히》, 1972. 11. 3), 「나는 한국의 '계엄령'에 분노한다」(《선데이 마이니치》, 11. 5), 「김대중이 한국의 위기를 호소한다」(《주간 포스트》, 1973. 1. 7) 등을 발표하고 일본의 여론에 호소하였다.

또한 김대중은 11월13일 미국으로 건너가 임병주, 임창영, 유기홍 등 재미 한국인과 라이샤와, 제롬 코헨 등 미국의 학자들, 그리고 국무성 한국담당 관리들을 방문하고, 12월14일에는 콜롬비아 대학에서 재미 한국인들에게 강연을 하였다. 11월 21일 박정희가 유신헌법에 대한 국민투표를 강행하자 김대중은 "국민투표는 불법이며 무효이다"라는 성명을 발표했다. 1973년 1월 5일 김대중은 다시 일본으로 돌아왔다가 3월 25일 미국으로 가는 등 양국을 왕복하면서 양국 여론에 유신체제의 반민주성을 고발하였다.

사건의 개요

미국에서 활동하던 김대중은 1973년 7월 10일 일본 내에서의 유신반대투쟁을 위해 일본에 입국하였다. 그러던 중 8월 8일 김대중이 묵고 있던 그랜드 팔레스 호텔 2212호실에서 그가 김경인과 함께 방에서 나왔을 때 바로 옆 2210호실 및 건너편 2215호실에서 5명의 괴한이 뛰어나와 그 중 3명은 그를 2210호실로 끌고 갔고, 다른 2명은 김경인을 양일동이 묵고 있던 2212호실로 끌고 갔다.

김대중을 덮친 괴한 1명은 마취약에 적신 손수건으로 그의 코를 틀어막으며 2210호실로 들어갔고, 괴한들은 그의 목을 짓누르며 두 손을 뒤로 꺾어 로프로 묶으면서 한국말로 "조용히 하지 않으면 죽여버리겠다"고 위협하였다. 괴한들은 그를 끌고 나와 엘리베이터에 태우고 호텔 지하주차장까지 내려간 뒤 그곳에서 그를 승용차에 싣고 그의 고개를 처박으며 어디론가 떠나갔다.

이 차는 동경을 빠져나와 고속도로를 따라가다가 오사카나 고오베 근처로 추정되는 안가에 이르렀고, 이곳에서 범인들은 김대중을 작업복으로 갈아 입히고 운동화로 갈아 신긴 뒤, 코를 뺀 그의 얼굴 전체를 포장용 테이프로 감았다. 범인들은 한참 동안 구타한 후 그를 모터보트에 태워 30~40분쯤 항해한 뒤 정박해 있던 대형 선박에 옮겨 실었다.

배의 인수자들은 출항 후 김대중을 배 밑쪽 선실로 끌고 가 몸을 새롭게 묶었다. 그의 두 손을 머리 위로 들게 하여 꼼짝 못하게 묶고 두 발과 허리도 움직이지 못하게 묶었다. 눈에는 스카치테이프를 여러 겹 붙인 다음 그 위에 붕대를 감았다. 오른 손목과 왼 발목에 각 수십 킬로그램이 됨직한 돌을 달았다. 마지막으로 등에 판자를 대고 몸과 함께 묶었다. 얼마 후 그는 갑자기 눈이 번쩍 하는 불빛을 느낌과 동시에 굉음을 들었다. 그 순간 선실에 있던 자들은 "비행기다"라고 하면서 뛰어나갔고 배는 매우 빠르게 달리기 시작하였다. 비행기의 폭음소리도 되풀이되었다. 이런 상태가 30분 이상 계속되었다.

배가 정상속도를 되찾은 다음 결박이 상당 정도 풀리고 김대중은 윗부분의 선실로 옮겨졌다. 수십 시간 뒤 배가 어느 항구에 도착해 정박한 다음, 날이 어두워지자 그는 눈을 가리운 상태로 앰블런스에 태워지고 곧 수면제에 의하여 잠이 들었다. 그가 잠을 깬 순간 그는 2층 양옥에 있었다. 다시 어두워진 다음 그는 눈을 가리운 채 승용차에 태워져 옮겨진 뒤 동교동 집에서 약 300미터 떨어진 교회 앞에 내려졌다. 납치된 지 129시간 여만인 8월 13일 저녁 10시 30분경 그는 집으로 돌아왔다.

이 사건은 국내보다는 해외에서 더 큰 파장을 일으켰다. 국내 언론들이 사건 발생 직후 한결같이 침묵을 지키고 있다가 사건 발생 다음날 조간신문에 대략 3단 크기로 짤막히 보도하고 그 후로도 형식적으로만 다룬 반면, 해외 언론들은 이 사건을 박정권의 핵심기구인 중앙정보부가 저지른 것으로 단정하면서 매우 큰 관심을 보였다. 특히 일본 언론들은 일본의 방범망이 뚫렸다는 사실에 분노하면서 이 사건을 보도했다.

그러나 일본 경시청은 초등수사를 통해 주일대사관 김동운 서기관의 지문을 채취하고 김대중의 운반에 이용된 자동차가 유영복 2등 서기관의 차였음을 밝혀냈지만 즉각적인 조치를 취하지 않았고, 관련자들이 일본을 떠나도록 종용 내지 방조함으로써 증거를 인멸하고 사건을 은폐하려 하였다. 용의자들이 일본을 떠남에 따라 일본측은 수사결과를 한국에 통보하였고, 한국의 수사기관은 수사본부를 설치하여 사건을 조사하였으나 범인을 잡지 못한 채 1년만에 내사를 종결시켰다. 한편 이 사건으로 수세에 몰린 박정권은 이병희 무임소장관을 일본에 진사 사절로 보냈고, 11월 2일 김종필 국무총리가 박정희의 친서를 가지고 가는 것을 마지막으로 이 사건을 해결하였다.

납치사건의 파장

비록 한일 양국정부의 합작으로 사건이 해결되지 못했지만 사건의 파장은 다양한 측면에서 박정권을 압박했다.

먼저 사건 발발 20일 후 '남북조절위원회' 북한측 위원장 김영주는 김대중 납치사건의 총지휘자로 지목된 이후락 중앙정보부장을 남북조절위 남한측 위원장에서 해임시킬 것을 요구하면서 남한이 이에 응하지 않는 한 이후락과 같은 불한당과는 더 이상 남북대화를 하지 않겠다고 발표하였다. 이로 인해 박정권이 유신체제 수립의 필요성으로 주장한 남북대화가 중단되었고, 남북간에는 다시 팽팽한 적대감이 지배하게 되었다.

또한 이 사건으로 박정권의 비도덕성이 만천하에 드러나면서 박정권에 대한 미국 정부와 의회의 신뢰가 약화되었다. 이런 한미간의 관계는 카터 대통령의 인권외교와 주한미군 철수계획 및 김형욱의 미 하원 프레이저 소위원회의 증언으로 더욱 악화되었다.

그리고 국내에서도 이 사건을 계기로 그 동안 잠잠했던 반유신세력의 시위가 시작되었다. 10월 2일 처음으로 서울 문리대생들이 '김대중사건의 해명, 중앙정보부 해체, 파쇼정치의 중지, 대일 예속화의 정지'를 외치며 시위를 감행하였고, 11월 5일 민주수호국민협의회의 시국선언, 12월3일 김대중 사건에 대한 당국의 보도통제에 대항한 동아일보 기자들의 '언론자유수호 제3선언문' 발표, 12월 24일 재야인사들의 '유신헌법 개정을 위한 백만인 서명운동' 등 반유신운동이 봇물처럼 터져나왔다.

결과적으로 이 사건은 박정권의 도덕성과 위신을 떨어뜨린 반면, 사건의 피해자인 김대중을 국제적인 인물뿐 아니라 유신 반대세력의 상징으로 만들었다.

나중에 이 사건은 일본 경찰의 조사, 미 의회에서의 김형욱의 증언, 이후 관계자들의 증언에 의해 한국의 중앙정보부가 저지른 것임이 입증되었다. 비록 사건에 대한 박정희의 개입 여부는 밝혀지지 않았지만, 사건의 본질은 한국의 정보기관이 정치적 반대자를 불법적으로 살해하려 했다는 것이고, 그 궁극적인 책임은 대통령인 박정희에게 있는 것이었다. 따라서 이 사건은 박정권에게 치유할 수 없는 상처를 안겨주었다.

긴급조치 : 유신체제의 법적 보루

김대중 납치사건이 정치적 반대자 개인에 대한 국가폭력이었다면 긴급조치는 전 국민을 대상으로 한 국가폭력이었다. 그러면 유신체제를 지탱시킨 긴급조치는 어떤 내용을 담고 있었는가?

반유신 민주화운동과 긴급조치의 발동

유신체제의 선포 이후 지하로 침잠했던 민주화운동은 1973년 4월22일 남산 부활절 연합예배에서 민주회복과 언론자유 등을 촉구하는 유인물의 살포로 다시 시작되었고, 학생운동에 의해 본격적으로 부활하였다. 학생운동은 김대중 납치사건의 진상규명과 독재타도를 외치는 10월 2일 서울대 문리대생들의 시위에서 출발하였다. 비록 많은 학생들이 구속되거나 학사징계 처분을 받았지만, 대학생들의 투쟁은 타 대학으로 확산되면서 11월 하순에는 동맹휴학, 수업 거부, 학기말시험 거부로 발전하였다. 한편 재야세력도 1973년 12월 24일 '헌법개정청원운동본부'를 발족시켜 '개헌청원 백만인 서명운동'을 시작하였다.

이에 맞서 박정권은 1974년 1월 8일 헌법 53조에 따라 대통령 긴급조치 1, 2호를 선포하였다. 긴급조치 1호의 내용은 "①대한민국 헌법을 부정, 반대, 왜곡, 또는 비방하는 일체의 행위를 금한다. ②대한민국 헌법의 개정 또는 폐지를 주장, 발의, 청원하는 일체의 행위를 금한다. ③유언비어를 날조, 유포하는 일체의 행위를 금한다. ④전 1, 2, 3호에서 금한 행위를 권유, 선동, 선전하거나 방송, 보도, 출판, 기타 방법으로 이를 타인에게 알리는 일체의 언동을 금한다. ⑤이 조치에 위반한 자와 이 조치를 비방한 자는 법관의 영장 없이 체포, 구속, 압수, 수색하며 15년 이하의 징역에 처한다. 이 경우에는 15년 이하의 자격정지를 병과할 수 있다. ⑥이 조치에 위반한 자와 이 조치를 비방한 자는 비상군법회의에서 심판, 처단한다. ⑦이 조치는 1974년 1월 8일 17시부터 시행한다"였다. 한편 긴급조치 2호의 내용은 긴급조치를 위반한 자를 처벌하는 비상군법회의 설치에 관한 것과 중앙정보부장이 사건의 정보, 조사, 보안업무를 조정, 감독한다는 것이었다.

이러한 긴급조치 1, 2호의 내용은 국민의 기본권, 언론 · 출판 · 집회 · 결사의 자유, 표현의 자유 등 민주주의의 근본 원칙을 침해한 것으로, 자유민주주의를 표방하는 국가에서 헌법의 개정을 논의하는 것이 처벌된다는 사실은 언어도단이었다.

그러나 박정권은 1974년 1월 15일 긴급조치 1호 위반으로 장준하, 백기완을 구속하고 함석헌 등 다수 인사를 연행했다. 또한 개헌청원운동에 가담한 이호철, 임헌영 등 5명의 문인을 문인 · 지식인 간첩단으로 몰아 구속시켰다. 당시 장준하, 백기완은 긴급조치 2호 위반으로 비상보통군법회의에 의해 징역 15년, 자격정지 15년을 선고받았다.

한편, 박정권은 1월 14일 '국민생활 안정을 위한 대통령 긴급조치'라는 긴급조치 3호를 발표하였는데, 그 내용은 저소득층의 조세부담을 경감하기 위한 근로소득세 · 주민세 등의 면제 또는 대폭 경감, 국민복지 연금제도 실시의 보류, 통행세 감면, 미곡수매가 소급 인상, 영세민 취로사업지 확보, 중소상공업자에 대한 특별저리융자, 임금체불 등 부당노동행위 가중처벌, 재산세 면세점 인상 및 사치성 품목에 대한 조세중과, 공무원 임금인상의 조기실시, 쌀 · 연탄 가격의 안정, 비생산적 대출 억제 등이었다.

이는 긴급조치가 필요치 않은 정책을 긴급조치 이름으로 발표함으로서 긴급
조치가 정당한 것이라는 점을 국민들에게 주지시키려는 의도를 보여주고 있다.

반유신운동과 긴급조치의 남발

긴급조치 1, 2호에도 불구하고 대학생들의 유신반대 투쟁은 1974년 들어서
도 점차 확산되었다. 1974년 3월 1일 서강대와 경북대 반유신 시위를 시작으
로 4월 3일 '전국민주청년학생총연맹(민청학련)'이 '민중 민족 민주선언'을 발
표하고 전국적인 시위를 계획했다. 비록 이 시위는 사전에 누설되어 실패로 끝
났지만 학생들의 조직적인 저항은 박정권에게 위기감을 안겨주었다.

따라서 박정권은 시위가 계획된 4월 3일 오전 10시 '급히' 긴급조치 4호를
발동하였다. 그 내용은 "민청학련과 이것에 관련한 제 단체의 조직에 가입하거
나, 그 활동을 찬동, 고무 또는 동조하거나 그 구성원에게 장소, 물건, 금품 그
외의 편의를 제공하거나 그 활동에 관한 문서, 도서, 음반, 그 외의 표현물을
출판, 제작, 소지, 배포, 전시, 판매하는 것을 일제히 금지한다. 이 조치를 위반
한 자, 이 조치를 비방한 자는 영장 없이 체포되어 비상군법회의에서 사형, 무
기 또는 5년 이상의 징역형에 처한다. 학생의 출석거부, 수업 또는 시험의 거
부, 학교 내외의 집회, 시위, 성토, 농성, 그 외의 모든 개별적 행위를 금지하고
이 조치를 위반한 학생은 퇴학, 정학처분을 받고 해당학교는 폐교처분을 받는
다는 것. 군의 지구사령관은 서울특별시장, 부산시장 또는 도지사에게 학생탄
압을 위한 병력출동 요청을 받을 때는 이에 응하고 지원해야 한다"는 것이었
다.

박정권은 4호를 발표한 4월 3일 밤부터 대대적으로 학생들을 검거하였다. 5
일까지 200여명이 검거되었고, 긴급조치 4호 위반으로 총 1,024명 수사를 받
아 윤보선, 박형규, 김동길, 김찬국 등 기소되었으며 180명 군사재판에 회부되

었고, 그 중 이철, 김지하 등은 사형선고까지 받았다.

　그런데 4월 25일 중앙정보부장의 '민청학련사건 조사상황' 발표는 민청학련의 조직 전모도 파악하지 못한 것이었지만, 민청학련을 국가의 안전보장에 중대한 위협이 되는 존재로 규정하였다. 이는 박정권이 대학생들의 전국적이고 조직적인 저항에 당황한 나머지 무조건 긴급조치를 발동했다는 사실을 반증해 준다.

　또한 긴급조치는 내용의 반민주성에서 뿐만 아니라 재판과정의 불공정성으로도 악명이 높았다. 긴급조치 사건에 대한 재판은 피고인 가족 1인에게만 방청이 허용될 정도로 폐쇄적이었고, 피고인들의 형량도 상상을 초월할 정도로 가혹하였다. 긴급조치 4호 위반자들은 비상보통군법회의에서 9명이 사형, 21명이 무기징역을 선고받았고, 그 외 140명이 받은 형량을 합치면 1,650년에 달하였다. 3·1운동 당시 내란죄에 대한 일본의 최고 형량이 12년이었던 것에 비한다면 긴급조치에 의한 재판은 일본제국주의의 재판보다 더 가혹한 것이었다.

　한편 박정권은 대통령 저격사건 직후인 1974년 8월 23일 긴급조치 1, 4호의 해제를 내용으로 하는 긴급조치 5호를 발표하였다. 그러나 이 조치는 당시 1, 4호로 재판중이거나 처벌된 자에게는 효력을 미치지 않았다. 이에 따라 비상군법회의는 계속 존재했고 이미 기소된 사람들에 대한 재판도 계속되었다. 이는 박정권이 긴급조치 4호의 발표 이후 악화된 미국 내 여론(한국에 대한 군사원조를 삭감해야 한다는 주장)을 완화시키기 위해 5호를 발표했음을 보여준다.

　다른 한편 그 동안 억눌려 있던 민주화운동은 9월 17일 고려대 총학생회의 유인물 사건을 시작으로 다시 등장하였다. 10월 24일 동아일보 기자들의 '자유언론 실천선언'으로 '자유언론운동'이 시작되었고, 11월 19일에는 '자유실천문인협의회'가 결성되었으며, 11월 27일에는 재야인사들이 '민주회복국민회의'를 구성하고 '국민선언'을 발표하였다.

이에 대해 박정권은 광고주들에게 압력을 넣어 신문에 광고를 싣지 못하도록 하여 신문사 사주가 자유언론 운동에 참여한 언론인들을 파면시키도록 만들었다. 또한 1975년에는 외국인의 반국가적 언동을 규제하는 형법개정안을 통과시키고, 4월 8일에는 교내에서의 집회 및 시위 금지, 영장 없는 체포·구금·압수수색 가능, 3년 이상 10년 이하 징역을 내용으로 하는 긴급조치 7호를 발표하고 고려대에는 휴교령을 내렸다.

또한 4월 30일 베트남 정부가 공산정권에 넘어가자 박정권은 이를 이용해 안보분위기를 고조시키고, 5월 13일 긴급조치 7호의 해제를 내용으로 하는 긴급조치 8호와 유신헌법에 대한 일체의 부정적 행위를 금하는 긴급조치 9호를 발표하였다. 9호는 "유언비어를 날조, 유포하는 행위, 다양한 수단을 통하여 헌법을 부정, 반대, 왜곡 또는 비방하거나 그 개정 또는 폐지를 주장, 청원, 선동 또는 선전하는 행위, 이 조치를 공공연히 비방하는 행위 그리고 사전허가를 받지 않은 학생의 집회, 시위 또는 정치관여 행위를 금하였으며, 이를 위반할 경우에는 주무장관이 이 조치 위반자, 범행 당시의 그 소속학교, 단체나 사업체 또는 그 대표자나 장에 대하여 제적, 해임, 해산, 폐쇄, 면허취소 등의 조치를 취할 수 있으며, 아울러 이 조치에 의한 주무장관의 명령이나 조치는 사법적 심사의 대상이 되지 아니한다"는 내용을 담고 있었다.

긴급조치 9호는 그 동안의 모든 긴급조치의 내용을 총괄하고 적용범위를 더욱 확대함과 더불어 처벌규정을 한층 엄격히 하였다. 이는 헌법 개정에 대한 청원 자체도 금함으로써 유신헌법을 신성불가침의 영역에 올려놓는 동시에 헌법이 규정하고 있는 기본권들을 사실상 박탈하여 헌법 위에 존재하는 법으로 군림하였다. 무엇이 유언비어인가라는 문제는 차지하고라도 국민들은 권력자의 비위에 거슬리기만 하면 언제라도 영장 없이 체포·구금될 위험에 노출되어 있었으며, 언론의 봉쇄로 인해 누가 그러한 부당한 처우를 받게 되었는지조차 전해들을 수 없게 되었다. 그리고 이 조치를 위반하였다고 권력자가 판단을 내린 사람에 대하여 취해진 징계조치는 법의 심판대상조차 되지 않음으로써 권력자는 사실상 신과 다름없는 절대권력을 가지게 되었다(한국정치연구회 1993, 59).

긴급조치 9호는 박정희의 사망으로 유신체제가 막을 내릴 때까지 4년 6개월 동안 지속되면서 1천명 이상의 전과자를 양산하면서 시민들의 자유와 권리를 억압하였다. 그러나 민주화를 요구하는 수많은 사람들의 투쟁과 희생으로 말미암아 긴급조치는 1979년 부산과 마산의 민주화운동을 계기로 일어난 박정희 살해사건 이후 종지부를 찍게 된다.

결국 긴급조치는 반민주적이고 반인류적인 유신체제를 유지하는 마지막 보루로서 한국정치사의 어두운 기록으로 기억될 것이다.

맺는 글

김대중 납치사건과 긴급조치는 이른바 공개적 독재체제로서의 유신체제를 유지하기 위해 박정권이 자행한 것이었다. 김대중 납치사건은 1959년 진보당 당수이며 대통령후보였던 조봉암을 죽음으로 몰고간 냉전분단체제가 의연히 관철되고 있음을 보여준 사건이었다. 즉 정치적 반대의 상징적 인물이었던 김대중을 납치한 사건은 비록 실패로 끝났지만 냉전반공을 빌미로 더 이상 정치적 경쟁을 허용하지 않겠다는 박정권의 파시스트적 의지를 보여준 사건이었다. 이와 비교해 유신헌법 개정운동을 계기로 발동된 긴급조치는 시민사회의 어떠한 자율성, 생기발랄함도 허용하지 않겠다는 박정권의 대중억압용 조치였다. 그리고 이러한 조치 뒤에는 군과 정보부, 경찰 등 억압적 국가기구가 버티고 있었다.

그렇지만 김대중 납치사건과 긴급조치의 발동은 오히려 박정권에 대한 국내
외적 비판을 증폭시키고 정당성 부재를 확인시켜 주는 계기가 되었다. 그 결과
반유신 민주화운동 진영은 그 단결의 폭과 깊이를 더욱 확대 심화시켜 나갔으
며, 이것에 비례해 박정권의 대중적 고립은 더욱 가속화되었다.

주

1) 이 절의 서술은 '김대중선생납치사건 진상규명을 위한 시민의 모임'이 편집한『김대
　중납치사건의 진상』의 내용을 요약 · 발췌한 것이다.
2) 경찰의 사건 수사에도 불구하고 많은 사람들은 이 사고가 김대중을 살해하려는 박정
　권의 음모로 인식하고 있다.
3) "박정희 대통령의 조치는 통일을 빙자하여 자기의 독재적 영구집권을 노리는 놀랄만
　한 반민주적 정치이다"(시민의 모임 1995, 74쪽).

참고문헌

김대중선생납치사건 진상규명을 위한 시민의 모임 편,『김대중납치사건의 진상: 문
　헌 · 증언 · 자료』푸른나무, 1995.
김인걸 외 편,『한국현대사 강의』돌베개, 1998.
이기훈, 「유신체제 성립의 정치적 배경과 7 · 4성명」,『역사비평』42호, 봄, 1998.
김민배, 「유신헌법과 긴급조치」,『역사비평』30호, 가을, 1995.
전재호,『반동적 근대주의자 박정희』책세상, 2000.
한국정치연구회,『박정희를 넘어서』푸른숲, 1998.
한국정치연구회 정치사분과,『한국현대사 이야기주머니』3, 녹두.

20세기 한국의 야만 2 제3장

전향제도와 감옥의 야만

조영민

인권실천시민연대간사

냉전 개발 독재와 유신 독재

들어가는 글

감옥 안에 나무들은 담장보다 낮게 모두 목이 잘려 짜리몽땅하다. 벼락이 쳐서 부러진 것이 아니다. 감옥 담장 높이보다 키가 작아진 것은 신창원 같은 사람이 혹시라도 가지를 타고 넘을까봐 보안이란 이름으로 가지를 다 쳐버려서이다. 오늘날 우리나라 돌아가는 꼴이 마치 목 잘린 감옥나무처럼 보이는 것은 왜일까.

서구의 선진국들이 300여 년에 걸쳐 이룬 산업화, 근대화, 경제발전을 우리는 30년만에 압축 성장하여 오늘에 이르렀다. 오로지 생산 증대만을 목표로 민주주의, 인권, 정신문화가치, 삶의 질이라는 가지들을 모조리 쳐버린 결과, 우리나라는 지금 IMF를 만나 목이 댕강 부러져버린 형국이다. 부도덕하고 비효율적인 재벌(천민자본)의 방만한 경영과 비이성적인 정치행태를 반복하는 무책임한 정치인들이 오늘의 사태를 불러온 것이다. 미국의 유명한 미래학자 앨빈 토플러는 이런 한국의 모습을 "경제성장 속도가 시속 100Km라면 인권, 정치, 사회개혁의 속도는 시속 10Km 밖에 안되는 절름발이 사회다"라고 비판하기도 했다(〈조선일보〉 2000. 4. 1).

반세기에 걸친 독재정권이 우리 사회를 얼마나 기형적으로 만들어 놓았는지는 오늘도 바람찬 거리에서 노숙하는 이들과 연일 농성과 시위를 하는 노동자들, 1년 농사를 갈아엎고 고속도로를 점거하는 농민들의 모습에서도 잘 드러난다. 목잘린 감옥나무처럼 되어버린 오늘의 현실은 분단과 극한적인 체제대결에서 그 원인을 찾을 수 있는데, 이 글에서는 비이성적인 체제대결이 극한적으로 표출되는 '전향제도'와 '감옥'을 통해 우리 사회를 성찰하는 하나의 기회를 갖고자 한다.

전향제도

'전향(轉向)'이란 '국어사전적 의미'의 뜻 그대로 해석하면 방향을 바꾼다는 말이다. 살아가면서 우린 늘 어떤 선택의 기로에 서게 되고 방향을 바꾸곤 한다. 또 무슨 일을 하다가 잘못됐다 싶으면 스스로의 판단에 따라 방향을 바꾼다. 하지만 꼼짝없이 명령에 따라 방향을 바꿔야 할 때가 있다. 군대에서 제식훈련을 받을 때 '좌향 좌', '우향 우' 구령에 맞춰 몸의 방향을 바꾸지 않으면 안 된다. 누구나 다 자기의 삶과 몸의 주인은 바로 자기 자신이다. 그렇기에 스스로 원하지 않는데 강제로 통제를 받는다면 그것 자체가 큰 고통이다. 그런데 사람의 생각과 말까지 법으로 가두려고 통제하려고 만들어진 것이 바로 이 '전향제도'이다. 전향제도는 특정한 사상을 포기하고 다른 사상으로 전환을 의미한다.

사람은 누구나 다 다르고, 생각하는 것 또한 더욱 다른데 무슨 주의냐 아니냐, '남'이냐 '북'이냐의 답을 제도로써 강요하는 것은 한 인간을 송두리째 황폐화시키는 폭력이다.

전향제도의 연혁(沿革)

전향제도는 일본 제국주의의 창작품이다. 일본은 제1차 세계대전 후인 20년대에 세계열강의 일원으로 확고부동한 위신을 획득한 것처럼 보였지만 그 내부에서는 목표 상실감과 불안감이 팽만하였다. 1922년 제1차 일본공산당이 창당되어 공산주의자들의 활동이 본격화되고, 무정부주의자, 자유주의자, 종교인들의 출현과 체제비판적인 활동도 활발해지고, 대중들의 다양한 욕구도 분출되기 시작했다. 그럼에도 일제는 만주사변을 일으키고 국제연맹을 탈퇴하여 국제적 고립화의 길로 질주하기 시작했고, 조선에서 민족해방투쟁이 본격적으로 진행되면서 또 다른 난관에 봉착한다. 일제는 국내외적 어려움을 극복하기 위해 군국주의로 치닫게 되고, 군국주의 강화에 걸림이 되는 세력을 모든 수단을 동원하여 억압하기 시작했으며, 1925년에는 '치안유지법'을 만들어 공산주의자, 사회주의자, 자유주의자, 민족주의자, 종교인 등을 억압하기 시작했다. 특히 공산주의자들에 대해서는 공산주의사상을 포기시키는 것을 일차적 목적으로 했다. '치안유지법'을 적용하여 무차별적인 검거를 감행했고, 형무소로 보내는 과정에 기소처분을 유예 혹은 유보함으로써 본인의 '전향'을 확보하는 방법을 자주 사용했다. 이때부터 약싹 빠르고 머리 좋은 일본의 사상검사들이 '변절', '굴복', '반성' 따위의 어감이 좋지 않고 자존심상하는 말 대신에 '전향'이라는 말로 바꿔 사용한 것이 전향제도의 시작이다.

일제의 치밀한 전향공작의 결과, 1933년 일본공산당 지도부가 코민테른의 방침을 거부하고 만주사변을 긍정함은 물론이고, 민족주의와 천황제에 입각한 '일국사회주의'의 건설을 주장하는 옥중전향 성명을 발표하고 삽시간에 '전향붐'을 불러일으켜 일본 공산주의 운동은 급격히 퇴조하게 된다.

이렇게 일제는 국체인 천황제와 사유재산제도를 반대하는 사회주의자들과 무정부주의자들을 탄압하기 위해 전향제도를 만들었다. 그리고 식민지 조선에서는 일제에 맞서 독립을 요구하는(국체를 부정하는) 사회주의자, 민족주의자들을 잡아들여 민족의 혼불을 거세하기 위한 도구로 사용한 것이다.

패전과 함께 일본에서 사상전향이라는 장치는 없어진다. 그리고 우리나라에서도 조선형사령 및 치안유지법의 폐지와 함께 유명무실해지는 듯하나 친일세력의 재등장이 실질적으로 이를 온존시키는 결과를 가져왔다. 좌우간의 갈등이 격화되던 1949년의 국가보안법 개정시 보도구금조항[1]이 삽입되고, 나아가 1956년 법무부장관령에 의해 사상전향이 공식제도로 확립된다. 사상전향제도가 공식적으로 자리잡은 이래 사상범들의 전향 여부는 관계 당국의 주된 관심사항이 되기 시작한다. 사상범들이 수용된 교도소에 「좌익수형자 동태 조사보고에 관한 건」(1956년 4월 6일, 법 비秘 제53호)(행형관계법령예규집, 1958 : 수용 126)과 같은 공문이 내려가면서 사상범들의 전향 여부를 보고하도록 지시하고 있다. 뿐만 아니라 전향을 유도한 각종 행형의 기술적인 부분까지 상세히 언급할 정도였다. 국가권력이 전향문제에 대해 집요한 집착을 보이는 모습은 「공산주의 포회(包懷) 수형자의 교정교화에 관한 건」(행형관계법령예규집, 1958 : 교화 13)이라는 당시 형정국장의 공문과 1969년의 「좌익수형자 사상전향 심사 방안」에서 잘 드러난다. 공문은 비전향자를 특수 교도소로 이송하라는 지시와 함께 전향심사를 할 때에는 각 지구의 중앙정보부에 의뢰하여 관계관이 참석하도록 하라는 지시를 하고 있다. 전향작업이 단순히 관행적인 수준에서만 이루어진 것이 아니라 매우 조직적이고 체계적으로 진행되었음을 알 수 있는 대목이다.

전향공작의 대상

전향공작이 겨냥하는 전향의 대상은 반체제범일텐데 정부당국은 이들을 대략 반국가사범과 반정부사범으로 나누고 있다. 반국가사범은 정부당국이 공안사범으로도 부르는 범주인데, 국가보법 위반자를 말하며 좌익수 혹은 사상범으로 불리는 수형자들이다. 반정부사범은 공안관련사범 혹은 시국사범으로 분류되는 범주인데, 똑같은 국가보안법을 위반하였더라도 공산주의자라기보다는 순수한 동기(당국이 보기에)를 갖고 있다고 판단되는 수형자들, 즉 학생이나 야당 정치인, 종교인, 지식인, 노동자, 농민, 빈민 등이 현실을 비판하거나 반정부적 활동을 해서 수감된 경우이다. 사상범의 범주는 구체적이고 확정된 내용을 갖고 있다기보다는 그때그때의 정세에 따라 내용 및 그에 대한 적용대상이 달라지는데, 대체로 사회민주화가 진행될수록 적용범위가 축소된다.

전향공작의 실태 : 죽거나 혹은 나쁘거나

전쟁 전 감옥은 백색테러가 횡행하는 무법지대였고, 전쟁 중에는 역시 탈당 혹은 투항이라는 이름의 사실상의 전향 강요가 있었으나 형이 확정된 좌익수의 경우 형무소에서 전향을 강요하는 일은 거의 없었다고 한다. 휴전협정이 성립되고 분단이 장기화되면서 남북간의 체제대결이 본격적으로 진행되는데, 남쪽으로 넘어 오다가 혹은 숨어 있다가 체포된 좌익수들은 대부분이 재판도 없이 즉결처분을 당했다. 체포 즉시 처형을 하게 되면 숨어 있는 좌익수들을 가족이나 이웃사람들이 절대 신고하지 않을 것이라는 이유 때문에 일부를 살려 두기도 했는데, 이렇게 겨우 살아남아 감옥에 갇히게 된 사람들에게 기다리는 것은 고문을 앞세운 전향공작이었다. 특히 박정희 독재정권의 유신선포와 함께 전향공작은 극에 치닫는다.

1961년 5월, 박정희 군부가 반공을 제1의 국시로 한다는 쿠데타를 일으킨 이후 전국 각지에 흩어져 있던 비전향 좌익수들을 대전교도소로 모아 특별 관리를 하기 시작했고, 1968년경 북한의 특수부대들이 이들의 석방을 기도한다는 첩보(김신조사건)가 돌자 대전 · 전주 · 광주 · 대구 교도소의 특별 사동에 이들을 분리 수용하는 조처를 취한다. 장기수[2] 출소자들이 밝힌 당시 전향공작 과정의 고문 실태는 인간성의 말살이 어디까지 이뤄질 수 있는지 여실히 보여준다.

1)상상을 초월하는 고문테러

1973년 6월 대전 · 광주 · 전주 · 대구 교도소에 중앙정보부 주도로 전향공작반이 설치되면서 비전향 좌익수들에 대한 테러가 시작된다.

1957년 체포되어 광주교도소에 수감되었던 한창호 씨는 1973년 전향공작은 기억하기도 싫은 끔찍한 일이라며 다음과 같이 증언하고 있다.

오늘부터 당신은 운동이 없다. 의무과 치료를 못 받는다. 책을 보지 못한다. 당신들은 영치금을 못 쓴다. 매점의 물건을 살 수 없다. 당신들은 편지를 못 쓴다고 소장이 말하면서 전향공작이 시작되었죠. 가마니 하나 되는 방에 12~13명의 사람을 넣고 서 있지도 못하고, 앉으면 서로 발이 엇갈리게 놓고, 운동을 하려면 자세를 조금씩 바꿔야 하는 상황이었어요. 좁고 긴 의자에 뉘여 놓고 목 부분은 움직이지 못하게 해놓고, 코는 젖은 광목으로 덮으면 입은 자연스레 벌려지고 입에다 물을 붓는 고문을 당했어요. 고춧가루를 붓기도 하고, 한겨울에 마룻바닥에 물을 뿌려 얼게 한 후 발가벗겨 앉히고 정수리에 얼음물을 떨어뜨리는 고문을 당했습니다.

당시 이선우 씨는 통방했다는 이유로 아침에 끌려가서 깜깜한 저녁이 되어서야 혀만 빼고 온몸이 시꺼매져서 돌아왔다. 그는 이미 죽어 있었고 병이 들어 죽은 것처럼 하기 위해 교도소 당국은 시신의 몸에 약을 발라 멍든 흉터를 없앴다.

1973년 대구교도소. 여름에 변영균(교무과장)을 비롯한 8명의 전향공작전담반이 내려왔다. 이 중에 장원범(중앙정보부 출신 교회관)은 밖에서 깡패를 거느리고 있던 사람이었다. 그 당시 대구에서는 비전향수가 70명이었는데 초기에는 중요하다고 생각되는 인물들에 대해 회유 공작을 펴고, 과격하다고 생각되는 인물 5~6명(박판수, 김용운, 배모 등)에 대해서는 밤중에 끌고 나가 교무과 사무실에서 구타를 하고 깡패와 혼거시키면서 테러를 가했다.

대구에서 심하게 고문당한 대표적 사례자인 김용운 씨에게는 "징벌방에 가두고 깡패를 넣어 혼거시키면서 테러를 가했다. 바로 옆방에서는 박판수 씨와 배모 씨를 가두고 이 두사람에게 김용운 씨의 비명소리를 듣게 하였다. 여기서 우리를 경악케하는 것은 구타뿐만이 아니라 바늘로 온 몸을 마구 쑤셔댔다는 것이다. 아침부터 찔러대기 시작하여 좀 쉬었다가 다시 찌르곤 하였다. 이것을 5~6일 동안이나 가했다. 대구에서는 전향공작이 심했던 시기를 전후해서 7명이 자살했다"(민주화운동가족협의회 장기수가족협 1992. 「장기복역양심수실태자료집」).

김선명 씨는 전향하지 않았다는 이유만으로 세계에서 가장 긴 45년간의 감옥 생활을 해야 했다.

2) 야만적 폭력 앞에 무너지고

광주교도소에서 같이 복역한 이씨, 박씨, 김씨의 경우 무지막지한 테러를 당하면서 "전체가 다 거부하면 다 죽는다 그러니 한 두 명이라도 전향을 하면 나머지 사람들은 더 나아질 것이 분명하다. 다 죽을 순 없다. 다급한 상황에서 위기를 모면해야 한다는 암묵적 합의가 있었고, 나이가 가장 적었던 세 사람이 대표로 전향을 하게 되었다"고 한다. 이미 나이가 많은 사람들은 체제가 다른 세상에 나가 봐야 적응하기도 힘들 것이라는 판단으로 그런 결정을 했던 것이다.

광주교도소에서 23년 동안 복역한 박씨는 역시 전향공작 테러를 견뎌냈는데, 1985년 밥을 너무 조금 줘서 생명을 이어가기 힘든 지경에 이르러 단식으로 항의를 했다. 그 때 한 명이 자살을 했고 삼엄한 분위기로 변해 모두가 위험에 처하게 되었는데, 박씨는 전체를 희생시키지 않는다는 전제로 전향을 했다고 한다.

1959년 6월 20일 남파되어 체포된 장기수 박종린 씨의 경우 남한 체제에 찬성한다고 밝힌 적이 한 번도 없었다고 한다. 단지 신앙생활의 필요성을 느끼고 '하나님께 전향한다'는 뜻을 관계하고 있던 목사님을 통해 밝혔을 뿐인데, 당국에서는 '잘됐다', '하나님께 전향함은 무신론자(유물론자)가 유신론자가 되는 것이니까 더 이상 좋은 전향이 어디 있느냐?'며 전향자로 처리해 버린 것이다.

그리고 반공영화를 보게 한 후 감상문을 써내라고 한 후, 맘에 안 들면 테러를 가하고 맘에 들면 전향자로 처리해 버리는 경우도 많았다.

또한 고향이 북한인 사람들은 가족을 통한 전향공작은 피할 수 있었지만, 남쪽이 고향인 사람들은 형제들을 통한 회유와 협박은 물론이고 백발이 성성한 부모들을 통한 견디기 어려운 전향공작을 자행했다. 자기 혼자 고문당하고 고통받는 것은 차라리 나을 수도 있지만 자신으로 인해 가족은 물론이고 친척들까지, 후손들까지 고통받아야 한다는 사실에 몸서리 쳤고 전향에 굴복할 수밖에 없었다.

3)죽음보다 더한 전향의 굴욕감

이렇듯 당국에 의해 자행된 전향공작은 집요하고 잔혹한 것이었다. 전향이냐 비전향이냐를 나누는 것은 큰 의미가 없다. 일반 범죄자들을 가출옥시켜 주겠다는 조건으로 무자비한 고문에 동원하였는데, 그 고문을 이겨내지 못했느냐고 묻는 것은 의미가 없다. 많이 알려진 신영복 선생이나 이미 고인이 된 김남주 시인도 전향을 했던 사람들이다. 그렇지만 두 분이 전향을 했다고 해서 단지 그 이유만으로 두 분을 비난하는 사람은 없다.

공안당국은 왜 그렇게도 끈질기게 양심수들로부터 전향서를 받아내려 한 것인가.

첫째 반세기동안 독재자들이 정권을 유지하기 위해 지역감정을 조장하고 '잘 살아보세!' 란 구호도 외쳤지만, 사실 정통성 없는 독재정권을 유지하기 위해 일제의 잔재인 '치안유지법'을 '전향제도, 국가보안법, 반공법, 보안관찰법'으로 부활시켜 일반 민중들을 향해 부역자·간첩이라는 딱지를 붙여 처벌하고, 수많은 정적들을 공산당으로 몰아 탄압한 것이다. 그리고 이미 감옥에 갇힌 사람들을 고문하여 강제로라도 전향시킴으로써 남쪽의 체제가 북쪽보다 우월하다는 것을 보여주고자 한 것이다.

둘째 국가권력의 폭력 앞에 한 인간이란 무력할 수밖에 없다는 패배주의를 심음으로써 양심수들을 정치적으로 폐인화시켜 버리려고 한 것이다.

한 인간이 상상을 초월하는 폭력 앞에 굴복했다는 것은, 고문으로 인해 강제로 굴복당했다는 것은 하나도 부끄러운 일도 아니고 도덕적으로 비난할만한 일도 아니다. 그런데도 한번 전향을 하게 되면 누가 뭐라지 않아도 자기 자신에 대한 굴욕감 때문에 정상적인 생활을 할 수 없게 된다.

비전향 장기수들은 일상적으로 모임도 갖고, 함께 모여 살기도 하고, 서로 챙겨주며 떳떳하게 지내지만, 전향 장기수들은 대충 400명쯤 된다고 추산될 뿐 각지에 흩어져 있고, 따로 모이지도 않기 때문에 현황마저 알 수가 없다. 많은 전향장기수들은 63명의 비전향장기수들이 북한으로 송환될 때도 전향자라는 굴레 때문에 고향에 가고 싶다는 말조차 꺼내지 못했다. 그들이라고 해서 실향과 이산의 고통이 비껴가지는 않는데도 말이다. 가고 싶은 고향으로 보내주지 않으려면 남쪽에서라도 자유롭게 살 수 있도록 해 주어야 하는 것이 당연한데, 그들은 보안관찰 대상자로 매일 감시와 통제를 받고 있다. 진정 그들이 전향을 했다면 가장 먼저 감시를 풀어주어야 한다. 누구보다 먼저 고향과 가족의 품으로 돌아갈 수 있도록 배려해야 한다. 사회적으로도 좌익 사상범이라는 딱지를 붙여 고립시키고, 경제적으로도 체제가 달라 먹고살기 힘들고 가족도 없고, 동료들과 만날 수도 없다. 이미 늙고 병든 그들(북한이 고향인 출소장기수) 의 마지막 소원은 죽기 전에 고향 땅 한 번 밟아보는 것이다. 전향이냐 비전향이냐가 도덕적 우월의 잣대가 되고 차별이 가해지고 있는 지금, 여전히 전향제도는 살아 있다.

죽음의 수용소 : 한국 감옥

우리나라 감옥의 역사와 형태

우리나라의 경우 일제에 의해 최초로 설립된 형사구금 시설이 감옥이었다. 그 명칭은 1923년 형무소로 개칭되었으며, 형무소라는 명칭은 1961년 행형법을 개정하면서 교육형주의를 표방하고 교도소로 개칭되었다. 단순한 죄에 대한 응보로써 구금하고, 강제노역을 통해 범죄인을 개조하겠다는 의미에서 교정·교화시킨다는 의미로 변화한 것인데, 분단된 남북간의 체제대결과 독재정권하라는 상황에서 그 의미는 별로 중요치 않다.

세계적인 수준에서 발견되는 반체제범 감옥 형태는 매우 다양하다. 크게 몇 가지로 나눠보면 강제수용소형, 노동개조형, 포로수용소형, 비밀경찰형, 특별사동형, 감화소형, 감옥체제 등의 유형이 있다. 이중 한국의 사상범 감옥체제는 사상범들의 온전한 격리와 절대적인 침묵, 지속적인 감시와 규율 등을 통해 사상범들의 분절화를 기도한다는 점에서 특별사동형 감옥체제로 규정할 수 있다. 사상범들은 전향을 하지 않는다는 이유로 감옥에 갇힌 상태로 가혹한 처우를 받아야만 했다.

사상범에 대한 수용형태

특별사동에 분리 수용하는 중요한 목적은 사상범의 존재 자체를 부정하는 것이었다. '감옥 안의 감옥'이라는 특별사동에 대부분 독거 수용된다. 또 행형법상 매일 주어지게 되어 있는 운동시간조차 독거수용의 원칙을 지키기 위하여 특별사동에는 별도의 독거수용자를 위한 운동장이 붙어 있다. 그것은 대체로 2m 정도의 담을 통해 부채꼴 모양의 구획된 공간으로 운동장의 길이는 곳에 따라 다르지만 대략 4m 정도이고, 넓이는 3평 정도이다. 즉 감옥 권력에게

<표 1> 출소 장기수 75명의 복역년수

40년 이상	39 - 30년	29 - 20년	19 - 10년	총계
5	47	20	3	75

※ 위 도표는 출소 장기수 75명의 복역년수를 분석한 것임.

는 이 정도의 공간에서 수형자들이 제대로 운동을 할 수 있는가라는 문제보다
는 사상범들이 운동시간을 이용해 서로 접촉하는 것을 원천적으로 봉쇄하는
것이 더 중요한 문제였던 것이다.

형기의 문제

일반 무기수의 경우는 대략 16년에서 18년을 복역하면 대부분 석방된다. 하
지만 장기 사상범들은 철저한 독거 생활을 강요당하고 감형, 가석방의 대상에
서 제외된다. 따라서 30~40년된 초장기 구금자가 있는 것은 바로 이런 이유
때문이다. 이례적인 '형집행정지' 형식의 출옥의 경우도 보면 대부분 병원에서
1년 이내의 시한부 삶을 선고받는 경우이다(1991년 5월 25일 석방된 비전향수
왕영안 씨의 경우는 위암 3기로 판명되었다).

급식

1970년 무렵까지 교도소에서 나오는 식사는 너무 열악한 형편이었다. 주식
은 보리 50%, 쌀 25%, 콩 25%로 이루어져 있는데, 정량은 크기에 따라 1등
식에서 5등식으로 구별된다. 식기에는 1부터 5까지의 숫자가 요철되어 있다.
5등은 환자식으로 8작의 백반, 4등은 1홉, 3등은 1홉 2작이라는 식으로 1등식
으로 갈수록 그 양이 점점 많아진다. 교도소마다 그 규정이 조금씩 다르지만
사상범의 식사량은 교도소의 규정 중에서도 환자를 제외하면 가장 적은 양이
규정되어 있으며, 또한 의도적이건 부정에 의한 결과이건 그러한 규정조차 무

시될 정도의 양이 지급되었다. 당시 수형자의 증언을 들어보면 "뭐니 뭐니해도 배고픈 것보다 불쌍하고 서러운 것 없지요. 그때에는 운동하러 나가면 운동은 할 생각도 못하고 담 밑에 있는 쑥 같은 풀을 뜯어 씹어먹는 데만 정신이 없었지요. 그 뒤엔 영 힘이 없어 '운동 시작!' 해도 걸어나갈 힘이 없어 방문 밖으로 고개만 자라모가지처럼 쑥 내밀고 말았지요." 그들은 쥐를 잡아먹지 않으면 안 될 정도의 굶주림에 시달렸다고 한다.

서신

5·16구테타에서부터 80년대 초반까지 장기수는 직계가족과도 서신을 할 수 없는 것이 관례였다. 허가된 서신에 한해서도 글자수를 200자 내로 제한시켰으며, 한 글자라도 넘으면 시정할 기회도 주지 않고 그대로 폐기시켜 버렸다. 가족 이외에 일체의 서신왕래가 금지되었기 때문에 가족이 없는 많은 장기수는 수십 년간 편지 한 통 받아보지 못한 경우가 허다하다.

접견(소장·순열관·면담 포함)

비전향수는 원칙적으로 직계가족과의 접견도 금지되었고 전향공작상 필요하다고 인정된 때에만 허가하였다. 소장이나 순열관의 면담을 신청할 경우 당연히 허가가 되어야 하나 거의 불허되었다. 1974년 광주교도소에 수감되어 있던 권낙기 씨는 순시 나온 보안과장에게 소내처우의 개선을 요구하며 면담을 요청했는데, '건방지다'는 이유로 오히려 지하실로 끌려가 구타를 당했다. 다시 1975년 7월 30일에서 8월 27일까지 28일간 소장접견을 요구하며 죽음을 무릅쓴 단식농성을 한 끝에 힘들게 소장면담을 할 수 있을 정도였다.

도서열람

날마다 감방에서만 지내는 사상범들에게 유일한 소일거리이자 가장 큰 즐거움은 독서라고 할 수 있다. 그런데 전향을 담당하는 교회사(教誨師)들에 의해 철저하게 검열이 되고 법무부의 '금서목록'과 '열독허가지침', 문화공보부의 '금지도서목록'에 의거해 합법적 출판사에서 출판된 도서까지도 대부분 금서가 되고 만다. 1973년부터 1975년까지는 모든 책을 강제적으로 압수하기도 했다.

그들이 항의할 수 있는 방법은 오로지 단식밖에 없었다. 이들 대부분이 위장병을 갖고 있는 이유는 잦은 단식 때문인데, 또 다른 이유가 있으니 강제 급식이었던 것이다. 의자에 앉혀 놓고 손을 뒤로 묶은 채, 고개를 젖혀 호수를 위에서 들이민 후 짠 죽물을 먹게 했는데, 그로 인해 위벽이 깎이는 고통을 당해야 했다. 대구교도소에서는 불치옥(불치란 불치인류의 줄임말로 사람 축에 들지 못함이란 뜻이다)이라고 한 방에 20여 명을 가두고 나무통 변기 하나에 20여 명이 하루종일 일을 보아야 했다 한다.

국민의 정부에서의 한국 감옥의 현실

감옥의 인권 수준이 그 나라 민주주의 발전의 수준이라는 말이 있다. 사상과 이념의 자유를 지키려는 사람들을 감옥에 가두고 폭력으로 '전향'을 강요한 사실은 우리 나라의 인권이 얼마나 낙후되어 있었는지를 가늠하게 해준다. 지금은 사상범들에 대한 가혹한 차별은 사라졌지만 일반 재소자들의 인권은 여전히 외면당하고 유린되고 있다.

국민의 정부가 들어선 이래 법무부는 '질서와 인권이 함께 가는' 교정정책을 표방하고, 교도소에 관한 일련의 변화를 자랑스레 선전하고 있다. 그 내용은 모범수형자에게 전화사용을 허가하고(그러나 그 횟수는 제한이 있다) 모든 재소자에게 신문구독을 허용하며 수용거실내에 조그마한 탁자를 비치한다는 것, 미결수용자에게 손목시계를 찰 수 있도록 하고 재소자와 가족간의 합동면회를 확대 실시하고 있다는 것이다. 참으로 놀라운 변화이다. 그러나 그 전까지는 재소자들이 전화나 신문을 이용할 수 없었고, 책상은커녕 탁자조차도 비치되지 않은 거실에서 생활하였다는 사실이 더욱 놀라운 일이다. 1990년에 우리나라가 가입한 UN의 '시민적·정치적 권리에 관한 국제조약'의 10조는 "자유를 박탈당한 모든 사람은 인간의 고유한 존엄에 기초한 인간적인 처우를 받아야 한다"고 규정한다. 아래의 몇 가지 사실에 비추어 보아 우리 교도소가 이 기준과 거리가 멀다는 것은 그리 어렵지 않게 짐작할 수 있다.

  1) 수용시설

  우리나라의 감옥은 전체적으로 너무 많은 인원을 수용하고 있어 재소자들의 삶의 질이 매우 열악할 수밖에 없다. 전국 40여 개의 시설에 1일 평균 약 7만 명의 미·기결수가 구금되어 있는 상황은 피구금자의 처우에 기본적인 한계 요인으로 작용한다. 수 천명 이상의 인원을 거대한 시설 아래 집중적으로 감시하는 대규모 교도소에서는 현대 행형 이념인 처우의 개별화나 재사회화 교육은 원천적으로 거의 불가능하다. 그러나 더욱 염려되는 것은 이런 '교정 프로그램'의 부재가 아니다. IMF 이후 격증한 범죄로 인해 교도소의 시설이 넘쳐나면서 그렇지 않아도 부족하고 비좁던 수용시설의 과밀화는 한층 더 심각한 문제가 되고 있다. 심하게는 3평에 17명까지 수용한 경우도 확인된다. 재소자가 인간으로서 존엄성을 보장받을 수 있는 최소한의 생활공간과 재소자의 건강에 필수적인 사방의 조명이나 환기시설, 화장실, 냉난방 등에 관한 특별한 기준이 정해져 있지 않다. 더욱이 재소자에게 지급해야 할 일상용품을 모두 교도소 구치소장의 재량사항으로 규정하고 있다. 그 결과 천차만별이라 할만큼 각 시설이 제 멋대로 운영되고 있다.

2) 의료

의료와 관련하여 가장 심각한 문제는 자격을 갖춘 전문 의료인이 절대적으로 부족하다는 것이다. 전국적으로 약 60명의 의사가 7만 명이 넘는 재소자를 담당하고 있다. 또 재소자의 질병 특성에 맞추어 최소한의 전문의가 있어야 함에도 행형 법규에는 이에 대한 아무런 규정이 없다. 이렇게 열악한 조건에서 재소자들이 외부진료라도 제대로 받을 수 있으면 좋은데, 시설의 장의 재량에 따라 가능하게 규정되어 있어 사실상 어렵다.

이러다보니 질병에 걸린 재소자가 제대로 치료를 받지 못하고 병을 키우게 되는 일이 발생한다. 2000년 8월 청송감호소에 수감돼 있던 박수철 씨는 매일 항문에서 피가 흘러나오는 증세를 호소했지만 감호소측 의사가 치질이라고 진단하고 외부진료를 늦게 받는 바람에 결국 직장암 진단을 뒤늦게 받아 수술을 받은 일이 있었다(〈한겨레〉 2000. 8. 22).

3) 기타

신체 위생과 관련된 기본적 내용이 시설의 장의 재량 사항으로 되어 있고, 신문이나 잡지의 기사를 삭제한 뒤 제공하는 일이 아직도 계속되고 있다. 부당한 처우에 대해 불복하여 청원을 하려고 집필을 신청해도 거부되는 경우가 많고, 교도관의 보복이 두려워 사실상 청원을 포기하는 경우가 많다.

2001년 1월 서울구치소에 수감중인 오아무개(경기도 광명시) 씨는 2000년 12월 11일 서울지법에 "부당한 교도행정에 대항하기 위해 외부로 발송하려던 편지를 구치소 쪽이 부당하게 압수해 폐기했다"며 법무부장관을 상대로 손해 배상 소송을 제기하기도 했다.

이 밖에도 한 끼에 330원이 배정되는 식사나 부족한 운동시간, 열악한 작업환경이나 현저히 부족한 위생시설 등 우리 교도소가 갖고 있는 문제점은 한둘이 아니다. 예를 한가지만 더 든다면 여자교도소를 포함한 대부분의 교도소는 아직도 냉난방시설이 전혀 갖추어져 있지 않다. 교도소 당국은 부족한 인력과 예산으로 현재의 정책을 개선할 수 없다고 한탄한다. 일면 수긍되는 말이다. 또 혹자는 도대체 재소자에게 그렇게까지 인권을 보장해 주어야 하느냐고 반문할 수도 있다. 그래서 일찌기 바깥 사회의 최하 빈곤층보다 재소자의 생활이 나아서는 안된다는 원칙이 주장된 적도 있었다. 그렇다면 행형법이니 최저기준규칙이니 하는 재소자의 권리를 담은 법규가 무슨 소용이 있는가. 간혹 언론에서 보도되는 출소자의 증언만이 교도소내 인권침해의 전부는 아니다. 은밀하고 폐쇄적인 교도소 운영, 재소자에 대한 사회적 무관심은 지금도 그들을 인권의 사각지대에 무방비 상태로 방치하고 있다. 법적 지위와 권리, 처우에 대한 정보로부터 철저히 통제되는 재소자는 교도소 내에서 자행되는 인권유린에 맞서 적절한 대응을 할 수가 없다. 특히 양심수와 구별되는 일반 재소자의 경우, 외부 사회와의 단절은 때로 심각한 인권침해를 불러오고 있다. 인간이 누려야할 기본권은 감옥의 높은 담 안에서도 평등하다.

사상범에 대한 사회속에서의 감시와 통제

사회안전법

사상범들 중 많은 사람이 고문으로 죽었고, 만기 혹은 전향하여 석방되지만 사회안전법이란 족쇄로 감호소로 보내지게 된다. 사회안전법은 1975년 7월 16일 제정되는데 당시 미국이 월남에서 패배하면서 위기감을 느낀 박정희 정권이 '비상전시체제'라는 이름 아래 통과시킨 '4대 전시입법' 가운데 하나이다. 그 연원은 1941년에 제정된 일제의 개정 치안유지법의 예방구금규정에 있다. 그 내용을 구체적을 살펴보면 출소한 사상범에게 감호, 구적제한, 보호관찰이라는 3가지의 보안처분을 규정하고 있는데, 보안감호는 교도소와 유사한

보호감호시설에 수감하는 처분이고, 주거제한은 주거지를 제한하는 처분이며, 보안관찰은 주거지의 경찰서장에게 일정한 사항을 신고하고 그 지시에 따라 감시를 받아야 하는 처분이다. 그리고 보안처분의 기간은 2년이지만 검사의 청구에 의해 갱신할 수 있고, 갱신 회수에도 제한이 없다. 즉 아무런 범법행위가 없는 사람에게 단지 '재범의 위험이 있다'는 개연성에 의거해서 재판없이 법무부의 행정명령만으로 무제한 인신을 구속하거나 기본적 인권을 제약하는 전체주의적 지배의 전형적인 제도이다.

사회안전법의 보호감호를 수행하기 위한 시설이 1978년 지어진 청주 보안감호소인데 이곳은 말이 보안감호소이지 힘든 수형생활은 교도소와 마찬가지였다 한다. 오히려 목욕시설 등 일상생활과 관련된 시설들은 교도소보다 열악하였으며, 교도소에서는 이미 사라져버린 철망까지 감방에 있었다. 1989년 이 법이 폐지될 때까지 수감된 감호자는 총 155명이었는데, 마지막에 남은 비전향자 수는 52명이었다. 보안감호소에 수감된 사상범들에게도 역시 전향공작이 집요하게 이루어졌다. 이는 감호소에서 전향서를 쓰고 출소한 사람이 90명에 이르고, 당국의 가혹행위로 죽은 사람이 2명이라는 사실에서 그 실체를 알 수 있다(월간『말』1991년 10월호). 또한 감호소에서 옥사한 사람이 16명에 이른다는 보고를 볼 때 보안감호소에서 행해진 통제의 정도를 짐작하게 해준다. 이렇게 보면 사회안전법과 보안감호소는 사상범에 대한 통제방식이 사상범은 사망하지 않으면 사회로 내보내지 않고 영구히 감금하겠다는 사상범의 존재 자체를 말살하겠다는 것으로 밖에 볼 수 없다.

보안관찰법

1989년 사회안전법이 사라지지만 보안관찰법의 족쇄로 사상범은 여전히 창살 없는 감옥살이를 하게 된다. 보안관찰법은 사회안전법이 규정했던 신체

구금과 주거제한처분을 삭제하긴 했지만, 여전히 개인 사생활에 대한 '신고'를 의무화하면서 국가기관의 일상적인 감시체계를 합법화시키는 기능을 수행하고 있다.

보안관찰법 제3조(보안관찰처분대상자)를 보면 형법의 내란·간첩죄와 군형법의 반란죄, 국가보안법의 목적수행·금품수수·잠입탈출죄 등으로 3년 이상의 형을 선고받았던 사람을 보안관철처분대상자로 규정하고 있다. 이 중에서 '보안관찰 해당범죄를 다시 범할 위험성이 있다고 인정할 충분한 이유가 있어 재범방지를 위한 관찰이 필요한 자'를 검찰이 청구해 법무부가 처분결정한 자를 '보안관철 처분자(피처분자)'라 한다. 출소 뒤 1주일 안에 관할 경찰서에 출소사실을 신고하라고 협박하는 것을 시작으로 밤낮으로 전화를 해서 소재를 확인하고, 합법적인 집회조차 가지 말라 하고, 동료 출소자들과 만나는 것은 물론이고 전화통화한 내용까지 일일이 신고하라고 종용하고 있다. 출소 장기수들의 말에 의하면 결혼을 하지 않은 것까지도 보안관찰의 이유로 삼고 있다. 그리고 주거제한처분을 삭제하였다고는 하지만 주거를 이전하게 되면 동정을 살핀다는 이유로 주변 사람들을 쫓아다니는 바람에 '빨갱이'라는 사회적 편견을 조장하여 실제 주거제한을 당하고 있다는 것을 보여주고 있다.

이러한 보안관찰법의 조항은 헌법에서 보장하는 사생활의 비밀과 자유, 통신의 비밀, 거주·이전의 자유 등을 명백히 침해하는 것이다. 동시에 보안관찰처분을 면제하는 중요한 판단기준이 대상자의 전향 여부에 달려 있다는 것은 사상과 양심의 자유를 침해하는 것이기도 하다. 또한 형벌과 다름없는 보안관찰처분을 법원이 아닌 행정부에서 결정함으로써 보안관찰법은 헌법이 보장하는 '정당한 재판을 받을 권리'마저 침해하고 있다.

전향하지 않은 장기수 63명을 북한으로 송환한 마당에 여전히 보안관찰법이 존재한다는 것은 상식적으로 납득하기 어려운 부분이다.

준법 서약제도

인간의 생각과 마음은 법적규제의 대상이 될 수 없다.

1998년 건국 50돌 기념 8 · 15특사와 관련 공안사범에 대해서 관용조처를 취하면서 전향제도를 폐지하고 준법서약제도를 도입하였다. 과거 악명이 높은 전향제도의 존재조차 인정하지 않았던 정부가 그 존재를 공식적으로 인정하고 폐지한 것은 큰 진전임에 틀림없다. 하지만 준법서약서를 쓰는 것을 전제로 석방하겠다는 것은 헌법에 보장된 양심의 자유를 침해하는 것이다. 준법서약서가 특히 양심의 자유와 관련하여 문제가 되는 것은 침묵의 자유를 침해한 것이라는 점에 있다. 침묵의 자유란 '자기의 양심상의 결정을 외부에 표명하도록 강제받지 아니하는 자유'를 말한다. 양심의 자유 또는 사상의 자유의 한 부분으로써 인정되는 자유이다. 중세 유럽에서 있었던 이단심문이라든가, 특정 정치체제에 대한 지지 · 반대의 의사를 표현하도록 강요하는 것은 바로 양심의 자유 안에 포함되어 있는 침묵의 자유의 침해이다. 준법서약서는 자신의 정치적 신념, 국가관 등에 대한 구체적 의견과 신념을 기재할 것을 요구하는 것으로 이는 명백히 양심의 자유 및 침묵의 자유를 침해하는 것이다. 양심의 자유는 절대적인 권리이다. 양심상의 결정은 자신의 도덕적, 윤리적 판단에 따라 무엇이 옳고 그른 것인가에 대한 확신을 말하는 것이고, 그것은 내심의 작용이기 때문에 어떠한 경우에도 제한할 수 없는 절대적 자유에 속한다. 사상전향제도든 준법서약서든 내심의 의지와 신념을 표현할 것을 강요한다는 점에서 다를 것이 없다.

내심의 자유까지 침범하고 관리하려는 것은 민주주의의 최소한의 원칙마저 유린하는 것이라 하지 않을 수 없다. 전향제와 준법서약서는 끊임없이 개인의 사상과 양심을 심사하고 국가가 동의하는 사상과 이념에 대한 다짐을 받아두어야만 안심하는 국가주의자들의 반민주주의적 사고에 다름 아니다. 40년만에 정권교체를 이뤄낸 '국민의 정부'에서, 노벨평화상을 수상한 대통령의 나라에서 과거 독재정권이 '더러운 전쟁'에 사용한 악법체제를 그대로 두고선 민주주의도 인권신장도 불가능하다고 생각한다.

맺는 글

불과 몇 년 전까지만 해도 국가권력은 전향제도가 존재한다는 것 자체를 인정하지 않았다. 얼마나 살벌한 세상이었는가. 하지만 이젠 전향제도가 철폐되었고 비전향 장기수가 북한으로 송환되기까지 했다. 그럼에도 불구하고 사실상 전향제도를 계승한 준법서약제도, 보안관찰법, 국가보안법이 여전히 존재한다. 이는 대한민국이 21세기에도 전근대적 유물을 버리지 못하고 여전히 '인간의 얼굴을 한 국가'의 길을 포기하고 있음을 말해준다. IMF에 금융신탁통치를 받는 굴욕을 겪고도 정신을 차리지 못한 위정자들의 책임을 묻지 않을 수 없다. 100여 년 전 구한말 이 나라는 자주적 근대화를 이루지 못하고 외세에 휘둘려 끌려 다니다가 결국 일제의 식민지로 전락하고 말았다. 내부적으로 정쟁에만 휘말려 개혁에 실패하고 세계 변화에 부흥하지 못하면 나라꼴이 어떻게 되는지 분명히 보았다. 그런데도 현 정부는 냉전의 유물을 그대로 둔 채 제대로 개혁하지 않고 있다. 김대중 대통령은 '민주주의와 인권신장'을 2001년 신년 국정지표로 정했다. 민주주의의 인권신장을 위해 정부는 인권의 사각지대인 교도소 재소자들의 처우를 현실적으로 개선하고, 재소자들이 스스로 자신의 권리를 찾을 수 있도록 그들의 권리를 알려줘야 한다. 그리고 '교정 교화'라는 교도행정의 근본취지에 맞게 행형제도를 개정해야 한다.

준법서약제도, 보안관찰법, 국가보안법을 철폐하고, 전향공작에 대한 진상규명과 책임자 처벌, 전향공작 희생자들에 대한 현실적인 구제책을 마련해야 한다. 그렇지 않고서는 근본적인 민주주의 쇄신도 인권신장도 어려울 것이다.

주

1) ……지금 사상에 대한 범죄수가 지극히 많습니다. 수가 지극히 많은데 이 사람들을 다 형무소에 넣어가지고 구속을 하고…… 다시 국민으로서 선량한 국민으로 복귀할 수 있느냐…… 교화를 해서 다시 포섭할 수 있는 사람이 있으리라고 생각합니다. 그 이유는 공산도배는…… 여러가지로 속여가지고 자기 당에 넣는 방법이 있는 듯하고 또…… 여러가지 애정리든지 친구 의리라든지 할 수 없이 본의는 아니지만 당에 들어가는 경우가 있습니다. 이러한 사람은 능히 형의 선고를 하지 아니하고 일정한 기간 내에 교화해서 사회에 나올 수 있도록 선고유예를 해서 보도구금소에 보내어 일정한 기간까지만 완전무결한 사람으로 인정되면 내보낸다…… (제헌국회 제5회 「제56차 회의록」, 1,383쪽, 권승렬 법무부장관의 발언). 보도구금제도 도입은 형사소송절차에서 사안이 경미하고 전향가능성이 존재하면 형의 선교유예와 함께 보호구금소에 보내 교화를 하고 전향을 하여 석방이 되어 나오면 보도연맹에 가입시켜 일정한 관찰에 붙인다는 취지이다. 보도구금제도는 일제하 치안유지법상의 예방구금제도, 보도연맹 가입은 일제하의 사상범보호관찰법상의 보호관찰제도와 극히 유사하다(사회안전법폐지추진위원회, 「사회안전법은 폐지되어야만 합니다」 8~9쪽 참조).

2) '장기수'란 말 그대로 오랫동안(장기) 감옥에 갇혀 있는 수인을 지칭한다. 민주화실천가족운동협의회(민가협)에서는 장기 복역 양심수를 "형법 제98조 '간첩죄'를 적용받거나 국가보안법, 반공법에 의해 7년 이상의 형을 선고받은 양심수"라 규정하고 있고 인권운동 단체 등에서 보편적으로 채택하고 있다.

참고문헌

최창기, 「감옥체제와 사상범의 수형생활 연구」, 2000.
고난받는 이들과 함께하는 모임, 「비전향 장기수 백서」, 2000.
천주교인권위원회 인권운동사랑방, 「한국감옥의 현실」, 1998.
박원순, 「국가보안법연구」, 1994.
서준식, 「전향, 무엇이 문제인가」
보안관찰법철폐모임, 「제2의 국가보안법, 보안관찰법관련 자료집(1)」, 1999.
민주화운동가족협의회 장기수가족협, 「장기복역양심수실태자료집」, 1992.

20세기 한국의 야만 2

제4장

야만의 권력미학, '인혁당 사건'

김영수

한국노동이론정책연구소 연구위원

냉전 개발 독재와 유신 독재

들어가는 글

한국 민주주의의 발전이라는 역사의 길목에는 노동자 · 민중의 파수꾼 역할을 담당했던 역사적 주체들이 존재한다. 그들은 한국사회의 민주주의를 둘러싼 계급 · 계층간의 갈등관계를 노동자 · 민중의 입장에서 해결하려 하였으며, 평화적인 민족통일을 추구하는 주체들이었다. 야만적인 국가권력을 인간적인 국가권력으로 변화시키려 했던 아름다운 삶의 전형들이었다. 하지만 그들은 바로 한국 현대사에서 국가권력에 의해 자행된 학살[1]의 대상이었다.

이러한 역사적 주체들은 국가권력의 폭력 때문에 '민주제단'에 피를 바쳐야 했다. 한국의 역대 국가는 야만스러운 물리적 폭력만을 지배권력의 통치기제이자 국민적인 동의기제의 토대로 삼으면서 민주주의를 억압하였고, 인간적이고 아름다운 삶을 황폐화 시켰기 때문이다. 물리적인 폭력을 독점한 국가권력이 지배계급의 이해를 관철시켜 내고, 이에 저항하는 세력들을 폭력적으로 억압하거나 야만스럽게 학살하였던 것이다.

1945년 민족해방이 된 이후 저질러진 계획적이고 직접적인 학살사건으로는 1948년의 제주 4 · 3항쟁 사건, 1950년~1953년 한국전쟁이 전개되는 동안에 저질러진 각 지역의 양민학살사건, 1958년 조봉암사건, 1975년 인민혁명당 재건단체사건, 1980년 광주민중항쟁사건 등이다. 이 외에 자살 유도 및 고문 후유증으로 인한 사망 등과 같은 계획적이고 간접적인 학살, 각종의 의문살인 사건과 같은 우연적이고 직접적인 학살사건, 그리고 자살 조장 및 반공이데올로기와 같은 지배이데올로기를 동원하여 주체적인 의식을 말살하는 각종의 우연적이고 간접적인 학살사건을 예로 든다면 지면이 너무나 부족할 것이다.

그런데 박정희 정권 18년 동안에 국가권력의 폭력성과 야만성이 직접적으로 드러난 대표적인 사건 가운데 하나가 1975년의 인민혁명당 재건단체(이하 인혁당) 사건일 것이다. 박정희 정권은 인혁당 관련자들을 북한의 지령을 받아 대학생들을 배후에서 조종하는 불순세력들이라고 규정하였지만, 당시 종교단체 및 인권기구 등은 반공조장, 사건조작, 폭력고문 등의 의혹을 제기하고 박정희 정권의 야만성을 규명하려 하였다.

그러나 박정희 정권은 인혁당 관련자들의 상소가 대법원에서 기각된 다음날 도예종을 비롯한 8명의 젊은이들을 형장의 이슬로 사라지게 하였다. 이 사건은 국제적으로 한국의 사법부를 암흑의 나락으로 떨어뜨린 사건, 법의 정당성을 빌어 국가권력의 폭력성을 미화시킨 사건, 국가권력의 계획적이고 직접적인 학살사건 등의 의미를 지니고 있다.

죽은 자들은 말이 없다. 죽인 자들도 말이 없다. 허공을 향한 유가족들의 한탄만이 메아리로 존재했으며, 야만과 폭력의 그늘에서 침묵과 방관의 미학만이 존재했었다. 지난 27년 동안 인혁당과 관련된 모든 사람은 침묵의 사슬에 묶인 채, 사회의 감옥 속에서 수형 생활을 해야만 했다. 이제는 '인민혁명당'이라는 말의 미혹에서 벗어나야 한다. 이제는 죽은 자들을 다시 죽이는 침묵과 방관의 학살도 끝이 나야 한다. 기나긴 야만과 침묵의 역사를 바꿔야 한다. 화해는 용서보다 진실을 요구하기 때문이다. 그 중심에 1975년의 소위 '인혁당'이 있다. 이 사건에 대한 진실의 기억만이 법의 정당성으로 가려진 지배권력의 야만성과 폭력성을 규명할 수 있을 것이다.

반유신운동에 대한 탄압으로서의 인혁당 사건

박정희 자신[2]은 물론이고 박정희 정권은 군인, 경찰, 관료 등 반민족적이고 반민주적인 세력의 응결체였다.[3] 그래서 친일세력과 친미세력들은 4 · 19항쟁으로 기득권을 포기하거나 권력구조를 재편해야만 하는 위기 상황을 넘기고, 5 · 16군부쿠데타에 대한 미국의 암묵적인 지지를 확인하는 과정에서 5 · 16

군부쿠데타 세력의 '포섭대상이자 수혜대상'으로 변화되었다. 5·16군부쿠데타는 군부를 중심으로 하는 정치적 지배블록의 변화를 가져왔지만 사회적 권력블록의 변화와는 무관했다. 멀게는 식민지 지배체제, 가깝게는 이승만 정권 하에서의 사회적 권력블록이 자신들의 기득권을 유지·강화하는 체제를 구축하였던 것이다. 특히 이들 세력들은 60년대의 차관경제와 노동착취에 기반하는 경제개발정책의 수혜를 받으면서 유신체제의 지지기반이 되지 않을 수 없었다. "유신 쿠데타 직후의 혹심한 인권탄압에도 불구하고 미국은 침묵으로 일관하였고, 1971년도에 들어와 무역조건의 개선이 두드러지고, 한국은 미국의 대아시아 무역에 있어서 세 번째 큰 상대국이라는 미국 행정부의 평가가 의미하듯이 미국은 유신체제를 지지하였다."[4] 이와 같이 박정희의 유신체제는 일제 식민지 체제와 미군정 체제를 계승하면서 친일(親日)·친미(親美)·반민주(反民主)·반공(反共) 군부독재체제, 소위 '2친(親) 2반(反)' 군부독재체제를 구축하였다. 과거의 반민족적이고 반민주적인 행위는 군사병영체제 아래에서 반공과 경제 근대화의 그늘 속에서 면죄부를 확보하게 되었다.

전국민주청년학생연맹(이하 민청학련) 사건과 인혁당 사건은 2친 2반 군부독재체제에 대한 저항과 그러한 저항을 폭력적으로 탄압하는 과정에서 발생하였다. 2친 2반 군부독재체제의 폭력적인 국가권력은 의식적인 체제위기의 조장, 북한체제에 대한 남한체제의 우위성 강화, 적화통일의 가능성 유포, 간첩조작사건을 통한 정권의 위기상황 극복, 그리고 남한 민주변혁운동에 대한 북한의 조종설 등을 유포하면서 반유신운동 세력들을 탄압하였던 것이다.

종교인들과 대학생들은 반유신투쟁의 선두에 서 있었다. 1973년 4월 박형규 목사 등의 '부활절 기도회'를 계기로 반유신투쟁이 표면으로 드러났고, 1973년 2학기부터 학생운동은 동맹휴학, 수학거부, 시험거부 등의 반유신투쟁의 분위기를 고양시켰다. 특히 1973년 11월 2일 서울대 문리대가 반유신투쟁을 시작하면서 전국 각 대학으로 유신철폐투쟁이 확산되었다. 이러한 분위기는 1973년 12월 24일 헌법개정청원운동본부의 발족으로 이어졌으며, 이에 유신체제는 1974년 1월 8일 긴급조치로 탄압하기 시작하였다.

그러나 긴급조치에 저항하는 선도적 투쟁이 요구되는 상황에서 학생운동은 전국 각 대학의 운동분자들을 최대한 결집, 조직하여 일시에 유신체제 타도투쟁을 전개하기로 하였다. 학생운동 지도부들은 겨울방학 동안에 민청학련의 결성을 도모하였는데, 그 일환으로 계획된 투쟁이 1974년 4월 3일의 전국 동시다발적 시위투쟁이었다. 이 과정에서 인혁당사건의 관련자들은 당시 학생운동의 지도부들에게 적지 않은 도움을 주었다. 그래서 이 투쟁은 초보적인 수준의 통일전선 형태를 추구하면서 학생운동뿐만 아니라 재야, 종교계, 지식인, 명망인사 등을 조직화하는 수준에서 전개되었다. 반유신민주회복투쟁이 전국적인 민중의 항쟁으로 확장될 수 있는 계기가 형성된 것이다.

그러나 박정희 정권은 '현 정부를 전복하고 공산주의 국가를 건설하려는 공산주의자들의 소요'[5]라는 명분을 내세워 1974년 4월 3일 긴급조치 4호를 발표하였다. 대학생들의 조직적인 반유신운동을 탄압하기 위한 조치였다. "전국민주청년학생총연맹 가담자로 자수를 하지 않으면 사형 또는 5년 이상의 유기징역에 처하고, 시위가 있을 때 대학폐쇄를 불사하며, 군 지역사령관은 지방장관으로부터 치안질서 유지를 위한 병력 출동의 요청을 받을 때에는 이에 응하여 지원한다". 민주화 세력에 대해 사형 조치를 감행하겠다는 의지를 공식적으로 선포하였다. 긴급조치 4호의 내용과 박정희 정권의 의지가 정당하다면, 학생운동 세력은 공산주의자로서 사형을 당해야만 한다.

긴급조치가 선포된 직후인 4월 17일 여정남이 체포되는 것을 시작으로 민청학련 관련자들과 인혁당 관련자들이 체포되기 시작하였으며, 도예종도 4월 20일 체포되었다. 그리고 1974년 5월 27일 23명이 국가보안법, 반공법, 내란

민주회복 강연회. 1975년 1월 재야 민주단체에 의해 결성된 '민주수호 국민협의회'는 1,000만 명 개
헌서명운동을 통하여 유신헌법의 철폐와 민주회복을 위하여 노력했다

예비음모 등의 죄목으로 기소되었다. 6월 15일 시작된 재판은 약 10개월에 걸
쳐 진행되었다.

그러나 1974년 하반기에 천주교 정의구현사제단의 발족과 함께 민청학련
관련 구속학생 석방투쟁의 활성화, 이어서 11월 27일 재야인사 71명이 모여
민주회복국민회의를 발족, 각 신문사 기자들의 언론자유수호투쟁 등이 전개되
었다. 민족민주운동 진영은 사형을 당할 위험을 무릅쓰고 박정희 정권의 긴급
조치 4호에 대해 저항하였다.

유신체제를 구축하려는 박정희 정권과 민주주의를 회복시키려는 민족민주
진영간에 힘 겨루기가 진행된 것이다. 제한적인 결과이지만 민족민주진영은
이 싸움에서 힘의 우위를 점하였다. 결국 박정희 정권은 1975년 2월 12일 유
신헌법의 신임을 묻는 국민투표의 형식을 밟았고, 이어 2월 15일과 17일 인혁
당 관련자 전원과 민청학련 관련자 4명을 제외하고 전원을 석방하였다. 만약

관련자들이 공산주의자들이었다면, 박정희 정권은 민청학련 관련자들을 석방하지 않았을 것이다. 2친 2반 군사병영체제가 사상을 전향하지 않는다는 이유만을 내세워 사상범들을 장기간 투옥하고 있는 상황에서 공산주의 세력을 석방시켜 줄 수 있다는 것은 어불성설이다.

석방투쟁의 성과를 계기로, 1975년 초반 유신헌법 반대투쟁은 고양되기 시작하였다. 석방투쟁의 성과가 박정희 정권 스스로 장기집권을 목적으로 하는 1인 독재체제라는 것을 인정하는 결과를 가져왔기 때문이다. 그러나 박정희 정권은 1975년 4월 8일 인혁당사건으로 기소된 도예종, 서도원, 하재완, 이수병, 김용원, 우홍선, 송상진, 여정남 등의 상소가 기각되자, 바로 다음 날인 4월 9일 이들 8명에 대한 사형을 집행하였다. 그리고 1975년 5월 13일 긴급조치 9호를 발동시켜 '겨울공화국'의 문을 열었다. 이때부터 1979년 10.26사건이 발생하기 이전까지 모든 반유신 활동은 15년 이하의 징역형에 처해졌으며, 억압적 국가기구의 서슬퍼런 칼날이 국민들의 심장을 겨누었다.

인혁당 관련자들에 대한 사형은 폭력적인 국가기구와 동원이데올로기에 의한 학살이었다. 군부정권의 동원이데올로기는 국가주의적 경제성장 이데올로기와 반공이데올로기가 중층적으로 결합된 것으로써 학살의 동력으로 작용하였다. 또한 일반 국민대중들은 '근대화의 결과에 대한 묵종, 대규모 반공 캠페인, 잇따른 좌익사건의 조작'[6] 등이 결합되면서 국가권력의 폭력을 묵인·방치할 수밖에 수동적 주체로 변화되었다.

이와 같이 박정희 정권은 국가테러리즘과 동원이데올로기를 동원하여 다수를 침묵하는 세력으로 만들고, 정치권력에 도전하는 세력의 형성을 폭력적 국가기구로 억압하였다. 강신옥 변호사는 당시 국가권력의 폭력적 만행을 다음과 같이 증언하고 있다. "헌법개정청원은 누구든지 할 수 있는 거야. 이건 기본적인 민주국가의 권리야. 법에 의해서 더군다나 대통령에 의해서 범죄를 만들어 버리고, 사형까지 하고, 이건 완전히 폭력이다." 박정희 정권은 유신체제에 반대하는 사람들을 억압하고 제거하기 위해서는 합법적인 폭력은 물론 비합법적인 폭력도 활용하였다. 그러한 폭력은 억압적 국가기구에 의해 구체적으로 자행되었다.

야만의 권력 미학으로서의 인혁당 사건

민주세력 말살사건

5 · 16군부쿠데타가 발생하고 난 이후, 4 · 19항쟁의 정신을 계승하려는 세력들은 그리 많지 않았고, 모든 민주세력들은 흩어질 수밖에 없었다. 조직적이고 대중적인 저항운동을 전개할 수 있는 세력은 학생운동 진영과 비합법적 정치조직운동 진영뿐이었다고 해도 과언이 아니다. 군부쿠데타 세력들은 혁명재판이라는 미명 하에 쿠데타에 동조하지 않는 세력들을 탄압하였고, 저항의 불씨를 완전하게 없애려 하였다.

그러한 의지는 각종의 조직사건, 즉 1964년의 제1차 인민혁명당사건, 1967년의 동베를린 간첩단사건(동백림사건), 1968년의 남조선해방전략당사건과 통일혁명당사건 등을 계획적으로 조작하고 탄압하는 것으로 이어졌다. 군부쿠데타 세력은 이러한 사건의 주체들을 북괴의 지시에 따른 대남 적화공작의 일원으로 간주하였다. 또한 그들의 활동 내용을 대중적인 사상적화 공작, 혁명적 전위대 조직공작, 지하당 조직공작, 반공법 개정투쟁의 공작, 남한정권 전복공작 등으로 규정하였다.

그러나 이들은 4 · 19항쟁의 전략적 과제였던 남한정권의 민주화와 민족통일을 지향하는 세력들이었다. 1945년 민족이 해방된 상황에서 민주 정권의 수립을 위해 투쟁했던 사람, 1950년대에 진보당 결성투쟁에 참여했던 사람, 그리고 4 · 19항쟁 이후에 진보적인 청년단체에서 활동하면서 장면 정권에 대해 저항[7]했던 사람들이었다. 군부쿠데타 이후, 군사정권에 대해 반대하고 평화적인 통일운동을 추진할 비공개조직의 주체들이었던 것이다.

박정희 정권이 1964년 한일국교정상회담을 개최하려 하자, 이들 세력과 대학생들은 '한일회담의 즉각 중지'를 요구하면서 대대적인 6 · 3반정부투쟁을 전개하였다. 이 과정에서 조직적인 투쟁의 경험이 거의 없는 학생운동 진영은 비공개조직의 주체들에게 상당한 영향을 받지 않을 수 없었다. 이에 박정희 정권은 비상계엄령을 선포하고 참여자들을 탄압하였다. 200여 명의 부상자와 1,200여 명의 구속자가 발생하였던 것이다. 그러나 한일국교정상회담 반대투쟁은 군부정권을 위협할 정도로 확산되기 시작하였다.

이에 박정희 정권은 1964년 8월 1차 인민혁명당사건을 조작, 발표하였다.

> 북괴의 지령을 받고 대규모적인 지하조직으로 국가를 변란하려던 일당 57명 중 41명을 구속하고 나머지 16명을 전국에 수배중이다. 1962년 1월에 창당한 인혁당은 조직을 확대해 오다가 한일회담 반대 학생데모를 유발토록 획책함과 동시에 4 · 19와 같은 혁명으로 발전케 하여 현정권을 타도하려 하였다.[8]

그러나 이러한 조작은 박정희 정권의 녹을 먹고 있는 검사들에 의해 들통이 났다. 중앙정보부로부터 인혁당 관련 피의자들을 넘겨받은 서울지검 공안부 검사들은 20일간의 수사를 통해, 이 사건이 고문에 의해 조작된 허구로서 기소할 수 없다는 데에 의견을 같이하였던 것이다. "피의자들 모두 반국가단체를 구성했다는 혐의를 찾을 수 없고, 인혁당이라는 단어 자체를 전에 들어 본적이 없고, 고문에 의해 조작된 것이며, 실제로 물증도 없다"[9]고 증언한 것이다. 그래서 제1차 인혁당 관련자들은 1965년 1월 20일 제1차 선고에서는 인혁당 당수 도예종과 양춘우만 유죄를 선고받고 나머지 모두 무죄 판결을 받았다. 1965년 5월 29일 제2차 선고에서는 전원이 유죄판결을 받았지만 그 형량은 매우 낮았다.

이 사건에 관련된 사람들은 대체적으로 세 가지 부류로 나눌 수 있다. "첫째 부류는 서울대 문리대의 학생운동을 주도했던 정치학과 소속의 민족주의비교연구회 회원, 둘째 부류는 4·19항쟁 시기의 민족통일전국학생연맹과 민족자주통일중앙협의회의 민주민족청년동맹 관련자들, 마지막으로 50년대와 마찬가지로 4·19항쟁 시기에도 활동한 혁신계 사람들이었다."[10] 군부정권에 반대하는 주요 세력들이 총망라되었다고 해도 과언이 아니다.

그러나 도예종을 비롯한 제1차 인혁당사건의 관련자들은 무력에 의한 적화통일론이 아닌 평화통일론을 지지하고 있었다. 도예종은 항소이유서에서 통일문제에 대한 자신의 방안을 밝히고 있다. 이것은 "UN 감시하에 인구비례 남북자유총선거를 지지, 통일을 위해서는 경제적 자립이 선행되어야, 위정자나 국민 모두 통일방안을 좀 더 연구하여야, 자유민주주의의 보장, 빵과 자유도 보장되는 민족적 복지국가의 수립" 등의 민족통일의 전제조건과 방안이었다. 이러한 통일론은 민족분단을 영구화시키고 있는 남북한 정권을 동시에 비판하면서 평화적 방식에 의한 통일민주정부를 추구하는 것이다.

이와 같이 이러한 세력들은 해방정국과 4·19항쟁 등 그간의 투쟁에서 확인된 활동가들을 중심으로 군부정권에 대항하는 선도적인 투쟁과 평화적인 민족통일투쟁을 전개하려 하였다. 그래서 1973년~1974년 반유신투쟁에서도 유신헌법을 국민의 기본권을 박탈하고 1인 독재를 영구화하기 위한 악법으로 규정한 상태에서, 분산된 민주세력과 학생운동 세력을 조직화하기 위한 활동을 전개하였다.

이에 박정희 정권은 인혁당 관련자들을 사형시킴으로써 학생운동 세력들에게 겁을 줌과 동시에 비공개적인 활동가들을 말살하려 하였다. 잠재적인 저항의식의 뿌리조차 완전히 제거하고, 사회적 공포분위기를 형성하기에 충분한 조치였다. 인혁당사건은 저항세력이 형성한 역량을 정치적으로 분자화하는 수단으로 활용되었다.

당시 학생운동과 노동자·민중들의 분출은 '반유신 민주회복'이라는 주체적인 저항이데올로기를 형성하면서 시작되었다. 이러한 "주체성의 이데올로기적 (재)형성은 사회적 과정이다. 묵인에서 봉기로의 급작스런 변이는 집합적인 과정들이지, 단순히 일련의 개인적 변화가 아닌 것이다."[11] 특정 사회의 담론적 질서의 형성은 모순과 위기의 주요한 순간에 사회세력들에 의해 행해진 투쟁의 역사적 산물이다. 그런데도 불구하고 박정희 군사병영체제는 정권을 보위한다는 일념으로 비인간적 학살을 자행하였다.

반공조작 사건

2친 2반 군사병영체제는 1973년 12월 7일에 학생들의 반유신 민주화투쟁에 굴복하여 구속된 학생들 전원을 석방하였는데, 이를 계기로 반유신투쟁을 위한 통일전선 조직이 급속하게 결성되기 시작하였다. 각계각층의 세력들은 결집하여 '민주회복국민연합'을 중심으로 하는 반유신 민주회복투쟁의 전선을 형성하였다. 박정희 정권으로서는 이를 극복하기 위한 방편을 채택할 수밖에 없었는데, 그것은 2친 2반 체제의 동맹·지지세력의 이탈을 방지하면서 저항진영의 세력이 형성되는 것을 억제하는 것이었다.

이를 위해서는 먼저 근대화의 과정에서 침묵하고 있는 다수 국민대중들과 저항진영간의 결합을 저지하는 것이었고, 둘째로는 저항세력의 정치적 구심력을 이완시키는 것이었다. 특히 제도권 야당과의 정치적 지배연합 구조의 균열을 방지하고, 저항세력인 민족민주진영을 정치적으로 분자화하고 탄압하는 것이었다. 가장 효율적인 방법은 반공 이데올로기를 동원·조작하여 무작위 국민대중들을 간접적으로 학살하고, 보수적인 제도권 야당을 국회로 등원시켜 상호 권력분점 관계를 재형성하는 것이었다.

이러한 맥락에서 박정희 정권은 민청학련 사건과 인혁당사건을 만들었던 것이다. 그들의 의도는 이 사건의 주체들에게 선고에서 제시된 양형의 이유에 잘 드러난다. 1974년 7월 11일 비상보통군법회의에서 내려진 양형의 이유를 정리하면 다음과 같다.

1)간첩침략의 위협으로부터 국가의 보전, 자유의 수호 2)유신안보체제는 6.25와 같은 동족상전의 민족적 비극의 재현을 막고, 조국을 평화적으로 통일하자는 것이다. 3)학생들을 공산당의 앞잡이로 이용코자 배후에서 조종 4)과거 사상범 등 기타 반국가적 전과자 5)심지어 이 신성한 법정에서 범죄사실에 부인 내지 자기 정당성의 주장 등으로 일관함으로써 자기가 저지른 죄과의 단죄를 교묘히 모면하려는 피고인들의 태도는 실로 간교함을 금할 바 없으며, 인간으로서의 최소한의 양심마저 찾아볼 수 없는 자들이다.[12]

이와 같이 박정희 정권은 인혁당 관련자들을 반체제적이고 반국가적인 사상범으로 규정하고 있으며, 그러한 사상을 위해 최소한의 인간적 양심조차 팔아버린 철면피로 말하고 있다. 그러나 제1차 인혁당사건의 관련자들은 북한을 유일무이한 대안적 사회체제로 간주하는 세력이 아니었다. 그것은 앞에서 지적하였듯이, 평화통일을 지향하는 민족통일방안에 대한 인식에서 증명된다. 박정희 정권은 북한의 통일방안을 '무력에 의한 남한 적화통일론'이라고 규정하고 있다.

북한 괴뢰집단은 정부를 잠칭하고 국가를 변란할 목적으로 불법하게 조직된 반국가단체로서 공산주의 제도와 이념의 우월성을 선전하고 남한내 동조세력을 구축하여 남한의 공산화 혁명을 유발시키려는 활동으로 적화통일을 획책하고 있다.[13]

그런데 인혁당 사건의 반국가적인 사상의 근거를 평화통일을 지향했던 제1차 인혁당사건에서 찾는다는 것은 박정권이 자기가 만든 덫에 걸려드는 자승자박이었다. 정권보위를 위해 반공 이데올로기를 동원·조작하는 것에 불과하다는 것을 스스로 증명한 꼴이었다. 박정희 정권은 한국전쟁과 분단의 과정을 거친 국민대중들의 역사적 경험을 정치적으로 활용·조작하고, 반공통치전략을 정치적·사회적 실재성(reality)으로 표출시키기 위해 한 편의 조작극을 연출하였다.

김종길 변호사는 인혁당사건의 변론에서 관련자들을 공산주의 세력이 아닌 민주변혁을 지향하는 혁신세력이라고 항변하고 있다.

초록은 동색이라고 무조건 혁신적인 생각을 갖었다고 공산주의로 몰수는 없다. 세계 각처에서도 엄연히 공사주의와 혁신은 구별되어 있으며, 우리나라에서도 혁신노선의 정당이 엄연히 존재하고 있다. 초록은 동색이 아니다. 피고 우홍선과 6명의 변론은 나로서는 벅차다. 이 중에는 잘 아는 친구도 있으며, 선량하고 재능있는 사람들로서 공산주의자들이 아니다. 이 사람들이 공산주의자라면 변호사 직을 내놓아도 좋다.

이철 역시 당시의 투쟁은 체제전복이 아니라 민주정권수립 및 민주회복운동의 성격을 가지고 있었다는 것을 주장하면서, 박정희 유신독재체제가 당시의

운동을 정권보위의 차원에서 공산주의 세력의 배후조종으로 규명했던 사실을
반박하고 있다.

　여정남 씨는 1960년대 말 3선개헌 반대 때부터 반정부투쟁에 적극적이었
던 학생이었다. 그 때부터 우리는 서로 의기투합하고 여러 가지 논의를 하였
는데, 노동정권의 수립을 목표로 하다는 것 자체는 상상조차 하지 못했다. 우
리가 하고자 한 것은 우리의 정당한 요구, 정당한 주장을 국민에게 알리고,
이러한 잘못된 유신은 물러가야 한다는 원칙적 주장이었다.

　문정현 신부는 "급박한 사형집행은 궁지에 몰려 국민의 여론을 뚫고 권력의
안정을 꾀하고자 하는 내지는 극한적인 결단으로 국민들의 마음을 조리게 하
여 권력에 도전하지 못하게 하는 의미밖에 없다"라고 증언하고 있다. 학생들의
시위가 북한의 조종에 의해 움직이는 것처럼 국민들에게 선전하여 이를 탄압
하고자 한 것이었다. 즉 북한에 대한 공포심을 조장하고, 이를 이용하여 폭력
적인 반공정권의 정당성을 조작하는 것이었다. 김지하 시인은 "유신체제에 대
한 전국적인 반대는 박정희를 포위해서 국내외적으로 고립시킴으로써 유신정
권을 붕괴시키려는 것이 우리들의 생각이었다"라는 증언으로 인혁당에게 가해
진 당시 반공 정권보위 전략의 폭력성을 반증해주고 있다.

비밀공작 사건

　정보폭압정치는 거미줄처럼 퍼진 권력의 망에서 비롯된다. 이 사건은 국가
권력의 물리적 폭력을 동원하는 비밀공작수사의 결정체였다. 사실의 왜곡뿐만
아니라 정권보위전략의 전략적 의도에 걸맞는 수준의 사건으로 조작하는 것이
었다. 비밀공작수사는 민청학련 조직체계의 조작, 공판기록의 조작, 인혁당 주

체들의 활동 사실에 대한 조작으로 이루어졌다. 이러한 사건조작의 백미는 수사관들의 수사과정에서 드러난다. 제1차 인혁당사건에 관련된 도예종은 수사과정에서 드러난 수사관들의 조작수사에 대해 이렇게 말하고 있다.

> 혁신계의 명단을 하나 하나 검토해 보니 당신이 여러 조건상 가장 적합했기 때문에 선정했으며, 계엄령 선포를 당신 때문에 했는데, 중앙정보부에서 못잡을 이유가 있나.…… 쓸데없는 말썽 부리지 마고 얌전하게 대법까지 마치면 특사라는 것이 있으니 염려마라. 그 때 전원 석방시켜 줄테니[14]

도예종을 중심으로 한 세력들을 정치적 조작의 희생양으로 삼기에 가장 적합했다는 것이 단적으로 드러난다. 특히 도예종, 서도원 등은 4 · 19 이후 민주민족 청년동맹에서 진보적인 정치활동을 공개적으로 전개하였는데, 이러한 사실이 정치적 비밀공작의 대상으로 지목될 수 있었던 근거였다. 이러한 조작의 구체적인 내용은 세 가지로 정리할 수 있다.

먼저 민청학련은 반유신 민주화투쟁을 전개하고자 하는 학생운동 내부의 투쟁체였음에도 불구하고, 비밀정당의 하부조직으로 체계화되고 사상적으로 지도를 받는 거대한 반정부 조직으로 조작되었다.

민청학련의 활동총책이었던 이철은 1974년 4월 24일 체포되었는데, 이미 중앙정보부에 의해 조직체계가 완성되어 있었고 수사과정에서 여정남과 인혁당의 배후조종 진술을 요구받았다. 그래서 중앙정보부는 4월 24일 민청학련 수사를 발표하고, 이어서 5월 27일 민청학련의 배후조종 세력인 인혁당, 공산당, 좌파혁신계 등을 발표하는 민청학련사건 2차 발표가 이어졌다.

그러나 민청학련은 배후조종 세력의 지도를 받은 것이 아니라 선도적인 학생운동 세력을 중심으로 한 투쟁조직체였다. 이것은 이철과 유인태의 증언으로 확인할 수 있다. 이철은 "민청학련은 자유민주주의 질서회복, 서민대중·민중을 위한 복지제도 구축 등을 추구하는 유신철폐와 민주회복 운동이었다. 4인 지도부에 의한 배후조종이라는 말은 정보부에서 만든 말이다. 민청학련의 조직화 과정은 반유신투쟁의 의지를 확인, 고취시키고 결집하는 과정이었지 조직적 역할분담에 의해 이루어진 것은 아니었다. 민청학련 사건은 누가 주도했다거나 일방적 리드를 하였다는 설명은 불가능하다"라고 증언하고 있다. 또한 유인태는 교도소 마당에서 김용원에게 "죄송합니다. 저희들 학생운동 때문에 공연한 배후세력으로 몰려 고생을 해서."

위 증언들은 인혁당 관련자들이 민청학련의 정치적·조직적 배후세력이 아니었다는 사실을 말해 주고 있다. 이는 인혁당과 학생운동과의 관계를 두 가지 차원으로 평가해야 한다는 것을 의미한다. 조직 형식적으로는 공식적인 관계를 형성하지 않았다. 그렇지만 내용적으로는 반정부투쟁을 전개하기 위한 실질적인 교류관계를 유지하고 있었던 것이다.

둘째로는 법정 피고인들이 폭압적이고 위협적인 수사과정과는 다르게 진실을 말할 수 있는 유일한 법정공판의 내용이 조작되었다. 법정의 권한·권위보다 중앙정보부의 권한·권위가 보장되었던 시대적 상황을 방증하고 있다. 세칭 인혁당 가족일동의 문건에서 확인할 수 있다. 공판과정에서 "한 사실이 전혀 없습니다"라고 말한 것이 "예 사실이 있습니다"로 변조되었다. 이렇게 공판 기록이 변조된 사실에 대해서는 김종길 변호사와 조승각 변호사도 인정하고 있다.

셋째로는 활동 내용을 조작하는 것이었다. 그것은 구체적으로 자술서를 조작하는 방식이었다. 이러한 조작은 이미 제1차 인혁당 사건에서도 동일했다. 도예종은 "진술서는 폭력적인 고문으로 정신상태가 비정상적인 상태에서 원고를 작성해 주든가, 인쇄하여 주든가, 불러주든가 등의 방식으로 조작되었다."[15]

전창일 역시 수사과정에서 조작된 진술서를 쓰도록 강요받았다. "1964년에 학생들이 한일협정 반대를 했을 때, 그 배후에서 지도하고 조정했던 지하당인 인민혁명당과 유사한 지하당을 만들어서 유신반대 학생운동을 지도하려고 했던 것 아니냐"라는 진술서를 쓰도록 강요받았던 것이다.

이와 같이 비밀공작수사는 국가권력에 의해 조작적으로 만들어진 인혁당, 진보적이고 혁신적인 사고를 지니고 있는 정치적 생활인들을 반체제적인 지하정당, 반정부적인 학생운동, 그리고 노동자·민중운동을 결합시켜 내는 것으로 결말이 났다. 그러나 유인태는 "정보부에서 조사를 받는 동안에는 인혁당이란걸 들어본 적이 없다. 물론 그 전에도 들어본 적이 없다. 정보부에서 붙여준 이름으로 알고 있다"라고 증언하고 있다. 애초부터 인혁당이란 존재하지 않았던 것이다. 단지 이들은 과거 자신의 정치사상적 기반을 버리지 않은 채, 생활 속에서 민주주의를 실현하고자 했던 진보적인 정치적 시민에 불과했다. 문정현 신부는 "진보적인 생각을 가진 분들이라는 생각은 들지만, 이들이 말하는 국가를 전복하고 지하조직을 만들었다는 것은 완전히 조작이고, 짐작컨대 학생들의 배후세력을 만들다 보니까 인혁당을 만들었고, 그것은 조작한 것이라 확신한다"라고 증언하고 있다.

인권말살 사건

인권말살수사는 박정희 개인의 반민주적이고 폭력적인 의지가 관철되는 과정이었다. 박정희는 먼저 1974년 4월 3일 긴급조치 4호를 발동시켜 반유신운동 세력에 대한 사형조치의 의지를 밝혔고, 두번째로 4월 5일 민청학련 대학생들을 총살시켜야 한다는 의지를 공개적으로 드러냈다.

1974년 4월 5일, 박정희는 군포 야산에서 식목일을 기념하여 오동나무를 심는 자리에서 다음과 같이 말하였다.

민청학련 대학생 놈들 보고를 들어보니 순 빨갱이들이야. 잡히기만 하면 모두 총살이야.[16]

아니나 다를까 1975년 4월 8일 대법원에서 항소가 기각된 하루만인 4월 9일 인혁당 관련자 8명에 대한 사형이 집행되었다. 한 개인의 의지가 단 4일만에 실현되었는데, 이는 당시 국가권력의 폭력이 조직적이고 체계적으로 자행되었다는 것을 의미한다. 그로 인해 유가족들은 사찰, 빨갱이 자식, 생활의 고통 등 간접적인 학살을 당하지 않을 수 없었다.

사형제도의 존폐논란을 떠나 사형제도는 곧 국가권력의 공공성을 빙자하여 기득권 세력들이 자행하는 인권말살정책의 대표적인 경우이다. 국가권력에 의한 또 다른 인권말살은 고문수사, 재판과정의 비민주성 등으로 구체화되었다.

먼저 고문수사를 통한 인권말살이 아직까지 진행되고 있지만, 당시 억압적 국가장치에 의한 고문수사는 인혁당보다 더 엄청난 사건을 조작하고도 남음직했다. 제1차 인혁당 사건에서 제출된 도예종의 항소이유서는 국가장치의 폭력적 기능을 확인시켜 주고 있다.

국가 위에 존재하는 기관이 있다면, 이 나라 국가기관이면서도 거기에는 이 나라의 헌법도 민주주의도 존재하지 않는 곳이 있다면, 인간성의 명예를 옹호하는데 최소한도의 자유와 민주주의도 존재하지 않는 곳이 있다면, 다만 무법과 불법고문과 치욕만이 존재하는 곳.[17]

그곳이 바로 중앙정보부였다. 한반도의 산천을 벌벌 떨게했던 서슬퍼런 권력집행의 본산이라 해도 과언이 아니었다.

중앙정보부는 수사과정에서 민청학련, 인혁당 관련자들에게 면회를 허락하지 않았다. 고문수사의 기본적인 원칙일 것이다. 전창일의 말에 의하면, "관련자들은 대부분 소위 물고문, 전기고문, 나체 통돼지 바베큐 고문 등을 당하였다. 이 과정에서 탈장되는 사람도 있었다." 시신을 확인하는 과정에서도 고문수사의 증거들이 제출되고 있다. 시신을 확인하였는가라는 질문에 함세웅 신부는 "고문의 흔적 앞에서 현 정권의 잔인성, 중정의 만행을 확인하였다"라고 답변하였다. 문정현 신부도 이를 입증하고 있다.

우리가 우홍선 씨와 이수병 씨를 집으로 안장하였다. 관을 열고 의사 입회하에 사진을 찍어 놓았다. 몸은 말할 수도 없고…… 우리로서는 고문조작이라는게 너무도 확실하다.

이상우는 인혁당 관련자들에게 가해진 고문사례를 다음과 같이 규명하고 있다.

도예종 씨와 전무배 씨는 물고문을, 정도영씨는 전기고문을 당하였다.[18]

당시 제한적인 조건에도 불구하고 사건의 진상을 조사했던 천주교 정의구현 전국사제단의 발표에 따르면, "정치권력은 국민의 인권을 보호하고 보장함에 그 존재의 의의를 갖는다. 반대로 정치권력이 오히려 인권을 탄압하고 유린하여 정권의 존립을 위해 사건을 조작하고 무고한 생명을 그 정치적 제물로 삼으려 했다면 천인(天人)이 분노할 일이다. 인혁당 관계 인사들에게 가해진 고문행위는 차마 인간이라면 눈으로는 볼 수 없고, 귀로는 들을 수 없는 참혹한 비인간적, 야만적 행위였다."

이러한 고문수사 말고도 비민주적인 재판과정은 전시재판을 능가하고 있다.

여정남의 상고이유서에서 잘 나타나 있다. "변호인의 항소이유서 열람을 거부, 1심 재판에서 피고인 · 변호인 등에게 진술할 일체의 기회를 부여하지 않은 상태에서 재판이 진행되었다."

이러한 수사과정과 재판과정은 소위 빨갱이를 조작하는 과정이자, 살인행위의 명분을 조작하는 과정에 불과했다. 당시 군법회의의 변론에 나섰다가 긴급조치로 구속된 강신옥 변호사는 그 과정을 이렇게 증언하고 있다.

재판과정은 곧 헌법개정운동을 한다는 학생 전부를 빨갱이로 몰아 가지고, 큰 단체가 있는 것처럼 해 가지고, 정부를 전복하고 공산주의 국가를 만든다 하는 식으로 조작하는 과정이었다.

특히 조작한 사건의 관련자들에 대해 사형을 선고하는 것 자체도 사법적 살인행위였지만, 대법원 선고 하루만에 사형을 집행한 것은 계획된 살인행위였다. 인간에게 부여된 최소한의 저항권 및 인간적 기본권이 말살되어 버린 것이다. 강신옥 변호사는 당시 국가권력의 인권말살행위를 다음과 같은 증언으로 증명하고 있다.

지금 검찰관은 나라 일을 걱정하는 애국학생들을 내란죄, 국가보안법, 반공법 등을 걸어서 사형이니, 무기니 하는 구형을 하고 있습니다. 이것이야말로 법을 악용하는 사법 살인행위가 아니고 무엇이겠습니까.…… 악법은 차라리 지키지 않는 것이 정당합니다. 그것이야말로 인간에게 부여된 저항권입니다.

맺는 글 : 인혁당 사건의 역사적 의의

민족민주변혁운동의 역사적 계승

한국의 민족민주변혁운동은 국가보안법이 제정·공포된 이후 거의 소멸되지 않으면 안되는 조건에 처해 있었다. 1948년 12월 1일 이승만 정권에 의해 제정·공포된 국가보안법은 민족민주변혁운동을 거세하는 국가권력의 법적 장치로서의 능력을 발휘하였다. 1949년 한 해에 검거·투옥된 사람들은 무려 118,621명이었으며, 1949년 9월에서 10월 사이에 132개 정당과 사회단체가 해산당하였다.[19] 1958년 조봉암에 대한 학살 역시 이 법에 근거하였다. 물론 이 법은 1960년대의 반공법과 함께 반정부적이고 반체제적인 사람들을 탄압하는 주요한 국가장치였다.

민족민주변혁운동 세력들은 한국전쟁 이후 개별적인 수준의 활동을 전개하면서 정세조건을 관망할 수밖에 없었다. 조직적인 활동의 근거지가 전혀 확보되지 못했던 것이다. 그런데 조봉암을 중심으로 한 진보당은 50년대 초반부터 분산되어 있던 활동가들을 결집시켜 내는 계기를 만들었다. 진보당은 조봉암이 1958년에 사형됨으로써 자연스럽게 명멸하였지만, 4·19항쟁 이후 각각의 정치노선에 입각한 혁신정당 운동이 활발하게 진행될 수 있었던 토대를 구축한 것이다.

4·19 직후 혁신계는 통일사회당, 사회대중당, 사회당, 혁신당 등 4개의 혁신당으로 존재하였다. 그런데 인혁당의 핵심주체들은 사회당의 청년조직인 통일민주청년동맹과 민족자주통일 중앙협의회 산하 민주민족청년동맹, 4·19 당시의 민족통일전국학생연맹에서 활동했던 활동가들이었다. 또한 '인민혁명당'이라는 조직이 국가권력에 의해 '조작'되었을지라도, 제1차 인혁당과 관련된 활동가들은 4·19항쟁의 혁신운동을 계승하는 차원에서 1964년 한일회담

반대운동에 직·간접적으로 참여하였다.

이와 같이 한국사회의 혁신운동은 비록 1964년 한일회담 반대운동[20]이 고양되는 과정에서 국가권력의 탄압을 받았지만, 제1차 인혁당사건의 주체들은 한국전쟁이 종결된 1953년 이후에 점차 소멸되고 단절되어 가는 민족민주운동을 복원하려 한 것으로 평가할 수 있을 것이다. 8·15 민족해방과 4·19항쟁 이후에 지속적으로 추구되었던 '민주변혁운동과 민족해방운동을 계승'[21]하려 하였던 것이다. 제1차 인혁당사건에 연루되었던 인혁당의 핵심주체들은 기본적으로 민주변혁운동과 민족해방운동의 필요성을 인식하고 있었다.

대표적인 활동가였던 도예종은 1961년 2월 11일 자 〈영남일보〉에 기고한 「노동운동과 통일」이라는 글에서 '노동조합의 필요성, 노동자들의 저임금 장시간 노동과 저임금 문제, 노동자들의 최저생활의 보장, 임금인상 투쟁의 정당성, 노동시간의 단축' 등을, 1월 22일 자 〈영남일보〉에 기고한 「경제적으로 본 통일의 필요성」이라는 글에서는 '자주경제의 지향, 민족해방의 지향' 등을 주장하였다. 이러한 주장은 이승만 정권의 원조경제정책의 문제, 반민족주의자들의 미청산 문제, 민주적 통일의 문제, 가난의 해방 및 민주주의와 경제발전의 동시 지향의 문제 등을 해결해야 할 필요성이 제기되고 있는 것이다. 이는, 그간 많은 변화가 일어난 것이 사실이지만, 민족민주변혁운동 진영이 38년이 지난 현재의 시점에서도 해결해야만 하고, 계승해야만 할 과제이다.

전창일의 증언은 민족민주변혁운동의 과제를 지속적으로 고민하고 실천했던 인혁당 주체들의 사상과 의지를 간파할 수 있게 한다.

남북의 분단이 영구화되는 이승만 박사의 분열노선에 대해 저항을 했고, 이 박사가 단독정부, 단독국회를 세우자는 데에 대해서는 통일국회, 통일정부를 염원하면서 저항의식을 가졌던 분들이다. 그 이후 북진통일정책에 대해서는 평화통일을 염원하는 의미에서 전쟁을 반대했고, 또 다음의 군사정권 하에서 평화통일운동에 거의가 다 나섰던 분들이고, 5 · 16 이후 군사정권에 반대하고 민주정부 수립을 염원했다.

이들은 민주정부의 수립과 민족통일의 달성을 위해 투쟁하는 과정에서 박정희 정권에 의해 학살된 것이다. 한국 사회의 역사적인 과제가 학살된 것이고, 민족민주변혁운동의 이념적 좌표가 학살된 것이다.

재건단체의 주체들은 8 · 15 민족해방 이후 현재까지 지속되고 있는 한국사회의 모순을 해결하기 위한 초보적인 수준의 정치활동을 전개하였고, 민족민주변혁운동의 과제를 구체적으로 해결하려는 실천적 의지를 소유한 활동가들이었다. 구체적으로는 4 · 19항쟁, 1964년 한일회담 반대운동, 1969년의 3선 개헌 반대운동을 계승하고 있으며, 70년대 중 · 후반의 남조선민족해방전선 준비위원회의 반유신투쟁 및 민족민주변혁투쟁, 그리고 1980년 광주민중항쟁의 주춧돌로 작용하였다고 할 수 있다.

민주주의적인 생활정치의 일상화

박정희 정권은 인혁당은 여정남을 매개로 민청학련을 배후조종한 세력이었다고 조작하여 발표하였다. 이철의 증언에서도 드러났듯이, 분명히 여정남을 비롯한 인혁당의 관련 주체들은 1964년 한일협정 반대투쟁 및 1969년 3선개헌 반대투쟁의 과정에서 민청학련 관련자들과 역사적(정치적)이고 인간적인 관계를 형성하고 있었다.

그러나 이철의 증언에 의하면, 민청학연은 인혁당에 의해 조종된 것이 아니라 대학생들의 독자적인 투쟁기구였다.

각각의 인간관계를 총통월하여 투쟁의지를 확인하고 전국적 투쟁의 통일 연대조직의 결성의 필요성을 제창하였다고 할 수 있다. 재야원로 및 각계각층의 광범위한 연대를 모색하였고, 연합전선의 구축을 목표로 하였다. 민청학련은 조직이라기보다는 반유신투쟁을 위한 투쟁기구였다.[22]

인혁당 관련자들은 이러한 투쟁기구에서 활동하는 대학생들에게 반유신투쟁에 대한 정치적 조언을 하였고, 광범위하게 분산된 민주세력을 결집시키려 하였다. 그런데 이러한 활동의 주요 동력은 정치적 관계를 지속시켜 왔다는 사실이다. 관련 주체들간에 정세토론을 일상적으로 수행, 일상적인 생활에서 역사적(정치적)이고 인간적인 관계를 지속, 그리고 선진적인 활동가들을 중심으로 정치적인 전위조직의 건설에 대한 의지를 실현하려 한 점 등이었다. 일상적인 생활과 민족민주변혁운동을 분리시킨 것이 아니라 긴밀하게 결합시켰던 것으로 평가할 수 있는 것이다.

이들은 단지 민족민주변혁투쟁의 역사적 과정에서 형성된 사람들간의 정치적 관계를 지속하였던 것이고, 사회변혁의 과제에 대한 인식의 지평을 일상적인 가정생활에서도 확장시키려 했던 것이다. 이는 도예종 씨 유가족의 증언에서 잘 드러난다.

일 당하고 나니…… 아저씨가 통일, 통일해도 사실 내가 그렇게 간절하게 못 느꼈는데, 참말 통일이 되어야겠다. 통일만 되었어도 그렇게 할 수 없지.

이 외에도 민주주의적인 생활정치의 일상화는 인혁당 관련자들의 다양한 직업분포와 연령에서 찾을 수 있다. 민청학련 및 인혁당 사건으로 180여 명이 기소되었다. 이 중에는 학생 114명, 현직 교수 2명, 정치인 10명, 일반인 17명,

종교인 10명, 변호사 1명 외에 교사, 회사원, 전직 공무원 등이 포함되었다. 특히 인혁당 관련자 21명은 다양한 직업을 가지고 있는 생활인들이었다. 연령 역시 20대에서 50대에 이르기까지 다양하게 분포되어 있었다. 물론 다양한 직업과 연령의 분포 역시 비밀공작수사의 결과라 할 수 있지만, 실질적으로는 다양한 생활인들 간에 민주적인 정치적 관계가 형성 유지되었다는 것을 의미한다.

이들은 일상적이고 다양한 생활영역 속에서 한국사회의 제반 모순을 지양하기 위한 역사적 의식을 제고시켰을 뿐만 아니라 민주적인 생활정치의 공간을 확장시키려 하였다. 관련 주체들간의 역사적(정치적) 관계를 고려한다면 이들은 민주적인 생활정치의 주체로서 민족민주변혁운동에 복무하는 것을 평생 동안의 '삶의 가치이자 목적' 으로 설정했던 것이다.

역사적으로 청산해야 할 사회적 과제의 계승

인혁당사건의 주체들은 국가권력의 폭력으로 학살되었지만, 그들의 정신만은 현재까지도 살아 숨쉬고 있다. 그것은 한국사회의 제반 모순을 지양하는 과제로 부활되고 있는 것이다. 그것은 한국사회의 권력블록을 교체시키는 과제, 권력의 지배도구로서의 역할을 충실하게 수행해 왔고 현재에도 그러한 역할을 수행하고 있는 국가보안법을 개폐하는 과제, 그리고 실질적인 민주변혁과 민족통일을 이루어야만 하는 과제 등이다.

군부독재정권이 무너지고 난 이후에는 이러한 과제들이 소위 '문민정부, 국민의 정부' 에게 떠 넘겨지는 경우도 존재했었다. '문민정부, 국민의 정부' 가 부르주아적인 의사개혁적 개량을 추진하고 있을지라도, 그것은 친일·친미·반공세력, 즉 한국사회의 역사적인 기득권 세력들과의 연합이라는 제약을 벗어나지 못했다. 의사개혁적 개량의 내용 역시 민족민주변혁운동 진영에서 요구했던 수준에 훨씬 미치지 못하고 있다. 사회변혁을 추구하기 위한 개혁이 아니라 개량을 강화하기 위한 의사개혁만이 진행되어 왔다.

그런데 인혁당사건이 전개되는 과정에서 드러냈던 당시의 제도권 야당의 태도를 반추한다면, 이러한 현상은 이미 예견할 수 있었던 문제였다. 인혁당 관련자들이 사형된지 얼마되지 않은 1975년 5월 21일 청와대에서 진행된 박정희·김영삼의 회담은 많은 의혹을 불러일으켰으며, 인혁당에 대한 자유주의 정치세력의 태도를 드러내 주고 있다.

> 그나마 존재 의의조차 미약했던 제도권 야당의 기회주의적 모습은 유신독재와 싸우려는 의지 대신에 박정희 정권의 반공안보논리에 안주하였다. 그래서 11월 9일에는 사실상 전시입법안인 사회안전법, 방위세법안, 민방위기본법안 등을 통과시켰다.[23)]

당시의 야당들은 인혁당 관련자들의 문제를 의도적으로 방치한 채, 박정희 정권의 반공안보 체제의 구축에 적극 참여하였다.

이처럼 자유주의 정치세력은 사회체제의 분열과 북한의 도발위험을 방지한다는 명분을 내세우면서 진행하였던 친일·친미·반민주·반공 정권과의 '체제통합적 권력분점 혹은 국가통합적 권력분점', 즉 지배체제를 재생산하는 다양한 정치형식의 한계를 적나라하게 드러냈다.

인혁당 사건의 주체들은 노동자·민중들의 이해가 관철될 수 있는 민주적인 국가권력의 수립과 평화적인 민족통일을 지향하였다. 문제는 이러한 과제의 수행에 질곡으로 작용하는 제반 요소를 극복해야 한다는 점이다. 여기에서 지적될 수 있는 핵심적인 사항은 '반민족·반민주 행위자 처벌법을 부활, 국가보안법의 폐지, 노동자·민중들의 제반 기본권의 완전 보장' 등의 정책을 실질적으로 추진하여야 한다는 것이다. 왜냐하면 반민주적이고 반민족적인 국가권력은 정권의 보위와 사회체제의 유지를 위해 1980년 광주에서처럼 수많은 사람들을 학살(genocide)하였고, 현재의 '국민의 정부' 또한 그 적극적인 역사적 의미에도 불구하고, 다양한 형태의 직·간접적 억압을 행사하고 있기 때문이다.

주

1) 김동춘은 학살을 '공식적인 작전에 의한 학살, 공식적인 처형에 의한 학살, 비공식적인 작전에 의한 학살, 비공식적인 처형에 의한 학살'로 유형화하고 있으며(『전쟁과 사회』, 돌베개, 2000, 200-241쪽 참조), 조현연은 학살을 '직접적 학살, 간접적 학살'로 유형화하고 있다(『한국현대정치의 악몽-국가폭력』, 책세상, 2000, 45-46쪽 참조). 그러나 학살이 살인·구속·구금·테러·폭력적 국가장치의 동원·심리적 폭력 등 국가권력의 총체적이고 광의의 폭력을 의미한다고 할 때, 이 개념은 또한 작위성 여부 및 방식에 따라 네 가지로 구분될 수 있다. 첫째 우연적이고 직접적인 학살. 둘째 우연적이고 간접적인 학살. 셋째 계획적이고 직접적인 학살. 넷째 계획적이고 간접적인 학살. 1975년 인혁당사건에 대한 박정희 정권의 학살은 계획적이고 직접적인 학살로 볼 수 있다.

2) 박정희는 1942년 3월 일제의 만주 괴뢰국인 만주제국의 육군사관학교였던 신경군관학교 졸업식에서 다음과 같은 졸업생 답사를 하였다. "대동아 공영권의 수립을 위해 성전(聖戰)에서 나는 목숨을 바쳐 사쿠라와 같이 훌륭하게 죽겠습니다." 이후 박정희는 다가키 마사오라는 이름으로 일본 육군사관학교에 편입, 졸업하였고, 만주군 제8사단에서 일제의 패망을 맞이하였다. 반민족문제연구소, 『청산하지 못한 역사1』, 청년사, 1994년, http://www.banmin.or.kr/main.htm을 참조.

3) 미군정은 식민지 경찰의 85%를 미군정의 경찰로 재등용하였고, 이승만 정권도 식민지 경찰과 관공리의 50% 이상을 재등용시켰다(김대상, '친일세력 재등장의 정치구조', 이수인 엮음, 『한국 현대 정치사』, 실천문학사, 1989, 71쪽). 그리고 군부세력은 주로 정부 수립 이전에는 일본군, 만주군 출신의 군인들로, 정부 수립 이후에는 월남한 이북 출신의 우익 청년들로 구성되었다(안진, 『미군정기 억압기구 연구』, 새길, 1996, 223-243쪽).

4) 서중석, 「3선개헌반대, 민청학련투쟁, 반유신투쟁」, 역사문제연구소, 『역사비평』,

1988년 여름, 79쪽.

5) 민청학련운동자료집, 『비상보통군법회의 판결문집』, 1994.

6) 서중석, 앞의 글, 68-69쪽.

7) 장면 정권은 1961년에 들어서서 '데모규제법과 반공임시특별법'을 제정하려 하였
다. 이에 진보적인 세력들은 '전국악법반대공동투쟁위원회'를 결성하여 전국적인
악법반대투쟁을 전개하였고, 또한 본격적인 통일투쟁을 전개하였다.

8) 이상우, 「민족일보 · 인혁당 사건의 전말」, 『신동아』, 1985년 6월 호, 334쪽.

9) 이상우, 「민족일보 · 인혁당 사건의 전말」, 『신동아』, 1985년 6월 호, 335-336쪽.

10) 이종오, 「반제 반일 민족주의와 6.3운동」, 역사문제연구소, 『역사비평』, 1988년 여
름, 60-61쪽.

11) Goran Therborn, 「권력의 이데올로기와 이데올로기의 권력」, 최종열 옮김, 백
의, 1994, 113쪽.

12) 민청학련운동자료집, 비상보통군법회의 판결문집, 민청학련운동 계승사업회,
1994.

13) 민청학련운동자료집, 비상보통군법회의 판결문집, 민청학련운동 계승사업회,
1994.

14) 도예종, 항소이유서, 1965년 3월 2일.

15) 도예종, 항소이유서, 1965년 3월 2일.

16) 신직수, 『정보부』, 유신수호 칼 뽑다, 114쪽, 한국방송공사, 『다큐멘타리극장, 제
16화 유신시대, 제2부 겨울공화국』. 1993.

17) 도예종, 항소이유서, 1965년 3월 2일.

18) 이상우, 「민족일보 · 인혁당 사건의 전말」, 『신동아』, 1985년 6월 호, 336쪽.

19) 조국, 「한국 근현대사에서의 사상통제법」, 역사문제연구소, 『역사비평』, 역사비평
사, 1988년 여름 호, 332쪽.

20) 이종오는 이 운동을 '박 정권이 내세운 민족적 민주주의의 반민족성의 폭로, 일본
군국주의의 부활과 일본 독점자본의 재침에 대한 민족주의 운동의 항거, 매판자본
및 제국주의에 대한 항거'였다고 주장한다. 이종오, 「반제 반일 민족주의와 6 · 3운
동」, 역사문제연구소, 『역사비평』, 역사비평사, 1988년 여름 호.

21) 김동춘, 「민족민주운동으로서의 4.19시기 학생운동」, 역사문제연구소, 『역사비

평」, 역사비평사, 1988 여름 호, 43 - 44.

22) 이철은 민청학련의 투쟁은 다음과 같은 의의를 지녔다고 증언하고 있다. "① 학생
운동의 지향과 민족민주변혁운동의 성격을 민중지향적으로 바꾸어 놓는데 일조, ②
민중·민족·민주선언은 민주화운동과 학생운동 및 통일운동이 지향해야 할 기본성
격을 최초로 이론화, ③ 군부독재 등장 이후 최초의 전국적인 학생운동의 창출, ④
학생운동이 지니고 있는 선봉대로서의 역할을 담당, ⑤ 학생운동 세력으로서 운동의
지속성을 지니고 있는 세대 등이다." 반유신투쟁을 위한 느슨한 연대기구였다. 역사
적으로 한국사회의 제반 모순을 해결하기 위한 학생운동의 선도적 역할을 인정한다
면, 당시의 민청학연 역시 학생운동의 역사적 임무와 역할을 계승하려는 과정으로
볼 수 있다. 오히려 일단의 세력으로부터 배후조종된 것으로 평가한다면, 민청학연
을 과대평가하거나 혹은 과소평가하는 오류를 범할 수 있다.

23) 서중석, 앞의 글, 86쪽.

참고문헌

김대상,「친일세력 재등장의 정치구조」, 이수인 엮음,『한국 현대정치사1』실천문학사,
1989.

김동춘,「민족민주운동으로서의 4.19시기 학생운동」, 역사문제연구소,『역사비평』,
1988년 여름.

김동춘,『전쟁과 사회』돌베개, 2000.

김무용,「한국 현대사와 5.18민중항쟁의 자화상」, 학술단체협의회,『5.18은 끝났는가』
푸른숲, 1999.

김민희,『쓰여지지 않은 역사』대동, 1993.

김세균,「민주주의 이론과 한국 민주주의의 전망」,『한국 민주주의와 노동자 민중정치』
현장에서 미래를, 1997.

김영수,「한국 노동자 정치운동과 민주노조운동간의 연대관계 : 1970년에서 1995년까
지」, 한국외대대학원 정치외교학과 박사학위 논문, 1999.2.

도예종,「경제적으로 본 통일의 필요성」,〈영남일보〉, 단기 4294년 1월 22일 자, 1월
24일 자.

대구경북지역 민족민주열사 명예회복을 위한 대책위원회,『99-1차 시민토론회』,

1999.

도예종, 「노동운동과 통일」, 영남일보, 단기 4294년 2월 11일~12일 자.

도예종, 「항소이유서」, 1965년 3월 2일

민청학연운동 계승사업회, 『민청학련운동 자료집 – 비상보통군법회의 판결문집』, 1994.

민족문제연구소, 「그 치욕과 영과의 삶」, www.banmin.or.kr/main.html.

민족민주열사·희생자 추모(기념)단체 연대회의, 「의문사 진상규명을 위한 학술회의」, 1999.

반민족문제연구소, 『청산하지 못한 역사』, 제1권–제3권, 청년사, 1994.

서울 형사지방법원, 「판결서」, 1965년 9월 21일

서중석, 「3선개헌반대, 민청학연투쟁, 반유신투쟁」, 역사문제연구소, 『역사비평』, 1988년 여름.

안진, 『미군정기 억압기구 연구』 새길, 1996.

유한종, 「혁신계 변혁·통일운동의 맥」, 역사문제연구소, 『역사비평』, 1989년 여름.

이종오, 「반제반일 민족주의와 6.3운동」, 역사문제연구소, 『역사비평』, 1988년 여름.

이주현, 『한국전위조직운동사』 동해, 1991.

인혁당 대책위원회, 「인혁당 사건 진상규명과 명예회복을 위하여」, 1998.11.

조국, 「한국 근현대사에서의 사상통제법」, 역사문제연구소, 『역사비평』 역사비평사, 1988년 여름 호.

조현연, 『한국 현대정치의 악몽–국가폭력』 책세상, 2000.

조희연 엮음, 『한국사회운동사』 한울, 1995.

편집부 엮음, 『공안사건 기록 1964–1986』 세계, 1986.

한국방송공사, 『다큐멘타리극장, 제16화 유신시대, 제2부 겨울공화국』, 1993.

한승헌, 『유신체제와 민주화운동』 삼민사, 1984.

Guillermo O'Donnel, "Transition, Continuities and Paradoxes", *in S. mainwaring*, 1992.

Goran Therborn, 『권력의 이데올로기와 이데올로기의 권력』, 최종열 옮김, 백의, 1994.

Nicos Poulanzas, *Political Power and Social Theory*, Verso, 1978.

20세기 한국의 야만 2

제5장

야만의 시대, 인간해방의 횃불 전태일

●

박찬식

전태일을 따르는 민주노조운동연구소 소장

냉전 개발 독재와 유신 독재

들어가는 글

전태일, 그는 누구인가? 그는 지금으로부터 30여 년 전인 1970년 11월 13일 서울 청계천 평화시장 앞 길거리에서 "노동자는 기계가 아니다!" "근로기준법을 준수하라!"고 외치며 자신의 몸을 불사르고 장렬하게 산화해 간 노동자이다. 노동자의 인간다운 삶을 위해 온 몸으로 투쟁하다 죽어간 노동열사이다.

전태일과 관련해서는 몇 해 전 「아름다운 청년 전태일」이라는 이름의 영화가 제작되기도 했다. 어떤 사람들은 전태일을 두고 '한국의 예수' 혹은 '성인'이라고 부르기도 한다. 또 어떤 사람들은 전태일의 분신을 '등신불 공양'과 같다고도 말한다.

물론 이러한 표현들은 전태일의 삶과 사상 그리고 실천을 긍정적으로, 나아가 지고지순한 것으로 평가하고 의미를 부여하려는 것이라고 할 수 있다. 그러나 이런 식의 이해는 전태일이 노동자이며, 노동열사라는 사실을 덮어버릴 수 있다. 다시 말하면 전태일의 삶과 투쟁과 죽음이 우리 사회와 역사 속에서 갖는 구체적인 의미를 추상해 버린다는 것이다.

노동자 전태일, 노동열사 전태일은 농민 전봉준과 마찬가지로 어떤 '위대한 인물'이기에 앞서 우리 민중의 역사 속에서 두드러진 위치를 점하고 있는 한 사람의 역사적인 인물이다. 역사적인 인물의 삶과 실천을 평가하자면 무엇보다 그가 살았던 시대의 사회·역사적 흐름 속에서 바라보고, 그 의미를 드러낼 수 있어야 한다.

전태일의 시대적 배경 : 박정희 군사정권의 개발독재와 노동자·민중의 삶

전태일의 투쟁과 죽음을 우발적 사건으로 보지 않는다면, 또한 전태일을 사회와 역사를 초월한 '성인'으로 보기보다는 사회·역사적 인물로서 본다면 우리는 먼저 전태일이 살고 투쟁하다가 죽어간 시대를 사회 · 역사적 흐름 속에서 살펴볼 필요가 있다.

전태일의 어린 시절 : 1950년대의 한국

전태일은 1948년 8월 26일 대구에서 태어났다. 이 시기는 1945년 40여 년간의 일제 식민통치로부터 해방되고 곧이어 분단, 전쟁으로 이어지는 민족사적 격변기였고 소용돌이의 시대였다. 전태일의 가족 역시 이러한 소용돌이의 한복판에 있었다. 외할아버지는 일제시대 때 독립운동에 앞장섰다가 처형되었고, 아버지 전상수 씨는 대구 어느 방직공장의 노동자로서 전평(조선 노동조합 전국 평의회)의 1946년 총파업에 참여한 전력이 있었다.

전태일이 어린 시절을 보냈던 1950년대는 세계적으로 보면 냉전체제가 고착화되는 시기였다. 2차 세계대전 이후 동유럽이 사회주의로 넘어가고, 중국 내전에서 공산당이 승리하면서 사회주의 세력이 급속히 확대되었다. 이에 대한 대응책으로 미국의 트루만 정권은 냉전을 개시했다. 특히 한국전쟁을 거치면서 미국을 중심으로 하는 자본주의 · 제국주의 세력과 소련을 중심으로 하는 사회주의 · 민족해방 세력이 첨예하게 대립하는 냉전체제가 고착화되었다.

한반도는 이 같은 냉전적 대결의 최전선이 되었다. 그래서 냉전체제가 만들어지는 과정에서 우리 민족은 1950년 한국전쟁이라는 동족상잔의 참극을 겪어야 했다. 그로 인한 인적, 물적, 정신적 피폐는 참으로 엄청난 것이었다. 남북한 총인구 3천만 중에서 남한 200만, 북한 300만 등 500만 명이 죽거나 부상당했다. 물적 피해도 남한만 1953년 국민총수입의 1.7배인 4,123억 원에 이르는 등 산업시설과 생활기반이 치명적인 손실을 입었다. 전력생산은 전전의 80%가 파괴되었다. 전쟁의 또 다른 결과는 그로 인해 민족의 분단과 적대적 대결구도가 고착화되고 외세, 즉 미국에의 예속이 더욱 심화되었다는 것이다.

남한의 50년대는 국내적으로는 이승만 반공독재가 기승을 부리던 시대였다. 이승만 정권은 '친미'와 '반공'을 앞세우면서 전쟁을 통해 비대해진 군과 경찰을 기반으로 반대파를 제거하고 민중을 탄압하면서 반공독재를 강화했다. 심지어는 평화통일을 주장하며 대통령 선거에서 이승만을 위협했던 진보당의 조봉암 당수까지도 간첩으로 몰아 처형했다.

경제적으로 50년대는 미국의 원조에 거의 전적으로 의존하는 원조경제의 시대였다. 정부 예산의 50% 정도를 원조자금으로 충당하는 형편이었다. 그런데 당시 경제생활의 주된 원천이었던 원조물자는 정상모리배와 정권에 줄을 대고 있던 자본가들이 독점했다. 정권과 결탁한 자본가들은 원조물자를 독점적으로 배정받아 가공·판매하여 독점이윤을 거두었을 뿐 아니라 막대한 환차익, 세제상의 혜택, 은행의 특혜융자 등 이중삼중의 혜택을 누리면서 배를 불렸다.

반면에 민중은 전쟁의 파괴와 폐허 위에서 목숨을 부지하기에 급급했다. 농촌들도 어려웠지만 도시에는 실업자들이 득실댔다. 이들은 아무 대책도 없이 방치되었다. 특히 1950년대 후반 들어 미국의 원조가 현저하게 줄어들면서 경제는 더욱 침체되고 민중들의 고통은 가중되기만 했다.

전태일의 청소년 시절 : 1960년대 전반기

전태일이 청소년기를 거쳐 청년으로 성장하던 60년대는 어떤 시대였는가?

우선 세계적으로는 제3세계에서 민족해방운동이 폭발적으로 고양된 시기였다. 알제리 등 아프리카 식민지 나라들이 독립을 얻었고, 1959년에 쿠바혁명이 성공하면서 중남미 전역에 민족해방혁명의 불길이 번져갔다. 아시아에서도 우리나라와 같이 남북으로 분단되어 있던 베트남에서 제국주의 지배하에 있던 남베트남 지역에서 게릴라전이 불붙고, 인도네시아에서도 수카르노 정권이 들어서면서 공산당이 급성장하는 등 민족해방운동의 기운이 고양되었다.

이러한 세계적 흐름 속에서 우리나라에서도 4·19혁명이 일어났다. 4·19는 3·15부정선거에 대한 규탄을 계기로 터져 나왔고, 학생들이 선두에 서서 싸웠다. 그러나 그것은 단지 '학생의거'가 아니었다. 그 저변에 도저히 목숨을 부지하기 어려울 정도의 생활고에 처한 민중들이 이승만 정권의 무단독재와 부패에 항거하면서 함께 일어섰기 때문에 이승만 정권을 무너뜨릴 수 있었던 것이다. "못살겠다, 갈아보자"는 당시 선거 구호는 바로 민중들의 분노와 열망을 표출한 것이었다.

4.19를 계기로 한국전쟁 이후 완전히 뿌리가 뽑히다시피 했던 민족민주운동이 다시 부활했다. 그리고 그런 흐름 속에서 노동자·민중들도 다시 일어서서 진출하기 시작했다. 노동쟁의가 급격하게 증가했고, 교원노조도 이때 만들어졌다.

그런데 이러한 민중들의 진출은 지배세력에게는 중대한 위협이었다. 남한 지배층뿐만 아니라 미국도 자칫하면 남한에 대한 지배력을 잃어버릴 수 있다고 보았다. 그래서 지배세력은 이러한 민중들의 진출을 짓누르고 지배체제를 강화하기 위한 비상수단을 동원하게 되었다. 그것이 바로 5·16군사쿠데타였다.

쿠데타로 집권한 박정희 군사독재는 중앙정보부를 창설해 변혁적으로 진출하는 노동자·민중 운동을 가혹하게 탄압함은 물론, 야당, 나아가 정부 각 기관까지도 철저하게 통제하는 무단통치를 시행했다. 그리고 다른 한편으로는 경제기획원과 전경련을 만들어 자본주의화 전략에 박차를 가했다.

이 자본주의화 전략도 사실은 미국이 내놓은 새로운 세계전략의 하나였다. 케네디 정권이 로스토우(Rostow)라는 학자를 기용해서 '제3세계의 폭동을 예방하고 비공산주의적 발전을 이루기 위한 방법', 다시 말해 민족해방혁명을 예방하는 전략을 세운 것이다. 그 요체는 자본주의화를 통해 자본가계급을 집중적으로 육성함으로써 민중에 대한 지배체제를 공고하게 만든다는 것이었다.

이러한 자본주의화 전략을 확실히 밀어붙이기 위해서도 강력한 통치체제가 필요했고, 그래서 미국은 세계 곳곳에서 군부정권을 세웠다. 우리나라의 경우에도 미국은 5 · 16군사쿠데타를 사전에 알고 있었을 뿐만 아니라 실질적인 지지와 지원을 했다. 당시 한국군의 작전권은 미국에 있었고, 부대마다 미국인 군사고문단이 있었다.

민중은 전쟁 이후 농촌을 떠나 도시로 나가기 시작했다. 그래서 아직 공장이 많지 않았기 때문에 직장을 얻지 못한 빈민층이 광범위하게 형성되었다. 이들은 신문팔이, 껌팔이, 구두닦이, 여자의 경우 식모나 창녀 등 도시비공식부문에서 불안정한 일거리로 목숨을 부지해 갔다. 이들을 중심으로 해서 밑바닥 노동자 · 민중들이 몰려 사는 달동네와 판자촌이 서울 곳곳에 만들어지고 사창가가 번창하게 되었다.

전태일 열사와 그 가족 역시 이런 빈민촌들을 전전하면서 살았다.

전태일이 노동운동을 전개한 시기 : 1960년대 후반~70년대 초반

전태일이 평화시장에서 노동운동을 전개한 시기는 60년대 후반부터 70년대 초반까지 3~4년 동안이었다. 이 시기는 좀더 자세히 알아볼 필요가 있다.

1) 미국의 세계전략의 변화[1]

이 시기는 세계적으로 민족해방운동이 더욱 확산되고 자본주의권이 다극화되면서 힘의 우위에 의한 미국의 세계지배전략이 한계를 드러낸 시기였다. 당시 미국은 월남전에 전면적으로 개입했으나 엄청난 물량을 쏟아 붓고도 승리를 거두지 못했다. 또 제3세계 민족해방의 흐름 속에서 미국의 제국주의적 지배체제로부터 벗어나는 비동맹운동이 활발하게 전개되었다. 그밖에도 엄청난 군사비로 인한 경제적 부담, 반전운동의 고양, 전세계적인 군사동맹체제의 이완 등으로 제국주의적 세계지배가 위기에 처하게 되었다.

그래서 미국은 60년대 말에서 70년대로 넘어가면서 새로운 세계전략을 내놓게 되었다. 그것이 이른바 '닉슨 독트린'이었다. 일본 및 서구의 우방국에는 더 높은 협력과 책임분담을 요구하고, 그 밖의 우방에게는 '자조'와 '힘'의 강화를 꾀하면서 적대국가와 '교섭'을 진행하는, 힘·교섭·동맹관계의 세 측면을 종합하는 종합전략이었다.

이에 따라 한반도 주변에서도 미-중, 중-일 관계의 정상화를 모색하고 북-일간 화해를 유도하면서 두 개의 한국을 고착화시키는 정책을 펴게 되었다. 이과정에서 미국은 주한미군의 일부(6만 중에서 2만)를 철수시키는 동시에 남북대화를 종용했다. 박정희 정권이 1970년 8·15선언을 통해 대북 자세의 획기적 전환을 천명하면서 '선의의 경쟁'을 하자고 제안한 것도 이러한 배경 속에서 이루어진 것이었다.

이러한 국제정세의 변화는 박정희 정권에게 상당한 위기의식을 가져왔다. 냉전논리와 안보 이데올로기를 통해 정권을 유지해 왔는데 그것이 통하지 않게 되는 상황이 전개되었던 것이다. 60년대 내내 주장했던 '선건설 후통일'론도 설득력을 잃게 되었다.

2) 자본주의화 전략의 본격적 추진[2]

1960년대 후반은 자본주의화가 본격적으로 진행되었던 시기이다. 자본주의화는 박정희 정권이 등장하면서 시작되었지만 1965년 한일협정을 계기로 본격화되었다. 박정희 정권은 자본주의화를 위한 주요 재원을 마련하기 위해 미국의 주선과 개입에 따라 일제 36년 동안의 민중의 피땀과 한숨을 헐값에 팔아 넘기는 한일협정을 체결했다. 한일협정 체결 이후 도입된 일본의 차관(무상

공여 2억 달러, 유상차관 3억 달러)으로 수많은 기업이 설립되면서 공업화가 매우 빠른 속도로 진전되었다. 이 시기의 공업화는 자본과 기술, 기계설비, 원료, 시장 등을 모두 미국이나 일본에 의존하는 대외의존적인 것이었다.

그런데 당시 우리나라는 전쟁을 거치면서 구 지배계층인 지주층은 몰락한 상태였으나 새로운 지배계급은 아직 확고히 등장하지 못하고 있었다. 지배체제는 취약했고 민중이 주도하는 민주변혁이 일어날 가능성이 있었다. 미국과 박정희 정권은 이렇게 취약한 지배체제를 공고화하기 위해 단기간에 자본가계급을 광범위하게 육성하는 데 혈안이 되어 있었다. "길을 가다가 '사장님' 하고 부르면 모두 다 돌아본다"는 '사장님' 붐을 조장한 것도 이를 위해서였다. 정권은 이러한 '사장님' 붐을 만드는 것과 더불어 대자본이든 중소·영세자본이든 가릴 것 없이 철저히 비호했다.

이와 같은 자본주의화 전략을 빼놓고는 전쟁 기간에 만들어진 근로기준법조차 완전히 사문화되고, 끝내는 전태일 열사를 죽음에까지 이르게 한 노동현실을 제대로 이해할 수 없을 것이다.

3) 박정희 군사독재 체제의 강화

박정희 정권은 군사쿠데타로 집권했다. 태생적으로 정통성을 갖지 못했던 것이다. 게다가 60년대 후반에 오면 경제적으로도 커다란 난관에 봉착했다. 당시 기업들은 시장을 오직 해외수출에 의존했는데 선진자본주의 경제가 경기침체에 빠지면서 판로를 찾지 못했을 뿐만 아니라 애초에 자금을 투기적으로 유용한 경우도 많았기 때문에 1969년에 이르면 차관기업의 45%가 부실로 판명되었다.

자본과 정권은 이러한 축적의 위기를 타개하기 위해 노동자·농민 등 민중에 대한 착취와 수탈을 강화하게 되었다. 그에 따라 민중생활은 더욱 악화되고, 이는 정권에 대한 이반과 저항으로 나타났다. 1971년 대통령 선거에서 박정희가 사실상 패배한 것이 이를 말해 주고 있다.

게다가 앞서 본 닉슨 독트린 등 한반도 주변정세의 변화로 박정희 정권은 더욱 더 위기의식을 갖게 되었다. 이에 따라 박정희 정권은 1969년 3선 개헌으로부터 1972년 유신으로 가면서 무단통치를 더욱 강화한 총통제로 치닫게 되었다.

4) 노동자·민중의 삶

급속하게 공업화가 이루어지면서 이 시기에 와서는 공장 노동자들도 급증하게 되었다. 전태일이 일했던 평화시장 주변에도 1968년 10월에 연건평 1,500평의 통일상가가, 1969년 8월에는 연건평 5,000평의 동화시장이 들어서면서 (연건평 7,400평인 평화시장은 1961년에 만들어졌다) 노동자의 수도 2만을 헤아리게 되었다. 구로공단이 만들어진 것도 이 시기였다. 이렇게 되면서 점차 젊은 세대들에게는 공장 노동자가 되는 것이 일반적인 지향으로 되었다. 전태일 열사가 비공식부문을 전전하는 떠돌이 생활을 마감하고 평화시장 노동자로 본격적으로 일하게 된 것도 1965년 가을부터였다.

공업화가 빠르게 진전되었다고는 하지만 이농은 그보다도 더 빠르게 이루어졌다. 박정희 정권이 저곡가정책을 강력하게 밀고 나가면서 농업이 파탄지경에 이르렀기 때문이다. 1960년부터 1975년까지 사이에 무려 700만의 농민이 농촌을 등지고 도시로 밀려들었다. 그래서 상대적 과잉인구가 발생하면서 직장을 갖지 못한 채 비공식부문에 종사하는 빈민층도 더욱 늘어났다. 달동네, 판자촌, 사창가도 함께 늘어났다.

공장에 취직한 노동자들의 상태라고 나을 것은 없었다. 과거에 입만 열면 이야기했듯이 우리 것이라고는 '풍부하고 값싼 노동력' 뿐이었다. 그런데 이 풍부하고 값싼 노동력은 저절로 만들어진 것이 아니다. 박정희 정권은 반공이데올로기와 무단적인 탄압을 통해 노동자들을 정치적 무권리 상태로 묶어둔 채 가혹한 초과착취를 보장했던 것이다. 당시 노동자들의 상태는 기아선상을 맴도는 극단적인 저임금, 세계 최장의 장시간노동, 세계 최고의 산업재해율로 상징되는 열악한 작업환경으로 요약할 수 있었다. 여기에 이름보다는 '공돌이' '공순이'로 불리는 차별과 멸시천대까지 당해야 했다.

평화시장의 실태

전태일이 노동운동을 전개하고 자신의 몸을 던진 곳은 평화시장이었다. 평화시장이야말로 자본주의화로 치닫고 있던 당시 한국사회의 모순이 집약된 곳이었고, 일반 민중들의 삶을 가장 전형적으로 보여주고 있던 곳이었다. 공간적으로 평화시장이 있는 청계천 일대는 당시 소외되고 밀려난 밑바닥 민중들이 몰려들던, 밑바닥 민중들의 밀집지였다.

장사하는 사람들은 근처에 있는 동대문시장으로, 노동하는 사람들은 평화시장 일대로 몰려들었다. 부근의 중부시장, 방산시장 등에도 고물상 등을 비롯한 영세상인들이 몰려 있었다. 구로공단은 이제 형성되는 과정에 있었고, 가진 것 없고 배운 것 없는 사람들은 청계천 일대의 공장과 시장으로 몰려들었던 것이다. 그 주변에는 청계천 뚝방으로부터 창신동 일대까지 판자촌이 늘어져 있었고, 사창가도 들어서 있었다.

이처럼 영세상인들이 전을 펴는 시장, 집 없는 사람들이 판잣집을 짓고 몰려 사는 판자촌, 그리고 사창가 등에 둘러쌓여 있으면서 밑바닥 민중들에게는 생활의 중심지 역할을 하던 곳이 바로 평화시장이었다.

평화시장은 공간적으로 밑바닥 민중들의 중심지였을 뿐 아니라 지배세력이 추진하는 자본주의화, 즉 저임금 노동력에 의존하는 수출주도 경공업 위주의 공업화의 요람이자 상징이기도 했다. 60년대 공업화전략의 중심은 섬유였고, 그 중에서도 의류였다. 섬유-의류산업을 통해 광범위한 중소, 영세 자본가들이 만들어졌다. 뿐만 아니라 재벌들도 사실 여기서 나오는 물건을 수출해서 돈을 벌었다. 이 시대에 무역을 통해서 단기간에 재벌 신화를 만들어낸 대우 같은 경우가 대표적인 사례이다.

평화시장은 전국 기성복의 70%를 공급하는 의류산업의 메카였다. 공간적으로 당시 민중들의 삶의 중심지였을 뿐 아니라 한국 자본주의화 과정에서 노동자에 대한 가혹한 희생 속에서 자본가계급의 형성을 뒷받침한 요람이었던 것이다.

평화시장은 당시 무권리상태에서 초과착취를 당하던 노동자의 현실을 전형적으로 보여주고 있는 곳이기도 했다. 평화시장의 실상을 모르고서는 전태일의 목숨을 바친 투쟁을 이해할 수 없을 것이다. 당시 평화시장 노동자들의 참혹한 실상에 대해서는『전태일 평전』에 생생하게 기록되어 있다. 여기서는 주요 부분을 그대로 인용하고자 한다.[3]

노동시간은, 작업량이 비교적 많은 기간(가을, 겨울, 봄)은 보통 아침 8시 반 출근에 밤 11시 퇴근으로 하루 평균 14~15시간이었다. 일거리가 밀릴 때에는 물론 야간작업을 하는 일도 허다하며, 심한 경우는 사흘씩 연거푸 밤낮으로 일하는 경우도 있다. 업주들이 어린 시다들에게 잠 안 오는 약을 먹이거나 주사를 놓아가며 밤일을 시키는 것도 이런 때이다.

한 달을 통틀어 휴일은 2일. 제1주일과 제3주일의 일요일인 경우가 대부분이었으며 그것이나마 꼭 지켜지지는 않았다. 여성 노동자가 대다수를 차지하고 있는 이곳에서 생리휴가라는 것은 있어 본 일도 없고 생각도 할 수 없는 일이었다. 요컨대 평화시장 일대의 노동자들에게는 일정한 '노동시간'이라는 것이 처음부터 아예 없는 것이며 업주가 필요로 할 때에는 언제든지 노동을 해야 하는 것이었다.

아침 8시경에 출근하여 재봉틀 앞에 앉으면 낮 1시 점심시간이 되어서야 잠시 허리를 펴게 되고, 앉은 자리에서 도시락을 후딱 먹어치우고는 다시 허리를 꾸부리고 작업에 들어가 밤 10시나 11시가 되어서야 자리에서 일어나는 생활, 중간에 변소 가는 일도 거의 없는 참으로 불가사의한 생활이 평화시장 여공들의 일과였다.……

게다가 이들이 해내고 있는 작업은…… 격무 중에도 격무이다. 미싱사들의 경우 종일 허리를 꾸부리고 앉아서 행여 1밀리라도 착오가 생길세라 신경을 곤두세우고 눈의 초점을 재봉바늘 끝에 고정시킨 채로 손가락에 뻣뻣이 힘을 주어 옷감을 누르고 발로는 쉴 새 없이 재봉틀을 밟는다. 두꺼운 것을 박을 때에는 손가락에다 힘을 주는 것이 어깨를 통하여 온몸으로 힘이 가고 입매까지 굳어져버린다.…… 이렇게 오전 몇 시간을 일하고 나면 예외 없이 어깨와 등허리가 결려오는 것은 물론이다. 우선 손목이 시어서 견딜 수가 없고 심한 경우에는 점심 먹을 때 젓가락질을 할 수가 없을 정도이다.

미싱사의 손가락 끝은 살갗이 닳고닳아서 지문이 없다. 자크를 달 때에는 둘째와 셋째 손가락 끝이 빨개져서 누르면 피가 솟아 나온다. 하루의 일을 끝내고 자리에서 일어나면 어지럼증이 나고, 장딴지가 띵띵 붓고 몸 구석구석이 쑥쑥 아리게 되며, 힘이 빠져서 걸음을 걷기가 힘들다. 퇴근할 때 구두를 신으려면 부어오른 발등이 구두에 들어가지 않아 억지로 구두끈을 졸라맨다. 미싱사들의 발등에는 거의 예외 없이 구두끈 자국이 남아 있다.……

이렇게 장시간 중노동을 해내는 노동자들의 임금은 도대체 얼마나 되는가. 우선 임금지불제도를 보면 미싱사, 미싱보조, 견습공의 경우 대부분이 정액 월급제가 아니라 작업량에 따라 지불되는 도급제이다. 따라서 견습공과 미싱보조의 임금은 업주가 직접 지불하지 않고 오야 미싱사가 지불하게 되는데 이것은 근로기준법상의 임금직불원칙에 위배되는 것으로서 이에 의하여

평화시장 영세업체들의 다락방 작업장 전경

견습공과 보조공의 저임금이 합리화되고 있다.……

　　같은 직종의 노동자라도 경력, 숙련도, 제품의 종류 등에 따라서 그 노임이

일정하지는 아니하나, 1970년도 당시 전태일이 조사한 바에 의하면 대체로

시다가 월 1,800원에서 3,000원까지, 미싱사가 7,000원에서 2만 5,000원

까지, 미싱보조가 3,000원에서 1만 5,000원까지, 그리고 재단사가 1만

5,000원에서 3만 원까지 받고 있었다. 시다의 경우, 열 서너 살짜리 여공이

하루 14시간 이상의 중노동을 하여 받는 일당이 70원 꼴이었던 것이다. 그나

마 제 날짜에 받지 못하고 닷새나 열흘씩 체불되는 것이 보통이고, 주인이 장

사가 뜻대로 안될 때에는 제대로 임금을 받지 못하고 몇 달씩 밀리거나 아주

못 받게 되는 일도 허다하였다.……

　　그러나 무엇보다도 평화시장 일대 노동자들을 비참하게 만드는 것은 극히

불량한 작업환경이었다. 겉모습은 번드르르한 평화시장 3층 건물의 내부에 빽빽이 들어차 있는 작업장들을 처음 들어가 보는 사람은 무엇보다도 그 질식할 듯한 탁한 공기와 그 지저분하고 어둠침침한 분위기에 놀라게 된다……

가뜩이나 비좁은 작업장 안에 평당 4명 정도의 노동자가 밀집하여 일하고 있는 데다, 그나마도 각종 작업 설비와 비품과 도구들이 꽉 들어차 있어서 의자에 앉은 노동자들은 앉은 자리에서 몸 한번 돌려볼 수도 없는 답답한 생활을 해야 한다. 작업장 한구석에 쌓인 원단 더미에서는 온종일 포르말린 냄새가 코를 찌른다. 작업 도중 쉴 새 없이 옷감에서 실밥과 먼지가 풍겨 나와서 먼지가 많이 나오는 옷감의 경우에는 두세 시간만 재봉 일을 해도 머리가 하얗게 되며, 점심시간에 작업장에 앉아 도시락 한 입만 먹고 나도 벌써 밥 위에 먼지가 뽀얗게 앉는 것이 보인다. 노동자들은 아예 온몸에 뒤집어쓴 먼지를 털어 버릴 생각조차 하지 않는다. 그러니 장시간의 노동에 시달려 틈만 나면 잠잘 생각부터 앞서고, 몇 달 동안이나 목욕 한번 제대로 하는 일이 없는 그들이 각종 피부병을 앓게 되는 것은 어쩌면 당연한 일인지도 모른다.

……1970년도에 전태일이 조사한 바로는 평화시장의 경우 1만 명 이상을 수용하는 건물이면서도 환기시설이 하나도 없었다. 환기장치는커녕 건물구조 자체가 통풍과 채광이 잘 안되게끔 되어 있다. 대부분의 작업장들은 3면이 벽으로 막혀 있고 출입구가 있는 한 면만이 복도와 통하는 구조로 되어 있으며, 외부로 향하는 창문이 있어도 열고 닫을 수 없도록 되어 있는 형편이었다.

나쁜 환경 중에서도 가장 대표적인 것은 다락방이란 것이었다. 이것은 업주들이 좁은 작업장의 공간을 최대한으로 활용함으로써 생산비를 절감하고자 만든 것인데, 바로 이 사실이야말로 한국의 저임금경제가 딛고 선 냉혹한 인간경시, 인간 비료화, 저 참혹한 노동지옥을 상징하고도 남음이 있다. 부모로부터 물려받은 멀쩡한 육신을 제대로 바로 펴지 못하고 비좁은 작업장 사이를 허리를 꾸부리고 걸어다니는 노동자들을 상상해 보라.

또 한가지 문제는 작업장 내 조명상태였다. 거의 햇빛이 들지 않는데도 조명시설은 극히 빈약하여 작업장 내부는 대낮에도 전체적으로 어두컴컴한데다가, 노동자들이 작업하는 바로 눈앞에 백열전등이 켜져 있으므로 하루 종일 쐬는 이 눈부신 직접 조명으로 인해 거의 모든 노동자들의 눈이 항상 충혈된 상태이며, 밝은 햇살 아래로 나오면 눈을 뜰 수가 없는 등 각종 눈병을 앓게 마련이었다.……

이러한 작업환경 속에서 5년 이상을 일해온 평화시장 노동자들의 건강상태가 어떠하리라는 것은 묻지 않아도 가히 짐작할 수 있을 만한 것이다.

……실제로 전태일이 1970년도에 조사한 바에 의하면, "재단사 100% 전원이 신경성 소화불량, 만성위장병, 신경통 기타 병의 환자." "미싱사 90%가 신경통 환자임. 위장병, 신경성 소화불량, 폐병2기까지." "평화시장 종업원 중 경력 5년 이상된 사람은 전부 환자이며 특히 신경성 위장병, 신경통, 류머티즘이 대부분임."

……사정이 이러하니 "평화시장 여공은 시집가도 삼 년밖에 못 써먹는다"는 말이 나오는 것도 무리가 아니다.…… 이처럼 각종 질병에 시달리고 있으면서도 노동자들은 치료를 받기는커녕 자신이 어떤 병을 갖고 있는지조차 알지 못하고 지내는 수가 많다. 말하자면 그들에게는 아파도 아픈 것을 느낄 여유조차도 없는 것이다. ……노동자가 자신이 어떤 병에 걸려 있는지를 알게 되었다고 해봤자 무슨 뾰쪽한 대책이 있는 것은 아니다. ……대책이 있다면 오직 병이 깊어진 후에 직장을 그만두거나 해고당하는 것이 유일한 대책인 것이다.

직접적으로는 평화시장 노동자들, 특히 어린 여공들의 이러한 참혹한 노동 조건이 전태일을 번뇌하게 만들고 결국 목숨을 바친 투쟁을 결단하게 만들었다.

전태일의 삶과 투쟁, 그리고 죽음[4)]

노동운동을 시작하기까지 전태일의 삶

전태일은 1948년 8월 26일 대구에서 태어났고, 이 시기는 1945년 40여 년 간의 일제 식민통치로부터 해방되고 곧이어 분단, 전쟁으로 이어지는 민족사적 격변기였고, 소용돌이의 시대였다. 전태일의 가족 역시 이러한 소용돌이의 한복판에 있었으며, 외할아버지는 일제시대 때 독립운동에 앞장섰다가 처형되었고, 아버지 전상수 씨는 대구 어느 방직공장의 노동자로서 전평의 1946년 총파업에 참여한 전력이 있었다는 것은 앞에서 이야기한 바와 같다.

전태일이 여섯 살 되던 1954년 그의 가족은 먹고살기 위해 무조건 서울로 상경한다. 갖은 고생 끝에 먹고 살만하게 되면서 전태일은 8살 때 남대문고등공민학교 2학년으로 편입하게 된다. 그러나 4·19혁명 직후에 아버지가 사기를 당하면서 그의 가정은 다시 경제적 파탄을 겪게 되고, 전태일은 4학년 초에 학교를 중퇴한다. 여섯 식구의 가장이 된 전태일은 동대문 시장에서 삼발이 장사를 시작한다. 그러나 물건을 판매한 돈으로 가족의 식비를 충당하는 일이 잦아지면서 위탁판매소 미수금을 갚지 못하게 되었고, 이를 감당하지 못한 열 두 살의 전태일은 월말 계산일을 앞두고 가출하여 구두닦이 생활을 한다.

헐벗고 굶주리며 방황하던 그는 가출 1년 만에 대구로 이사하여 모처럼 경제적으로 안정된 생활이 기다리고 있던 집으로 돌아간다. 1963년 열 다섯 살에 그는 가정형편상 중학교에 진학하지 못한 학생들이 다니는 청옥고등공민학

덕수궁 대한문 앞에서 한뎃잠을 자며 구두닦이와 신문팔이 일을 하던 때를 회상하면서 찍은 사진

교에 입학한다. 전태일의 일기는 이 청옥고등공민학교의 학창시절이 얼마나 아름다운 추억으로 남아 있는지를 눈물겹도록 보여주고 있다. 그러나 그의 인생에서 가장 행복한 시절이었던 청옥에서의 학창시절은 1년을 넘기지 못했다. 배움을 빼면 희망이 없다고 생각한 전태일은 고학을 하겠다는 일념으로 동생 태삼을 데리고 가출하여 서울로 올라간다. 그러나 서울은 두 형제에게 생존의 틈바구니조차 내 주지 않았고 고학의 꿈은 가출 3일만에 대구로 돌아오면서 끝나게 된다.

가정형편은 더욱 어려워져 이듬해인 1964년 설날 아침 어머니가 식모살이 하러 서울로 떠나게 된다. 어머니가 가출한 이후 아버지의 매질에 견디다 못한 전태일은 보름 후에 막내 동생 순덕을 업고 어머니를 찾아 서울로 올라오지만 잠잘 곳조차 없는 서울에서 추위와 굶주림을 견딜 수 없어 순덕을 보육원에 맡겨야 했다.

열 여섯 살까지의 성장과정에서 그는 구걸, 구두닦이, 신문팔이, 손수레 뒤밀이, 우산팔이, 아이스케키 장사, 담배꽁초 줍기 등 안 해본 것이 없는, 그 시대 밑바닥 인생의 삶을 전전하였다. 그 밑바닥 인생의 삶이란 인간으로서 최소한의 존엄조차 지킬 수 없는, 처절하게 무시당하고 짓밟히는 삶이었다.

"이런 사람이 있었다는 것을 믿겠습니까? 벌레보다 못한 인생이지요. 주인 있는 개보다도 천한 인간입니다." 그것이 어찌 전태일만의 삶이었겠는가? 전태일이 살아가면서 만난 대부분의 사람들, 밑바닥 인생의 삶이 바로 그런 삶이었다.

전태일은 이 저주받은 현실에 무릎을 꿇지 않았다. '인간' 으로 살아가는 것을 철저하게 부정당하는 비정한 현실에 부딪쳐 몇 번이고 쓰러지고 또 쓰러지면서도 인간이기를 포기하지 않았다. 그럼으로써 그는 인간의 존엄을 부정해 오는 현실에 대해 온 몸으로 깨우쳐 나갔다. 누구보다도 날카롭게 우리 사회의 모순된 현실을 통찰할 수 있었다.

전태일의 삶은 약하디 약한 한 밑바닥 인생을 짓밟아 오는 야만적인 현실과 어떤 야만도 결코 굴복시키지 못하는 인간의 존엄함을 극명하게 대비시켜 주고 있다. 전태일의 싸움은 결코 평화시장에서 시작된 것이 아니다. 그의 인생 전부가 주어진 육신과 인간으로서의 존엄성을 지키기 위한 처절한 투쟁의 연속이었고, 평화시장에서의 노동운동은 그 자연스러운 귀결이었다.

평화시장의 전태일

1964년 가을쯤 전태일은 시다로 평화시장에 첫발을 들여놓게 된다. 14시간 노동에 커피 한잔 값도 안 되는 일당 50원. 구두닦이 시절보다도 적은 수입이

평화시장에서 시다로 갓 취직했을 때 동료 시다와 미싱보조들과 함께(뒷줄 왼쪽에서 세번째가 전태일)

었지만 그에게는 기술을 배우면 새로운 길이 열릴 것이라는 희망과 기대가 있었다. 평화시장에 들어간 지 2년 만에 그는 미싱사가 되지만 기술을 익혀 부모를 편히 모시고 배움의 길을 다시 걷겠다는 희망과 기대는 지옥과 같은 평화시장의 노동현실 속에서는 불가능한 꿈임을 알게 된다.

그가 평화시장에 들어가서 본 노동자의 현실은 "모든 생활에서 인간적인 요소를 말살당하고 오직 고삐에 매인 금수처럼 주린 창자를 채우기 위하여 끌려다니는" 삶이었고, "그저 빨리 고통을 느끼지 않고 죽기를 기다리는, 그리고 죽어가고 있는 생명체"였다.

평화시장의 노동현실을 비판적으로 보기 시작한 전태일은 억울하다는 생각에 머물지 않고 그 억울함을 없애기 위하여 행동으로 나서게 된다. 그 첫 시도로 그는 미싱사를 그만 두고 미싱사 월급의 절반밖에 받지 못하는 재단 보조가 되기로 결심한다. 그의 가정형편으로 볼 때 재단 보조가 된다는 것은 집안 생계에 큰 위협을 주는 것이었다. 그러나 평화시장 어린 여공들의 참상을 안타까움과 울분 속에 지켜보던 전태일은 가족에게 돈 몇 푼 갖다주기 위해 고분고분 지내는 것보다는 어린 여공들 편에서 무언가 행동을 하는 것이 옳은 길이라고 보았던 것이다. 재단사는 주인도 무시하지 못하는 것을 보면서 그는 재단사가 되어 여공들 편에서 업주와 협상을 함으로써 여공들을 도울 수 있을 것으로 생각했다. 그러나 돈벌이에 타격을 주는 재단사를 용인하는 업주는 없었다. 이 바닥에서는 최소한의 인정을 베푸는 것조차 허용되지 않았던 것이다.

그는 결국 2년여의 경험을 통해 평화시장에 첫발을 내딛을 때의 꿈, 재단사가 되기로 결심했을 때의 기대는 모두 환상이었음을 깨우치게 된 것이다. 그러던 중 이 시기에 전태일은 충격적인 사건을 접하게 된다. 같은 작업장에서 일하던 여공이 폐병 3기로 쓰러진 것이다. 여기서 전태일은 인간을 기계처럼 부리다 쓰레기처럼 버리는 현실을 보았다. 아울러 그렇게 버려진 인생은 그 동안 일해서 번 돈보다 더 많은 돈을 병원에 써야 하는 '밑지는 인생'임을 보았다.

이 충격적인 사건을 접하면서 전태일은 비정한 현실과 잔인한 노동조건을 바꾸기 위해 몸부림을 치게 된다. 그 과정에서 전태일은 전평 활동을 했던 아버지를 통해 근로기준법이라는 것이 있음을 알게 되었고, 노동조건을 개선하기 위해서는 노동자들이 노동조합으로 단결하여 노동운동을 해야 한다는 사실도 알게 된다.

바보회 조직
근로기준법이 있다는 사실은 전태일에게는 암흑 속의 한줄기 빛이었다. 전태일은 근로기준법조차 몰랐던 자신을 반성하고 이 근로기준법을 근거로 평화시장의 노동현실을 철저하게 비판하면서 노동조건을 개선하기 위한 행동을 시작하게 된다.

그 첫 걸음이 '바보회'의 창립이었다. 바보회는 1968년 말경 전태일의 제안으로 시작된 재단사들의 모임으로 이듬해 6월에 정식으로 창립총회를 가졌다. 창립총회에서 역시 전태일이 제안한 '바보회'란 명칭은 지금까지 근로기준법조차 모르고 법으로 정해진 근로기준을 쟁취하지 못하고 노예처럼 혹사당해온 '우리는 바보'였다는 뜻으로 붙여진 이름이었다. 이 자리에서 전태일은 바보회 회장으로 선출되면서 고난에 찬 노동운동의 지도자로 첫 발을 내딛게 되었다.

바보회를 창립한 회원들은 밤을 새워 바보회의 활동지침을 만들었다. 첫째 평화시장 3만 노동자의 근로조건이 근로기준법대로 준수되도록 투쟁하는 것이 당분간의 목표이다. 둘째 목표를 달성하기 위해서는 조직을 튼튼히 하고 확장해야 한다. 세째 평화시장 근로자들의 노동실태를 조사하자. 넷째 돈 많은 독지가를 찾아내어 평화시장 안에 근로기준법을 준수하는 모범업체를 만들자.

바보회를 창립한 후 얼마 안 되어 전태일은 해고를 당한다. 해고된 후 이런저런 일을 하면서 전전하던 전태일은 1969년 8~9월 경 바짓집에서 일해서 번 돈으로 노동실태조사용 설문지 300매를 만들어 바보회 회원들과 함께 비밀리에 돌린다. 그러나 이런 일이 처음이라 곳곳에서 업주들에게 발각되고 바보회 회원들만 피해를 보게 되었다. 이 사건으로 전태일은 평화시장에 발을 못 붙이게 되었고, 바보회 회원들도 더 이상 바보회를 계속 하다가는 언제 쫓겨날지 모르는 불안에 쌓이게 되었다. 이로 인해 바보회는 치명적인 타격을 받고 점차 활동이 위축되면서 사실상 해체되기에 이르렀다.

이와 함께 전태일은 설문조사 결과를 가지고 근로감독관과 노동청을 찾아갔

바보회 창립 즈음에 평화시장 옥상에서(좌)
바보회 회장이 되었을 때 만든 명함(우)

다가 오히려 구박만 당하면서 커다란 좌절을 경험하게 된다. 그는 여기에서 근로감독관이나 노동청, 나아가 그 이상의 힘들이 업주들과 결탁하여 노동자를 누르고 있음을 알게 된다. 그로 인해 그는 잠시 실의와 자학의 늪에 빠지기도 했다. 그러나 스무 해 그의 삶이 그러했듯이 그는 여기에서도 굴복하지 않았다.

좌절의 극복과 '인간해방사상'의 모색

바보회 회원들은 뿔뿔이 흩어지고 전태일은 다시 혼자 남았다. 평화시장에서 좌절당하고 쫓겨난 전태일은 그 이후 몇 달 동안 공사판 노가다 일을 나간다. 그러나 당시 그는 단지 입에 풀칠하기 위해 공사판 노동을 하면서 시간을 보냈던 것이 아니다. 이 시기에 그는 각성된 밑바닥 인간으로서 주체적으로 세상과 인간을 통찰하고 잘못된 현실을 바꾸어 나가려는 사상을 확고하게 정립해 나갔다.

그는 주체적인 실천을 통해 달라진 자신의 눈으로 세상을 보고, 그 세상에서 살아가는 인간의 삶을 보았다. 또한 인간이 어떤 존재이어야 하는지, 자신은 어떤 세상을 지향하는지, 그리고 어떻게 살아야 하는지를 명확히 했다.

모든 인간은 '생각할 줄 알며, 좋은 것을 보면 좋아할 줄 알고, 즐거운 것을 보면 웃을 줄 아는 하나님이 만드신 만물의 영장'이며 '고귀한 생명체'이다. 그리고 '부한 자의 생명처럼 약자의 생명도 고귀한 것'이고 '가치적으로 동등한 인간'이다.

또한 인간은 '서로 서로를 필요로 하는 존재'이며 '서로의 일부'이자 '전체의 일부'인 유대관계 속에서 인간으로 살아갈 수 있다. 그러므로 모든 인간은 서로 인간으로서의 존엄성을 존중하고 서로의 인간적 요구에 관심을 기울여야 한다. "어떠한 인간적 문제이든 외면할 수 없는 것이 인간이 가져야 할 인간적 문제이다."

그런데 그가 본 세상은 '인간을 물질화하는 세대', '한 인간이 인간으로서의 모든 것을 박탈당하고 박탈하고 있는 이 무시무시한 세대'였다. '저희들의 전체의 일부를 메마른 길바닥 위에다 아무렇게나 내던져버리는' 세상이었다.

이러한 세상에서 밑바닥 인간의 삶은 '저주받아야 할 현실이 쓰다 버린' 쪽박이었으며, '그저 빨리 고통을 느끼지 않고 죽기를 기다리는 생명체'였다. '인간의 개성과 참인간적 본능의 충족을 무시당하고 희망의 가지를 잘린 채 존재하기 위한 대가로 물질적 가치로 전락한 인간상'이었다.

그는 마도로스 모자를 쓴 공사판 노동자를 보면서 절규한다. "얼마나 위로해야 할 나의 전체의 일부냐!" 그리고 다짐한다. "한 인간이 인간으로서의 모든 것을 박탈당하고 박탈하고 있는 이 무시무시한 세대에서 나는 절대로 어떠한 불의와도 타협하지 않을 것이며, 동시에 어떠한 불의도 묵과하지 않고 주목하고 시정하려고 노력할 것이다." 그리고 그것을 위해 그는 민중들을 부스러기로 만드는 기득권의 '덩어리에 다시 뭉치보기를 희망' 하지 않고 그 뭉친 덩어리를 영원히 뭉칠 수 없도록 분해해 버리겠다고 결의한다. '덩어리가 존재할 수 없기 때문에 또한 부스러기란 말이 존재하지 않는' 세상을 만들겠다는 것이다.

누구도 가르쳐 주지 않았지만, 그는 자본주의, 그것도 종속적 천민자본주의의 현실과 그 속에서 살아가는 민중들의 인간조건, 삶의 모습을 그 어떤 사회과학자나 철학자보다도 더 깊이 있고 명료하게 꿰뚫어 보았다. 그러면서 이러한 현실을 통찰하고 그것을 부정·극복해 나가려는 주체적인 세계관과 인간관, 인생관을 정립해 나갔다. 이것을 우리는 노동자의 인간해방 사상이라고 할 수 있을 것이다.

결단과 실천

전태일은 1970년 4월말 경부터 삼각산 임마뉴엘 수도원 교회 신축공사장에서 4개월 가량을 '노가다' 일을 하면서 보낸다. 이미 그의 사상은 성숙해 있었고 가야 할 길도 분명해져 있었다. 그럼에도 불구하고 결단을 내리는 데는 또 한번의 고뇌와 시간이 필요했다.

> 이 결단을 두고 얼마나 오랜 시간을 망설이고 괴로워했던가? 지금 이 시각 완전에 가까운 결단을 내렸다.
> 나는 돌아가야 한다.
> 꼭 돌아가야 한다.
> 불쌍한 내 형제의 곁으로, 내 마음의 고향으로, 내 이상의 전부인 평화시장의 어린 동심 곁으로, 생을 두고 맹세한 내가, 그 많은 시간과 공상 속에서, 내가 돌보지 않으면 아니될 나약한 생명체들.

나를 버리고, 나를 죽이고 가마. 조금만 참고 기다려라. 너희들의 곁을 떠나지 않기 위하여 나약한 나를 다 바치마.……

전태일은 그 해 8월 이렇게 결단을 내렸다. 그리고 9월 그는 평화시장으로 돌아왔다. 그는 용케 취직을 하고 바보회 동료들을 다시 모으고 다른 재단사들도 규합하여 삼동친목회라는 새로운 조직을 결성한다. 삼동친목회는 바보회와는 달리 '연소근로자를 보호하기 위한 대책을 강구하고, 근로조건 개선을 위해 공동으로 행동'하는 것을 목표로 하고, 노동조합으로 발전시킬 것을 전망하는 본격적인 노동운동 조직이었다.

삼동친목회를 만들기 전부터 전태일은 틈나는 대로 서울시청, 노동청 등을 돌아다니며 진정서를 내기도 하고 신문기자들을 만나거나 방송국을 찾아가기도 하였다. 이렇게 세상을 향해 적극적으로 행동해 나가는 과정에서 그는 근거자료만 충분히 갖추면 평화시장 노동지옥의 실태를 보도해 주겠다는 약속을 받게 되었다.

이에 용기를 얻은 전태일과 그의 동료들은 평화시장 근로실태에 대한 설문조사에 착수한다. 이번에는 바보회 시절의 실패 경험을 거울삼아 신중을 기한 결과 126매를 회수하는 데 성공했다. 그리고 10월 6일 이 설문조사를 기초로 90여 명의 서명을 받아 '평화시장 피복제품상 종업원 근로개선 진정서'를 노동청장 앞으로 제출하였다. 그리고 다음날인 10월 7일 〈경향신문〉에 이 진정서의 내용이 기사로 실리면서 평화시장 노동자의 참상이 처음으로 세상에 알려지게 되었다.

사기가 오른 삼동친목회는 8개 항의 요구조건을 가지고 평화시장주식회사를 찾아가는가 하면 기업주들에게 찾아가 그 동안 떼인 임금을 받아내기도 했다. 마침 이 때는 1971년 봄의 대통령 선거를 앞두고 김대중 후보가 박정희 정

전태일 열사 1주기 추도식에 모인 삼동친목회 회원들. 당시 이들은 대부분 전국연합노조 청계피복지부 간부로 일하고 있었다.

권의 국정 전반을 비판하고 있던 시기였기 때문에 노동청에서도 상당히 긴장하지 않을 수 없었다.

그러나 그들은 진정으로 평화시장의 노동조건을 개선할 생각이 전혀 없었다. 앞에서 살펴본 대로 살인적인 초과착취를 통해 단기간에 자본가계급을 육성하는 것이 그들의 지배전략이었다. 그리고 이러한 천민적 자본주의화 전략을 추진하기 위해 대자본이든 중소, 영세자본이든 가릴 것 없이 철저히 비호하는 것이 그들의 기본정책이었다. 노동지옥은 결코 평화시장만의 문제가 아니었던 것이다.

그런 입장에서 그들이 내놓은 해결책은 전태일과 그의 동료들을 회유하고 기만하는 것이었다. "취직을 하면 근로조건을 1주일 내로 개선해 주겠다"는 근로기준국장의 감언이설에 모두 취직을 하고 기다렸지만 아무런 조치도 없었다. 근로감독관을 찾아가 따졌으나 "노력했지만 현실적으로 불가능하다"는 답변뿐이었다.

투쟁과 죽음

남은 것은 본격적인 투쟁뿐이었다. 삼동친목회에서는 전태일의 제안에 따라 노동청에 대한 국회의 국정감사가 실시되는 20일 노동청 정문 앞에서 시위를 벌이기로 했다. 그러나 데모 계획을 눈치챈 근로감독관이 찾아와 "근로감독권을 발휘하여 요구조건을 들어주도록 할 테니 데모를 보류해 달라"고 사정, 10·20데모를 일단 보류했다. 그러나 국정감사 다음날 만난 근로감독관은 언제 그랬냐는 듯이 "너희들 요구조건은 당초부터 실현불가능한 것이니 포기하라"며 "국정감사도 끝났으니 할 대로 해보라"고 배짱을 내밀었다.

삼동회 회원들은 격분하여 다시 10월 24일 평화시장 다시 데모를 하기로 했으나 이번에는 도와주는 척하면서 뒤통수를 친 형사의 농간 때문에 무산되었다. 전태일과 그의 동료들의 기세에 당황한 업주들과 형사는 다시 11월 7일까지만 기다려 달라고 했지만 시간 끌기 작전이었을 뿐 아무런 조치도 없었다.

11월 7일 다시 모인 삼동회 회원들은 11월 13일 오후 1시 다시 시위를 하되, 이번에는 근로기준법 화형식을 거행하기로 결정했다. 거사계획은 세운 후 전태일은 "이번만은 어떤 희생을 치르더라도 결단코 물러서지 말고 싸우자"고 힘주어 말했다. 그러나 그 말이 목숨을 던질 엄청난 결심을 품고 자신의 마음을 다지는 말인 줄은 누구도 알 수 없었다.

11월 13일 1시경, 평화시장에는 출동함 경찰과 경비원들이 삼엄하게 진을 치고 있었다. 업주들은 종업원들을 단속하고 경비원과 형사들은 국민은행 앞 길로 나오는 통로를 막고 노동자들이 나오지 못하게 했다. 삼동친목회 회원들 중 몇 사람도 경비원들에 의해 감금되어 있었다. 그럼에도 불구하고 그 동안

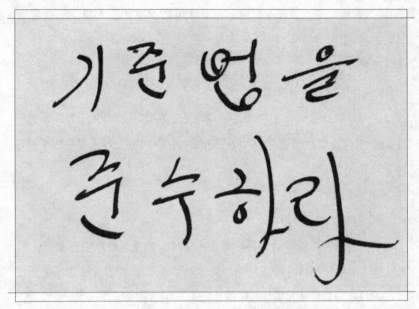

몇 차례 시위를 경험한 노동자들이 하나 둘 몰려들어 삽시간에 5백여 명이 국민은행 앞길에서 웅성거렸다. 평화시장에는 야연 긴장감이 감돌았다.

1시 30분경. 전태일과 회원 한 명은 준비된 플래카드를 펼쳐들고 계단을 내려가려 했으나 형사들에 막혀 몸싸움이 벌어지면서 플래카드는 찢어져 버렸다. 전태일은 동료들에게 먼저 내려가서 기다리라고 하고는 혼자 남았다. 그리고 10분 후 전태일은 불타는 몸으로 동료들과 노동자들이 기다리고 있던 국민은행 앞길로 뛰어나갔다.

"근로기준법을 준수하라"

"우리는 기계가 아니다! 일요일은 쉬게 하라!"

"노동자들을 혹사하지 말라!"

그는 몇 마디 구호를 짐승의 소리처럼 외치고 쓰려졌다. 사람들은 불을 끌 엄두도 못 냈다. 주위에 사람들이 몰려왔을 때 그는 마지막 생명의 힘을 다 짜 내어 부르짖었다.

"내 죽음을 헛되어 하지 말라!"

그는 앰블런스에 의해 인근 메디칼 센터로 옮겨졌다. 그리고 삼동회 회원들과 그들이 하고 있는 일을 알고 있었던 노동자들은 미친 듯이 울부짖으며 시위를 벌이기 시작했다.

"우리는 기계가 아니다!"

"누가 전태일을 죽였는가!"

빼앗긴 플래카드 대신 손가락을 깨물어 혈서를 쓴 동료들은 긴급 출동한 기동경찰과 혈투를 벌이며 동대문 쪽으로 밀려갔다. 그리고 경찰의 곤봉에 머리가 깨어지고 군화발에 짓밟히면서 경찰서로 끌려갔다.

병원으로 옮겨진 전태일은 소식을 듣고 달려온 어머니에게 "어머니, 내가 못다 이룬 일 어머니가 꼭 이루어주십시오"라고 부탁하고는 세 번이나 다짐을 받았다. 그리고 병원에 따라온 친구들을 불러 자신이 죽더라도 하려던 일을 포기하지 말 것을 맹세하게 하고서야 잠잠해졌다. 응급치료만 받고 서너 시간 방치되어 있다가 성모병원으로 옮겨진 전태일은 저녁에 "배가 고프다……"라는 마지막 말 한 마디를 남기고 이날 10시경 스물 두 해의 삶을 마감했다.

전태일의 역사적 의미

전태일의 죽음에 대해 『전태일 평전』의 저자 고 조영래 변호사는 1976년에 쓴 서문에서 다음과 같이 말하고 있다.

그는 국민학교도 제대로 다니지 못하였고, 평생을 주린 창자가 차도록 밥

한끼 포식해 본 일이 드물었으며 죽을 때까지도 무허가 판자촌에서 살았지만, 비록 그는 아무도 알아주지 아니하고 누구에게도 존경을 받아보지 못하고 이름 없이 살아온 '핫빠리' 인생이었지만, "내 죽음을 헛되이 하지 말라!"고 외치며 죽어간 그의 죽음만은 세상에 알려졌고, 세상에 충격을 주었고, 마침내 얼음처럼 굳고 차디찬 현실을 뚫는 불꽃이 되어 하나의 사건으로, 역사적인 사건으로 기록되게 되었다. 그의 죽음이 세상에 던진 충격, 그의 죽음이 우리 민중의 역사에 끼친 영향은 오늘 이 시점에서까지도 충분히 측량할 수가 없다.[5]

그렇다. 그의 죽음, 보다 정확하게는 그의 삶과 사상, 투쟁의 역사적 의미는 서문이 쓰여지고 다시 25년이 지난 오늘 이 시점에서도 충분히 측량하기 어렵다. 그럼에도 불구하고 우리는 여기서 전태일의 역사적 의미와 더불어 그 현재적 의미를 간략하게나마 되새겨 보고자 한다.

전태일은 시대의 전형

우리는 무엇보다 전태일의 삶과 투쟁을 시대의 전형으로 바라보고자 한다.

그가 10살의 어린 나이에 가장 구실을 떠맡기 시작하면서 부딪친 세상은 박정희 군사정권의 개발독재 시대였다. 그는 지긋지긋한 가난과 굶주림 속에서 성장기를 보내고, 서울로 올라와 구두닦이, 껌팔이, 삼발이 장사, 뒤밀이 등을 전전하다 평화시장 노동자가 되었다. 전태일이 살았던 삶의 조건과 삶의 모습은 결코 일반 민중의 삶과 다른 특이한 것이 아니었다. 전태일의 삶은 그가 살았던 시대, 천민적 자본주의화의 시대, 그가 누누이 썼듯이 '인간이 인간으로서의 모든 것을 박탈당하는' 야만의 시대에 일반 민중들이 살아갔던 보편적인 삶, 바로 그것이었다.

전태일의 삶이 전형적인 것이었다면, 그의 투쟁은 그 시대에 인간적으로 살고자 하는 지향을 가장 전형적으로 표출한 것이었다. 전태일 열사가 노동운동을 전개한 시기는 60년대 후반 박정희 군사정권에 의해 공업화가 본격적으로 이루어지고 공장노동자들이 늘어나면서 반공이데올로기와 무단적 탄압에 짓눌려 있는 가운데에서도 점차 저항과 투쟁의 움직임이 일어나기 시작할 무렵이었다. 모든 인간적인 요소가 철저히 말살당하는 속에서 인간답게 살고자 하는 지향과 의지가 두터운 억압의 장벽을 뚫어내기 시작했던 것이다. 전태일의 투쟁은 그러한 노동자·민중 투쟁의 본격적인 시작을 알리는 신호탄이었고 전형이었다.

민중투쟁의 분출과 유신 반동의 한 계기

전태일 열사의 죽음이 있고 난 직후인 11월 25일 조선호텔 이상찬의 분신기도, 1971년 2월 한국회관(음식점) 김차호의 분신기도가 잇따르고, 1971년 8월 신진자동차 노조 900여 조합원과 가족 1천여 명의 대규모 파업농성, 9월 한진상사 파월 노동자 400여 명의 대한항공 빌딩 농성 등 노동운동이 급격히 고양된 것은 결코 우연이라고 할 수 없다.[6] 또 1971년 8월 광주대단지 3만여 주민의 폭동 등 도시빈민들의 투쟁도 폭발적으로 터져 나왔다.

물론 60년대 말 70년대 초의 경제위기, 그리고 이러한 위기를 착취·수탈의 강화로 노동자·민중에게 떠넘긴 경제적 구조가 그 배경이 되었지만, 군사독재의 억압 속에서 표출되지 못한 채 쌓이고 있던 노동자·민중의 인간다운 삶에 대한 요구와 열망이 전태일의 처절한 분신투쟁을 계기로 분출하게 되었던 것 역시 분명하다. 이렇게 기층운동이 폭발적으로 고양되는 가운데 다른 한편으로는 1971년 대통령, 국회의원 선거를 전후로 하여 학생, 종교인, 지식인 등 중간층의 반독재운동도 활발해졌다.[7]

전태일의 투쟁을 계기로 하여 촉발된 이러한 노동자·민중 투쟁의 분출과 반독재 민주화 운동의 활성화는 박정희 군사정권에게 상당한 위기감을 불러일으켰다. 그리고 1971년의 양대 선거 과정에서 야당의 선풍적인 인기와 예상을 훨씬 뛰어넘는 높은 득표율로 민심의 이반이 확인되자 박정희 군사정권은 정권 유지를 위해 결국 1972년 유신체제라는 극단적인 반동 파쇼체제로 나아가게 되었다.

인간해방운동의 부활이자 새로운 단계의 시작

그의 투쟁과 죽음은 분단과 전쟁, 반공독재로 인해 단절되었던 참 노동운동을 부활시켰다.

갑오농민전쟁의 반제반봉건투쟁으로부터 일제하 민족해방투쟁, 그리고 해방 공간에서의 자주통일국가 건설을 위한 민중투쟁에 이르기까지 이 땅에서 인간다운 삶, 인간다운 세상을 향한 민중의 운동은 면면히 이어져 왔다. 그런데 이러한 인간해방운동의 역사적 흐름은 한국전쟁으로 초토화되면서 표면에서는 철저하게 단절되었다. 전태일의 투쟁과 죽음은 이렇게 단절되었던 인간해방운동의 부활과 계승이면서 동시에 종속적 자본주의화라는 변화된 시대상황 속에서 노동자계급을 중심으로 하는 그 새로운 단계의 시작을 알리는 것이기도 했다.

전태일의 투쟁과 죽음은 그의 마음의 고향이었던 평화시장에 청계피복노조의 깃발을 세우게 했다. YH, 원풍모방, 동일방직, 콘트롤데이타 등 70년대 섬유사업장을 중심으로 전개되었던 민주노조운동은 직접적으로 전태일과 청계피복 노조의 투쟁에서 비롯되었다고 할 수 있다.

전태일의 영향은 70년대에 그치지 않았다. 80년대 전두환 군사독재에 의해 뿌리뽑혔던 민주노조운동은 80년대 전반 전태일의 피가 살아 숨쉬는 청계피복

노조의 재건, 합법성 쟁취투쟁으로부터 다시 깃발을 올렸다.

1987년 대파업 투쟁 이후 전국 각지에서 만들어진 민주노조들이 전국적 계급적인 단결로 나아가고자 했을 때 전태일은 다시 그 지주가 되었다. 전태일 열사가 없었다면 자연발생적인 투쟁으로 만들어진 민주노조들은 또다시 머뭇거리다가 각개 격파당하거나 다수가 한국노총 내의 개혁파 수준에서 머물러 버렸을지도 모른다. 그게 아니더라도 민주노조운동의 전국적인 단결을 이루는 데는 얼마마한 세월이 더 걸렸을 지도 모를 일이다. 전태일 열사의 이름을 걸고 열린 1988년 11월 13일 전국노동자대회는 민주노조운동의 전국적 계급적 단결이라는 노동운동의 시대적 과제를 향해 곧장 달려가게 만들었다. 그렇게 해서 불과 1년을 조금 넘겨 전국노동조합협의회가 만들어졌고 이는 5년 후 민주노총으로 이어졌다.

전태일이 그의 투쟁과 죽음으로 인간해방운동의 부활과 새로운 단계의 시작을 선언한 지 한 세대가 흘렀다. 그 동안 노동운동은 갖가지 우여곡절을 겪으면서 전노협과 민주노총을 건설하였고 무시할 수 없는 정치·사회적 세력으로 성장했으며 사회변혁을 지향하는 민중운동의 주축을 담당하기에 이르렀다.

그러나 다른 한편으로 민주노조운동을 중심으로 한 노동운동은 90년대를 거치면서 양적으로는 성장했지만 내용적으로는 오히려 후퇴하는 경향을 보여왔다. 종속적 자본주의의 모순에 정면으로 대결하면서 인간해방을 향해 나아가려는 지향이 약화되어 온 것이다. 소련의 붕괴 등 현실 사회주의권의 몰락과 김영삼 문민정부의 개량화 공세라는 내외적인 정세의 변화 속에서 민주노조운동은 상층을 중심으로 개량화·관료화되는 방향으로 흘러 왔다. 또한 대사업장들을 중심으로 현장 수준에서도 실리주의가 팽배하면서 이익단체화되는 경향을 보이고 있다. 이러한 상황에서 전태일 정신도 퇴색했다. 민주노총의 11월 노동자대회에서조차 전태일은 실종되었다.

그러나 이렇게 흔들리는 노동운동을 바로잡고 순수하고 변혁적인 참 노동운동을 되살리려는 흐름 역시 전태일로부터 다시 시작되고 있다. IMF 이후 계속되는 신자유주의의 공세를 겪으며 세상을 바꾸어 나가는 참 노동운동을 고민하게 된 노동자들은 다시 전태일의 삶과 사상, 실천으로 다시 돌아가고 있는 것이다. 2000년 11월 노동자대회의 전면에 전태일이 다시금 등장한 것은 단지 30주년이라는 연대기적인 의례만은 아니었던 것이다.

맺는 글 : 전태일, 꺼지지 않는 인간해방의 횃불

전태일의 투쟁과 죽음을 사람들은 흔히 '인간선언'이라고 한다. 그러나 그의 '인간선언'은 휴머니스트의 그것이 아니다. 오직 인간으로 살기 위해 피투성이로 싸워야 했던 그의 삶은 그에게 값싼 휴머니스트가 되는 것을 허용하지 않았다.

전태일은 인간으로서의 모든 것을 철두철미하게 부정하고 짓밟아오는 천민적 자본주의의 현실에 맞서 인간임을 포기하지 않고 살아가기 위해 피투성이가 되도록 싸워야 했고, 또 그렇게 싸웠다. 그 과정에서 전태일은 각성된 민중의 일원으로서 누구보다도 날카롭고 선명하게 종속적 천민자본주의의 현실을 꿰뚫어 볼 수 있었을 뿐만 아니라 인간이 어떤 존재이며 어떻게 살아야 하는지에 대한 깊은 깨달음에 도달했다. 그리고 그는 그를 짓눌러 오는 거대한 힘 앞에서 쓰러지고 또 쓰러지면서도 굴하지 않고 다시 일어나 온 몸으로 자신의 깨달음을 실천에 옮겼다.

『전태일 평전』이 그렇게 많은 사람들에게 감동을 주고 각성의 계기가 되었던 것은 이러한 그의 삶과 사상을 생생하게 되살려냈기 때문이다. 그의 죽음은 그의 삶의 정점이었을 뿐이다. 전태일의 삶과 사상, 투쟁은 그 당시의 시대적 상황과 삶의 조건을 받아 안으면서 인간답게 살고자 하는 지향과 열망을 전형

적으로 표출한 것이자 그 정수였다.[8]

오늘날 시대는 바뀌었다. 그렇다고 오늘 우리는 인간다운 삶을 누리고 있는가? 우리는 천민적 자본주의화 과정에서 전태일이 겪었던 야만적 현실과는 또 다른 야만의 현실에 직면하고 있지는 않은가? 천민적 자본주의보다 훨씬 더 교묘하게, 훨씬 더 세련되게, 그러나 어쩌면 그보다 훨씬 더 철저하게 인간과 사회(공동체적 유대)와 자연을 분열·파괴해 오는 신자유주의적 자본주의라는 야만.

전태일이 살아 있었다면 오늘의 이 현실을 무엇이라 표현했을까? 무엇이라 표현하든 IMF 이후 우리 민중들이 경험하고 있고, 세계의 양심적 지성들이 고발하고 있는 이 신자유주의적 자본주의의 야만성은 결코 천민자본주의의 야만성보다 덜하다고 할 수는 없을 것이다. 이 야만적 현실이 과거의 기억으로서가 아니라 오늘의 사표로서 다시 전태일을 부르고 있다.

왜 다시 전태일을 불러내는가? 전태일의 삶과 사상, 투쟁 모두가 우리에게 스스로를 성찰하는 거울이라고 할 수 있지만, 여기서는 그의 일기 중 한 구절만 이야기하고 이 글을 마무리하고자 한다.

전태일은 1967년 3월의 일기에서 이런 말을 썼다.

사람들의 공통된 가장 큰 약점이란 것은 희망함이 적다는 것이다.[9]

아무것도 가진 것 없고 희망이라고는 손톱만큼도 가질 수 없었을 것 같은 전태일이 우리에게 말하고 있다. 희망함이 너무 적다고. 희망을 크게 가지라고.

신자유주의 세상은 우리에게 가르친다. 동료도, 이웃도 돌아보지 말고 당장 눈앞의 내 밥줄, 내 밥그릇을 지키는 것만이 세상의 전부라고. 인간은 원래 이기적인 동물이니 자기 몫이나 챙기라고. 괜히 세상을 바꾸겠다고 나서다가는 자기만 버린다고.

그러나 전태일은 말한다. 신자유주의 세상에 주눅들지 말고, 조금 멀고 힘든 길이 될지라도 신자유주의 세상을 이겨내고 사람이 사람답게 살 수 있는 세상, 인간해방의 세상을 만들어 내겠다는 원대한 희망, 큰 꿈을 가지라고!

여기에 전태일은 그의 어머니와 친구들에게 마지막으로 남겼던 한마디를 보태고 싶을 것이다. 주저하지 말고, 쫀쫀해지지 말고 세상의 주인답게 담대하게 나아가라고.

전태일이 간 지 한 세대가 흘렀다. 시대는 달라졌고 싸움의 대상과 싸움의 주체에도 많은 변화가 있었다. 그러나 인간해방을 향한 노동자 · 민중들의 투쟁은 끝나지 않았고, 세기를 넘기며 또다시 새롭게 시작되고 있다. 새로운 제국주의이자 자본의 고도화된 반동인 신자유주의적 자본주의에 정면으로 맞서기 시작하고 있는 우리 노동자 · 민중들에게, 전태일은 여전히 인간해방의 길을 향도하는 꺼지지 않는 횃불로 살아 우리의 앞길을 비추고 있다.

주

1) 한국역사연구회 현대사연구반 지음,『한국현대사 3』(풀빛, 1991) 105~110쪽 참조.
2) 한국사회경제학회 편,『한국경제론강의』(한울, 1994), 81~101쪽 참조.
3) 조영래 지음,『전태일 평전』(돌베개, 1991), 99~112쪽 참조.
4) 이하 죽음에 이르기까지 전태일의 삶과 투쟁은 조영래 지음,『전태일 평전』(돌베개, 1991)에 풍부하고 생생하게 기록되어 있다. 이하에서는『전태일 평전』의 기록들을 인용 표시 없이 인용하고자 한다.
5) 조영래, 앞의 책, 21~22쪽.
6) 70년 노동쟁의가 165건이었음에 비해 71년에는 1656건으로 전년에 비해 무려 10배나 증가하였고 그 투쟁형태도 보다 격렬해졌다.
7) 대표적인 것으로 71년 동아일보에서 시작된 언론자유수호운동, 7월 사법파동으로 비롯된 사법권 수호운동, 8월 교수들의 학원자주화선언운동 등을 들 수 있다. 한국

역사연구회 현대사연구반 지음, 앞의 책, 111~113쪽 참조.

8) 〈동아일보〉 1971년 신년호는, "6.25가 1950년대를 상징하고, 4.19가 1960년대를 상징하듯, 전태일의 죽음은 1970년대의 한국의 문제를 상징하는 가장 뜻깊은 사건" 이라고 평가했다.

9) 전태일 지음, 전태일기념사업회 엮음, 『내 죽음을 헛되이 말라』(돌베개, 1988), 113 쪽

참고문헌

조영래 지음, 『전태일 평전』 돌베개, 1991.

전태일 지음, 전태일기념사업회 엮음, 『내 죽음을 헛되이 말라』 돌베개, 1988.

한국사회경제학회 편, 『한국경제론강의』 한울, 1994.

한국역사연구회 현대사연구반 지음, 『한국현대사 3』 풀빛, 1991.

20세기 한국의 야만 2

제6장

YH노동조합투쟁과 유신체제의 붕괴

이광일

성공회대학교 사회문화연구소 연구교수

냉전 개발 독재와 유신 독재

들어가는 글

유신체제 시기 민주화운동을 이야기할 때 학생, 지식인 그리고 교회운동 등 이른바 재야운동은 그 주체로 당연히 언급되지만 노동자 등 민중의 저항과 투쟁은 크게 주목받지 못한다. 그것은 한편으로 이들 운동 대부분이 생존권 확보를 위한 경제투쟁의 성격을 지니고 있기 때문이기도 하지만, 다른 한편으로 정치를 협소한 의미로 바라보기 때문이기도 하다. 즉 정치를 제도 안의 정당정치라는 협의의 의미에서 바라보기 때문에 유신체제의 정치적 성격을 문제시하고 그것을 직접적으로 비판하지 않은 노동자, 농민 그리고 도시빈민 등의 투쟁은 단지 생존권투쟁으로 규정하여 민주화운동의 대상에서 제외해 버리기 일쑤인 것이다. 본질적으로 '정치와 경제'를 분리된 것으로 보는 데에서 비롯되는 이러한 인식은 민중들의 투쟁뿐만 아니라 반대로 박정희 체제를 평가하는 경우에도 전형적으로 드러난다. 즉, 박정희 정권(이하 박정권)이 '한강의 기적'이라는 고도 경제성장을 이룬 것은 긍정적으로 평가되어야 하지만, 영구집권을 시도한 것은 비판받아 마땅하다는 논지가 그것이다. 이처럼 정치와 경제의 분리라는 이분법적 인식이 가치판단의 혼란스러움을 낳고 있는 것이다.

그런데 여기에서 주목해야 할 것은 민중들의 투쟁이나 박정권에 대한 가치판단 여부는 제쳐두더라도 여러 연구들이 지적하고 있듯이 경제성장과 독재(권위주의) 사이에는 최소한의 '친화력'이 존재한다는 점이다.[1] 더 엄격히 말한다면 정치적인(이데올로기적) 관계는 생산관계와 그것의 재생산을 위한 구성요소로 그 속에 항상 현존한다.[2] 이런 측면에서 볼 때 박정권 시기 급속한 경제성장은 안팎의 여러 요인들이 복합적으로 작용하여 나타난 결과이지만, 그 가운데 가장 중요한 요인은 생산현장의 주체인 노동자들의 모든 권리가 정지·유보·억압당하였다는 점이다. 내용적으로 경제성장과 독재가 동전의 양면처럼 서로를 규정하는 유기적 구성부분이라고 하는 것은 경제성장과 노동의 통제,

억압 또한 끊을래야 끊을 수 없는 유기적 구성 부분이라는 사실의 또 다른 표현에 불과하다. 이렇게 보면 노동자들의 요구와 투쟁이 비록 경제적인 수준을 벗어나지 못했을지라도 거기에는 정치적 성격이 내재되어 있음을 알 수 있다. 특히 유신체제와 같은 공개적 독재체제는 시민사회의 생기 있는 모든 숨구멍을 막아버리려 하기 때문에 이 지배체제 아래서는 그 의도와 관계 없이 민중들의 일상적인 권리투쟁조차도 커다란 정치적 효과를 발휘하게 된다.

이런 맥락에서 1979년 자본과 권력의 위협을 피해 야당 당사에서 농성하다 강제진압된 YH노동조합(이하 YH노조)의 투쟁은 유신체제의 정치적 위기가 고양되는 시점에 발생하여 이 체제의 붕괴를 촉진시킨 중요한 계기로 그 정치적 성격을 확연히 보여준 역사적 사례라고 할 수 있다. 즉 YH노조의 투쟁은 70년대 민주노조운동이 단순히 경제적인 범위에 머물러 투쟁할 수 없었던 객관적 구조를 극적으로 보여준 사건이었다. 파시스트 체제의 목표가 노동운동 일반을 무력화시키고 최소한의 민주적 절차와 기제를 부정·파괴하는 것이라고 할 때, 이 사건은 야당 당사에 침입하여 국회의원, 언론기자 등에게 무차별 폭력을 행사하고 어린 여성노동자들의 농성을 유혈 진압하였다는 점에서 유신체제의 파시스트적 야만성을 고스란히 드러내 준 전형이었다.

이 글은 70년대 전태일의 분신으로 시작된 민주노조운동이 한 시대를 마감하게 되는 계기인 YH노조의 투쟁과정, 그것이 지니는 성격과 의의를 고찰하고 나아가 유신체제 붕괴에 미친 이 투쟁의 위상을 살피는데 목적이 있다. 물론 이러한 작업은 이른바 "세계체제에 안과 밖이 없다"라고 이야기되는 이 지구화 시대에 착취에 눈먼 자본의 천박성과 유신체제의 야만성에 비타협적으로 저항했음에도 불구하고 역사의 뒤안길에서 퇴색되어 가는 이 사건을 다시 뒤돌아보고, 그 위상을 재고하는데 있다.

70년대 민주노조운동 형성의 조건

70년대 민주노조운동은 평화시장 재단사 전태일이 "근로기준법을 준수하라." "노동자는 기계가 아니다"라는 구호를 외치며 분신한 것을 계기로 그 모습을 드러내기 시작하였다. 이 사건은 한국전쟁 이후 사회정치적 시민권을 박탈당한 노동자계급이 자신의 존재를 알리는 출발 신호였다.

한 청년노동자의 이 절박한 외침은 노동자들에게는 물론, 주로 정권반대투쟁의 수준에 머물러 있던 자유주의 지식인들, 정치인들에게도 적지 않은 충격을 주었다. 이로 인해 개별적이지만 노동현장으로 투신하는 운동가들이 생겨났고 지식인의 역할을 고민하던 학생들이 본격적으로 민중의 고단한 삶과 고통에 관심을 갖게 되는 계기가 되었다. 1971년 대통령선거에서 박정희와 접전을 벌였던 신민당 후보 김대중 또한 작업조건 개선과 노동조합결성의 자유를 외치며 분신한 전태일의 뜻을 구현하겠다고 공약하기도 하였다.[3] 결국 한 노동자의 죽음이 청계피복노조의 탄생과 더불어 70년대 민주노조운동의 태동을 가져오고 노동자들의 문제에 대한 사회정치적 관심을 증폭시켰던 것이다.

그런데 전태일의 분신을 계기로 등장한 민주노조운동은 단지 노동자 의식의 발전에 의해 형성된 것은 아니었고 내외의 객관적인 요인에 규정받은 결과였다. 60년대 말부터 표면화된 세계경제 불황의 여파로 수출시장이 축소되고 대외개방형 수출산업화 전략의 한계가 드러나면서 가치실현이 어려워진 자본은 그 부담을 노동자에게 노골적으로 전가시키고자 하였다. 이에 따라 3선개헌 후 정치적 반동의 길로 들어선 박정권은 1970년 벽두 외자유치를 위해 '외국인투자기업의 노동조합 및 노동쟁의 조정에 관한 임시특례법'을 공포하는 등 노동자들에 대한 통제를 강화시켰다. 당시 노동자들은 기초생계비에도 훨씬 미치지 못하는 임금을 받으며 비인간적 작업환경 속에서 보통 14시간 이상 노동해야 했으며, 서울의 변두리나 공장 주변의 빈민가 등에 거주하며 하루하루를 연명해야 했다. 이러한 열악한 상황은 60년대 말 경제불황으로 인해 더욱 심화되었고, 이에 따라 노동쟁의가 급증했으며 그 강도 또한 격렬해졌다.

이에 박정권은 수출경쟁력을 높이기 위해 저임금장시간 노동이 불가피함을 주장하였고, 분배문제는 파이를 증가시켜 놓은 이후 해결하자고 선전하며 노동자들에게 허리띠를 더욱 졸라맬 것을 요구하였다. 그렇지만 이제 이와 같은 성장이데올로기 또한 설득력을 발휘하기 힘들어졌다. 노동자들은 잠 안오게하는 약, 즉 일명 타이밍을 먹거나 바늘로 허벅지를 찔러 졸음을 쫓으면서 잔업, 특근에 동원되고 재봉틀을 쉼 없이 돌렸지만 그 대가로 돌아온 것은 오히려 병들고 지친 몸뿐이었다. 그 결과 장밋빛 성장이데올로기에 끌려 비인간적 노동조건을 감수하거나 참을 수 있는 여지는 급격히 축소되었다.

이런 상황에서 박정권이 취할 수 있는 대응은 발상의 대전환을 수반하지 않는 이상 기존의 방식을 더욱 강화하는 것 이외에 아무것도 없었다. 이미 1969년 3선개헌 이후 권력욕의 화신으로 부각되며 정치적 정당성을 잃어버리고, 그나마 이것을 유지시켜 주는데 일조하였던 경제성장의 한계가 완연히 드러나는 상황에서 박정권이 취할 수 있는 마지막 방법은 자각하여 행동하기 시작한 노동자에게 더욱 억압적인 조치를 사용하는 것이었다. 전태일의 분신에 대해 자유주의 정치인 김대중이 '민중주의적인 대중경제론'으로 반응하였다면 이와 달리 박정희는 기존 내외자본의 이익을 조합주의적으로 관철시키는 공개적 독재체제인 유신체제로 대응하였다. 1971년 '국가보위에 관한 특별조치법'(이하 국가보위법), 1972년 유신헌법, 그리고 1973~74년의 노동법 개정(노동위원회 공익위원에게 주어졌던 노동쟁의 적법심사권의 행정관청으로의 이관, 기업별 혹은 사업장별 노조체제로의 전환 등)을 통해 노동자들의 권리를 유보, 정지시켰고[4] 이에 불복한 저항은 정보부, 경찰 등 억압적 국가기구를 동원하여 무차별 진압하였다. 중앙정보부가 '동일방직 똥물투척사건'과 이들 조합 활동가들에 관한 블

랙리스트 작성에 적극 개입한 것은 그 대표적인 사례이다.[5]

　그렇지만 노동자들도 과거와 같이 수동적이지만은 않았다. 물론 5 · 16쿠데타로부터 유신체제 등장에 이르기까지 노동쟁의가 없었던 것은 아니지만 노동조합의 민주적인 활동을 확보하기 위해 지속적으로 저항한 예는 거의 없었다. 전쟁을 경험한 '1세대 노동자'들은 개인적으로 자신들이 생산현장에서 인간 이하의 대접을 받는 것을 못 배우고 가진 것 없는 자의 운명이라고 받아들였다. 그리고 항상 자신과 가족의 생존 그 자체가 최대의 관심사였기 때문에 무엇보다 일을 할 수 있다는 사실에 만족해 했다. 또한 이들은 전쟁 이후 내재화된 반공이데올로기에 의해 "노동운동은 빨갱이들이 하는 것이다"라는 주장을 자발적 혹은 비자발적으로 이의 없이 수용하였다. 전쟁과 분단국가의 봉인 과정을 통해 계급과 진보라는 담론이 해체된 상황에서, 반공을 자신의 목숨을 지켜주는 유일한 사회정치원리라고 믿고 있는, 원자화된 노동자들에게 노동조합 활동 혹은 그것의 건설을 위한 운동은 단지 고통을 줄 그 무엇으로 다가왔다. 따라서 탈정치화되어 있던 이들은 의식적으로 노동조합운동과 상당한 거리를 두었다.

　이와 달리 60년대 중반 이후 급속한 산업화과정에서 노동자가 된 전후 세대들은 반공에 압도당한 1세대의 체념적이고 수동적인 분위기로부터 다소 자유스러웠고, 자신들의 문제를 스스로 풀어가고자 하는 의지를 간직하고 있었다. 이들은 양적으로 급속히 증가하였을 뿐만 아니라 정치적으로 고무신과 막걸리를 주는 여당보다 정부에 비판적인 야당을 지지하는 경우도 많았다.[6] 전태일은 바로 이러한 2세대 노동자들과 그 운동의 시작을 상징하는 선진노동자였으며, 그의 분신은 저임금에 기초한 대외수출경제의 한계가 증폭되는 상황에서 강요되는 자본과 권력의 모멸, 억압에 대한 노동자들의 참을 수 없는 고통을 극적으로 보여준 것이었다.

그런데 이처럼 자신의 권리를 찾고자 하는 노동자들의 자각과 의지가 구체화되는 것은 쉽지 않았다. 그것은 자본과 국가권력의 탄압 이외에 그것을 방조하고 지지하는 유일 합법노동조직인 한국노총과 산별노조의 반노동자적 경향의 심화 때문이었다. 한국노총은 1971년 '국가보위법'이 발동되기 이전에는 상급 노동조합으로서 노동자교육, 임금협상지원, 노동자를 위한 세법 개정을 요구하는 등 그나마 상급조직으로서 일정한 역할을 하였고, 민주적인 사고를 가진 활동가들이 몇몇 존재하여 산하 노동조합의 활동을 지원하기도 했다.

그렇지만 공개적 독재체제인 유신체제가 등장하자 이에 충성선언을 하며 스스로 관료화·어용화의 길을 걷기 시작하였고, 이후 노동귀족들의 출세를 위한 조직으로 전락하였다. 특히 전국섬유노동조합(당시 위원장 김영태)은 노동자의 권리를 보호하는 것은 접어두고 오히려 하급단위에서 추진하는 민주노조의 결성을 적극적으로 방해, 탄압하는 국가의 의사노동통제조직이 되었다. 섬유노조의 이러한 행태는 그 지부인 동일방직노동조합 지부장 선출 과정에서 여성노동자들에게 똥물을 끼얹고 먹이기조차 한 자본과 그 하수인인 구사대들과 결탁, 그들을 옹호한 사건에서 극명하게 드러났다.[7] 따라서 70년대 노동자들은 국가는 물론 자신들의 이해를 대변한다고 믿었던 한국노총, 상급 산별노조로부터 어떤 도움도 받을 수 없는 고립상태에서 이른바 민주노조운동을 꾸려나가야 했다.

이러한 조건에서 민주노조활동이 전개될 수 있었던 이유는 위에서 언급하였듯이 내적으로 노동자들의 의식, 단결력이 점차 제고되었기 때문이기도 하지만 외적으로 기독교의 이념적, 조직적 지원이 있었기 때문에 가능하였다. 개신교의 경우 경제개발계획으로 산업화가 급속히 전개된 60년대 중반부터 도시산업선교회(UIM)를 통해, 가톨릭은 가톨릭노동청년회(JOC) 등을 통해 노동자들의 교육과 노동조합 활동을 지원하였다.[8] 이들은 공단지역을 중심으로 활동을 하면서 상담자, 교육자, 지지자, 때로는 동지로서 노동자들의 삶과 활동에 깊은 관심을 보였다. 교회는 현실비판적 신학사조나 사회교리를 수용하였지만 대체로 '비판적 자유주의'의 범위 내에서 노동문제를 인권과 접목시키며 활동하였고, 이러한 경향은 유신체제의 파시스트적 통치가 노골화되는 것에 비례하여 더욱 활발해졌다. 그 결과 기독교 세력은 국가권력은 물론 어용화된 한국노총 및 산별노조와 대결하면서 이념, 조직의 수준에서 민주노조운동의 후원자가 되었다.

노동조합운동과 교회운동의 접목은 크리스찬아카데미 중간집단교육과정과 이후 이것을 토대로 하여 시도된 노동교육전문과정 설립추진에서 확인할 수 있듯이 사회과학을 공부한 지식인들과 교회가 만나 선진적 노동자들의 교육을 체계적으로 실시하고 새로운 노동조합운동을 모색하기 위한 단계로까지 발전해나가기도 하였다.[9] 물론 전문교육과정 설립은 지식인과 노동자의 결합을 단절시키려는 유신체제의 탄압(크리스찬아카데미 사건)으로 좌절되었지만, 그 이전 중간집단교육과정에는 청계피복, 동일방직, 원풍모방, 반도상사, 콘트롤데이타, 그리고 YH무역 노동조합 등 이른바 민주노조들의 간부 및 대의원들이 참여하여 양질의 교육을 제공받았다.

민주노조에 대한 교회의 거의 독점적인 지지, 후원은 광주민중항쟁의 유혈진압 이후, 신군부 파시스트 정권의 노동탄압과 이에 맞서 등장한 급진노동운동세력의 활동이 본격화되기 이전, 즉 1982년 원풍모방노동조합의 재건을 둘러싸고 영등포산업선교회(이하 영등포산선)와 노동조합 재건추진 간부들간의 갈등이 표면화되며 양자가 결별하기 전까지[10] 70년대 내내 유지되었다. 가톨릭 또한 노동운동이 가톨릭 액숀(운동)의 범위를 벗어나 급진화되고 독자적인 활동을 강화하게 되면서 이에 대해 선별적이고 소극적인 지지로 돌아서지만, 그 이전에는 민주노조운동의 튼튼한 지지자, 후원자였다.[11]

YH노조의 투쟁과 주체적 조건

폐업과 무기한 농성

　사장 장용호의 영문이름 첫 글자를 따 상호를 만든 YH무역은 1966년 설립되어 가발수출의 최대 호경기와 정부의 수출우대정책, 특혜금융 등에 힘입어 급속히 성장하였다. 70년대 기업가의 전형답게 원자재를 수입해 저임금으로 가공해서 다시 수출하는 방법으로 돈을 벌어들인 장용호는 가족들과 함께 미국으로 건너가 빼돌린 회사돈으로 호텔과 백화점을 경영하는 한편, 용인터내셔널상사를 설립하여 YH무역이 생산한 제품을 미국시장에 팔았다. 여기에 수출기업에 주어지는 연리 9%의 특혜금융으로 사들인 부동산은 한 해에 45%가 뛰어 이들의 부는 눈덩이처럼 불어났다. 이것도 모자라 장용호의 동업자이자 동서인 진동희는 1970년 사원 상여금으로 10억을 주었다고 허위장부를 만든 뒤 그 돈을 빼돌려 대보해운을 설립했으며, 동서간 재산 싸움을 벌이던 장용호는 이에 뒤질세라 미국의 현지법인인 용인터내셔널을 통해 YH로부터 다른 회사보다 터무니없이 싼 가격으로 물품을 구매하여 팔았고, 그나마 300만 달러의 물품대금도 떼어먹었다.

　이처럼 사장과 그 친인척의 갖은 술수로 껍데기만 남고 은행빚만 늘려가던 1979년 3월 30일, 사장 장용호는 임금을 감당할 수 없다며 폐업공고를 내버리고 미국으로 도주하였다. YH무역의 부실과 폐업은 70년대 말 나타나기 시작한 가발산업의 사양화라는 측면도 있었지만, 은행대출을 통한 무리한 사업확장에 기인하는 경영부실, 경영진의 외화도피 및 부정행위, 기계 등 회사재산의 불법처분 등으로 인한 재무악화가 그 주요 요인들이었다. 그리고 1975년 이후 민주적 노동조합이 자리잡고 활동하게 되면서 과거와 달리 이윤착취가 더욱 어려워졌다는 점 또한 하나의 이유가 되었다.

이에 대응하여 1975년 이후 회사측의 어용노조결성에 맞서고 임금인상 및 노동조건 개선투쟁을 꾸준히 해오던 YH노조는 노동청, 조흥은행 등 관계기관을 찾아다니며 부당한 폐업의 철회와 제3자 인수를 통한 고용승계를 요구했다. 노조는 4월13일 긴급조합원총회를 열어 회사측과 채권자인 조흥은행의 명확한 대책을 듣고자 하였으나 이들은 참석조차 하지 않았고, 이에 노조는 즉각 농성에 돌입하였다. 그렇지만 결국 이 농성은 태능경찰서 기동대에 의해 폭력으로 진압되었고, 그 와중에 150여 명의 중경상자가 발생하였다. 사태가 이러한데도 회사측은 물론 채권자인 조흥은행은 사태를 방관하였고, 북부노동청 근로감독관 장수식은 "자본주의 사회에서 자본을 가진 사람이 하기 싫다면 누구도 막을 수 없다"는 답변만을 되풀이했다. 이에 노동조합은 향후 투쟁의 방향과 방법에 대해 고민하였다. 당시 노동계 일반에서는 동일방직노조를 파괴한 경찰과 기업, 그리고 섬유노조가 다시 한편이 되어 YH노조를 제2의 파괴목표로 하고 있다는 예측들을 하였고, 따라서 YH무역 정상화투쟁은 매우 중대한 싸움이며 이 싸움을 통해 민주노조운동의 흐름을 살려나가야 한다는 점에 대해서는 의견의 일치를 보고 있었다.

하지만 이러한 과제를 어떠한 방법으로 수행할 것인지에 대해서는 다소 의견이 나뉘어 있었다. 그 가운데 하나는 동일방직노동조합의 투쟁을 본받아 당면 과제인 회사정상화투쟁을 치열하게 전개하는 것이 민주노조를 지키고 민주노조운동을 발전시키는 방법이라는 주장이었다. 다른 하나는 정상화가 현실적으로 어려운 과제이니 만큼 퇴직금, 해고수당 등을 많이 받는 것으로 싸움의 목표를 일보 후퇴한 뒤 다른 현장으로 들어가 제2의 YH노조를 많이 만드는데 주력하자는 것이었다.[12] 이런 상황에서 노조는 투쟁방침을 결정하기 위해 조합원들의 의견을 조사하였는데, 80% 이상이 퇴직하면 고향에 내려가 쉬다가 결혼하겠다는 것이었고 타 회사에 입사해 최소한 노동운동의 보조역할이라도 하겠다는 사람이 15% 정도, 그리고 노동운동을 위해 사명감을 가지고 다른 회사로 가겠다는 사람이 노조집행부를 포함하여 2~3명 정도였다. 이에 노조는 YH노조를 통해 끝까지 싸우는 것이 조합원들의 현실적 이익은 물론 민주노조운동의 발전을 위해 올바른 방법이라고 결론 짓고 계속 회사정상화를 위해 투쟁하기로 결정하였다.

　12일 저녁, YH사태가 MBC「마이크 초점」에 보도된 이후 14일까지 기독교방송, 동아방송, 동양방송, 한국일보, 서울신문 등 각종 언론에 보도되자 많은 단체 및 사람들이 관심과 지지를 보내왔고, 이에 싸움은 본격적으로 전개되기 시작하였다. 결국 7월 23일, 국회에서도 4월에 있었던 기동경찰대에 의한 폭력적 농성진압이 문제가 되었다. 그렇지만 당시 내무부장관 구자춘은 YH사건이 불황에 의한 임금체불에 그 원인이 있으며, 기동경찰이 해산시키는 과정에서 노조가 해산요구를 듣지 않아 약간의 실랑이가 있었고 다친 사람은 한 사람 정도로 그것도 경찰병원에서 무료로 치료해주었다는 사실 왜곡의 답변을 하였다. 이에 노조는 7월25일 생존권확보를 위한 긴급대의원대회를 개최하기로 결정하고 내무부장관의 답변을 반박하는 진상해명서를 작성하였다. 그러자 관할 태릉경찰서는 회사정상화를 위해 책임 있는 사람들이 참여하는 관계기관회의를 7월 30일 개최하겠으니 대의원대회를 연기해달라는 요청을 하였다. 이에 노조는 이미 일정에 잡혀 있는 것이니 대회는 어쩔 수 없으나 다만 구체적 행동은 보류하고 사태를 관망하겠다는 약속을 하였으며, 7월 29일 대의원대회를 열어 다음과 같은 사항을 결의하였다.

　　　내무부장관은 엉터리 답변을 철회하고 진실을 밝혀라.
　　　우리는 스스로 사건의 진상을 다시 밝힌다.
　　　정부와 조흥은행은 YH문제해결을 위한 근본대책을 밝혀라.

7월 30일까지 해결책을 밝히지 않을 경우, 조합원총회를 개최하여 투쟁을 전개한다.

7월 30일, 태능서가 약속한 대책회의가 동대문구청에서 열렸지만 이 회의에는 문제 해결을 도모할 수 있는 책임 있는 사람들은 참석하지 않았고, 오히려 태능서는 사건경위를 왜곡 보고하면서 그 책임을 노조측에 전가하였다. 게다가 공정성 확보를 위해 노조측이 회사측과 함께 있는 자리에서 사건의 경위를 이야기하자고 요구하자 오히려 노조대표의 퇴장을 명하여 회의 자체를 파국으로 몰고 갔다.

회사로 돌아온 노조측은 7월 31일 무기한 단식농성을 결의하였다. 8월 1일부터 시작된 농성은 매일 퇴근 후 4시간씩 계속되었다. 조합원 287명 전원은 "정상화 아니면 죽음이다"라는 머리띠를 두른 채, "생존권을 보장하라", "정부당국은 장용호를 즉각 소환하라", "관계부처는 YH문제를 더 이상 지연시키지 말고 즉각 해결하라", "조흥은행은 YH무역을 책임지고 정상화시켜라"는 등의 구호를 외치고 일일 상황보고를 하며 농성을 계속했다. 이에 각계 저명인사들이 농성장소를 방문하여 격려하였고 조합원들의 사기 또한 높아 갔다. 그러자 회사측은 유인물을 통해 농성에 사주자가 있어 그들이 노동자를 이용하고 있으니 사주자에게서 벗어날 것과 사표쓰기를 권유하였다. 노동자들이 사주자가 누구냐고 항의하자 회사측은 적반하장 격으로 '노동조합'이라고 하여 오히려 조합원들의 분노를 증폭시켰다. 노조는 한국교회 사회선교협의회의 주선으로 만난 미국 대사관측에 한 가닥 희망을 걸고 장용호의 소환을 요구하였으나 대사관을 대표한 타마자는 장용호의 행위가 국제법상 저촉되는 것이 아니기 때문에 미국영주권 박탈과 한국으로의 소환은 불가능하다며 거절하였다.

8월 6일 저녁, 드디어 회사측은 일방적인 폐업공고를 냈다. 이에 노조원들은 모든 것이 끝났구나 허탈해 했으나 다시 전열을 정비, 하나되어 싸우기로 하였다. 고은 시인, 이문영 교수, 그리고 금영균 목사 등이 찾아와 노동청의 허가를 받지 않은 공장폐쇄가 부당한 것임을 설명하고 YH노조 생존권투쟁의 정당함을 주장하며 조합원을 격려하였다. 사태가 단기간에 풀리지 않을 것이라고 판단한 노동조합은 대책회의를 소집하여 더 안정적, 효과적으로 투쟁하기 위해 농성장을 기숙사로 옮기기로 하였다. 기숙사는 외부인의 출입을 통제할 수 있어 경찰 등의 침입을 막을 수 있고, 자체 교육을 할 수도 있으며, 조합원들이 휴식을 취하기에도 좋았기 때문이다. 대책회의는 조합원들의 단결만이 투쟁에 승리할 수 있는 동력임을 재확인하고 한국교회 사회선교협의회, 영등포산선을 비롯한 종교단체, 인권단체 등에 지원을 요청하였다.

이에 대해 회사측은 "농성 사주자로부터 이탈하여 부모님 곁으로 돌아가라"는 내용의 사내방송을 하루 종일하였고, 8월9일부터는 기숙사를 폐쇄하며 퇴직금 및 해고수당을 10일까지 수령하지 않을 시에는 법원에 공탁하겠다는 통고까지 하였다. 기숙사 폐쇄 압력에 조합은 식수를 준비하고 급식을 조달하기 위해 사회 각 단체와 연락하는 한편, 회사와 경찰이 끌어낼 때까지 스스로 해산하지 않겠다고 결의하였다.

한편 기독교 사회선교협의회는 8일 임시실행위원회를 열어 YH노조의 지원 요청을 받아들이고 급식조달, 성명서 발표, 사회여론화, 대책위원회 구성 등의 활동을 하기로 하였다. 사회선교협의회의 서경석 총무, 인명진 목사 등은 YH무역을 방문하여 노동자들을 격려하고 지부장, 사무장 등과 함께 장기농성에 대비한 생활용품 준비 여부, 급식 중단시 대책, 경찰의 강제 해산 시 장소이동 문제 등을 논의한 후 마포 신민당사를 방문하여 박한상 사무총장을 면담하고 YH노동자들의 농성상황을 설명, 신민당의 조사단 파견을 요청했다. 이렇게 하여 YH노조와 교회의 연대는 긴밀하게 진전되었고 이 문제는 사회정치적 이

슈로 부각되기 시작하였다.

8일 저녁, 조합원들은 경찰의 강제해산과 깡패를 동원할지도 모른다는 소문에 대비하여 기숙사 정문에 바리케이드를 쳤고 집행부는 만일의 사태에 대비해 제2의 농성장소를 검토했다. 농성장소로는 조흥은행, 노동청, 미대사관, 명동성당, 그리고 공화당, 신민당 등 정당이 제안되었다. 장소결정 논의는 종교계 단체들을 방문했던 섭외부의 도움이 컸으나 이 날 장소를 확정짓지는 못했다. 서경석 등도 YH노동자들의 농성상황에 대한 대책을 논의한 결과, "회사를 폐업하고 급식중단, 기숙사 폐쇄 등 일련의 조치가 빠른 속도로 진행되는 현재의 상황으로 보아 경찰에 의해 강제해산될 가능성이 높으며 따라서 농성장소를 옮길 수밖에 없다"는 결론을 내렸다. 제2의 농성장소는 조흥은행, 미대사관, 신민당 등이 거론됐다. 이들은 조흥은행은 정상화의 당사자이기 때문에, 미대사관은 장용호 소환을 요구하여 실리를 얻을 수 있으며, 신민당은 경제투쟁을 정치투쟁으로 비약시킬 수 있는 장소이므로 실패 여부를 불문하고 사회 전반에 커다란 파급 효과를 가져올 것이라고 보았다. 이러한 논의는 노동조합에게 전달되었고 이를 참조한 노동조합 집행부는 제2의 농성장소를 다시 검토한 결과, 국내외에 미칠 파급력과 쉽게 점거할 수 있는 장소라는 점을 고려하여 신민당사로 최종 결정지었다.[13]

신민당사 농성과 유혈진압

8월 9일 오전, YH노동자들의 신민당사 농성을 도와달라는 기독청년들의 요청에 의해 사회선교협의회 문동환 목사, 이문영 교수, 고은 시인 등은 김영삼 신민당 총재의 자택을 방문하여 그들의 호소를 들어보고 당국에 해결책을 촉구해달라고 부탁하였으며 이에 김영삼 총재는 흔쾌히 그렇게 하겠다고 응답하였다. 노조는 농성장소 변경을 비밀로 하기 위해 기숙사에 50여 명의 조합원

신민당사에서 농성하는 YH무역 여성노동자들

을 남게 해 계속 농성을 하도록 하였다. 그리고 나머지 187명의 노조원들은 팀별로 몰래 빠져 나와 마포 신민당사 주변에 대기하다 이날 저녁 진입하여 4층 강당에서 농성을 시작하였다.

김영삼 총재는 밤 10시경 당사에 도착하였다. 그는 노조대표를 만난 자리에서 "신민당을 찾아주어 고맙다. 여러분들이 갈 곳이 없어 마지막으로 신민당을 찾아준 데 대해 책임을 느낀다"고 위로하였다. 또한 농성장을 직접 찾아가 "여러분들의 억울한 사정을 해결해 주겠으니 용기를 가져달라. 여러분들이야말로 산업발전의 역군이며 애국자인데 이렇게 푸대접을 받아서야 되겠느냐? 내가 보사부 장관과 노동청장을 곧 이곳에 오게 해 여러분과 대화할 수 있도록 노력하겠다"고 격려하여 조합원들의 눈물어린 박수갈채를 받았다. 처음에 보사부 장관 홍성철은 노동청장을 보내겠다고 약속하였다. 그렇지만 마포서와 태능서의 정보과장들은 신민당 문정수 총무국장에게 여공들의 해산을 종용하였고, 서울시경국장 이순구도 박한상 사무총장에게 전화를 걸어 여공들을 당사에서 내보내달라고 요구하였다.

　밤 12시, 조합은 상집위원회를 개최하였다. "사건은 보사부장관이 방문하면 해결이 가능하겠지만 그렇지 않으면 쉽지 않을 것이다. 그렇지만 사건이 확대되었고 우리로선 손해볼 것이 없다"는 결론을 내리고, 사건이 해결되기 전에는 절대로 당사에서 나갈 수 없다, 일체의 개인행동은 삼가한다, 외부에 대한 조합측의 의사전달은 의장단에게 일임하고 개인적인 의사를 발표하지 않는다, 각 팀의 구성원 중 문제가 발생하면 이를 즉각 의장단에게 보고하여 신속히 대책을 강구한다, 낭설로 인한 동요를 없애기 위해 바깥의 소문에 접하면 내부에서 먼저 분석한 후 판단한다, 전 조합원이 시종 진지한 자세와 엄숙한 분위기를 지킨다, 당사 내 기물은 깨끗이 사용하고 항상 정리정돈하며 질서를 지킨다 등을 결의하였다. 신민당의 국회의원들 또한 노조대표와 협의하는 과정에서 사건내용을 알았으니 회사로 돌아가 기다리면 당이 최선을 다해 사태의 해결에 노력하겠다고 요청하였으나 노조가 기업정상화의 확답을 받기 전에는 나갈 수 없다고 강경한 태도를 보이자 더 이상 거론하지 않았다.

　한편 YH노조의 신민당사 농성소식이 신문과 라디오 방송을 통해 알려지면서 지친 조합원들의 사기는 고조되었고 농성을 격려하기 위한 많은 지지자들이 찾아 왔다. 한국교회 사회선교협의회, 한국교회 여성연합회, 섬유노조 동일방직 지부, 콘트롤데이타 지부, 반도상사 지부, 원풍모방 지부 등에서 빵과 음료, 기부금 등을 들고 와서 격려하였고, 일부 노조임원들은 YH노조 조합원들과 함께 밤샘을 하기도 하였으며, 익명의 신문기자는 10만원의 현금을 내기도 하였다. 그렇지만 정작 이들의 농성을 지원해야 할 한국노총이나 섬유노조 등은 농성장을 찾기는커녕 어떠한 지지 반응도 보이지 않았다.

　예상외로 문제가 사회정치적 문제로 확대되자 보사부장관은 노동청장을 보내겠다는 이전의 태도를 180도 바꿔 "YH노조 문제는 어제, 오늘 생긴 문제가 아니기 때문에 YH무역 사장에게 신민당사로 가보라고 했으니 그 사람하고 이야기해 보라"고 하였다. 이에 사태해결에 책임을 지지 않으려는 정부의 속셈을 간파한 신민당은 국회 보사위원회를 소집하기로 하고 대책위원회를 만들었다. 10일 보사부장관의 말대로 신민당사에 나온 YH무역 사장 박정원이 신민당 대책위원회 소속 국회의원 및 조합원들과 만난 자리에서 "작업 능률이 떨어져 적자가 나기 때문에 공장 문을 닫을 수밖에 없다"고 주장하고 조합원들은 회사 폐업의 진짜 이유는 경영부실과 장용호 회장의 외화도피라고 반박하여 어떠한 진전도 이루어지지 않았다. 이 날 간담회는 협상에 의한 문제해결이 불가능하다는 점만을 확인시켜 주었다.

급기야 이날 저녁 경찰이 진입할 것이라는 소문이 들리자 조합 측은 긴급상무집행위원회를 개최하여 "목숨을 바쳐서라도 노동자의 자존심을 회복해야 한다"는데 의견을 모으고, "최후의 한 사람까지 죽음으로써 항쟁할 것"을 다시 확인하였다. 그리고 경찰이 먼저 들어오지 않는 한 절대로 먼저 행동하지 않으며 YH노조의 종결대회를 개최한다는 등의 행동방침을 결정하였다. 이날 종결대회는 상집위원 김경숙의 결의문 낭독, 사무장 박태연의 성명서 낭독을 끝으로 오열 속에 11시 30분 폐회되었다.

노동자들이 잠든 11일 새벽 1시 58분쯤 시경국장 이순구는 박한상 사무총장에게 전화를 걸어 여공들을 내보내지 않으면 경찰을 투입시키겠다고 일방적으로 통보하고 전화를 끊었다. 그리고 2시가 넘어 3번의 자동차 클랙션 소리가 정적을 깨고 길게 울리는 것을 신호로 YH노조의 신민당사 농성을 진압하기 위한 '101호 작전'이 시작되었다. 이것은 한국정치사에서 야당 당사에 공권력이 투입되는 초유의 참이었다. 고가사다리차 2대, 물탱크차 2대가 동원되었고, 소방용 조명차 2대가 대낮처럼 신민당사를 비추는 가운데 1천여 명의 정사복 경찰이 당사 안으로 들이닥쳤다.

농성장인 4층 강당에는 사복경찰들이 뛰어들어 열린 창문을 닫고 막아섰다. 방어용 철모와 곤봉을 든 기동경찰 수백 명이 들어와 비몽사몽 병 등을 들고 저항하는 노동자들을 곤봉으로 때리고 발로 차고 짓이기면서 불과 10여 분만에 농성자들 모두를 당사 밖으로 끌어내었다. 이 과정에서 김경숙이 추락하여 사망하였다. 당시 서울지검 공안부 검사 박철언은 부검결과 사인은 추락사라고 발표하였다.[14] 그리고 경찰은 김경숙의 시신을 녹십자병원에서 몰래 빼돌려 강남시립병원에서 가족 3명, YH회사 직원 그리고 경찰들만 참석시킨 채 3분만에 장례식을 끝내고 유해는 화장해버렸다. 그렇지만 여러 정황과 조사에 비추어 볼 때 김경숙의 사인은 '미필적 고의살인'이었다.

2층 회의실에서는 김영삼 총재가 대책을 숙의하고 있었는데 장발머리에 장갑을 낀 사복의 괴청년들이 들이닥쳐 김총재를 제외한 나머지 국회의원과 기자들에게 폭언과 폭력을 서슴지 않았다. 황낙주 총무와 정대철 의원에게 주먹세례가 날아들었고 당료들도 두들겨 맞아 중경상을 입었다. 기자들은 신분증을 내보이며 기자라고 소리쳤지만 "기자면 다냐"는 반응과 함께 무차별 폭력이 날아들었다. 동아일보 이종각, 홍석회 기자가 구타를 당하였고, 중앙일보 사진부 양원방 기자는 필름을 빼앗기고 10분간 구타를 당하였다. 신아일보 김철호 기자는 코뼈에 금이 가고 얼굴을 알아볼 수 없게 되었다. 여성노동자 수십 명, 국회의원을 포함 신민당원 30여 명, 취재기자 총 12명이 부상을 당하였다. 이렇게 하여 '101호 작전'은 정확히 23분만에 끝났다. 또한 9일부터 기숙사에 남아 농성 중이던 58명의 조합원들도 12일 담을 넘어 진입한 기동경찰에 의해 강제로 해산되었다.

이들 가운데 대부분의 노동자들은 강제로 귀향 조치되었다. 서울시경은 17일 YH노동자들의 투쟁과 관련, 그 배후조종자로 인명진, 문동환, 서경석, 이문영, 고은 등 5명, 농성을 주도한 지부장 최순영, 부지부장 이순주, 사무장 박태연 등 모두 8명을 국가보위법, '집회와 시위에 관한 법률' 위반으로 구속하고 섭외활동으로 당사에 없었던 부지부장 권순갑을 전국에 지명수배했다. 이렇게 하여 70년대 한국 노동운동을 상징하는 섬유산업의 여성노동자가 중심이 되어 전개한 YH노조의 투쟁은 일단락되었다.

투쟁의 주체적 조건

YH노조의 신민당사 농성투쟁은 단지 돌발적으로 일어난 것은 아니었다. 그것은 1975년 노조가 만들어진 후 조합원들의 이해를 노조가 선두에서 대변하면서 다양한 방식으로 역량을 제고시켜 왔기 때문에 가능하였다.

1975년 노조가 만들어진 후 회사측을 상대로 처음 상여금투쟁에서 승리한 노조는 조합원들, 대의원들의 유대강화를 위해 등산을 하기도 하고, 다른 지부의 대의원대회에 참석하여 회의진행을 배우기도 하였으며, 그들 노조사무실을 방문, 조합임원의 자세, 조합원 교육 방법, 노동조합 실무행정 등을 보고 듣는 기회를 마련하기도 하였다.

그렇지만 여전히 초보단계에 있는 노조의 힘은 미약했고 회사측의 노조에 대한 견제 또한 노골적이었다. 이러한 상황에서 처음 YH노조가 조합원 교육과 관련하여 전개한 의미 있는 활동은 회사측이 제시한 새마을교육을 노동조합교육의 장으로 이용한 것이다. 기업측이 따로 조합교육에 필요한 시간과 장소를 제공하지 않는 만큼 이 시간을 이용하여 노조는 노동조합의 기본정신, 노동가요 등을 교육할 수 있었다. 결국 이를 간파한 회사측이 새마을교육만을 하라고 요구하였으나 노동조합이 이에 불응하자 회사측은 새마을교육 자체를 폐지시켜버렸다.

다른 한편, 조합원들의 역량을 결집해 내고 단결력을 높이는데 핵심적 역할을 하는 대의원들은 야외교육대회 등을 통해 서로간의 이해의 폭을 넓히고 노조가 처한 객관적 조건, 상황 등을 분석하여 당면한 문제를 해결하기 위해 노력하였다. 노조집행부도 크리스찬아카데미 중간집단교육과 고려대학교 부설 노동문제연구소 등의 프로그램에 참가하였고 여기서 배운 것들을 조합원 교육에 응용하였다. 특히 3차에 걸쳐 차별적으로 실시된 크리스찬아카데미 교육은 이론과 현장활동을 연결시켜 그 효과가 컸다. 구체적인 사례연구와 공동과제 작업, 대화시간, 명상, 노래, 잔치, 촛불의식 등은 참가한 사람에게 자아성찰과 조직 속의 개인이라는 공동체의식을 높여주는데 큰 도움을 주었다.[15] 또한 여타 교육기관에서는 다루지 않는 공산주의 비판, 경제학, 사회운동사, 민족주의, 사회민주주의론, 영국노동운동사, 독일사회운동사, 중국사 등이 포함되어 노동자들의 이념적 경직성을 완화시키는데 일조하였다.[16]

간부들의 이러한 활동과 교육은 그 자체로 끝나지 않고 조합원들의 각종 소모임으로 이어졌다. 소모임은 자체에서 이루어지는 것도 있었고 외부 관련 단체들의 도움을 받아 이루어지는 경우도 있었다. 일반적인 활동으로 상조회가 있었고 한문반(漢文班) 등이 있었다. 특히 이 한문반은 중요한데 이를 기초로 노조가 직접 운영하는 녹지중학교를 사내교육관에 만들 수 있었기 때문이다. 그런데 회사측이 야간작업, 특근에 조합원들이 빠진다는 이유를 들어 교육관을 폐쇄하였고, 노사협의회를 통한 문제해결이 여의치 않자 결국 녹지중학교는 JOC회원으로 있는 노조상집위원의 도움으로 면목동 천주교회로 옮겨져 지속되었다.

녹지중학교는 애초 기대했던 것과는 달리 교사와 학생간, 교사와 교사간에 일체감이 원활히 형성되지 못했고, 교사진도 노동 문제 등에 대해 체계적인 교육의 틀을 마련하지 못하였지만 노조가 중심이 되어 꾸려짐으로서 조직확대에 상당한 기여를 하였다. 나아가 녹지중학교가 중요한 것은 바로 이것을 기반으로 동일교회 야학이 만들어졌다는 것이다. 동일교회 야학은 녹지중학교를 졸업한 조합원들과 대의원을 중심으로 회사와 경찰이 알지 못하는, 노동문제의 인식을 위한 교육이 필요하다는 판단이 모아져 시작되었다. 이런 맥락에서 이 야학은 조합원을 대상으로 그 동안 해 왔던 교육보다 한 단계 높은 수준의 활동이었다. 장소는 조합원들이 많이 나가는 동일교회의 허락을 받았고 교육내용은 사회, 경제, 노동, 역사를 주된 과목으로 하였다. 교사진으로는 한국기독학생총연맹(KSCF) 회원 5명이 맡아주었다. 그렇지만 동일교회 야학은 1979년 회사폐업과 관련하여 YH노조의 투쟁이 상승, 심화되면서 야학교사들이 다칠 것을 우려한 조합측에서 노동절 행사를 마지막으로 스스로 문을 닫았다.

YH노조는 이러한 각종 모임과 교육활동을 통해 조합원간, 조합원과 간부간, 간부들 사이에 결속력을 높였다. 물론 이들은 이념적, 조직적으로 자유주의 노동운동의 범주 내에 있었고 이를 넘어 노동운동의 독자성을 추구하지도 못했다. 즉 이들은 노동운동을 "근로자의 근로조건 유지 개선과 복지증진, 기타 경제적, 사회적 지위향상을 도모한다"는 노동법적 차원에서 이해하고 있었다. 그럼에도 불구하고 이들은 일상활동과 투쟁을 조직 성장의 계기로 적절히 활용하며 스스로의 역량을 제고시켰다. 한문반, 녹지중학교, 동일교회 야학으로 이어지는 소그룹 활동의 발전은 이를 잘 보여준다. 나아가 이들은 국가와 자본의 통제 및 탄압, 한국노총과 상급 섬유노조의 어용화에도 불구하고 자신들의 사업장에서 일어난 문제를 교회 등 노동운동에 호의적인 외부 세력들과 함께 풀어나감으로써 고립감을 극복하고 연대감을 제고시키는 유연함을 발휘하기도 하였다. 바로 이러한 내적인 역량축적과 대외활동들이 어우러져 유신체제 붕괴의 단초가 된 신민당사 농성투쟁이 가능하였던 것이다.

YH노조투쟁의 의미와 성격

신민당사 농성으로 마감한 YH무역 노동조합의 투쟁은 하나의 단위노조가 중심이 되어 전개하였지만 유신체제의 모순이 극에 달한 시기에 전개되어 반유신의 정치적 효과가 매우 컸다. 따라서 이 투쟁 이후 박정권은 YH노동조합과 산업선교회 등에 대한 매카시즘적인 공세를 서슴지 않았다. 그리고 이와 같은 상황조성은 YH투쟁을 올바로 평가하는데 장애가 될 수 있는 다음과 같은 몇 가지 문제를 발생시켰다.

첫째, YH노동조합의 투쟁과 교회와의 관계를 왜곡시켰다. YH노조의 활동과정에는 기독교계, 재야인사들이 관여해 왔으나 정작 투쟁 당사자인 YH노조와 한국노동자복지협의회가 공동으로 엮은 『YH노동조합사』는, 특히 도시산업선교회와의 관계를 다음과 같이 자체 평가하고 있다.

> YH노조는 이 책에서 기록한 대로 도시산업선교회와는 일체의 관련이 없었으며 조합원 중에 단 한 사람의 산업선교회원도 없었다. 교회기관과 재야의 인사들이 우리의 마지막 농성을 방문하여 용기를 주려고 격려한 것이 우리와의 관계의 전부이다. 정부당국은 이를 두고 도산세력의 침투니, 선동이니 하며 도시산업선교회와 YH노조를 함께 왜곡 비방하며 불순세력으로 몰아 붙이고 그들을 감옥까지 밀어 넣었다.[17]

이러한 평가는 YH노조의 투쟁이 노조 주도의 자연발생적 투쟁이었으며, 여기에 산업선교회가 목적의식적으로 결합, 지원하지 않았다는 점을 강조하기 위한 것으로 볼 수 있다. 물론 이것은 당시 교회 스스로가 영등포산선이 YH노조사건과 직접적인 관계가 없다고 주장한 만큼, 논란이 되지 않을 수도 있다.[18]

그렇지만 이미 살펴본 바대로 산업선교회가 주축이 된 한국교회 사회선교협의회는 이 사건이 사회적으로 공론화되면서 노조를 가장 성의 있게 지지, 후원하였고 신민당사 농성결정도 이들의 판단이 많은 영향을 미쳤다. YH노조 간부들(지부장인 최순영, 교선부장 이정숙, 부지부장 김용순, 사무장 민경애 등) 또한 크리스찬 아카데미 등에서 노동교육을 통해 학습한 것들을 조합교육활동에 적용하였다. 동일교회 야학에서는 조합원 및 노조대의원들이 이 교회와 한국기독학생총연맹의 도움으로 사회, 경제, 노동, 역사 등을 공부하여 노동문제에 대한 인식의 폭을 넓히기도 하였다.

신민당사 농성투쟁이 어느 순간에 갑자기 돌출된 사건이 아니라 이윤수탈에 혈안이 된 천민적 자본 및 공개적 독재체제의 억압에 대응한 기존 조합활동의 최종적인 표출이었다고 할 때, 도시산업선교회만이 아니라 여타 교회세력들, 재야인사들이 이들의 활동 및 투쟁을 단속적으로 지지, 후원하였다는 점은 과소평가되거나 부정할 수 없는 사실이다. 이런 맥락에서 『YH노동조합사』의 이에 대한 소극적 평가는 (영등포)산업선교회를 용공으로 매도하면서 노동조합 활동 또한 좌경으로 딱지붙이는 유신체제와 교회 내 보수세력의 공세에 대한 운동 주체의 수동적인 반응이었다고 볼 수 있다.

이념적으로나 운동의 방식에서 산업선교회는 가톨릭의 JOC 등과 크게 다르지 않았다. 대체로 교회는 '민중지향성을 강하게 띤 비판적 자유주의' 수준의 운동을 넘어서지 않았으며, 이들과 YH노조와의 관계는 70년대 여타 민주노조운동에 대한 교회의 일반적인 지지·지원 수준을 벗어나지 않았다. 따라서 노동사목을 하는 모든 교회를 문제시하지 않고 산업선교회의 활동만을 용공으로 매도하는 것은 유신체제와 어용노총의 자가당착이었다. 따라서 YH노조의 투쟁을 적실히 평가하기 위해 중요한 것은 산업선교회가 YH노조의 투쟁과 직접적으로 관련이 없었다고 주장하는 것에 있지 않다. 오히려 필요한 것은 교회와 민주노조의 연대에 관한 올바른 접근과 보다 섬세한 이해이다.

둘째, 첫째 문제와 연관된 것으로, YH노조의 신민당사 농성을 진압한 유신 정권은 산업선교회의 노동사목을 용공으로 매도하면서 탄압을 강화하였다.[19]

유신정권은 "YH노조 간부들이 무산계급이 지배하는 사회체제 건설을 기독교의 사명이라고 믿는 목사의 조종을 받아 사회혼란 조성, 국가사회의 변혁을 획책했다"고 하면서 도시산업선교회를 그 배후로 지목하였다. 언론과 방송 또한 이에 편승하여 사설과 특집프로 등을 통해 도시산업선교회가 계급의식을 조장하고 있으며, 이것은 자본주의체제에 대한 전면 부정의 사고로까지 발전될 위험성이 있다고 주장하였다. 동일방직사건으로 교회와 대립관계에 있던 한국노총 또한 신민당이 노사문제를 정치적으로 이용했고, YH노조를 외부세력과 연계해 활동해 온 조직이라고 단정하면서 도시산업선교회의 개입은 사회혼란을 초래하는 행위이므로 이를 배격한다는 성명을 내었다. 그 결과 "도산(도시산업선교회)이 들어가면 (회사가)도산한다"는 말이 유행될 정도였다. 공개적 독재체제인 유신정권은 이른바 자유주의 노동운동과 도시산업선교회의 분리, 교회 내부의 '극우세력'과 산업선교로 대표되는 개혁 신학간의 갈등을 고조시켜 이들 산업선교 세력의 고립을 조장하려 시도하였다.

그렇지만 실제 교회는 인간의 기본권리를 옹호, 설파하는 자유주의적 계몽자로서의 역할을 대중노조운동의 영역에서 수행하였고, 오히려 이것은 장기적으로 보면 이념, 조직의 수준에서 노동자계급의 급진화를 조장하기보다 그것을 조절, 억제하는 안전판의 역할을 수행한 것이었다.[20] 따라서 산업선교를 용공으로 매도하는 것은 파시스트 권력의 매카시즘적 정치공세에 불과한 것이었다.

셋째, YH노조의 투쟁과 유신체제의 붕괴와의 관계이다. 보통 유신체제의 붕괴는 민중운동에 의해 일어나지 않았으며 10·26이라는 돌발사태가 발생하여 박정희가 제거됨으로써 이루어졌다고 주장된다. 그렇지만 지배블록 내 '강경파'와 '온건파'의 갈등으로 보일 수 있는 10·26사태가 박정희 제거의 직접적인 계기였다는 점을 부정할 수 없다 하더라도, 바로 이러한 사건이 벌어지기

까지 민중들의 반유신투쟁이 지속적으로 전개되어 왔다는 점 또한 염두에 둘 필요가 있다.[21]

물론 이 때의 투쟁은 이념, 조직의 수준에서 헤게모니를 장악한 노동자, 민중들이 독자적으로 전개하였다는 것을 의미하지 않는다. 그럼에도 불구하고 YH노조의 투쟁은 파시스트 정권과 자유주의 야당을 완전히 적대적인 관계로 만들고 재야의 반유신투쟁을 고양시키는 계기가 되었다. YH사태 이후 교회, 언론계, 문화계, 학생운동 등은 민중의 최소한의 생존권과 민주주의를 부정한 유신체제에 대한 저항과 반대를 확대시켜 나갔다. 이 와중에 신민당 총재 김영삼이 국회에서 제명당하여 의원직을 잃게 되고, 그로부터 비롯된 긴장은 부마항쟁의 발발로 이어지면서 그 대응 방법 여부를 둘러싼 지배블록 내부의 이견과 갈등을 증폭시켰다. 그 최종적 표현이 바로 박정희가 살해된 10·26사태였고, 이러한 측면에서 YH노조의 투쟁은 유신체제 붕괴의 구조적 동력이었다고 평가할 수 있다.

바로 이 점은 YH노조가 전개한 투쟁의 성격을 규정하는 데 핵심적인 사안이다. 이 투쟁은 박정권이 주장하듯이 도시산업선교회가 어린 여공들을 사주하여, 혹은 노사 문제를 반정부투쟁의 수단으로 이용하려는 재야나 신민당의 정략에 의해 일어난 것이 아니었다. 노동운동사의 측면에서 유신체제가 전태일의 분신직후 이를 누르고 등장해서 YH노조의 투쟁을 유혈진압한 직후 마감되었다는 사실은 이 투쟁의 성격 규명에 중요한 시사점을 준다. 60년대 말 증폭된 유혈적 테일러주의에 기반한 수출지향 산업화 전략의 모순과 그 해소를 위한 부담이 노동자들에게 전가되는 상황에서 발생한 것이 전태일의 분신이라면, 이러한 모순이 유신체제의 등장에 의해 확대심화되어 노동자들의 어깨를 짓누르는 상황에서 발생한 것이 바로 YH노조의 투쟁이었다. 따라서 이 투쟁은 유신체제를 매개로 작동되는 유혈적 테일러주의에 기반한 수출지향 산업화

전략의 모순에 대한 노동자들의 저항이라는 성격을 지니고 있었다. 그리고 YH투쟁은 전태일의 분신처럼 한 개인의 결단이 아니라 노동자들의 집단적 대응, 민주세력들과의 연대 속에 이루어졌다는 점에서 노동조합운동의 한 단계 진전을 확인시켜준 사건이었다.

맺는 글 : '반유신 다수자연합' 구성의 계기

YH노조의 농성은 처음에는 단순한 경제투쟁으로 시작하였지만 유신체제 붕괴의 단초가 되는 대단히 중요한 정치적 사건으로 발전하였다. 물론 이러한 결과는 YH노조의 목적의식적인 정치투쟁에 의해 이루어진 것이라기보다 유신체제 자체의 구조적인 메카니즘이 강제한 바 컸다.

모든 공개적 독재체제가 그러하듯이, 유신체제는 근대 자본주의사회 재생산의 핵심 메카니즘인 국가와 ('자율적 영역'으로서의)시민사회의 분리라는 최소한의 형식을 파괴하여 이 모든 영역을 직접 관리하고자 하였다. 따라서 시민사회의 일상적 갈등조차 시민사회의 '자율적 메카니즘'에 의해 조절되기보다 국가와의 직접적인 긴장과 대결 속에서 해소될 수밖에 없었다. 그 결과 체제보호의 안전판(시민사회의 자율성)을 상실한 이 억압체제의 모순은 더욱 증폭되어 '위기관리의 위기'로 나아가게 되었다.

그렇지만 이러한 심화된 위기가 이 체제의 자동적인 붕괴를 가져오지는 않았으며, 그것은 이 체제에 대한 저항과 투쟁을 통해서만 이루어질 수 있었다. 바로 이러한 맥락에서 YH노조의 투쟁은 이러한 구조에 균열을 내고 파열시키는 결정적 힘으로 작용하였다. YH노조의 투쟁은 그 주체의 의도 여부와 관계없이 기독교 노동운동 세력을 포함하는 재야 민주화운동 세력, 유신체제에 의해 제도 밖으로 내몰리다시피 한 제도야당인 신민당 모두를 반유신투쟁으로 나아가게 하는 계기였다. 이렇게 하여 유신체제에 반대하는 '다수자연합'이 구성되었다.

60년대 중반 이후 산업화가 본격적으로 시작되면서 노동자, 민중들은 산업화의 핵심세력이 되었지만 개별화되어 정치경제의 수준에서 억압·수탈당하였고, 사회적으로도 여전히 모멸받으며 시민권을 보장받지 못하였다. 이러한 가운데 발생한 YH노조의 투쟁은 노동자들이 더 이상 유신체제의 권력담당자인 파시스트 세력들의 선동에 휘둘리거나 타협적인 자유주의 정치인들의 뒤만 따라 다니는 존재가 아니라는 점을 보여주었다. 이 투쟁은 박정권 시기 급속한 경제성장이 바로 '생산의 정치'를 억압하고 배제한 결과라는 자명한 사실과 그것을 극복할 주체세력 또한 노동자 자신임을 눈물겹고 아름다운 실천을 통해 극명하게 보여주었다.

주

1) 이 점은 후발자본주의국가들의 산업화를 대상으로 한 역사사회학적인 연구들과 이를 차용한 박정희시기 산업화에 대한 연구들에서 강하게 시사받을 수 있다. A. Gerschencron, *Economic Backwardness in Historical Perspective* (New York : Prederick A. Praeger, 1965) ; 김일영, "박정희체제 18년 : 발전과정에 대한 분석과 평가," 『한국정치학회보』 29집 2호(1995) 등을 참조.

2) N. Poulantzas, *State, Power, Socialism* London : Verso, 1980, p. 26 ; 루이 알튀세르, 『아미엥에서의 주장』, pp. 84-102 참조. 솔, 1991.

3) 〈동아일보〉(1971.1.23) 참조.

4) 신인령, 『노동법과 노동운동』, pp. 99-108 참조. 일월서각, 1987.

5) 당시 중앙정보부 요원이었던 최종선(유신시대에 의문사한 고 최종길 서울대교수의 동생)은 이 사건에 '중앙정보국 2국(보안정보국) 경제과'가 적극적으로 개입했다고 증언하였다. 〈한겨레〉(2001.3.20) 참조.

6) 최장집, 『한국의 노동운동과 국가』, p. 83 참조. 열음사, 1988.

7) 이에 대해서는 동일방직 복직투쟁위원회 엮음, 『동일방직 노동조합운동사』, 제4장 참조. 돌베개, 1985.

8) 조승혁, 『도시산업선교회의 인식』(민중사, 1981) ; 한국가톨릭노동청년회, 『한국가톨 릭노동청년회 25년사』 참조. 분도출판사, 1986.

9) 노동교육전문과정 설립 필요성, 목적 등은 크리스찬아카데미, 「산업사회노동교육전 문과정 준비자료」(1979) 참조.

10) 영등포산선은 노조간부들에게 조합을 다시 조직하지 말고 교인 수준에서 개별화할 것, 정부기관에서 알선하는 취업에 노조 간부들이 응할 것, 정부기관의 산업시찰 제 의에 응할 것 등을 요구했으나 이들 간부들은 이를 거부하며 교회 내에서 더 이상 자 율적 노동운동을 할 수 없다는데 합의하고 영등포산선과 결별하였다. 원풍모방해고 노동자복직투쟁위원회 엮음, 『민주노조 10년 — 원풍모방 노동조합의 활동과 투쟁』 (풀빛, 1988), pp. 339-41 참조. 이 같은 갈등은 다음의 언술에서 보이듯 80년대 노 동운동의 변화를 반영하는 것이었다. "70년대 영등포산업선교회의 활동이 노동자 중심보다는 실무자 중심이었으며…… 사회과학적 분석이나 대처보다는 온정주의로 흘러 일을 그르치기도 하여 노동자들로부터 비판을 받기 시작하였으며, 잘 훈련된 노동운동지도자들의 등장으로 실무자들이 행한 그 동안의 역할이 바뀌어져야 했다. 즉 노동운동에 있어서 노동자와 교회와의 새로운 관계 설정이 요청되었다." 대한예 수교장로회 영등포산업선교회 40년사 기획위원회, 『영등포산업선교회 40년사』 (1998), p. 230.

11) 도요안, 『서울대교구 노동사목위원회 역사와 사목적 고찰』, pp. 79-80 참조. 서울 대교구 노동사목위원회, 1990.

12) 전YH노조 한국노동자복지협의회 엮음, 『YH노조사』, p. 179. 형성사, 1984.

13) 당시 YH노조지부장 최순영은 신민당으로 장소를 결정한 것에 대해 "마포대로변 에 있고 내외신기자가 상주하는 야당 당사가 가장 파급효과가 클 것이고 그러면 위 축된 노동자나 민주세력에게 힘이 될 것으로 기대했다. 동일방직이 무참히 깨지는 것을 보면서 이왕 깨질 거면 확실하게 왕창 깨져 다시는 민주노조에 손댈 엄두를 못 내도록 해야겠다는 결심이었다"고 밝히고 있다. 방현석 글, 『아름다운 저항』, p. 62. 일하는 사람들의 작은 책, 1999.

14) 〈매일신문〉(1979.8.13) 참조.

15) 크리스찬아카데미, 「중간교육집단 제1차 5기 관련 자료집」(1975) 참조.

16) 이우재, 「1979년 크리스찬아카데미 사건」, 『역사비평』(1991/겨울), pp. 310-14

참조.

17) 전YH노조 한국노동자복지협의회 엮음, 위의 책, p. 235.

18) 한국교회사회선교협의회, 「YH사건에 대한 성명서」(1979.8.17), 한국기독교교회협의회인권위원회, 『1970년대 민주화운동 : 기독교 인권운동을 중심으로』 Ⅳ, p.1598-99 참조.

19) 이광일, 「한국의 민주주의와 노동정치 : 급진노동운동의 이론과 실천을 중심으로」(성균관대정외과 박사논문, 1999), pp. 110-17 참조.

20) 이광일, 위의 글, pp. 117-26. 최장집은 교회가 "노동운동 태동기에 주도적인 역할을 한 반면, 노동자들의 의식이 매우 좁은 범위에만 한정되도록 하는 데에도 기여했다"고 지적한다. 최장집, 『한국노동운동과 국가』, p. 88. 열음사, 1988.

21) 민중투쟁이 지니는 의미에 대해서는 Nicos Poulantzas, *The Crisis of Dictatorship : Portugal, Greece, Spain* London : NLB, 1976, pp. 78-89 참조.

20세기 한국의 야만2

신군부 독재 · 민주적 개방 · 신자유주의

20세기 한국의 야만 2

제7장

5·18에서의 국가폭력과 민간인학살[1]

최정기

5·18 연구소 상임연구원

신군부 독재 · 민주적 개방 · 신자유주의

들어가는 글

5 · 18에는 두 가지 측면이 있다. 그중 하나는 학살의 문제이고, 다른 하나는 그에 대한 저항의 문제이다. 사실 지금까지 5 · 18과 관련된 기존의 연구물들은 거의 대부분이 학살의 문제보다는 저항의 문제에 주목하였다. 거기에는 여러 가지 이유가 있을 것이다. 5 · 18을 딛고 성립된 정의롭지 못한 국가권력과의 대결구도 속에서 사회운동의 도덕적 정당성을 주장하려는 것일 수도 있고, 죽음 속에서 한 가닥 빛을 보여준 당시의 항쟁을 강조하려는 것일 수도 있다. 나아가 5 · 18 당시의 죽음에 대해 단지 권력에 의해 수동적으로 당한 것만이 아니라 죽음을 딛고 저항하였다는 보다 적극적인 의미를 부여하려는 의도도 숨어 있는 것으로 볼 수 있다. 이러한 사실은 5 · 18의 명명 과정에서도 그대로 드러난다. 최초 '광주사태'로 불리던 5 · 18은 이후 잠시 동안 '의거'로 불리다가 1980년대 중반을 넘어서면서 '민중항쟁'이란 명칭으로 굳어지게 되었다. 무고한 민간인들이 수 백명 살해당한 것보다는 그러한 폭력에 굴하지 않고 저항한 것을 강조하고 있는 것이다.

그러나 국민들의 저항을 강조하기에 앞서서 더 절실한 것은 국가권력에 의해 아무런 법적 절차도 거치지 않은 채 민간인들이 살해당했다는 점이다. 민주주의국가의 주권자라는 시민들이 정의롭지 못한 공권력에게 살해당하는 현실은 단순히 피해자나 그 가족들의 물리적인 상흔으로 끝나지 않는다. 그것은 육체적 상흔을 훨씬 넘어서는 사회심리적 충격을 가하는 것이며, 가해자와 피해자, 피해 당사자와 일반국민을 가리지 않고 치유불가능한 정신적인 상흔을 남기는 것이 일반적이다.[2]

한편 국가권력의 폭력장치에 의해 민간인들이 학살당하는 현상은 세계사적인 의미를 갖고 있다. 20세기를 '폭력의 세기'[3]라고 한다면 폭력이 행해지는 중요한 형태 중 하나가 민간인 학살이기 때문이다. 금세기에 발생한 중요한 사례만 들어보더라도 600만명 이상의 희생자가 발생하였다는 나치의 유태인 학살, 30만명 이상이 학살당했다고 알려진 일제의 남경대학살, '킬링 필드(killing field)'로 알려진 캄보디아의 사례, 최근 보스니아의 '인종청소'와 동티모르 주민에 대한 학살 등 수 많은 사례를 들 수 있을 것이다. 물론 5 · 18의 경우 이들 사례들에 비해 규모도 작고 성격도 다르지만 민간인이 국가폭력에 의해 살해되었다는 점에서는 동일하다. 이러한 점에서 5 · 18 당시 행해진 민간인 학살에 주의를 기울일 필요가 있다.

이와 같은 인식에 근거하여 여기서는 5 · 18의 또 다른 측면인 국가폭력과 민간인 학살을 집중 조명하고자 한다. 이를 위해 먼저 왜 학살인가? 라는 질문에 답을 찾은 다음 구체적인 학살의 양상을 검토하고자 한다. 이를 위한 자료로는 기존의 연구결과와 공식문서, 그리고 증언들을 이용하였으며, 상이한 증언에 대해서는 다른 증언과의 비교를 통해 사실여부를 검토하였다.

민간인학살에 대한 개념정의

제노사이드

통상 학살이라고 하면 민족 혹은 종족 범주를 대상으로 하여 자행되는 것으로 여겨졌다. 그래서 1944년에 렘킨(R. Lemkin)은 '한 민족 또는 종족집단의 박멸'이라는 의미를 나타내기 위하여 '제노사이드(genocide)'라는 단어를 고안하였다.[4] 그 후 제노사이드는 대량살해, 대량학살, 집단학살, 종족말살, 집단말살 등의 현상을 통칭하는 용어로 사용되어 왔다.

그러다가 1970년대 이후 이 문제에 대한 사회과학적 관심이 주어지고, 학살현상이 비단 종족이나 민족 등에 국한되는 것이 아니라 정치적 이유로 행해질 수도 있다는 점이 드러나면서 개념의 변화를 가져오게 되었다. 특히 정치적 동기에서 학살이 이루어지면서도 살해대상이 정치적 반대자로 한정하지 않고, 아무런 방어능력이 없거나 이미 투항한 자 조차도 단지 한 집합체의 성원이라는 이유만으로 살해대상이 되는 경우가 다반사로 일어나면서 그러한 현상까지 포괄할 수 있는 개념이 필요해진 것이다.

그 결과 제노사이드는 이제 그런 무고한 죽음까지 포함하는 집단학살 일반을 가리키는 용어로 쓰이게 되었다. 이제 "제노사이드란 한 집합체 성원들의 생물학적 및 사회학적 재생산의 정지를 통해 직·간접으로 그 집합체의 신체들을 멸한다는 목적으로 가해자에 의해 속행되는 행위로서, 희생자들의 항복 또는 위협의 결여에도 불구하고 속행된다"고 정의된다(김영범, 1999, 24~26쪽). 나아가 제3세계의 군부독재에서 확인되듯이 권력의 장악 및 유지를 위한 '공포문화(Culture of Fear)'의 창출을 목적으로 광범위한 민간인 살상이 자행되는 경우(Corradi, 1992)에도 제노사이드 혹은 민간인학살이란 개념이 적용되었다.

따라서 학살된 사람의 수가 홀로코스트나 캄보디아의 킬링필드처럼 수 백만에 이를 필요는 없다. 다수의 민간인이 국가권력 및 국가권력의 후원을 받는 폭력조직에 의해 살해되었다면, 그 사건은 제노사이드 혹은 민간인학살로 부를 수 있는 것이다. 또한 반란의 경우에도 전투 등 불가피한 경우는 어쩔 수 없겠지만, 정식 재판절차를 거치지 않고 다수의 반란군들을 살해하는 것은 제노사이드로 정의된다. 하물며 비무장 시위대에 대한 대량살상은 언급할 필요조차 없을 것이다.

왜 학살인가?

5·18 당시 계엄군의 진압방식은 시위의 참여여부에 관계없이 보이는 모든 사람을 공격하는 방식이었으며, 체포된 사람에게 상식적으로는 이해할 수 없

는 엄청난 폭력을 행사했다. 그러한 광경을 목격한 사람들에게는 피해자의 의학적인 사망 여부에 관계없이 계엄군의 폭력행위 자체가 학살행위로 보였다. 설령 시위에 가담한 자라고 하더라도 일반 시민들은 그러한 폭력의 행사를 받아들일 수 없었다. 눈앞에서 피를 흘리며 의식을 잃은 채 질질 끌려가는 사람들을 보는 순간, 그것은 이미 학살이었다.

이와 같은 시각의 차이를 제외하더라도 5 · 18 당시의 민간인 살상은 민간인 학살로 규정되어야 한다. 물론 그렇게 규정하는 데에는 다음과 같은 몇 가지 쟁점이 있다. 여기서 역사적 사실을 통해 이들 쟁점들을 검토해보자.

첫째 당시 시위 및 진압행위가 갖는 역사적 성격이다. 즉 학생 및 시민들의 시위가 '폭동'인가, 아니면 '민주화운동'인가하는 점이다. 당시 광주지역의 학생들은 16일까지의 시위가 끝난 후 정부의 민주적인 조치를 기다리며 시위를 자제하던 상황이었다. 그러다가 기대와는 정반대 방향인 비상계엄 전국 확대와 민주인사에 대한 검거가 시작되면서 다시금 시위를 시작한 것이다. 또 1980년 봄의 민주화 요구를 감안하면 당시 학생들의 시위도 역시 민주화운동의 연장선상에 있다는 것을 쉽게 알 수 있다.[5]

둘째 계엄군 및 시민들의 폭력이 갖는 정당성의 문제이다. 즉 당시 폭력을 유발한 세력, 폭력을 한층 고양시키고 물리적인 단계를 높인 세력이 어느 쪽인가라는 부분이다. 1980년 5월 18일 전남대 앞에서 시작된 최초의 시위는 자연발생적으로 시작한, 통상적인 시위보다도 적은 규모의 시위였다. 이들 시위대를 상대로 계엄군은 신체부위를 가리지 않고 진압봉을 휘두르는 매우 폭력적인 진압을 시작하였다. 이러한 폭력이 시위대의 폭력적인 저항을 불러일으킨 것이다. 대검을 휘두른 것도 계엄군이었으며 총격을 먼저 시작한 것도 계엄군이었다. 무엇보다도 월등한 무장력을 지닌 계엄군이 비무장이거나 열악한 화력을 가진 일반 국민들을 상대로 정규전을 벌였다는 점이다.

셋째 폭력의 정당성과는 관계없이 폭력의 정도가 적절한 수준이었는가라는 점이다. 최초의 평화적 시위에 진압봉으로 머리를 가격하는 것, 시위자를 대검으로 찌르는 행위, 비무장시위대에 총격을 가하는 것, 시위와 관련없는 시민들에게조차 생명을 빼앗을 수도 있는 폭력을 행사한 것, 시 외곽을 차단한다고 교통하는 차량이나 민간인들에게 총격을 가하는 것, 부상자를 구호하는 적십자대원에게 조차 총격을 가하는 행위 등은 이미 정당성이나 폭력의 수위를 이야기할 수 없게 한다. 그러한 행위는 시민을 '적'으로 인식하는 것이며, 수단과 방법을 가리지 않고 굴복시키려는 것으로 볼 수밖에 없다.

넷째 계엄군의 폭력에 대한 통제정도이다. 즉 시위와 무관한, 혹은 저항할 수 없는 경우에도 폭력이나 총격이 사용되었는가하는 점이다. 5·18과 관련된 증언집(한국현대사사료연구소, 1990)을 읽어보면 시위와 무관하거나 저항할 수 없는 비무장 시민들에게조차 무자비한 폭력이 가해졌다는 수많은 사례를 접할 수 있다. 그리고 그러한 폭력에는 남녀노소의 구별도 없었다. 수많은 사람들이 자신이 왜 폭력의 대상이 되어야 하는지도 모른 채 죽거나 부상당했다. 이러한 사실은 계엄군의 공식적인 주장과는 달리 현장에서 광범위한 학살이 자행되었다는 것을 입증하며, 계엄군의 폭력이 법이나 국민의 통제를 벗어나 있다는 것을 보여준다.

이상의 사실들로 판단해 볼 때 5·18은 전형적인 학살의 한 유형으로 볼 수 있다. 이러한 입장을 가장 강하게 표출하는 세력은 아무래도 5·18의 피해당사자들일 것이다. 이들은 1980년 당시 '계엄군의 투입 자체가 이미 불법적이고 극악한 행위'라고 주장하면서 그 중에서도 더욱 잔인한 몇 가지 사례를 다음과 같이 예시하고 있다(정수만, 1998).

첫째, 시위와 무관한 민간인학살과 잔인한 진압

둘째, 비무장 시위대를 향한 발포

셋째, 성폭력 등 여성들에 대한 잔인한 행위

넷째, 연행과 구금과정의 잔인한 행위

다섯째, 1980년 5 · 18 이후 5 · 18 관련자들에 대한 인권침해

　여기서 더욱 잔인하다고 생각하는 사례는 피해당사자들의 입장에서 볼 때 전형적인 민간인 학살의 사례로 보이는 것들을 말한다. 민간인 학살에 관한 개념정의에 비추어보더라도 이중 첫 번째부터 네 번째까지의 항목들은 전형적인 민간인 학살의 유형에 속한다. 즉 서로의 입장 차이를 떠나서 분명한 역사적 사실들로 판단할 때 5 · 18 당시의 민간인 살상이나 계엄군의 진압방식 및 그 과정은 다수의 민간인 학살을 포함하고 있는 것이다.

5 · 18 당시 사망자에 통계학적 분석

　1980년 5월 광주지역에서 행해진 민간인 학살은 당시 신군부가 정치권력의 장악을 위해 무자비한 폭력을 행사하였고, 그 과정에서 수 많은 사상자가 발생하였다는 점에서 '공포문화' 의 창출을 기도한 것으로 판단된다. 따라서 계엄군의 공격목표는 시위대에 한정되지 않았으며 다수의 일반 대중을 목표로 하였다. 여기서는 당시 계엄군이 자행한 폭력의 와중에서 사망한 사람들을 대상으로 변수별 분류를 행하고자 한다. 이를 통해 당시 자행된 학살의 몇 가지 특징적인 측면이 밝혀질 것이다.

　한 가지 미리 밝혀둘 것은 여기서 사용한 가장 중요한 자료가 5 · 18 직후인 1980년 5월 26일부터 6월 19일 사이에 광주지방검찰청이 그때까지 확인된 사망자 161명을 검시한 결과라는 점이다. 원 자료는 165명의 검시자료를 포함하고 있는데, 분석결과 4명은 5월 20일 시위대를 진압하기 위해 있다가 차

량에 치어 사망한 경찰들이었기 때문에 여기서는 제외시켰다.[6] 당시의 사정이 사망자나 부상자에 대한 엄밀한 조사가 불가능했다는 점을 감안하면 이 자료가 가장 체계적인 자료일 것이다. 그외 광주시 의사회에서 1990년대까지 남아 있던 진료기록부를 중심으로 분석한 통계자료(광주광역시 의사회, 1996)를 보완 자료로 사용하였다. 이 자료는 당시의 진료기록부중 일부만이 남아있어 대표성에 문제가 있지만, 의사들이 현장에서 기록하였다는 점에서 매우 사실적인 자료이다.

사상자의 인구학적 특성

먼저 사망자들의 인구학적 특성을 검토해 보자. 사실 당시 자행되었던 민간인 학살의 실상을 알기 위해서는 사망자에 대한 자료와 함께 부상자에 대한 검토도 절실히 요구된다. 그러나 부상자에 대한 구체적인 자료가 아직 나와 있지 않으며, 부상들 내부의 다양한 차이를 구별할 수 있을 정도의 자료와 기준을 만들기는 더욱 어려운 관계로 사망자만을 대상으로 분석하였다. 5·18 당시 사망자의 성별 및 연령별 분포는 다음 〈표 1〉 및 〈표 2〉와 같다.

시위진압이라는 특성상 사망자의 대다수는 남성이었다(91.3%). 시위의 격렬성이나 총격전까지 벌어진 상황을 감안하면 남성이 사망자의 대부분을 차지하는 것은 이해가 간다. 문제는 적지 않은 여성이 사망했다는 점이다(8.7%). 이들 여성들의 사망은 역설적으로 계엄군의 살상행위가 민간인 학살이었다는 것을 보여주는 중요한 증거일 수도 있다. 여성의 사망이 우발적인 상황에 의한 것이건, 의도적인 것이었건 무차별적인 살상이 있었다는 것을 보여주기 때문이다.

이러한 점은 연령별 분포에서도 드러난다. 시위대의 주축을 구성할 수밖에 없는 20대가 사망자의 절대 다수(42.2%)를 차지하고 있지만, 그 외 연령층도

<표 1> 사망자의 성별 분포

개수 : 성별	성 별		총 합계
	남자	여자	
합계	147	14	161

* 광주지검 검시조서, 1980, 광주광역시 5 · 18사료 편찬위원회, 1999, 『5 · 18광주민주화운동 자료
총서』 20권의 내용을 필자가 통계처리하였다.

<표 2> 날자별 사망연령 분포

날짜 \ 연령	10세 이하	10대	20대	30대	40대	50세 이상	불 명	합 계
5월 19일			1	1				2
20일		2	1		1			4
21일		12	27	10	4	4	1	58
22일		9	10	6	1	2	1	29
23일		4	11	3	2	2	1	23
24일		4	4		1	1		11
25일		2						2
26일			1	1				2
27일	1	11	13	1	1	1		28
불 명				1			1	2
합 계	1	44	68	23	10	10	5	161

* 광주지검 검시조서, 1980, 광주광역시 5 · 18사료 편찬위원회, 1999, 『5 · 18광주민주화운동 자료
총서』 20권의 내용을 필자가 통계처리하였다.

무시할 수 없는 비중을 보여주고 있다. 특히 10대의 비중이 적지 않다는 점
(27.3%)과 시위와는 무관한 연령층으로 판단할 수 있는 50대 이상의 비중
(6.2%)이 만만치 않다는 점은 당시 계엄군의 무차별적인 사격 및 의도적인 살
상행위에 기인하는 것으로 보인다.

한편 당시의 시위가 학생들의 시위에서 비롯되었지만, 사망자의 직업분포(〈

〈표 3〉 날자별 사망자 직업 분포

직 업	사망일										총 합계
	19	20	21	22	23	24	25	26	27	불명	
공무원						1			1		2
사무직			4	5	1				3		13
학생		1	8	1	2	3	1		14		30
자영업			8	2	1				1		12
운수업 및 운전기사			5	3	2	1				1	12
노동자	1		14	6	6	3		1	4		35
서비스직		1	4	2				1	3		11
농업		1	1			1					4
무직	1		8	5	6		1		2		23
방위병		1		1							2
불명			6	3	5	2				1	17
총 합계	2	4	58	29	23	11	2	2	28	2	161

* 광주지검 검시조서, 1980, 광주광역시 5·18사료 편찬위원회, 1999, 『5·18광주민주화운동 자료
총서』 20권의 내용을 필자가 통계처리하였다.

표 3))는 사망자가 거의 모든 직종에 분포해 있다는 것을 보여준다. 물론 학생
의 비중이 높게 나타나지만(18.6%), 이들 학생층 역시 최초 시위를 주도했던
대학생들보다는 초등학생이나 중·고등학생, 재수생들이 많이 포함되어 있다.
사망자의 직업분포에서 나타나는 또다른 특징은 이들 사망자들 대부분이 사회
경제적 환경이 열악한 사람들이었다는 점이다. 예를 들면 노동자로 분류되는
사람의 비중이 매우 높으며(21.7%), 그들 대부분은 일용직 노동자들이었다.
서비스직 역시 마찬가지이다. 서비스직을 구성하는 업종을 구체적으로 살펴보
면 점원이나 행상등 열악한 직종에 종사하는 사람들이 많이 포함되어 있다는
것을 발견할 수 있다.

〈표 4〉 사망일과 사망장소에 따른 사망자수

사망장소＼사망일	사망일										총합계
	19	20	21	22	23	24	25	26	27	불명	
도청, 시내일원	1	2	22	7	4		1		22		59
전남대부근			2								2
교도소부근		1	2	1	1						5
지원동부근				2	8						10
송암동부근				2	1	7					10
화정동부근	1		1	8		1	1	1			13
동운동부근					2	1					3
시외지역				2	3						5
불명		1	31	7	4	2		1	6	2	54
총 합계	2	4	58	29	23	11	2	2	28	2	161

* 광주지검 검시조서, 1980, 광주광역시 5·18사료 편찬위원회, 1999, 『5·18광주민주화운동 자료 총서』 20권의 내용을 필자가 통계처리하였다.

사상자에 대한 주요 변수별 분석

사망자 및 부상자가 발생한 시·공간적 분포는 그대로 학살의 시·공간적 분석의 토대를 제공한다. 또한 사망원인별 분포는 학살이 이루어진 방식을 설명해줄 것이다. 먼저 사망자가 발생한 장소와 사망일의 관계를 살펴보자(〈표 4〉).

사망일과 사망지역 사이에서는 몇 가지 의미있는 특징이 발견된다. 우선 사격이 시작된 21일의 사망자가 가장 큰 비중을 차지하고 있다는 점(36.0%)이다. 3일간에 걸쳐 진압봉과 대검 등을 사용한 무자비한 진압작전에도 불구하고 그렇게 많지 않았던 사망자가 계엄군의 집단발포로 엄청나게 늘어난 것이다. 이는 그날 사상자의 대부분이 도청 및 시내일원에서 발생하였다는 점에서도 확인된다.

〈표 5〉 사망일 및 사인별 사망자수

사망원인	사망일										합계
	19	20	21	22	23	24	25	26	27	불명	
자상			1			1			1	1	4
차량사			2	4	2						8
총상			48	24	19	9	2	1	27	1	131
타박사	2	4	7	1	2	1		1			18
합계	2	4	58	29	23	11	2	2	28	2	161

* 광주지검 검시조서, 1980, 광주광역시 5·18사료 편찬위원회, 1999, 『5·18광주민주화운동 자료 총서』 20권의 내용을 필자가 통계처리하였다.

한편 21일 저녁 무렵부터는 시내에서 계엄군이 철수하고, 동일 19:00시를 기해 광주에서 외곽으로 빠져나가는 주요 도로의 봉쇄 지점에 대한 점령을 완료한 상태였기(「광주진압 계엄군의 작전일지」, 『말』 1988년 8월호) 때문에 그때부터는 대부분의 사망자가 광주에서 시외지역으로 빠져나가는 길목에서 발생했다. 시외곽에서 봉쇄작전을 펴던 계엄군이 오고가는 차량이나 민간인들을 향하여 발포하거나 집단사격을 하는 과정에서 상당수의 민간인들이 사망한 것이다. 이들 시외곽지역에서는 별다른 시위가 없었으며 계엄군이 위협을 느낄만한 요소도 없었다.

여기서 사망한 날짜별로 사망원인이 어떻게 분포하고 있는가를 검토해보자 (〈표 5〉). 한 가지 주의할 점은 이들의 사망날짜가 사망원인이 발생한 날짜와 동일한 것은 아니라는 점이다. 사망 원인이 되는 상해를 입었다가 몇 일 후에 사망할 수도 있기 때문이다. 〈표 6〉에 의하면 전체 사망자의 절대 다수가 총상에 의한 사망자(81.4%)이다. 자상(2.5%)이나 구타에 의한 사망(11.2%)은 그 처참함에도 불구하고 별로 큰 비중을 차지하고 있지 않다. 총격은 구타나 대검으로 찌르는 것과는 질적으로 구별되는 살상행위인 것이다.

날짜	5월 19일	5월 21일 (33건)										5월 22일	5월 23일	5월 25일
		0시	1시	12시	13시	14시	15시	16시	17시	18시	20시			
총 55건	1	1	3	1	9	7	3	3	1	2	3	10	10	1

* 광주광역시 의사회, 1996. 전남대 병원 진료기록부 자료를 분석한 것이다.

　　이와 관련하여 다소 부족한 감이 있지만, 현재까지 남아있는 당시 전남대 병원의 진료기록부는 보다 구체적인 자료를 제시해준다(〈표 6〉).

　　현재까지 남아 있는 전남대 병원의 진료기록부는 총상에 의한 전체 사망자 131명중 42%에 해당하는 55명의 피격 추정시간을 기록하고 있다. 이는 현장에서 의사들이 직접 작성한 것이기 때문에 보다 사실적인 기록으로 평가할 수 있다. 이에 따르면 5월 19일 이후 꾸준히 증가하던 총상 사망자는 계엄군의 조직적인 집단발포가 시작된 21일 오후 1시경에 급증하게 된다. 이러한 흐름은 외곽 봉쇄작전이 한창이던 22일과 23일에도 계속되고 있다. 계엄군의 집단 발포가 사망자가 급증하게 된 가장 주된 요인임이 드러난 것이다.

　　이상의 자료들을 통해 볼 때 5·18 당시 민간인 살상은 다음과 같은 특징을 갖고 있다고 볼 수 있다. 첫째 5·18 당시 민간인 사상자가 크게 늘어난 것은 계엄군의 총격 때문이었다. 둘째 계엄군의 총격은 시위 진압용이라기 보다는 그 이유가 무엇이든간에 살상용이었다. 그것은 사격이 무차별적으로 이루어졌다는 것에서 해답을 구할 수 있다. 셋째 지역별 분포와 사망자의 인구학적 구성비에서 보듯이 총격의 대상은 시위대만이 아니라 일반 시민 전체를 대상으로 행해졌다. 특히 시위와는 관계없는 시민들이나 이미 저항할 수 없는 사람에게까지 총격이 가해졌다. 넷째 이들 사실들로 판단할 때 5·18 당시의 민간인 살상은 전형적인 민간인학살의 한 가지 유형으로 분류할 수 있다.

사건유형별 분석[7]

물리적 타격 : 17일~21일 사이의 진압작전

최초 공수부대의 공격대상이 되었던 사람은 밤 늦게까지 학교에 남아있던 학생들이었다. 5월 17일 자정을 기하여 전남대학교와 광주교대 등에 진주한 7공수는 학교 도서관이나 연구실, 학생회관 등에 남아있던 학생들을 무조건 구타하면서 체포하였던 것이다. 당시 총학생회 간부들은 서울에서 걸려온 전화연락을 받고 이미 피신한 상태였으며, 학교에 남아있던 학생들은 연일 계속되는 시위에도 불구하고 고시준비를 위해 학교에 남아 있었거나 우연히 학교에 있던 50여 명 정도였다.[8]

그 다음으로 폭력의 대상이 되었던 사람들은 학교에 일이 있거나 휴교령이 내리면 오전 10시까지 학교로 집결하자던 16일 시위 패의 약속을 생각하고 등교하던 학생들이었다. 학교에 들어가지 못하고 교문앞에 모여있던 이들은 오전 10시경 수가 200여 명 정도에 이르자 "비상계엄 해제하라!" "공수부대 물러가라!"는 구호를 외치다가 공수부대원들의 무자비한 폭력에 해산당했다. 이러한 상황은 보다 적은 규모지만 광주교대와 조선대, 전남대 의대에서도 그대로 재현되었다.

이후 계엄군의 폭력에 분노한 학생들은 계엄군의 상상을 초월한 폭력을 시민들에게 전하고, 그에 저항하기 위해 시위를 전개하였다. 최초 이들 시위대를 진압하기 위해 출동한 것은 경찰들이었지만, 5월 18일 오후 3시 경을 전후하여 7공수여단 33대대와 35대대가 시내로 출동하였다. 이제 본격적인 공수부대의 '화려한 휴가'가 시작된 것이다. 그러나 광주시민들에게 그 공간은 '생지옥'이었다. 공수특전대원들은 시내 중심가를 휩쓸면서 시위가담 여부와 관계없이 젊은 사람이면 남녀를 불문하고 진압봉으로 두들겨 팬 다음, 쓰러진 사람

시위학생을 잡으면 먼저 곤봉으로 머리를 때려 쓰러뜨리고 서너명이 한꺼번에 달려들어 군화발로 머리통을 으깨버리고 등과 척추를 짓이겼으며 얼굴을 군화발로 뭉개고 곤봉으로 쳐서 피 곤죽을 만들었다

을 질질 끌고 가 트럭에 짐짝을 실 듯 집어던졌다. 눈에 보이는 모든 사람이 공격대상이었다. 순식간에 거리는 끌려간 사람들이 흘린 피로 채색되었다. 심지어 이날 저녁 무렵에는 지나가는 행인에게 대검을 휘둘러 부상을 입히기도 했다(평민당 「피해자 신고서」No.178). 이후 총격이 시작되기 전까지의 민간인 살상은 대체로 진압봉에 의한 구타나 군화발, 그리고 대검에 의해 이루어졌다.

상당히 축소되었다고 판단된 2군사령부의 「계엄상황일지」에 의하더라도 이날 하루동안 연행자가 대학생 114명, 전문대생 35명, 고교생 6명, 재수생 66명, 일반 시민 184명 등 405명이나 되었으며, 이중 68명이 두부외상, 타박상, 자상 등을 입었고 12명은 중태라고 기록하고 있다.[9] 그러나 실제 연행자와 부상자는 이보다 훨씬 많았다(정상용 외, 1990, 177쪽).

이러한 상황은 20일까지 계속되었다. 5월 18일과 19일, 그리고 20일, 3일간에 걸쳐 자행된 공수특전단의 행위는 시위진압이 아니라 학살극이었다. 시민들은 그 장면을 보고 "광주사람 다 죽인다"고 생각했다. 의학적으로는 사망이 아닐망정 진압봉에 맞아 피를 흘리면서 쓰러지고, 물건처럼 질질 끌려가 트럭 위로 던져지는 광경은 이미 인간으로 볼 수 없었다. 병원에 실려온 부상자들도 이미 인간의 모습을 갖추고 있지 않았다. 광주사람들이 떠올린 것은 한국전쟁과의 비교였다. "6·25 때도 이러지 않았다"는 표현은 당시의 증언 속에서 매우 많이 발견된다. 전쟁시에도 무차별적인 폭력이 행사되지는 않았다는 것이다. 이미 광주사람들은 당시의 사태를 의식적이든 무의식적이든 '민간인 학살'로 규정한 것이다.

시위행렬에 대한 총격 : 20일 광주역 앞, 21일 도청 앞 등
물리력을 이용한 폭력적인 진압작전이 그 처참함에 비해 적은 사상자를 냈다면, 시위행렬에 대한 총격은 본격적인 학살이 시작되었다는 것을 알리는 신호탄으로 볼 수 있다. 시위대를 향한 계엄군의 최초의 사격은 20일 밤 11시경 광주역 앞에서 이루어졌다. 당시 계엄군은 병력과 보급품 수송의 요충지인 광주역을 확보하기 위해 3공수 12대대를 배치한 상태였다. 이들 공수부대의 저지선을 향하여 시위대가 차량을 앞세우고 밀려들었다. 양쪽 사이에서 파상공세가 계속되던 밤 11시경 갑자기 총성이 울리기 시작했다. 그리고 시위대열의 앞쪽에 있던 시민들이 쓰러지기 시작했다. 훗날 확인 가능한 자료에 의하면 이날 광주역 앞에서 총상으로 사망한 사람이 1명, 부상자는 10명으로 나타난다 (정상용 외, 1990 : 212-214).[10]

이와 유사한 상황이 세무서 앞과 조선대학교 부근에서도 벌어지고 있었다. 시위대가 세무서에 방화하는 과정에서, 그리고 시위대가 조선대 체육관에 감금된 사람들을 구출하고자 접근하는 과정에서 이곳을 방어하고 있던 공수부대원들이 발포하였던 것이다. 심지어 조선대 부근에서는 수류탄까지 투척하였던 것으로 밝혀지고 있다(위의 책 : 214~215). 그러나 이곳에서 사상자가 발생하였는지, 발생했다면 몇 명이나 되는지는 아직 밝혀진 바 없다. 이러한 공수특전단과 시위대 사이의 공방전은 21일 새벽이 될 때까지 계속되었다.

이때의 발포는 사실 지휘계통에 따라 전달된 것으로 보이지 않는다. 20사단 작전일지에는 21일 밤 9시의 전교사작전회의에서 '군부대 자위권 발동'을 지시했으며, 지침은 "경고하라, 접근하지 마라, 접근하면 하복부로 지향 발포허용"이었다고 기록하고 있다(『월간 조선』 1988. 12.). 여기서 '자위권 발동'이란 발포명령을 의미한다. 이러한 지시는 20일 밤의 발포는 물론이고 군의 체계적인 사격이 시작된 21일 1시경보다도 한참 늦은 것이기 때문에 전교사의 공식 발포명령 자체가 사후적인 승인의 성격을 갖는 것으로 볼 수 있다.

따라서 20일 밤의 발포는 관점에 따라서는 시위대에 밀린 공수특전단의 우발적인 사격으로 볼 수도 있다. 시위대에 대한 계엄군의 집단발포가 체계적이

군중은 차츰 격렬해지고 있었다. 청년들이 블럭을 깨어서 투석을 시작했고 시민들은 중앙로 지하상가 공사장에서 각목을 가져다 자체무장을 하기 시작했다. 군용트럭 30여 대에 분승한 공수부대가 시위군중을 포위, 압축하기 시작했다. 궁수대의 진압은 시위군중의 불안감을 넘어서 잔인성을 보였다. 곤봉과 총 개머리판, 대검으로 휘두르고 찌르면서 시위대의 중심부로 파고 든 공수대는 그들의 군복마저 피로 벌겋게 물들였다

고 조직적으로 자행된 것은 5월 21일[11] 도청 앞에서였다. 그곳은 계엄군과 시위대가 대치한 곳들 중 가장 중요한 장소였다. 거의 모든 시위대가 이곳을 향하고 있었으며, 계엄군의 방어도 도청을 중심으로 전개되고 있었다. 그러던 오후 1시 정각, 갑자기 애국가가 방송되면서 군의 일제사격이 시작되었다. 시위 주동자에게는 조준사격이 가해졌다. 총에 맞은 부상자를 구하기 위해 뛰어드는 젊은이에게도 총격이 가해졌다. 계엄군의 사격은 메가폰으로 '사격중지'라는 명령이 내려질 때까지 약 10분간 계속되었다.

이날의 집단발포로 몇 사람이 사망했는지는 아직도 정확히 밝혀져 있지 않

다. 군의 발표와 1988년 이후 피해자 신고서 내용을 종합해 보면 최소한 54명 이상이 사망하고, 500명 이상이 총상을 입은 것으로 추정된다(정상용 외, 1990, 221쪽). 더욱이 이날 시위대에게 조직적으로 발포한 것은 도청 앞에 그치지 않는다. 이날 오후 2시경 전남대 정문 앞에서도 시위대에게 발포하는 사태가 벌어졌다. 당시 이곳의 총격 및 진압작전으로 확인된 사망자만 임신 8개월의 가정주부를 비롯해 4명에 이른다.

시위대에 대한 계엄군의 사격과 함께 반드시 언급해야 될 군의 야만적인 살상행위가 두 가지 있다. 그중 하나는 시위대에게 화염방사기를 사용하였다는 점이고, 다른 하나는 헬기를 통한 기총사격까지 하였다는 사실이다. 시위대에게 화염방사기를 사용한 장면이 목격된 것은 5월 19일이며, 헬기의 기총사격을 목격한 것은 5월 21일이다. 이에 대한 두 개의 증언을 들어보자.[12]

소방서 앞에는…… 계엄군들은 화염방사기를 들고 시민들을 해산시키려고 하였다. 직접 사람들을 향해 쏘지는 않고 높은 각도로 쏘고 있었다. 시민들을 살상하기 위해서 쏘는 것이 아니라 위협용으로 쏘는 것 같았다. 나도 군대를 갔다 왔지만 말로만 들었지 총구에서 불이 뿜어나오는 화염방사기는 태어나서 처음 보았다(최충용의 증언).

5월 21일 오후 3시15분쯤 광주 영공에 몇 대의 전투용 헬리콥터가 나타났다. 그들은 거리에 있는 군중들을 향해 총을 쏘기 시작했다. ……광주민주화운동 10일간에 발생한 모든 사건들 중에서 군중을 향해 헬리콥터에서 군인들이 발포하는 모습이 내게는 가장 잔인해 보였다.[13]

이러한 비무장시위대에 대한 집단발포는 그 자체가 질적인 의미에서나 양적인 의미에서나 5·18 민간인학살의 절정이었다. 총격은 학살의 단계에서 하나의 비약을 나타낸다. 그것은 대량살상에 대한 우려가 현실화될 수도 있다는 것을 의미한다. 또한 총격의 허용은 심리적인 측면에서도 결정적인 계기가 된다. 그것은 계엄군들이 무의식적으로 갖고 있던 내면적 통제의 한계를 깨트리는 것이며, 평범한 인간이었던 계엄군이 그때까지의 폭력적인 진압을 통해 학살의 도구로 변화해가는 과정의 마지막을 장식하는 계기였다.[14]

총격전 : 21일 오후 도청 앞, 27일 새벽의 전투 등

21일 1시 이후 시작된 계엄군의 집단발포에도 불구하고 시민들의 저항은 더욱 강력해졌다. 집단발포는 시민들의 분노가 더욱 폭발하는 계기가 되었던 것이다. 이에 시민들은 계엄군의 총에 대항할 수 있는 무기를 찾아 사방으로 돌아다니기 시작했다. 이들은 이미 분노해 있던 현지 주민들의 적극적인 협조 하에 무기를 구하여 광주로 돌아왔다. 이렇게 해서 시민군이 구성되었다. 조직도, 무기도 엉성한 군대지만 시민들이 총을 들었다는 사실은 계엄군에게는 커다란 위협이었다. 이후 광주지역의 곳곳에서 계엄군과 시민군 사이의 총격전이 벌어졌다. 그리고 그때마다 상당수의 시민군이 생명을 잃거나 부상당하였다.

최초의 총격전은 계엄군의 집단발포가 시작된 그날 도청 앞에서 이루어졌다. 계엄군의 총격에 분노하여 외곽지역에서 무기를 구해온 시민들이 그날 3시 15분경 계엄군에게 대응사격을 한 것이다. 결국 계엄군은 광주에서 철수하였다. 17일 자정 이후 광주시민들은 최초로 승리감을 맛보았으며, 계엄군으로서는 부분적인 패배이지만 작전상의 후퇴이기도 했다. 계엄군이 철수한 뒤에는 시외곽지역에서 계엄군과 시민군 사이에 산발적인 전투가 벌어지고 있었다.

그러나 계엄군과 시민군 사이에 가장 치열하게 전투가 벌어진 것은 27일 새

〈표 7〉 5월 26일 밤 시민군 배치상황과 계엄군 배치상황 비교

시민군의 배치상황		계엄군 배치상황		
장소	내용	타격목표	부대	병력
도청	기존 시민군, 기동타격대, 항쟁 지도부, 학생 등 200~500여 명	도청	3공수여단	14/66
		광주공원	7공수여단	33/224
YMCA	고등학생등 60여 명이 총기조작 훈련중 새벽 3시경 도청 진입	YWCA	11공수여단	4/33
		전일빌딩	〃	〃
YWCA	여성 50여 명, 경비담당 20여 명	관광호텔	〃	〃
전일빌딩	40여 명, LMG 기관총 설치			
전대병원 옥상	수 미상, LMG 기관총 설치	광주시	공격부대	
유동삼거리	10여 명(본부인원)	전지역에	: 20사단	252/4,035
계림국민학교	30여 명의 병력이 배치됨	대한	: 31사단	56/693
서방시장	수 미상	분할점령		
학동,학운동,지원동	30여 명의 시민군 및 예비군			
덕림산	2여 명의 본부인원, 지역 예비군			
		외곽봉쇄	보병학교	24/548
			포병학교	36/620
			기갑학교	19/1,522

* 5·18에 관한 여러 자료들을 참고하여 필자가 작성함.
* YWCA는 1980년 당시에는 금남로 1가에는 있는 현 전일빌딩 뒷편에 있었다.

벽이었다. 그날 계엄군이 다시 광주 시민들의 봉기를 진압하기 위하여 진압하면서 계엄군과 시민군 사이에 시가전이 벌어진 것이다. 당시 질적으로나 양적으로나 양측의 무장병력은 비교가 불가능하다. 무장력의 질적인 측면에서는 헬기 등 육군이 보유하고 있는 거의 모든 무기를 동원한 계엄군과 대부분이 칼빈 소총으로 무장하고 있었으며 실탄 마저 부족한 시민군 사이의 싸움이었다. 병력 수 역시 상대가 될 수 없었으며, 조직적인 역량도 비교가 불가능할 정도로 시민군이 열세였다(〈표 7〉). 말이 전투지 일방적인 학살이었다.

그대들 꽃다운 혼, 아침 이슬과 함께 밝은 하늘로 증발되어 한가닥 햇살로 우리를 비춘다. 다시 이슬 비로 내리고 때로는 폭풍우 소나기로 우리 몸을 뜨겁게 적신다

27일 새벽에 전개된 계엄군의 무력진압으로 몇 명이 사망했는지는 아직 정확하지 않다. 당시 계엄군측의 발표는 "무기를 내놓기를 거부하다가 사살된 사람은 17명이다"[15]고 발표하였다. 그러나 지역별 사망자에 대한 군부대의 보고서가 각기 다르다는 것은 이 보고 자체가 왜곡되었음을 보여준다. 더욱이 그후 1980년대 말의 확인작업에서 이름이 확인된 사망자 수만 하더라도 사망자 수가 30명 정도에 이르며, 1989년 6월에 발표된 미국 행정부의 성명서(미국정부, 1989년 6월)나 그외 대부분의 자료들은 당시 사망자가 30명 정도라고 밝히고 있다. 결국 군의 재진입작전으로 최소한 30명 가까운 사망자가 발생하였다는 것은 확실한 것으로 보인다.

이들은 비록 계엄군의 총격에 의해 사망하였지만 무장한 상태로 전투과정에서 사망하였다. 그러나 시민군이 총을 든 동기가 자신들의 생명과 삶을 파괴하는 군의 공격으로부터 스스로를 보호하려는 것이며, 국가는 이러한 국민의 의사를 존중해야 한다는 점에서 이들 무장 시위대에 대한 살상 역시 민간인 학살의 한 가지 유형이라고 생각한다. 특히 당시 무장력이 월등했던 계엄군의 입장[16]에서 이들을 죽이지 않고도 제압할 수 있는 여러 가지 방법이 있었다는 점을 생각하면 계엄군들은 사상자를 줄이려는 노력도 없이 전쟁시에 적을 사살하듯 이들 시민군을 사살한 것이다. 이는 명백한 학살행위이다.

저항할 수 없는 자에 대한 학살

세계적인 견지에서 학살의 현장에서 발견할 수 있는 가장 비인도적인 사례들은 사태와 무관하거나 저항할 수 없는 사람을 죽이는 행위이다. 그런데 5·18의 경우에도 체포된 사람이나 이미 저항할 수 없는 사람에 대한 학살의 사례가 발견된다. 먼저 체포된 사람에 대한 살상행위를 살펴보자. 그것은 계엄군이 진주하여 최초 폭력적인 진압이 행해지던 때부터 발견된다. 다음의 증언을 보자.

> (시위현장에서 체포되어 끌려가는데) 갑자기 악 하고 비명소리가 들려요. 그래서 보니까 쓰러져 가지고 공수부대가 허벅지에서 대검을 뽑는 장면이 눈에 딱 들어오더라고요. 그러니까 늦게 간다는 이유 가지고, 빨리 가지 않는다는 이유를 가지고 공수부대가 와서 찔러버린 것입니다(1989년 2월 23일, 제29차 청문회, 이광영 증언).

연행과정에서 빨리 움직이지 않는다고 대검으로 체포된 사람을 찔렀다는 것이다. 물론 허벅지를 찔렀기 때문에 그로 인해 죽지는 않았겠지만 이미 저항할 수 없는 사람을 찌를 수 있는 행위 자체가 중요하다. 이러한 현상은 계엄군의

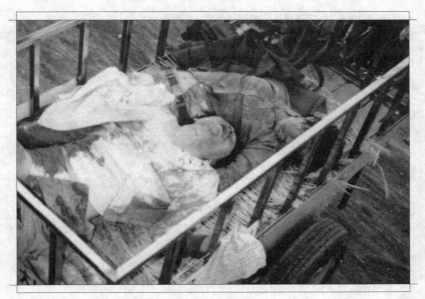

계엄군이 공식적으로 발포하기 전 21일 오전에 시민들에 의해서 발견된 시체는 공용터미널 부근에서 살해되어 버려졌던 것이었다. 이제 시민들의 분노는 자기생존을 위한 투쟁으로 극에 달하였다

집단발포가 이루어지고 계엄군이 외곽으로 철수한 다음에는 보다 가혹해진다. 다음에서 인용하는 두 개의 증언을 참고하자.

통합병원 연병장에 1개 대대는 족히 될 것 같은 공수들이 있었다. 그곳에 도착하자마자 또 정신없이 맞아 병원 현관 옆에 고꾸라져 버렸다. 그때 장군 계급장을 단 지휘관이 오더니 물었다.

"누구냐?"

"폭도들입니다."

"사살해 버려"(최영철의 증언).

산속에는 군인들이 많이 있었어요. 잠시 후 높은 사람이 와서는 "귀찮게

〈표 8〉 저항할 수 없는 자에 대한 학살의 의혹이 있는 사례들

순번	사건이 발생한 장소	사 건 개 요
1	주남마을	5월 23일 14시경 주남마을 앞 도로에서 공수부대가 지나가는 미니버스에 총격, 승객 18명중 17명 사망
2	송암동	5월 24일 14시경 계엄군간 오인사격 직후, 이유 없이 주민에게 총격을 가함. 6명 사망, 5명 부상
3	전남대 앞 평화시장 부근	5월 21일 13시 30분경 전남대를 지키던 3공수 부대원이 발포하여 임산부 등 3명 사망, 3명 부상
4	백운동 효천마을	5월 21일 지나가는 고등학생에게 총격을 가하여 다리를 절단하는 부상을 당함. 부상자는 81년 3월 3일 사망
5	남평 강남식당 앞	5월 22일 5시 40분 강남식당 앞 검문소에서 피난가는 시민에게 통과를 허락한 후 총격, 수 명이 사상을 당함
6	송암동 연탄공장 부근	연탄공장 앞 검문소에서 정지한 차량에 무차별 총격, 1명 사망, 3명 부상
7	지원동 버스종점	계엄군의 이유없는 무차별 총격으로 수 명이 사상당함
8	광주교도소 앞	생계 때문에 불가피하게 통행하고 있는 민간인들에게 총격, 여러 명이 사상당함
9	용산동마을 들머리	농부들에게 무차별 총격, 여러 명이 부상당함
10	화순 너릿재터널	경비하던 계엄군이 트럭1대를 터널 안에 밀어넣고 소각, 운전자 행방불명
11	옥천사 앞	이유없이 계엄군이 지나가는 사람들을 구타하고 대검으로 찌름
12	무등중학교 부근	계엄군의 이유 없는 무차별 총격으로 4명이 총상을 당함

* 5 · 18 단체들이 서울지검에 수사를 요청할 때 첨부된 자료이다.
* 이들 지역 전체가 학살의 의혹을 받고 있지만, 한 두 군데 정도는 무관할 수도 있다.

왜 데려왔느냐? 사살하라"고 했습니다. 살려달라고 애원하는 두 남자는 손수레에 실려 어디론가 끌려가고, 나는 군인 한 명의 감시를 받았습니다. 나를 감시하던 군인이 "앞으로 누가 무슨 질문을 해도 모른다고 대답해라. 나도 너 같은 동생이 있어서 해주는 말이다. 오늘 오전에도 11명이나 죽었다"고 말해 주었습니다(홍금숙의 증언).

또한 전시에도 공격하지 않는다고 알려진 적십자사 구호대원들에게 조차 사격이 가해졌다. 부상자를 싣기 위해 적십자사 표시를 단 차를 몰아 부상자에게 접근하다가 공수대원들의 집중사격을 받았다는 증언(이광영의 증언)이 그것을 보여준다. 그로 인해 차에 탔던 5명 중 2명은 즉사하고, 2명은 부상당하였으며, 운전사만 이상이 없었다. 계엄군에게는 눈에 보이는 모든 사람이 '적'으로 보였던 것이다.

시위와 무관한 사람들에 대한 학살 사례도 끊이지 않고 발견된다. 무엇보다도 계엄군의 무차별사격 자체가 그러한 살상행위에 해당된다. 대상이 없는 무차별사격은 계엄군이 이동하는 과정에서 자주 발생했다. 이로 인해 도로 인근의 주민들중 상당수의 사상자가 발생하였다(정상용 외, 1990, 239쪽). 무차별사격보다 더욱 심각한 것은 주민이나 지나가는 행인에 대한 총격 및 살상행위였다. 현재 살상행위가 벌어졌다는 기록이나 증언이 있는 경우는 모두 12군데나 된다(〈표 8〉).

이외에도 전남지역에서의 민간인 살상이 있다. 전남지역에서 유일하게 사상자가 발생한 지역은 해남지역이었다. 해남지역에서는 우슬재와 해남-진도간 국도상에서 경비중이던 계엄군이 차량 시위대에 발포하여 2명의 사망자[17]가 발생하였다. 당시 경비병력은 31사단 예하부대로 해남지역의 지역대대였다.

맺는 글 : 학살, 남은 과제들

5·18 당시 광주지역에서 '국군'에 의한 민간인학살이 실재했다는 것은 이제 재론의 여지가 없는 사실이다. 그 사실이 별로 믿기지 않는 것은 상식적으로 일어날 수 없는 일이 일어났기 때문일 것이다. 더욱이 일반적으로 우리의 군은 '국민의 군대'라고 하는 인식이 뿌리깊게 자리잡은 상황에서 군에 의한 학살은 더욱 믿을 수 없는 사실일 것이다. 그러나 학살을 자행하는 군에 대항

하여 거의 맨손으로 저항한 시민들의 행위 역시 상식적으로는 받아들이기 어려운 사실이다. 상식적으로 있을 수 없는 일이 일어나면서 시민들 역시 상식적으로는 납득하기 어려운 저항을 결행한 것이다.

1980년대 이후의 사회운동은 '광주에서의 피와 눈물'을 딛고 질적인 비약을 거듭했다. 결국 그날 학살극의 실질적인 주도자들은 1997년 4월 유죄가 인정됨으로써 사법처리되었다. 5 · 18 당시 흘린 피와 눈물이 당시 신군부 세력을 몰락하게 했으며, 나아가 "성공한 쿠데타도 처벌된다"는 역사적 선례를 남김으로써 한국사회의 민주화에 결정적인 공헌을 한 것이다. 이렇게 보면 당시에는 무참히 패배했다고 생각했던 5 · 18이 결국 승리한 것이며, 한국의 민주주의 역시 탄탄대로에 놓여 있다고 생각할 수도 있다.

그러나 이러한 주장이 설득력이 없는 것은 아직도 그날의 진실이 밝혀지지 않았다는 점에 기인한다. 5 · 18은 복권되었지만 무엇을 복권시킬지 모르는 상태이며, 학살극을 자행했던 사람들은 처벌되었지만 왜 처벌되었는지 불확실한 것이다. 구체적인 내용이 없는 복권과 처벌, 이것이 오늘날의 현실이다. 이글의 주제인 학살과 관련해서도 동일한 주장이 가능하다. 학살은 있었지만 그 과정에 대해서는 구체적으로 밝혀져 있지 않다. 아직도 드러나지 않은 자료들, 여전히 자신들의 행위가 정당했다고 여기는 일부 군인들, 특정 지역문제이거나 지역이기주의로 폄하하는 사고방식들, 이러한 것들이 오늘날과 같은 혼란을 가져온 주된 요인일 것이다.

여기서 5 · 18 당시의 민간인 학살과 관련하여 여전히 풀리지 않는 수수께끼를 정리하면서 끝을 맺고자 한다.

첫째 당시의 학살이 의도적인 학살인가? 당시 '비상계엄의 확대'는 전국적인 현상이었으며, 군부대가 대학 구내에 진주한 것 역시 전국적으로 동일한 현상이었다. 그런데 왜 하필 광주지역에서만 계엄군의 '화려한 휴가'가 이루어졌는지 논란이 되고 있지만, 아직 해답은 없는 상태이다.

둘째 수많은 민간인의 살상을 야기한 발포명령은 누가 내렸는가? 이 질문은 5 · 18 직후부터 계속 제기되었고, 국회 청문회에서도 가장 중점적으로 밝혀보고자 했던 사안이다. 그러나 오늘날까지도 그에 대한 명쾌한 해답은 나오지 않고 있다.

셋째 암매장은 실재하는가? 5 · 18 직후부터 계속해서 나도는 소문은 암매장이 실재하며, 대부분의 광주시민들 역시 그렇다고 믿고 있다. 또한 실제로 암매장되었다가 시신이 발굴된 사례도 있다. 무엇보다도 당시 행방불명된 사람들이 다수 있으며, 그 가족들은 시신이라도 찾기 위해 뛰어다니고 있다. 암매장과 관련된 소문이 사라지지 않는 것은 무엇보다도 광주시민들이 생각하는 사망자 수와 공식적으로 확인된 사망자 수의 차이에서 비롯된다.

주

1) 여기서 민간인 학살은 매우 폭넓은 의미로 정의되었다. 즉 '반란 집단을 포함하여 적대관계의 정치적 집단(Harff and Gurr, 1988)' 및 그와 관련되었다고 판단되는 대상자들을 대량으로 살해하는 것을 의미한다.

2) 이러한 현상에 대해서는 나치(Nazi)하의 강제수용소에 수감된 경험이 미치는 심리적 효과와 희망과의 관계를 적은 자전적 기록(Frankl, 1998)이나 그 후유증인 '강제수용소 신드롬(Concentration Camp Syndrome)' 연구(박원순, 1998), 국가테러가 자행되는 상황에서 일반 국민들이 갖는 공포에 대한 연구(Corradi etc, 1992) 등을 통해 접근할 수 있다.

3) 아렌트(H. Arendt)는 20세기를 '전쟁과 혁명의 세기'라고 예견했던 레닌의 견해를 인용하면서 전쟁과 혁명의 공통분모는 폭력이기 때문에 20세기는 동시에 '폭력의 세기'가 되었다고 말한다(Arendt, 1999 : 24쪽).

4) 이후 '제노사이드'라는 용어는 나치가 자행한 '홀로코스트(유태인 대학살)'를 지칭하게 되고 1948년 「제노사이드 방지와 처벌에 관한 유엔 협약」(UNGC)이 각국 사이에 체결되면서 '멸족'의 의미를 갖는 것으로 이해되었다.

5) 이는 1997년 사법부의 재판판결(1997년 4월 13일 대법원 판결)을 통해 확인되었다. 폭력으로 세워진 정의가 법에 의해 뒤집어지는데 무려 17년이나 걸린 것이다.

6) 광주광역시 5 · 18사료편찬위원회, 1999, 5 · 18광주민주화운동자료총서 20권을 참조하였다. 당시의 검시에는 총사망자 193명중 군인 23명, 5 · 18과 무관한 5명이 제외되었다.

7) 자료는 황석영 등의 기록(황석영/전남사회운동협의회 · 정동년외 321인 · 한국현대사사료연구소, 1996)과 청문회 및 군자료를 많이 참고한 정상용 등의 사건정리(정상용 외, 1990), 그리고 당시 진압작전에 참여한 공수대원의 수기(윤재걸, 1988)와 피해당사자들의 증언자료를 이용할 것이다.

8) 피신한 학생회 간부들 외에는 505보안대에서 주도한 5월 17일의 예비검속으로 17일 11시경 모두 체포되었기 때문에 당시 학교에 학생지도부가 남아있지 않다는 것은 계엄군도 알고 있었다.

9) 5 · 18 당시 최초의 사망자가 언어장애자라는 사실은 당시의 상황을 상징적으로 보여주는 사건이다. 그는 5월 18일 오전 친지를 전송하고 돌아오는 길에 금남로 2가 부근에서 공수부대원에게 구타당하여 그 다음날인 19일 육군통합병원에서 사망하였다. 듣지 못하고, 말도 못하는 장애인인 그를 공수부대원들은 무작정 구타하였고, 그는 이유도 모른 채 두 손으로 빌다가 맞아죽었다(5 · 18광주민중항쟁유족회, 1989, 235쪽).

10) 당시 광주역의 발포에 참여했던 공수부대원의 증언을 통해서도 이곳에서 수 많은 사상자가 발생했다는 것이 확인된다(김영진, 1989, 222쪽).

11) 이날 새벽 이미 20사단 61연대(연대장 김동진대령) 병력(장교 82명, 사병 1,413명)이 20일 저녁 10시 30분 광주로 급파되어 도착한 상태였다. 이로써 인구 73만의 도시 광주에는 기존의 31사단과 전교사 병력을 제외하고도 3개 공수여단 10개 대대와 20사단을 합쳐 2만 명에 육박하는 무장병력이 진주하게 되었다.

12) 전남대 5 · 18연구소에서 연구소 홈페이지에 게재한 한국현대사사료연구소, 1990, 『광주5월민중항쟁사료전집』의 증언기록을 이용한 것이다.

13) 아놀드 피터슨 목사의 증언. 그는 침례교 선교사로 75년부터 81년까지 광주에서 활동했으며, 1980년 당시 내내 현장에 있으면서 중요 장면을 지켜봤다. 지금은 미국 일리노이주에서 목회활동을 하고 있다. 그는 당시의 메모와 기억을 토대로 2백자 원

고지 4백장 분량의 광주민주화운동에 대한 기록을 작성했다.

14) 모든 계엄군이 학살의 도구가 되었다는 의미는 아니다. 당시 계엄군들중 많은 수는 당시의 사태를 엄청난 충격으로 받아들이고 있었다. 수 백명의 집단발포에도 불구하고 사망자 수가 수 십명이라는 사실은 사람을 겨냥하고 사격하지 않은 군인의 수가 더 많다는 것을 의미한다.

15) 이에 관한 모든 군자료는 총수에서는 17명으로 일치하지만, 어느 지역에서 몇 명의 사망자가 발생했는가에 대해서는 군부대 마다 각기 다른 보고서를 제출하고 있다. 이에 대해서는 정상용 외, 1990, 311쪽을 참조하라.

16) 사실 당시 시민군들이 총으로 무장했다고 하지만, 매우 초보적인 무장에 불과한 것이었다. 칼빈 소총과 M16 자동소총의 차이는 너무나 큰 것이었다. 또한 시민군들에게는 실탄도 많지 않았다. 그외 무장력의 차이를 결정하는 중화기 및 수송, 통신, 정보 등은 비교할 수 조차 없는 형편이다.

17) 증언자에 따라서는 3명이라고 한다.

참고문헌

5 · 18광주민중항쟁 유족회, 『광주민중항쟁비망록』, 남풍, 1989.

광주광역시 5 · 18사료편찬위원회, 『5 · 18광주민주화운동 자료총서』 1-15권, 1997.

광주광역시 5 · 18사료편찬위원회, 『5 · 18광주민주화운동 자료총서』 16-20권, 1999.

광주광역시 의사회, 『5 · 18 의료활동 -자료 기록 및 증언』, 1996.

광주매일 정사 5 · 18 특별취재반, 『정사 5 · 18』, (주)사회평론, 1995.

김영범, 「집단학살과 집합기억—그 역사화를 위하여」, 제주4 · 3연구소 창립 10주년 기념 국제학술대회, 『냉전시대 동아시아 양민학살의 역사』, 제주4 · 3연구소, 1999.

김영택, 『5 · 18광주민중항쟁』 동아일보사, 1990.

대한민국재향군인회 호국정신선양운동본부, 『12 · 12, 5 · 18 실록』, 1997.

박만규, 「신군부의 광주항쟁 진압작전과 미국정부의 개입」, 5 · 18 20주년 기념 학술연구 결과보고, 『5 · 18 광주민중항쟁에 대한 재조명』, 전남대학교 5 · 18연구소, 2000.

박원순, 「치유를 기다리는 상흔」, 5 · 18민중항쟁 제18주년 기념행사위원회 · (재)5 · 18기념재단, 『5 · 18민중항쟁 제18주년 기념행사 자료모음집』, 1998.

변주나, 「5·18민주화운동 피해자 장애현황과 대책」, 5·18광주민중항쟁부상자회 학술대회 5·18 피해자 치료 및 재활복지센터 건립을 위한 심포지움 자료집, 1997.

안종철, 「광주민중항쟁의 전개과정 연구—시민군의 형성과 활동을 중심으로—」, 5·18 20주년 기념 학술연구 결과보고, 『5·18 광주민중항쟁에 대한 재조명』, 전남대학교 5·18연구소, 2000.

오수성, 「광주5월민중항쟁의 심리적 충격」, 광주현대사사료연구소 편, 『광주5월민중항쟁』 풀빛, 1990.

윤재걸, 『작전명령—화려한 휴가』 실천문학사, 1988.

이삼성, 『20세기의 문명과 야만』 한길사, 1998.

전남일보사, 『5·18광주기념사업을 위한 세계 민주성지를 가다』, 1994.

정상용 외, 『광주민중항쟁』 돌베개, 1990.

정수만, 「5·18과 인권침해사례」, 5·18민중항쟁 제18주년 기념행사위원회·(재)5·18기념재단, 『5·18민중항쟁 제18주년 기념행사 자료모음집』, 1998.

최정기, 「광주민중항쟁의 지역적 확산과정과 주민참여기제」, 나간채 엮음, 『광주민중항쟁과 5월운동 연구』, 전남대학교 5·18연구소, 1997.

한국현대사사료연구소, 『광주5월민중항쟁사료전집』 풀빛, 1990.

황석영/전남사회운동협의회·정동년외 321인·한국현대사사료연구소, 『5·18 그 삶과 죽음의 기록』 풀빛, 1996.

Arendt, Hannah, 김정한 옮김, 『폭력의 세기』 이후, 1999.

Corradi, Juan E., Fagen, Patricia Weiss & Garret n, Manuel Antonio, ed.(1992), *Fear at the Edge : State Terror and Resistence in Latin America*, Berkeley Los Angeles Oxford : University of California Press.

Frankl, Viktor E., 이희재 옮김, 『그래도 나는 삶이 의미있는 것이라고 생각한다』 열린사회, 1998.

Giddens, Anthony, 진덕규 옮김, 『민족국가와 폭력』 심지원, 1991.

Harff, Barbara and Ted Robert Gurr, "Toward Empirical Theory of Genocide and Politicides : Identification and Measurement of Cases since 1945," International Studies Quarterly, Vol.32, No.3, 1988.

20세기 한국의 야만 2

국가보안법과 공안정권의 폭력

차병직

참여연대 협동사무처장

신군부 독재 · 민주적 개방 · 신자유주의

들어가는 글

국가보안법은 1948년 12월 1일 제정되었다. 광복을 맞은 뒤 헌법을 만들고 남한의 단독정부를 수립한 바로 그 해에 대한민국 법률로는 10번째로 탄생된 것이다. 국가 조직과 운영에 관한 기본법령들이 채 정비되기도 전에 서둘러 공포됐다. 국가 형벌권 발동 근거의 모법이라 할 수 있는 형법이 만들어진 것이 1953년이므로, 기본법보다 특별법이 오히려 5년이나 앞서고 말았다. 형법보다 먼저 만들어진 특별형법으로서 헌법이 선포된 해에 함께 제정되어, 최고법인 헌법과 함께 다투며 지금까지 이어져 내려오고 있는 법이 국가보안법이다. 따라서 국가보안법은 대한민국의 탄생과 연륜을 같이하면서 대한민국의 역사를 국가보안법의 적용사로 채워왔다. 여기에 국가보안법의 무서운 태생적 상징성과 본말이 전도된 자의적 적용의 비밀이 도사리고 있다.

정부수립과 국가보안법 : 국회프락치 사건

처음 태어날 당시의 국가보안법은 단 6개의 조문으로 구성된 간단한 것이었다. 내용은 더 단순하여, 정부를 참칭하거나 국가를 변란할 목적으로 모이는 행위를 처벌한다는 것 뿐이다.[1] 하지만 그 단촐한 조항은 거의 헌법을 무시한 채 마음에 들지 않는 그 누구라도 체포하여 처벌할 수 있을 정도로 괴력을 발휘하게 되었다.

마치 그것을 예견이라도 한 듯 야당 국회의원들은 국가보안법 제정을 극력 반대했다. 단독정부 수립의 중심이 된 이승만과 한민당 세력은 좌익세력을 제거함으로써 집권이 가능했다. 따라서 집권 초기의 좌익세력을 효과적으로 진압하는 것이 국가의 기틀을 다지는 길이라는 믿음을 갖게 되었다. 게다가 제헌의원들의 성향은 대개 우익보수였다.[2] 그리하여 1948년 9월 20일 34명의 국회의원에 의해 내란행위특별조치법안이 발의됐다. 그러나 내란행위는 당시 적용되었던 일본 형법에 의해 처벌이 가능했기 때문에 내란행위특별조치법안의 내용은 내란과 유사한 목적을 가진 결사와 집단 관련 행위를 처벌하는 것으로 변질되어 갔다.[3] 물론 이런 입법 형태의 모태는 일제의 치안유지법이다.

그러던 중 국회가 휴회에 들어갔고, 그 때 여순사건이 터지고 말았다. 여순사건이 발생하자 그 수습책의 하나로 급진전된 것이 법률 제정이었다. 여순사건이 거의 진압될 무렵인 10월 27일 국회에서 내란법을 기초하기로 했다. 하지만 그 명칭이 일본 형법의 내란죄와 중복된다는 이유로 국가보안법이라 고쳐 부르게 되었다.[4]

법사위가 만든 국가보안법 초안에는 국회의원들뿐만 아니라 심지어 법무부장관과 검찰총장까지 법률상 문제점을 지적했다. 보수 성향의 제헌의원들 중에서도 혈기 넘치는 40여명은 치열한 어조로 반대의사를 표시했다. 조헌영 의원은 '속담에 고양이가 쥐를 못 잡고 씨암탉을 잡는다는 격으로 이 법률을 발표하고 나면 안 걸린 사람이 없을 것'[5]이라고 했다. 김중기 의원은 '법을 통과시키면 3일이 못 가 후회할 것'이라 했고, 조국현 의원은 '자손만대에 죄를 짓고 말 것'이라며 정치적 악용 가능성을 경고했다.[6] '비민주적 제국주의의 잔재' 또는 '헌법정신을 몰각하고 인민을 극도로 속박하는 법', 심지어 '유태인 학살을 위한 히틀러의 법'이란 비난도 퍼부어졌다. 사상은 사상으로 극복해야지 완력으로 막아낼 수 없다든가, 이런 악법으로 좌익을 강압하고자 하는 것은 정치력의 부족이라는 논리도 펼쳐졌다. 그런가 하면 일반 형법으로 얼마든지 처벌할 수 있다든지, 통일을 이념으로 한다면 이런 법의 제정은 천추만대에 원한을 남길 일이란 한탄도 곁들여졌다.[7] 놀랍게도 제정 당시 국가보안법 폐기론의 주장은 지금과 조금도 다를 바가 없다는 것이다.

11월 16일 김옥주 의원은 국가보안법 폐기에 관한 동의안을 상정했으나 37대 69로 부결되고 말았다. 이틀 뒤 법안은 자구만 수정된 채 다른 절차로 넘어

갔다. 그 과정에서조차 남용의 여지가 많은 제1조를 삭제하자는 의견으로 격렬한 토론이 이어졌으나 해를 넘기지 않고 국가보안법은 통과되었다.

국가보안법이 효력을 발휘하기 시작한 뒤 1년 동안 그 이름으로 체포되거나 입건된 사람의 수는 무려 11만 8,621명에 이른다. 1949년 9월과 10월 사이에 132개의 정당과 사회단체가 해산되었다.[8] 국가보안법이 대통령에게 해산명령권을 주었기 때문이다. 그 첫 해의 희생자들 중에는 바로 국가보안법 제정 자체를 반대하던 국회의원들이 포함되어 있다.

1949년 5월 18일 3명의 제헌의원이 체포되면서 국회프락치 사건은 시작되었다. 결국 국회 부의장을 포함한 13명의 국회의원이 남로당의 프락치로 활동했다는 혐의로 국가보안법 위반으로 재판을 받게 되었다. 그들은 국가보안법 제정 전에 스스로 예측한 대로 법망에 걸려들고 만 것이다. 하지만 훗날 국회프락치 사건은 조작되었다는 주장이 제기되었다. 혐의자들이 국가보안법 반대 활동을 할 때는 남로당과 관계가 없었고, 가장 중요한 증인은 끝내 나타나지 않음으로써 그 실존 자체가 의심되었다. 국회프락치 사건은 유령을 증거로 하였으며, 정부의 미움과 친일 세력들의 공작 속에 이루어진 음모와 조작일 가능성이 많다는 것이다.[9]

이와 같이 국가보안법은 그 출발점에서부터 국가 공안권력의 자의적 도구화, 사건과 증거의 조작, 그 과정에서 불가피하게 발동되는 국가폭력과 같은 암울한 징표를 드러낸다. 제헌국회 단상에 오른 법무부장관은 이렇게 말했다. "국가보안법은 총과 탄환입니다."[10]

이승만 정권의 좌익 소탕작전 : 진보당 사건

국가 내에서, 그것도 전시가 아닌 평시의 사회에서 공권력에 의해 사용되는 총과 탄환은 바로 폭력이다. 국가보안법이란 무기를 휘두르기 시작하자 당장 전국의 감옥은 좌익수로 가득 차기 시작했다. 1949년 당시 형무소 수용자의 약 80%가 좌익수였다.[11] 사태를 짐작할 만 하지 않은가. 부천형무소와 영등포 형무소를 신설했다. 그러자 이번에는 엄청난 사건을 처리할 판사와 검사가 모자랐다. 1950년 12월에 판사 및 검사 특별임용시험법이란 걸 만들어 충원하기도 했다.

이승만 정부는 이런 사태를 맞아 아주 기발하고도 반인권적인 방법으로 대처하고 말았다. 국가보안법 개정이 바로 그것이다. 1949년의 개정법률안에는 법정최고형이 무기징역에서 사형으로 바뀌었다. 미수범을 처벌하기로 하고, 무엇보다 놀라운 것은 국가보안법 사건은 3심제가 아닌 단심으로 종결하기로 한 것이다. 법원의 결정에 의해 2년씩 보도구금이란 이름으로 가두어 놓을 수 있는 제도를 마련한 것도 이 때다. 사상전향제도의 시작을 알리는 것이다. 단심제와 보도구금제는 국회에서 아무 토론 없이 전원 찬성으로 통과됐다. 개정안에 대해 법무부장관이 국회에서 밝힌 이유는 사건을 오래 끌면 국가로서도 곤란하고 형무소는 터져버릴지 모른다는 것이다.[12] 국가보안법에 의한 사건 폭주를 법적용의 남발에 대한 반성적 고찰이 아닌 국민의 기본권을 제한하는 방식으로 해결하고자 한 것이다. 이 개정안은 몇 개월 뒤 간단한 두 번째 개정을 거쳐 1958년까지 간다.

이승만 정권 아래서 마지막 개정은 국가보안법의 전면적 강화로 나타난다. 우선 40개로 늘어난 조문의 수만 보더라도 알 수 있다. 1958년 12월 26일의 국가보안법은 종전의 법을 폐지하고 새로이 제정된 것이나 다름없다. 국가기밀과 정보의 수집이나 누설, 허위사실 유포 등 막연하고 모호한 개념의 행위를 처벌하기 시작했다.

이승만 정권은 장기집권을 위해 1954년 대통령의 3선을 허용하는 사사오입 개헌을 강행했으나, 2년 뒤 제3대 대통령 선거에서 고전하고 부통령 선거에서는 패퇴하고 말았다. 경제성장률은 감소하여 민심 이반이 일어나기 시작했고, 무모한 북진통일론과 고집스런 반일정책으로 미국으로부터도 견제를 당하였다.[13] 이런 위기 국면에서 돌파구로 찾은 것이 국가보안법의 강화였던 것이다. 이승만 정권은 이 법을 통과시키기 위해 무술경찰을 동원하여 개정에 반대하는 야당 의원들을 모두 국회의사당 밖으로 끌어내야만 했다.[14] 그래서 이를 '2·4파동'[15] 또는 '보안법 파동'이라 한다.

1958년의 국가보안법은 대통령을 비난해도 처벌했다. 선우만혁이란 사람은 대통령을 욕했다는 이유로 징역 3년을 선고받았다.[16] 그러나 이승만과 자유당이 장기집권을 위한 정치적 목적에 국가보안법을 철저한 도구로 삼은 대표적 사례는 진보당 사건이다.

진보당은 1956년 11월 조봉암을 중심으로 민주사회주의를 표방하며 결성된 혁신 정당이다. 조봉암은 3·1운동 참가로 복역한 뒤 독립운동을 위해 유리하다는 판단에 따라 조선공산당에서 공산주의 운동을 했다.[17] 그러나 광복 직후 좌익과 결별을 선언하고 제헌 국회의원이 되었으며, 초대 농림부장관에까지 임명되어 농지개혁법과 양곡매입법 등 진보적 정책을 추진하기도 했다. 제2대 국회에선 국회부의장을 지내기도 했으나 전력 때문에 항상 보수우익 진영으로부터 심한 견제와 위협을 받았다. 그러다 진보당 창당에 관여하여 1956년 제3대 대통령 선거에서 이승만과 겨뤄 216만 표를 얻기도 했다.

그런데 1958년 1월 13일, 검찰은 북한의 간첩과 접선하고 북한 공산집단의 통일방안을 주장했다는 혐의로 모든 진보당 간부들을 구속했다. 진보당의 평화통일론은 대한민국의 존립을 부정하며, 진보당의 정강정책이 헌법에 위반된다는 것이다. 그리고 혐의자들을 기소한 뒤 육군 특무대는 양이섭이란 간첩을 만들어 진보당과 관련시켰다. 6월 13일 검찰은 양이섭의 진술을 유일한 증거로 조봉암 등에게 사형을 구형했다. 그러나 선고 결과는 징역 5년이었다. 진보당의 평화통일정책과 정강정책에 관련된 부분에 대해선 무죄를 선고했기 때문이다.

반공청년단을 자처하는 청년들이 법원에 난입하여 재판장 유병진 판사 등을 용공판사로 몰아부치며 항의 시위를 하고, 판사들이 피신하는 소동이 벌어졌다. 그 영향인지, 그 해 9월 초 시작된 항소심은 빨리 진행되었다. 항소심에서 간첩 양이섭은 1심의 진술을 번복했다. 특무대의 회유와 협박을 이기지 못하여 허위자백을 했다는 것이다. 그럼에도 불구하고 서울고등법원은 엉뚱하게도 조봉암에게 사형을 선고했다. 그리고 그 사건은 다음 해 대법원에서 그대로 확정되었고, 조봉암의 사형집행은 순식간에 이루어졌다.

당시 사회분위기란, 보수세력들이 진보당을 무산계급 정당으로서 사회주의 정당 또는 용공 정당으로 매도하고 있었던 것은 사실이다. 하지만 진보당과 유사한 정강정책을 펼친 민주혁신당이 아무런 제재를 받지 않은 사실에 주목한다면, 진보당 사건은 이승만 정권에 의한 정치보복이란 결론에 쉽게 도달한다. 제3대 대통령 선거 결과 자유당은 위협을 느낀 것이다. 진보당과 조봉암이란 인물은 이승만과 자유당에겐 장기집권에 대한 심각한 도전이자 장애로 간주되었던 것이다.[18]

군사독재의 시작 : 동베를린 사건

1960년 10월 24일 대남 간첩 정연철이 영문학자인 연세대 오화섭 교수 집을 찾았다. 오 교수의 매부인 정연철은 노동당 중앙위원회의 위임을 받아 왔다면서 포섭을 시도했다. 오 교수는 "내 집에서 당장 나가지 않으면 경찰에 고발하겠다"고 호통치며 쫓아냈다. 그 뒤 오 교수는 간첩을 신고하지 않았다는 이유로 구속되었다.[19] 이것이 불고지죄다. 불고지죄는 제2공화국에서 새로 생긴 죄명이다.

자유당을 무너뜨리고 정권을 잡은 민주당은 4·19혁명의 이념에 부응한다는 명분 때문에라도 국가보안법에 손을 대야 했다. 그리하여 선량한 국민의 자유와 권리를 보장하기 위해서라는 제안이유를 달고 40개의 조문을 16개로 줄여 2·4파동 이전의 국가보안법으로 돌려놓은 것이 1960년 6월 1일이다. 그 결과 종전의 수많은 독소조항을 없앤 것은 사실이나, 불고지죄를 신설하고 선동·선전이란 모호한 개념을 사용하여 개혁의 한계를 드러내기도 했다.

시민적 자유를 비롯한 기본권이 보장되는 민주화 물결 속에서 각종 집회는 자유와 무질서의 경계를 넘나들었다. 그 와중에서 일어난 혁신운동과 통일운동을 제대로 받아들일 수 있는 체제를 갖추지 못한 민주당은 다시 제도와 공권력을 무기로 원하는 질서를 잡고자 했다. 기댈 만한 무기는 역시 국가보안법이었다. 박정희 정권에 앞서 먼저 반공법을 생각한 것이 바로 민주당이다. 1960년 3월 민주당 정부는 반공임시특별법안을 완성했다. 그러나 2·4파동을 기억하는 국민과 야당의 거센 반발에 부닥쳐 그 계획은 국가보안법의 재강화 쪽으로 변경되었다. 반공법안 반대시위는 폭동의 양상으로 번지고, 그것은 반공법 제정이나 국가보안법 개악 저지에는 성공했으나 군사쿠데타는 예견하지 못하고 말았다.[20]

박정희 군사독재정부의 출범과 함께 반공법 시대가 개막됐다. 철저한 반공사상으로 무장한 군사정부는 반공을 국시의 첫번째로 내걸었다. 쿠데타 3일 뒤에 선포된 군사혁명위원회의 포고령 제18호는 반공법의 서곡이었다. 6월엔 반국가적이고 반민족적 행위를 처벌한다는 명분으로 특수범죄 처벌에 관한 특별법을 제정했다. 소급하여 처벌할 수 있도록 한 이 법의 집행을 위해 혁명검찰부와 혁명재판소가 설치됐다.

그리고 반공법은 6월 28일 공포되었다. 반공법은 기존 국가보안법 내용 중에서도 주로 공산계열의 활동을 예방하고 처벌하겠다는 취지를 내세웠다. 아울러 9월에는 국가보안법을 약간 강화하는 방향으로 개정했다. 반공법과 국가보안법은 형법의 특별법으로 정권을 위한 명실상부한 총과 탄환이 되었다.[21]

　반공법과 국가보안법이라는 쌍두마차의 출발과 함께 나돌게 된 말이 '막걸리 반공법' 또는 '막걸리 보안법'이다. 아무것도 모르는 거리의 서민들이 술김에 한 한마디에도 이 법들을 갖다 댄 것을 비웃은 유행어다. 그러나 이것은 사실이다. 최진석이란 노동자는 술 마시던 중 "김일성 수령님이 뭐가 어째서 나쁘냐? 난 지지한다"고 했다가 징역 2년에 집행유예 3년을 선고받았다.[22] 목공일을 하는 강영근이란 사람은 "간첩도 우리 형젠데 내려오면 왜 죽이느냐. 소련놈과 미국놈이 나쁘지 이북이 왜 나쁘냐"고 떠들었다. 그 대가는 징역 3년에 집행유예 3년이었다.[23]

　공포의 시대에 말이 이러한데 글이 온전할 리 없다. 〈국제신보〉 주필로 있던 이병주는 1960년 『새벽』 12월호에 쓴 「조국의 부재」란 논설 중 중립화통일론이란 것이 문제되어 징역 10년을 선고받았다.[24] 1964년 MBC 사장 황용주는 『세대』 11월호에 쓴 「강력한 통일정부에의 의지」의 유엔 남북동시가입 논의가 문제되어 반공법 위반으로 구속되었고, 이어서 며칠 뒤엔 남북동시가입에 관한 외신 기사를 보도했다는 이유로 당시 조선일보 기자 리영희가 체포됐다.[25] 1960년대 최대 화제의 필화 사건은 남정현 소설 「분지」의 용공성 시비다. 중앙정보부는 1965년 7월 『현대문학』 3월호에 실린 소설의 내용이 반미용공으로 반공법에 저촉된다고 남씨를 구속했다.[26] 사법사상 최악의 치욕으로 평가되는 인혁당 사건[27]은 1964년에, 통혁당 사건은 1968년에 발표되었다. 동베를린 사건은 그 사이에 있다.

　1967년 7월 8일 김형욱 중앙정보부장은 유럽에 유학한 사실이 있는 현역 대학교수와 유학중인 한국 학생들을 중심으로 무려 194명이 관련된 대규모 간첩 사건을 적발해 수사중이라고 발표했다. 이어 17일까지 7차례에 걸쳐 계속

수사 결과를 퍼뜨렸다.[28] 간첩 혐의자들 명단에는 독일에서 활동하던 현대음악가 윤이상과 물리학자 정규명, 그리고 프랑스에 체류중이던 화가 이응로 등의 이름이 포함되어 있었다. 이들이 동베를린을 거점으로 북괴대남적화공작을 했다는 것이다.

1957년부터 서베를린에 정착하여 음악 공부와 작곡을 해오던 윤이상은 1963년 동베를린 북한 대사관을 통해 월북한 고향 친구 최상한의 편지를 받고 평양으로 갔다. 통영에 있는 친구 가족들의 안부를 전해주고, 평소 그리던 강서고분의 사신도를 보려는 기대에서였다.[29] 그런가 하면 프랑스의 이응로에게 어느날 북한에 있다는 아들의 편지가 전달됐다. 6·25전쟁 때 행방불명된 아들의 사진도 등장하여 흥분시켰다. 아들을 만날 수 있다는 꿈에 부풀어 동베를린을 세 차례 방문했으나 끝내 허사로 돌아가고 말았다.[30] 이런 사연들이 간첩행위로 각색되고 조작되었다.

중앙정보부는 치밀한 계획 아래 독일을 비롯한 유럽 전역에서 조작한 혐의자들을 납치해 서울로 데려왔다. 대부분 박정희 대통령의 편지 또는 초대장을 가져왔다고 속였다. 그리고는 바로 대공분실로 데려가 고문으로 허위자백을 받아냈다. 예술과 학문에 전념하던 사람들은 몽둥이와 구둣발 아래 꼼짝 못하고 말았다. 이응로는 사실이 아니지만 원한다면 마음대로 조서를 작성하라고 했다. 윤이상은 "나는 북한에 봉사하는 공산주의자다"라고는 썼으나, 정보부원이 요구하는 "최덕신[31]이 정부의 타도를 계획하고 있었다"는 끝내 거부했다.[32] 이들 모두 중형[33]을 선고받고 교도소에 수감됐다. 그리고 1969년부터 특별사면으로 석방되어 출국했다.[34] 서독 정부는 재판 과정을 촬영하고, 서독에 거주하는 사람들을 임의로 납치한 데 대하여 항의를 했다. 이런 사정들이 조기석방의 이유로 이야기된다.[35]

동베를린 사건에는 정치적 음모가 배경으로 깔려 있다. 1967년 대통령 선거에서도 부정선거 시비가 있었다. 윤보선을 누른 박정희의 표가 너무 많았던 것이다. 이런 시비로 인한 혼란을 잠재우고자 하는 정부의 의도와 중앙정보부장 김형욱의 야심이 어우러져 만들어진 작품이 이 사건이다.

헌법의 위에 서서 : 재일교포 학원침투 간첩단 사건

1970년대는 유신의 시대다. 1972년 10월 17일 박정희는 헌법의 효력을 정지시키는 유신이란 이름의 비상조치를 선언하고, 즉시 새로운 헌법을 만들어 국민투표로 통과시켰다. 6 · 23 선언과 7 · 4 남북공동성명 평화통일외교를 표방하고, 그에 따라 남북한이 유엔총회에 동시 초청되는 전환된 국면이 열렸다. 이런 일시적 해빙 분위기에 1973년 하반기부터 유신헌법 반대 운동이 뜨겁게 일어났고, 박정희는 긴급조치로써 대항했다. 1974년 1월 8일 1호를 발동한 이후 긴급조치는 9호까지 선포된다.[36] 반공법 제정 직후에는 국가보안법보다 반공법 적용이 훨씬 많게 되었다. 그러다가 긴급조치가 발동되자 그 영향으로 오히려 국가보안법과 반공법 위반 건수는 줄어들게 된다. 박정희 정권의 후반, 유신헌법이 지배하던 시절은 긴급조치가 무기였다.

1970년은 김지하의 장시 「오적」 사건으로 시작됐다. 우리 사회의 부패한 오적을 재벌, 국회의원, 고급공무원, 장성, 장 · 차관으로 꼽고, 짐승을 의미하면서 그 음에 맞는 어려운 한자를 찾아서 쓴 풍자시가 발표됐다. 「오적」은 그 해 『사상계』 5월호에 처음 실렸을 땐 큰 문제가 없었다. 그런데 다음 달 당시 야당이었던 신민당의 기관지 〈민주전선〉에 다시 게재되자 반공법의 칼날이 들이닥쳤다. 계급의식을 고취시킨 용공 작품이라는 이유로 김지하는 체포됐다.

시인을 변론하던 한승헌 변호사는 그 이외에도 국가보안법이나 반공법 위반 사건을 도맡았다. 그리고는 그 자신도 반공법 위반으로 구속되어 변호사 자격까지 박탈당하는 파란을 겪는다. 1975년 1월 한 변호사는 2년 전 월간지 『여성동아』에 쓴 「어떤 조사(弔辭)」란 제목의 수필 때문에 체포되었다. 그가 변론을 맡았던 공화당 국회의원 김규남이 간첩죄로 사형당한 기억을 떠올려 사형제도를 비판한 내용이었다. 검사는 "간첩을 애도하여 북괴 선전활동에 동조했다"고 기소하였고, 판사는 그에 호응하여 징역 1년 6월의 실형을 선고했다.[37]

김대중 납치 사건과 문인간첩단 사건이 긴급조치의 배경에 있었지만, 무엇보다도 70년대를 기억하게 하는 것은 재일교포 학원침투 간첩단 사건이다. 1971년에도 대통령 선거가 있었다. 박정희는 이미 3선개헌을 통해 영구 집권을 위한 계획을 치밀하게 이행하는 중이었다. 상대는 또 김대중이었다. 4월 18일엔 고려대 학생 4,000명이 교련 반대 시위를 하고 있었고, 장충공원의 김대중 대통령후보 유세장엔 서울 시민이 구름처럼 몰려들었다.[38] 바로 그때 육군보안사령부는 서승·서준식 형제를 중심으로 한 간첩단 사건 전모를 발표했다. 재일교포로서 조국에 유학 온 두 형제는 북한의 지령을 받아 서울대학에 지하조직을 만들어 학생들의 군사교련 반대투쟁과 박정희의 3선 반대투쟁을 배후조종하여 인민봉기를 선동하고 정부타도와 공산혁명을 기도했다는 것이다. 거기다 김대중 후보의 참모였던 김상현 의원을 통해 일본의 불순한 정치자금을 전달했다는 혐의도 덧붙였다. 경쟁자에게 용공의 오명을 덮어 씌우려는 의도였다.[39]

서승과 서준식은 재일교포 3세로 일본에서 태어나 자랐다. 어려서부터 목격한 것은 일본의 한국인들이 해방민족으로서 대우받기는커녕 국적도 없는 사람 정도로 심한 차별에 시달리는 모습이었다. 조국에 대한 걷잡을 수없는 동경으로, 1967년과 그 다음해 차례로 서울대에 입학하여 유학을 시작했다. 유학중이던 1970년 여름방학, 그들은 일본에서 출발하여 북한으로 여행을 떠났다. 그리고 돌아왔다. 그 일로 1970년 3월 초 군수사기관에 연행되었다가 주의를 받고 금방 풀려났다. 하지만 대통령 선거를 며칠 앞두고 다시 구속되었다. 북한 여행중 안내한 사람들과 나눈 이야기가 깔끔하게 정리되어 조목조목 번호를 달고 북괴로부터 받은 지령으로 둔갑했다.[40] 김상현 의원과의 인연은 서울에 처음 와서 그의 집에서 하숙함으로써 시작된 것인데, 자금수수 관계로 조작됐다.

서승·서준식 사건은 무기징역과 징역 7년이란 최종 확정형으로 끝나지 않는다. 국가폭력에 대항한 싸움은 교도소에서 본격화된다. 그들은 이미 수사 단계에서 심한 고문을 당했다.[41] 서승은 "고문의 아픔은 죽음보다 더했다"고 되뇌었다. 그 고통을 잊고자 분신을 시도하여 얼굴은 원자폭탄으로 타들어간 들판처럼 문드러졌다. 그리고 교도소에서 강제 사상전향[42]의 회오리 속에서 자행된 폭행을 당해야 했다. 선택할 수 있는 것은 피살되거나 자살하거나, 아니면 전향하는 것이었다. 서준식의 형기 7년은 먼저 지나갔다. 그러나 박정희 정권은 1975년 사회안전법을 만들었다. 재범의 우려가 있는 자는 재판 없이 법무부 장관의 결정만으로 보안감호소라는 새로운 감옥에 들어가야 했다. 2년마다 갱신되는 그 감옥행에는 기간의 제한이 없었다. 서준식은 7년의 형기를 마치고 즉시 보안감호 처분을 받아 다시 10년을 더 갇혀 있어야 했다. 결정에 관여하는 보안처분심의위원들은 그날 점심 식사를 어떤 메뉴로 할 것인가를 결정하는 것보다 더 쉽게 2년의 갱신을 의결했을 것이다.[43][44] 국가보안법을 실질적으로 강화시키는 구실을 했던 사회안전법은 폐지되었으나 보안관찰법이 뒤를 이었다.

정통성과 도덕성 대신 무력을 : 보도지침 사건

그토록 세월이 흐르고 그만큼 역사도 거듭됐건만, 전두환 정권의 제5공화국도 여전히 국가보안법의 시대를 벗어나지 못했다. 광주민중항쟁의 결과 신군부정권은 정통성과 도덕성을 승인받을 수 없었다. 이런 정부에 저항하는 운동은 조직적이고 광범위할 수밖에 없었고, 정권을 유지해야 하는 자들이 생각해 낼 수 있는 방안이라고는 국가보안법과 같은 무력의 제도뿐이었다.

1980년 12월 국가보위입법회의에 의해 탄생한 전두환 시대의 국가보안법은 기존의 국가보안법과 반공법을 통합하여 강화한 것이다. 국가의 안정과 국민의 생존 및 자유를 위태롭게 하는 반국가 활동을 규제하기 위하여[45] 불고지죄도 통합하고 전체적인 형량도 높였다. 그 법의 기본 골격은 지금 현재까지 그대로 유지되고 있다. 전두환 정권의 악법을 통한 통치는 1980년 5월 김대중 내란음모 사건[46]으로 시작되었다. 그리고 80년대 중반에 터진 보도지침 사건은 회화적이면서도 상징적이다. 언론 장악에도 국가보안법이 사용될 수 있었다는 것을 보여준다.

전두환 정권은 정통성과 도덕성의 부재를 언론을 통제함으로써 일부 메워보고자 기도했다. 1980년부터 언론인 강제해직, 언론사 통폐합, 언론기본법 제정에 이어 언제부턴가 보도지침이란 것을 강요하기 시작했다. 문공부 홍보조정실에서 매일 언론사의 편집국이나 보도국에 그날의 보도통제 지침을 시달했다. 예를 들면 이렇다. 1986년 6월 부천경찰서에서 권인숙 씨에 대해 자행한 성고문 사건은 사회의 분노를 일으켰다. 그 사건의 보도와 관련한 보도지침의 내용은 구체적이다.

> 기사는 사회면에 신되, 기자의 독자적 취재내용은 싣지 말고 검찰이 발표한 내용만 보도하며, 성추행이란 표현 대신 성모욕행위라고 하고, 변호인단의 고발장 내용이나 단체의 성명은 일절 기사화해선 안된다.

보도지침은 일부 언론인들 사이에선 공공연한 사실이었으나 공개적으로 거론될 수는 없었다. 그런데 한국일보에서는 언젠가 전두환 정권의 언론통제 실상을 세상에 알려야 한다며 장강재 사장의 지시로 보도지침 사본을 모아두었다.[47] 1986년 여름 이 사본철을 본 김주언 기자는 민주통일민중운동연합 김도연 홍보기획실장과 의논하여 폭로하기로 결정했다. 김태홍과 신홍범 등이 가세하여 당시 민주언론운동협의회 기관지였던 『말』에 특집으로 싣기로 하고 종로에 비밀 편집실을 차렸다. 1985년 10월 19일부터 1986년 8월 8일까지 약 10개월 치의 보도지침을 날짜별로 수록했다. 그리고 9월 9일 명동성당에서 기자회견을 가졌다. 그날의 보도지침은 보도지침 폭로 내용을 보도하지 말라는 것이었다.

용감한 언론인들은 3개월만에 붙잡혔다. 12월 10일 김태홍이 먼저 남영동 치안본부 대공분실로 끌려가고, 신홍범과 김주언도 체포되었다. 검찰이 그들에게 뒤집어씌운 죄명도 기억해둘 만하다. 그들의 집에서 압수한 영문 책자들을 빌미삼아 국가보안법 중 이적표현물소지죄를, 기자회견을 했다고 집시법위반을, 기자회견 내용을 문제삼아 국가기밀누설죄와 외교상기밀누설죄를, 그리고 기자회견장에 외국기자들도 참석했다고 국가모독죄를 붙여주었다.

상상을 초월하는 반민주적 방식으로 언론을 통제한 국가권력의 폭력성을 알린 사람들을 기소한 검찰의 행위는 적반하장이었고, 재판의 과정은 거의 코미디였다. 피고인들은 보도지침 중 김대중 씨의 사진을 싣지 말란 내용도 있는데 그렇다면 김대중 씨 얼굴이 국가기밀이냐고 물었다. 검사는 자신이 없었는지 이 부분을 기소 대상에서 제외했다. 보도통제 대상이 된 내용이 외교상 비밀인가 아니면 정부가 보도통제를 했다는 사실 자체가 외교상 기밀이냐고 변호인들이 따졌다. 변호인들이 신청한 문공부 공무원과 언론인 등 24명의 증인이 모두 채택되었다. 그러나 재판부는 한순간에 취소해 버렸다. 변호인들은 그 이유를 대라고 요구하였으나 판사는 입을 다물었다. 그런데 놀랍게도 검사가 대신 그 이유를 설명하고 나섰다.[48] 그리고 1987년 6월 3일 대부분 유죄가 선고되었다. 형식적 진실은 지리한 시간의 소모전 끝에 1994년 7월 5일 항소심 법원이 모두 무죄를 선고함으로써 밝혀지게 되었다.

무리한 국가형벌권의 행사에는 항상 따라다니는 것이긴 하지만, 제5공화국 시절 국가폭력에 철저한 손발 역할을 한 고문기술자들은 비인간적 인권유린 행위를 일삼으며 국가보안법위반 사건의 증거들을 조작했다. 당시 경기도경 대공분실장으로 재직했던 이근안은 그 중의 한 사람이다. 영문도 모른 채 영장 없이 끌려간 피의자들은 그들로부터 죽음보다 더한 공포를 불러일으키는 고통을 당했다. 불법체포 상태의 긴 수사기간 동안 통닭구이, 고춧가루와 물고문, 날개꺾기, 관절꺾기, 쇠파이프로 어깨 내려치기 등의 가혹행위가 서슴없이 행해졌다. 그리고 고문 수사관은 법정에 증인으로 나서서 이렇게 증언했다. "피의자들에게 집으로 돌아가도 좋다고 말해주었는데도 피의자들 스스로 수사에 협조하게 위해 대공분실에 남아 있었습니다."[49] 전두환 정권의 날은 그렇게 흘러가 노태우 정권으로 이어졌다.

방북 시대의 고통 : '모내기' 사건

제6공화국 정부는 제5공화국 정부의 정권을 그대로 물려받은 것이다. 따라서 전두환 정권의 불법성과 부도덕성을 그대로 계승한 현실과 그것을 단절해야 한다는 의무감 사이에서 갈팡질팡할 수밖에 없었다. 노태우 정부 출범 초기에는 국가보안법 개폐 논란 때문에 그 적용이 비교적 자제되었다. 그러나 문익환 목사 방북사건 이후 '국가보안법 시대'라는 이름의 공안정국은 되풀이되고 말았다. 공안합수부가 탄생하여 77일 동안 85명을 구속하였으며,[50] 노동자·출판인·화가·교사들을 심하게 탄압했고, 국가보안법 사건 중 이적표현물 제작 반포 소지와 찬양 고무 동조 사례가 80%를 차지했다.

1989년 3월 문익환 목사는 통일을 위한 염원으로 자발적으로 북한을 방문

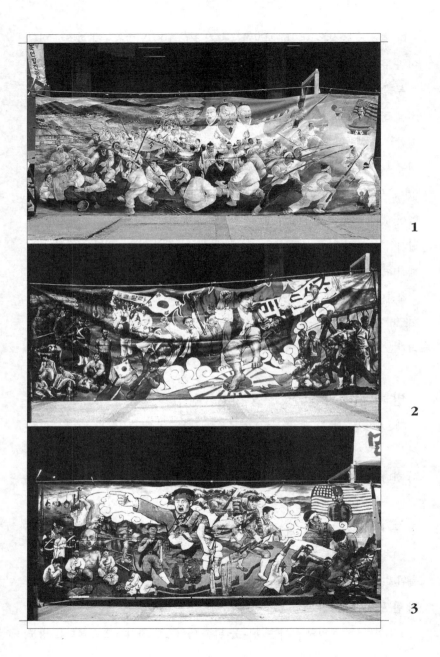

1

2

3

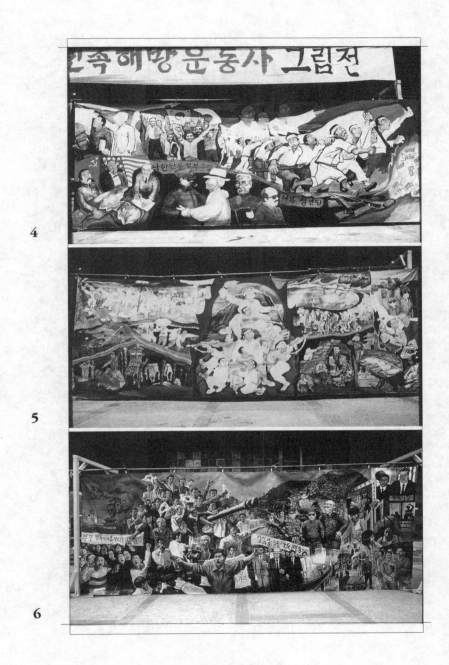

4

5

6

7

8

9

10

11

했다. 김일성 주석을 두 차례 만나고 난 뒤 돌아와 징역 7년을 선고받았다. 그 이튿날인 3월 27일, 시인 고은을 비롯한 26명은 오래 전부터 추진중이던 남북작가회담을 정부가 갑자기 중단시킨 데 항의하여 버스로 판문점을 향해 가던 중 연행되어 법정에 섰다. 그리고 5월, 한겨레신문사는 창간 1주년 기념사업으로 방북 취재를 구상했다. 논설고문이었던 리영희 교수는 북한의 초청이나 입국허가 등을 일본을 통해 타진하다가 결국 반국가단체 지역으로 탈출을 예비음모했다는 혐의로 구속됐다. 6월엔 한국외국어대학에 다니던 임수경 씨가 전국대학생대표자협의회 대표로 평양 세계청년학생축전에 참가했다. 다음 달 문규현 신부는 천주교 정의구현 전국사제단의 의사에 따라 방북하여 임수경과 함께 판문점을 넘어 귀국했다. 물론 모두 중형을 선고받고 교도소에 수감됐다.

1989년 8월 4일, 안기부는 화가 홍성담을 구속했다. 「민족해방운동사」라는 대형 걸개그림을 11개의 슬라이드 필름에 담아 미국을 통해 북한으로 보냈다는 혐의였는데, 그림의 공동제작에 참여한 다른 화가들도 잇달아 구속됐다. 열흘 뒤 광복절 새벽, 미술대학 학생 이상호와 전정호는 「백두의 산자락 아래 밝아오는 통일의 새날이여」라는 제목의 그림을 완성했다. 이 그림은 광주와 서울을 거쳐 9월 초 제주에서 전시중 경찰에 의해 탈취됐다. 그림 속의 진달래꽃이 북한의 국화[51]라는 이유로 유죄 판결을 받고 말았다.

화가 신학철은 1987년 여름 「모내기」란 유화를 그렸다. 민족미술협의회가 주최한 제1회 통일전에 출품하기 위해서였다. 그리고 아무 일 없이 2년의 세월이 흐르고, 1989년 민족미술협의회는 그 그림을 그 해 달력에 사용했다. 서울시경 대공과에서는 이 그림이 이적표현물이라고 단정하고 작품을 압수하고 화가는 구속했다.

그림의 상단은 북한이고 하단은 남한이다. 위쪽의 산은 김일성의 '혁명의 성산 백두산이며 왼쪽 초가집은 김일성 생가인 만경대다. 농부들이 모여 수확을 즐기고 아이들이 잠자리채를 들고 뛰노는 들판 뒤쪽은 복숭아 나무로 장식되어 있다. 북한을 지상낙원으로 묘사한 것이다. 거기에 비해 아래쪽은 어떤가. 모내기하는 아낙네들 뒤로 한 농부가 소를 앞세워 써레질로 논을 치우고 있다. 써레 앞에는 마치 쓰레기처럼 핵무기, 탱크, 코카콜라 병, 양담배 그리고 레이건, 나카소네, 전두환의 얼굴이 뒤엉켜 있다. 북한을 고무찬양하여 대한민국에 적대적이며 공격적인 표현을 하고 있다는 것이 검사의 기소요지다.

화가는 이렇게 말한다. 그림 위쪽은 북한이 아니라 복사꽃 피는 고향 경북 금릉을 회상하여 그린 것이다. 언젠가 고향의 집안 형이 써레질하는 것을 보고, 우리 사회에서도 통일을 방해하는 온갖 것들을 싹 쓸어냈으면 하는 생각이 들었다. 당시 민주화를 향한 열망에는 전두환 대통령도 제거의 대상에 포함되어 있었다.[52]

1992년의 제1심과 1994년의 항소심 법원에서는 모두 무죄를 선고했다. 그러나 1998년 대법원은 유죄를 인정하여 파기했다. 하나의 편견이 권력과 결합하면 그것은 곧 제도폭력으로 변질된다.[53] 국가보안법의 폭력은 그림에도 예외 없이 가해지는 것이다.

문민적 공안 정국 : 『한국사회의 이해』 사건

1994년 7월 27일, 이미 여름 방학에 들어가 한산해진 진주 경상대학교 앞에 위치한 우리서점 대표 정대인 씨가 경찰에 연행됐다. 경찰은 흔히 그러듯 정씨를 임의동행 형식으로 강제연행하면서 서점에 진열된 『한국사회의 이해』 13권을 포함한 90여 권의 서적을 압수했다. 이 작은 움직임 하나는, 국가보안법을 도구로 한 공안권력이 학문의 자유를 침해한 대표적 사건의 서막이 되었다. 정씨는 경찰에서 『한국사회의 이해』의 판매부수 등에 관한 조사를 받고 다음날 풀려나왔으며, 그 사실을 서울의 인권운동 사랑방에 보고했다. 하지만 공안권력의 의도에 따라 언론에 일제히 보도되면서 비로소 사건화되기 시작한 것은 8월 2일부터다.

2년째를 맞은 김영삼 정부는 집권 초기의 절대적 지지를 받은 사정 작업이 검찰의 표적수사 시비로 흐르면서 흔들리기 시작했고, 때마침 불어닥친 경제적 불황도 악재로 작용했다. 그래서 최대 지지기반이라 할 수 있는 보수층을 끌어안을 필요성을 느끼게 되었는데, 그 결과 돌출한 것이 소위 '신공안 정국'이다.[54] 그해 7월 18일 서강대 총장 박홍은 대통령 주재 대학총장간담회에서 "학원의 주사파 뒤에는 사노맹이 있고, 그 뒤에는 사로청, 그 뒤에는 김정일이 있다"고 떠들었다. 이것이 박홍의 '주사파 발언'이며, 신공안 정국의 분위기 조성에 유용한 도구가 되었다. 이어서 박홍 총장은 일본 신문과의 인터뷰에서 국내 대학에 북한의 장학금을 받은 교수가 있다고 말했다. 그 진위 확인을 위해 몰려든 기자들에게 최환 대검공안부장이 "두 달 전부터 어느 지방대학 교수들에 대한 내사를 벌여왔다"고 정보를 흘린 것이 8월 2일이다.[55] 그날 저녁 각 방송은 박홍 총장 발언에 이어 경상대 사건을 보도했고, 다음날 아침 전국 일간지도 일제히 기사를 내보냈다. 경상대 교양 교재 『한국사회의 이해』에 이적성 표현이 있어 책을 저술한 교수들을 국가보안법 위반 혐의로 내사중이라는 내용이었다.

보도와 함께 대검공안부는 책에 대한 공안문제연구소의 분석 결과를 발표하고, 수사는 본격화되었다. 경찰은 거듭 교수들을 소환했고, 교수들은 불응했다. 언론이 수사기관의 움직임을 반복하여 보도하는 가운데 전국 70여 단체에서는 연쇄적으로 학문의 자유를 침해하는 공안당국을 비난하는 성명을 발표했다. 8월 10일엔 국제사면위원회에서 국가보안법의 표적이 된 한국 교수들의 신상을 우려하는 서한을 한국지부에 보내 대통령과 법무부장관 등에 전달하도록 요청했다.[56] 그 와중에서 빈영호 경상대 총장은 '최종 판단은 사법부에 맡길 수밖에 없는 것은 현실'이란 성명을 내고, 이어서 다음 학기에 예정된 『한국사회의 이해』를 교재로 한 같은 이름의 강좌를 폐지해 버렸다.[57]

폐강에 대한 항의로 철야농성이 시작된 가운데 8월 24일 경찰은 정진상, 정상환 두 교수를 구인하려 했으나 체포하지 못해 실패했다. 30일 총학생회 주최로 열린 공개토론회에 참석한 공동집필자 8인의 교수는 입장을 발표하고 비로소 구인에 응하기로 했다.[58] 그날 저녁 창원지검 공안부는 조사를 마친 뒤 6명의 교수는 귀가시키고, 정진상, 장상환 두 교수에 대해서는 구속영장을 청구했다. 영장을 맡은 창원지법의 최인석 판사는 밤새 기록을 검토한 끝에 다음날 아침 기각하였다. 강의 과목이나 교재의 선택과 내용에 관한 것은 국가공권력이 개입하기보다는 대학의 자율적 조절 기능에 맡겨야 한다는 것이 이유 중의 하나였다.

결국 검찰은 11월 30일에야 정진상, 장상환 두 교수를 불구속 기소하는 것으로 수사절차를 종결하였다. 검찰의 기소 요지는 두 가지다. 하나는 『한국사회의 이해』라는 저서 자체가 이적표현물이라는 것이다. 그리고 그 내용을 강의실에서 학생들을 상대로 펼친 교수의 강의 행위는 반국가단체의 활동에 동조한 것이라는 주장이다.

'한국사회의 이해'라는 제목의 강좌는 1987년 6월 민주항쟁의 산물이나 다름없다. 그 민주화 물결의 영향으로 각 대학에서는 과거 군사정부의 국책과목이었던 교련, 국민윤리, 체육 등을 폐지하거나 선택과목으로 돌리고 교과목 개편에 대한 논의를 전면적으로 시작했다. 경상대에서도 1988년 봄부터 뜻을 같이한 교수들이 모여 정식 교과과정 외 '목요교양강좌'란 것을 열어 성공을 거두었다. 이에 힘입어 대학 당국에 정식 과목으로 개설해줄 것을 요청하여, 1989년 1학기부터 '한국사회의 이해'란 강좌가 시작됐다. 사회학, 경제학, 역사학, 법학 등의 여러 분야에 걸쳐 10명의 교수가 매주 두 시간씩 열강을 했다. 매학기 수강생이 1,000명에 육박했고 점점 학생들 사이에 화제가 되었다. 두 학기를 지나면서 강의노트를 묶어 1990년 2월 『한국사회의 이해』라는 책을 출간했고, 4년 뒤 학문적 성과의 진전과 김영삼 정부의 출범 이후 사회정세를 보완하여 개정판을 냈다.

『한국사회의 이해』 사건의 피해자는 경상대 교수들과 학생들이다. 이 사건에서 당사자들은 두 단계에 걸쳐 보이지 않는 이중의 폭력에 시달렸다. 국가공안권력은 국가보안법을 도구 삼아 갑자기 몰아친 신공안정국의 희생양으로 한 대학의 교재와 강좌를 선택했다. 교재와 강좌가 동시에 그리고 별개로 수사의 대상이 된 것이 눈에 띈다. 그리고 이 사건의 배경에는 개혁 성향의 지역 진보인사들을 제거하려는 지방토착세력과 대학 내 보수세력의 담합에 의한 음모가 도사리고 있었던 것으로 이해된다.[59]

1995년 4월 20일 창원지방법원 123호 법정에서 두 교수에 대한 첫 공판이 열렸다. 그리고 그 1심 사건이 종결되는 데는 무려 6년의 세월이 더 소요됐다. 2000년 7월 24일 이재철 부장판사는 두 교수에 대해 무죄를 선고했다. 하지만 검찰은 승복하지 않고 항소하여 지금 사건은 부산고등법원에 계류중이다. 물론 1994년에 폐강된 '한국사회의 이해' 강좌는 아직 재개되지 않고 있다. 학문과 사상의 자유에 대한 신뢰를 가지고 있는 우리 사회의 모두가 피해자라는 것을 인식하게 된다.

맺는 글 : 국가보안법 폐지의 소망

김대중 정부는 역대 그 어느 정부보다 국가보안법 폐지의 희망으로 받아들여졌다. 그러나 그 희망은 아직 희망의 단계에 머물러 있거나 아니면 점점 실망과 절망의 수준으로 추락하고 있다. 국가보안법 폐지 또는 개정 움직임이 조금도 진전되지 않는 가운데 2000년 6월 15일 남북정상회담 이후 국가보안법의 탄력적 적용을 변명이자 대안으로 제시했다. 그에 따라 국가보안법 위반 혐의로 구속되는 수와 비율은 감소의 경향을 보였으나, 수사 수단으로 구속의 남용과 접견제한 등 인권침해 사례는 여전하다고 평가할 수밖에 없었다. 2000년 1년 동안 구속자의 90% 이상이 독소조항으로 지적되는 제7조(고무·찬양) 위반 혐의자들이고, 남북정상회담을 기준으로 그 후의 구속자 수가 그 전의 구속자 수보다 오히려 늘어났다.[60]

눈에 띄는 상황의 변화가 없음에도 2000년대 김대중 정부에 거는 기대는 국가보안법 개폐의 실현이었다. 우선 대통령이 직접 약속을 했고, 여야의 일부 국회의원들이 적극성을 보였다. 1998년 말 유엔 인권위원회가 국가보안법 제7조는 국제인권규약에 위반한다고 선언한 이래, 국가보안법 개폐를 권고하는 국제적 관심이 계속되고 있다. 그리고 정부의 햇볕정책과 남북정상회담도 긍정적인 분위기 조성에 도움이 된 것은 사실이다.[61]

그러나 현상은 변함이 없이 너무나 견고하다. 대통령은 1999년 7월 미국에서 국가보안법 폐지 또는 대체입법을 거론했다. 그러다 8월 광복절 경축사에선 일부 개정으로 한걸음 물러섰고, 현재는 야당과 보수세력의 강력한 반대에 부딪혀 아무런 구체적 움직임을 보여주지 못하고 있다. 제정 당시부터 50년이 넘게 계속된 국가보안법 개폐 논의는 그동안 국가보안법 강화라는 역효과 외에 현실로 우리 손에 쥐어준 것이 아무것도 없다. 국가보안법 피해자의 한 사람이기도 한 지금의 대통령도 어찌할 수 없는, 불사조와 같은 괴력을 지닌 보이지 않는 흉기의 존재를 처리할 수 있는 현명한 방안은 과연 무엇일까. 국가보안법이 정부수립 이래로 우리 사회와 개인의 정신과 육체에 끼친 폭력의 악영향을 느끼지 못할 때문일까, 너무 쉽게 잊기 때문일까.

이승만 정권은 국가보안법을 국가안위를 위태롭게 할 공산 세력의 침투를 막기 위한 것이 아니라 반정부 세력을 공산당으로 조작하여 탄압하기 위한 정치적 테러 도구로 사용했다.[62] 윤보선, 장면 정권은 사회분위기를 수용하고 조절하지 못하는 정권의 이념적 체질적 취약성을 결국 반공법 제정이나 약화시킨 국가보안법을 원래의 모습으로 되돌려 놓으려는 시도로 메우려 했을 뿐이다. 반공법의 시대, 공포정치의 계절에 중앙정보부는 박정희 정권 전기간을 통해 정보의 독점과 반대세력에 대한 사찰 및 규제 등 국내외 정치에서 실질적인 비밀경찰로서의 기능을 했다.[63] 그 사찰과 규제의 도구는 국가보안법과 반공법이었다. 광주민중항쟁으로 인한 전두환 정권의 정통성 부재라는 치명적 상처는 물리력에 의한 강압통치의 방식으로 가릴 수밖에 없었다. 집권 과정의 물리적 탄압 조치를 법제화하고 정당화하는 데 필요한 악법을 생산해내기 위해 만든 기구가 국가보위입법회의였다.[64] 새로운 국가보안법은 그 산물의 하나다. 노태우 정권은 13대 총선 패배로 여소야대 정국에 시달리다 문익환 목사 방북 등 잇단 사건을 계기로 공안정국을 조성하여 국면을 전환시키는 데 성공했다. 그것으로 결국 5공청산과 민주화는 좌절되고 말았다.[65] 문민정부나 국민의 정부 역시 국가보안법을 고스란히 지닐 수밖에 없었다. 그리고 필요할 때 적절하게 이용하는 것도 잊지 않았다.

국가보안법이 정권 유지의 도구가 되고, 정당성이나 도덕성이 없거나 부족한 정권을 가려주기 위한 수단으로 사용되는 역사의 악순환에는, 검찰과 법원도 충실하게 협력하고 있다. 수사기관은 정권의 시녀 노릇을 조금도 마다하지 않는다. 대상이 정해지면 사건을 국가보안법의 잣대에 가져다 맞춘다. 고문과 불법수사로 사건 조작을 일삼는다. 법원은 국가보안법이 지시하는 방향으로만 눈을 돌린다. 어쩌다 생겨나는 무죄란 것도 결론만 그러할 뿐이지 기본적 시각에는 변함이 없다. 한때는 이렇게 재판한 것이 사실이지 않은가. "앞줄 사형! 둘째 줄 무기! 셋째 줄 20년!"[66]

국가보안법은 일제의 치안유지법을 계승하였고, 마찬가지로 사상전향제도는 일제가 식민지 지배를 위해 우리나라에 시행했던 것을 그대로 답습한 것이다. 이것이 국가보안법의 피해자들에게 충격을 주었다.[67] "나는 재판을 받을 때 수백명의 방청객이 보는 법정에서 큰 소리로 울었다. 슬퍼서 운 것은 아니었다. '옛날 일제시대에 일본인 재판관 앞에서 우리의 선배가 바로 이렇게 재판을 받았을 것이다' 라는 생각 때문이었다."[68]

국가보안법은 공안권력을 보호해주는 집이다. 그리고 백색테러의 총과 탄환이다. 국가보안법 폐지를 주장하는 이유는 국가보안법은 국가에 소지가 허용되지 않는 불법무기이기 때문이다.

주

1) 최초의 국가보안법은 그 외에도 살인, 방화 또는 중요시설의 파괴와 같은 범죄행위를 목적으로 하는 결사나 집단의 조직과 관련된 행위를 처벌한다는 내용을 담고 있다.

2) 박원순, 『국가보안법연구 1』(증보판), 역사비평사, 71쪽.

3) 앞의 책, 80쪽.

4) 앞의 책, 81쪽.

5) 대한민국 국회 제1회 속기록 중 제99차 회의록, 847쪽, 앞의 책 87쪽에서 재인용.

6) 위 속기록 제105차 회의록, 앞의 책 87쪽에서 재인용.

7) 위 속기록 제105차, 제108차 회의록, 앞의 책 89쪽 이하에서 재인용.

8) 앞의 책, 30쪽. 제정 당시 국가보안법 제22조에 의하면 일정한 경우 대통령이 결사나 집단의 해산을 명령할 수 있었다.

9) 앞의 책, 84쪽 이하 ; 박원순, 『국가보안법연구 2』, 357쪽.

10) 제헌국회 제5회 속기록 제56차 회의록, 1,389쪽, 「권승렬 법무장관 발언」, 『국가보안법연구 1』, 박원순, 30쪽에서 재인용.

11) 박원순, 앞의 책, 103쪽.

12) 국회 제5회 속기록 중 제56차 회의록, 1,389쪽, 박원순, 앞의 책 108쪽에서 재인

용.

13) 박원순, 앞의 책, 130쪽 이하.

14) 민주사회를 위한 변호사모임, 한국기독교교회협의회, 『한국인권의 실상』, 역사비평사, 70쪽.

15) 이 법안이 국회에서 여당 단독으로 처리된 날이 1958년 12월 24일이어서 '2·4 파동'이라고 부른다.

16) 동아일보, 1960년 4월 1일, 박원순, 『국가보안법연구 2』, 23쪽에서 재인용.

17) 『발굴 한국현대사 인물 1』, 한겨레신문사, 142쪽.

18) 한국민족문화대백과사전 21, 한국정신문화연구원, 438쪽 이하.

19) 박원순, 앞의 책, 25쪽. 오화섭 교수는 1심에서 선고유예를, 항소심에서는 무죄를 선고받았다. 그러나 대법원에서 다시 유죄가 인정되고 말았다.

20) 박원순, 『국가보안법연구 1』, 172쪽 이하.

21) 반공법은 1968년까지 네 차례 개정을 거치지만 사소한 수정에 불과하고, 그 내용이 국가보안법과 함께 박정희 정권의 마지막까지 그대로 유지된다.

22) 69고46938 반공법위반 사건, 박원순, 『국가보안법연구 2』, 102쪽.

23) 68고23083 반공법위반 사건, 앞의 책, 104쪽.

24) 이병주는 1961년 6월 제정된 특수범죄 처벌에 관한 특별법의 소급 적용으로 중형을 받았다.

25) 박원순, 앞의 책, 70쪽.

26) 공판 과정에서 소설가 안수길이 특별변호인으로 변호인 석에 앉고 문학평론가 이어령이 증인으로 출석했다. 소설의 내용이 반미적인가라는 변호인의 질문에, "우화적 수법을 쓴 것으로 친미도 반미도 아니다. 달을 가리키는데 달은 보지 않고 손가락만 보는 격이다"라고 대답했다. 이어서 검사가 "나는 소설을 읽고 놀랐다. 용공적이지 않은가?"라고 물었다. 그에 대한 대답은 이렇다. "병풍 속의 호랑이를 진짜 호랑이로 아는 사람은 놀라겠지만, 그림으로 아는 사람은 놀라지 않는다." 그러나 결국 유죄는 선고되었다. 한승헌, 『불행한 조국의 임상 노트』, 일요신문사, 100쪽 이하.

27) 1964년의 인민혁명당 사건은 검사가 기소를 거부하는 사태를 겪고 상당 부분은 1심에서 무죄가 선고됐다. 그러나 중앙정보부는 1974년 4월 인민혁명당 재건위원회 사건으로 부활시켜 253명을 구속하고 180여 명을 기소했다. 그리고 사형이 확정된

8명에 대해선 즉시 집행해버렸다. 『공안사건기록』, 세계, 87쪽 이하. 인혁당 사건에 관하여는 이 책에서 별개의 항목으로 상세히 다루고 있다.

28) 『공안사건기록』, 17쪽 이하.

29) 이수자, 『내 남편 윤이상 (상)』, 창작과 비평사, 224쪽. 윤이상은 사신도를 보고난 뒤 「플루트, 오보에, 바이올린, 첼로를 위한 영상」이란 작품을 만들었다.

30) 이응로, 박인경, 「부정(父情)을 처벌한 반공재판」, 『분단시대의 피고들』, 한승헌선 생 회갑기념문집간행위원회, 범우사, 122쪽 이하.

31) 당시 독일 주재 한국 대사였다.

32) 『윤이상-루이제 린저의 대담』, 홍종도 역, 한울, 136쪽.

33) 정규명과 정하룡은 사형이 확정됐고, 윤이상은 1심에서 무기징역이 선고됐으나 종 국에는 징역 10년으로, 이응로는 징역 5년에서 3년으로 각 감형되었다.

34) 조국에서 버림받고 해외에서 세계적 명성을 얻게 된 윤이상, 이응로는 우여곡절 끝 에 결국 고향 땅을 밟아보지 못한 채 눈을 감고 말았다. 정규명 박사는 현재 프랑크 푸르트 근교에서 조용히 여생을 보내고 있다.

35) 그러나 다른 한편으로, 동베를린 사건은 독일정보부(BND)와 한국중앙정보부의 공 모에 의한 것이란 주장도 있다. 『뉴스플러스』, 1996년 11월 14일자.

36) 긴급조치 1호는 유신헌법을 비방 또는 반대하거나, 심지어는 개정을 주장해도 법 관의 영장없이 체포하여 최고 징역 15년에 처할 수 있는 사상 유례없는 조치였다. 1974년 4월 3일 선포된 긴급조치 4호는 학생이 정당한 사유 없이 결석하거나 시험 을 거부해도 5년 이상의 징역에 처할 수 있었다. 결국 이 4호는 전국민주청년학생연 맹 사건 관련자 처벌에 이용됐다. 민청학련 사건으로 구속된 여정남은 대법원에서 사형이 확정된 그 다음 날인 1975년 4월 9일 새벽 인혁당 사건 연루자들과 함께 형 장의 이슬로 사라졌다. 유언비어를 처벌한다는 긴급조치 제9호는 1975년 5월 13일 에 나왔는데, 이때부터 사람들은 아무 말도 함부로 할 수 없게 되었다.

37) 한승헌, 「시국사건 변호에 대한 보복」, 『분단시대의 피고들』, 358쪽 이하. 「어떤 조 사」 전문은 한기해, 『국가보안법-그 흐름과 폐지의 방향』, 공동체, 148쪽 참조.

38) 서준식, 『나의 주장』, 형성사, 242쪽.

39) 서승, 「겨레를 찾아 나라를 찾아」, 『분단시대의 피고들』, 180쪽.

40) 서준식, 앞의 책, 239쪽.

41) 상세한 내용은 서승,『서승의 옥중 19년』, 역사비평사, 31쪽 이하 참조.

42) 사상전향제도에 관해서는 이 책에서 별도로 다루고 있다.

43) 서준식, 앞의 책, 225쪽.

44) 서준식은 감옥 안에서 자신을 가둔 사회안전법 폐지를 주장하며 51일간 단식투쟁한 끝에 1988년 비전향으로 석방됐다. 그리고 징역 20년으로 감형된 서승은 2년 뒤 19년만에 자유의 몸이 되었다.

45) 국가보안법 개정안 제안 이유 중의 하나다. 국회사무처 입법조사국,「국가보안법 의안 카드」, 18~19쪽, 박원순,『국가보안법연구 1』, 204쪽에서 재인용.

46) 이 부분도 이 책의 다른 장에서 상세히 다루고 있다.

47) 김주언·김태홍·신홍범, '5공의 언론통제에 대한 일격',『분단시대의 피고들』, 493쪽.

48) 한승헌, 앞의 책, 163쪽.

49) 1986년 10월 말 경 반제동맹 사건으로 연행된 여영학 등 당시 피의자들은 2000년 1월에 와서야 이근안 등을 국가보안법의 증거날조죄로 서울지검에 고소했다. 그 고소장에 이러한 사실들이 낱낱이 기록되어 있다.

50) 박원순,『국가보안법연구 2』, 45쪽.

51) 국화(國花)란 지극히 의제적이고 상징적인 것으로 실제로 큰 의미가 없다. 일본의 국화는 국화(菊花)인데도 상당수 우리나라 사람들에겐 벚꽃으로 알려져 있다. 북한의 경우도 국화는 진달래꽃이 아닌 자두나무꽃이라고 한다. 변호인은 법정에서 이 사실을 주장하였음에도 유죄의 결론은 요지부동이었다. 한승헌, 앞의 책, 177쪽 참조.

52) 한인섭,『권위주의 형사법을 넘어서』, 동성사, 165쪽 이하. 화가는 김일성 생가 쯤 되면 초가집이 아닌 기와집일 것이라 생각했다고도 한다.

53) 한인섭, 앞의 책, 175쪽.

54) 대한변호사협회,『인권보고서』, 제9집(1994년), 22쪽. 그 외 민주사회를 위한 변호사 모임 등,『신공안정국인권침해 실태보고서』, 1994. 8. 참조.

55) 한겨레, 1994년 8월 6일자, 2면.

56)『한국사회의 이해』 사건 제2차 자료집(1994년 12월 30일), 학문·사상·표현의 자유 수호를 위한 공동대책위원회, 91쪽.

57) 빈영호 총장의 성명은 8월 12일에 발표되었고, 8월 16일 교과과정 운영위원회를

통해 폐강 결정이 이루어졌다. 명목상 이유는 사법조치를 당할지도 모르는 교수들을 보호한다는 것이었으나, 이는 대학 내 진보세력을 일소하려는 움직임으로 판단되어 수많은 대학교수회의 비난의 대상이 되었다.

58) 구인에 응하기로 한 이유는 세 가지다. 첫째 경찰이 학원에 함부로 진입하는 것을 더 방치할 수 없고, 둘째 교수들은 공권력 자체를 부정하지는 않는다는 것을 보여줄 필요가 있으며, 셋째 『한국사회의 이해』가 결코 사법처리의 대상이 될 수 없다는 점에 대해 정면으로 싸우기 위해서였다. 위 자료집 55쪽 이하.

59) 당시 진주전문대 교수 해직과 관련하여 특정 사학재단의 비리가 지역사회에서 문제되었다. 이와 관련하여 정진상, 장상환 두 교수는 진주신문의 '진주논단'이란 고정 칼럼을 통해 번갈아가며 지역토착세력으로서의 사학재단의 해악을 지적하였다.

60) 민주사회를 위한 변호사모임 외 2, 『2000년 국가보안법 보고서』, 민주사회를 위한 변호사모임 참조.

61) 백승헌, 「1999년 국가보안법 개정문제를 둘러싼 경과와 쟁점」, 『일상의 억압과 소수자의 인권』, 사람생각.

62) 박원순, 『국가보안법연구 1』, 159쪽.

63) 조병택, 「한국사회의 권위주의적 지배양식」, 1987년 한국정신문화연구원 부속 대학원 석사학위논문, 45쪽, 박원순, 『국가보안법연구 2』, 30쪽에서 재인용.

64) 박원순, 『국가보안법연구 1』, 211쪽.

65) 한승헌, 앞의 책, 172쪽.

66) 김지하, '같이 수갑을 찬 피고인과 변호인', 『분단시대의 피고들』, 145쪽.

67) 서승, '겨레를 찾아 나라를 찾아', 『분단시대의 피고들』, 187쪽.

68) 이응로·박인경, 앞의 글, 『분단시대의 피고들』, 131쪽.

참고문헌

민주사회를 위한 변호사 모임, 『반민주 악법 개폐에 관한 의견서』 역사비평사
박원순, 『국가보안법연구』 1(변호사) · 2(적용사) · 3(폐지론), 역사비평사
서 승, 『옥중 19년』 역사비평사
서준식, 『나의 주장』 형성사
세계편집부, 『공안사건 기록』 세계

한기해, 『국가보안법 그 흐름과 폐지의 방향』 공동체

한승헌, 『불행한 조국의 임상 노트』 일요신문사

한승헌 선생 회갑기념문집 간행위원회, 『분단시대의 피고들』 범우사

배종대, 「정치형법의 이론」, 『법학논집』 제26집, 고려대학교 법학연구소

20세기 한국의 야만 2

제9장

1980년대 이후 한국 사회와 '죽음의 정치'

— 정치적 의문사와 '강요된 자살'로서의 분신

•

조현연

성공회대학교 사회문화연구소 연구교수

신군부 독재 · 민주적 개방 · 신자유주의

들어가는 글 : '죽음의 정치'로 점철되어 온 한국현대사

이 글의 주제는 80년대 이후 이 땅에서 발생한 정치적 의문사와 '강요된 자살'로서의 분신에 대한 것이다. 이와 관련해 먼저 떠오르는 물음은 하필이면 왜 '정치적 의문사'와 '분신'인가, 이 낱말들이 상징하는 것은 무엇인가 하는 것이다. 정치적 의문사와 분신, 그것은 한편으로는 벌거벗은 국가 폭력의 역사적 현장을, 다른 한편으로는 그에 맞선 저항과 희생의 역사적 현장을 떠오르게 한다. 벌거벗은 국가 폭력, 저항, 희생, 그리고 그 실체적 진실의 은폐와 왜곡 등이 악무한의 연쇄고리처럼 양산되는 사회가 지극히 비정상적이고 상식 이하의 사회라는 것은 두말할 나위가 없다.

그렇다면 도대체 어떤 사회가 그런 역사의 현장을 간직해 왔을까? 그것은 바로 우리 현대사의 자화상이자, 왜곡된 우리 현대사의 비극을 상징한다. 돌이켜보면 해방의 격한 감격으로 시작된 우리 현대사의 궤적은 이후 분단의 아픔과 전쟁의 참혹한 폐허, 독재통치의 공포와 민주주의의 교살 등으로 이어져 왔다. '대한민국은 민주공화국'이라는 말과는 정반대로, 우리의 현대정치사는 지배와 저항의 무한 충돌 속에서 국가와 자본에 의한 극단적인 폭력과 그로 인한 죽음의 정치로 점철된 '광기가 지배해 온 야만의 역사' 그 자체였던 것이다.[1] '죽음의 정치', 즉 인권의 알파이자 오메가인 생명권이 국가에 의해 강제적으로 박탈당하는 현상이 항상적으로 발생하는 역사적 실상에 대해 말하지 않고서는 우리 현대사의 실체적 진실에 가까이 다가갈 수 없을 정도로 폭력국가의 야만과 광기가 온 세상을 휘몰아쳤다. 그리고 이 국가의 야만과 광기적 행동은 마치 전염병처럼 번져나가 폭력의 사회화·일상화를 조장했다. 생산현장에서 늘상 있어 온 자본에 의한 노동의 배제와 탄압은 그 한 예라고 할 수 있다. 그리하여 감옥의 전성시대가 도래하고 숨막힐 듯한 '질식의 사회' 분위기가 조성된 것은 그 당연한 귀결이었다.

국가 폭력과 죽음의 정치가 지배하는 시대, 그것은 한마디로 억압과 절망의 암흑시대라고 할 수 있다. 제2차 세계대전 당시 '아우슈비츠'로 상징되는 홀로 코스트의 유태인들처럼, 이 암흑의 시대에서 많은 사람들이 인간으로서의 존엄성이나 시민으로서 누려야 할 최소한의 기본권조차도 전혀 누릴 수 없었다. 정치적 의문사와 '강요된 자살'로서 분신 등은 바로 이런 암울한 공포의 시대에 대한 생생한 증언이라고 할 수 있다. 나아가 우리는 '피로써 진실을 말한' 정치적 의문사와 분신을 통해 단순히 희생의 역사적 장면을 뛰어넘어 이 암흑 속의 절망을 물리치려 했던, 그리고 더불어 사는 세상을 향한 꿈과 희망을 저버릴 수 없었던 사람들의 고귀한 숨결을 만날 수 있게 된다.

한편 우리는 '민주주의의 반복되는 교실' 속에서 살아 왔다고 해도 지나친 말이 아니다. 그것은 어쩌면 당연한 귀결이었는지도 모른다. 국가가, 그리고 자본이 저지른 흉폭한 죄악에 대한 진실 규명과 온당한 처벌과 심판의 과정이 부재했기 때문이다. 가슴 아프고 추악하기까지 했던 과거와 진정으로 화해하기 위해서 반드시 넘어야 할 이 과정을 그냥 덮어버리고 지나친 것이다. 하물며 지금 우리 눈앞에서는 김대중 정부의 이른바 '이율배반의 정치'[2]가 진행되는 가운데 지난날 많은 사람들에게 쓰라린 고통과 분노만을 갖다 준 독재의 상징들이 신격화되고 있기도 하다. 이승만의 흉상이 국회에 세워졌고, 박정희기념관 건립이 국고 지원에 의해 추진되고 있는 것이 바로 그것이다. 또 인류에 반한 범죄를 저지른 전두환과 노태우의 경우 단지 전직 대통령이었다는 이유만으로 국가 원로로 융숭한 대접을 받고 있기까지 하다. 그럼에도 많은 사람들은 강건너 불구경하듯 팔장만 낀 채 이를 지켜만 보고 있을 따름이다. 참으로 역사적 망각의 위력을 깨닫게 되는 순간이라고 말하지 않을 수 없다.

역사는 기억과의 투쟁이라고 한다. 지배와 통치의 역사가 문제가 많으면 많을수록 지배자들은 수단과 방법을 가리지 않고 과거를 부인하며, 또 지배집단의 승리의 역사에 대한 미화와 정당화를 의미하는 '공식 기억'을 강요하기 위해 다반사로 폭력을 동원하게 된다. 결국 기억들은 단순히 담론의 영역으로만 남아 있는 것이 아니라, 정치화되고 물질화되어 오늘을 살아가고 있는 사람들의 생활에까지 침투하여 삶을 지배하게 되는 것이다.[3] 그랬을 때, 지금 우리가 해야 할 일은 무엇보다 거짓을 거짓으로, 비극을 비극으로, 진실을 진실로 정직하게 기억해내는 일이 아닐까 싶다. 이러한 문제의식 아래 쓰여진 이 글의 목적은 다음과 같은 물음에 대해 답을 하는 것으로 모아진다. 80년대 이후 우리나라의 정치적 의문사와 분신은 왜, 그리고 어떤 역사적, 정치적 상황에서 그토록 많이 발생하게 되었는가? 가해자는 과연 누구이며, 그들은 이를 어떻게 은폐, 조작시켜 왔는가? 이러한 일련의 사건들이 지니고 있는 역사적 성격과 의미는 무엇인가?

정치적 의문사와 실체적 진실의 규명

정치적 의문사, 그 역사의 현장

의문사란 글자 그대로 죽음이라는 결과를 불러일으킨 원인이 규명되지 않은, 그리고 죽음에 이르는 과정이 밝혀지지 않은 외적 힘의 작용으로 인해 죽음에 이르렀을 개연성이 높은 경우를 말한다. 또 외부의 요인이 밝혀졌다 해도 그 목적이나 죽음에 이르게 한 과정 등이 명확하게 규명되지 않은 경우도 이에 포함된다. 이러한 의문사가 양산되는 사회는, 그 문제 해결의 중요성을 간과하는 사회는 한마디로 인권 부재의 사회라고 할 수 있다.

이러한 의문사에는 다양한 유형이 존재한다. 이 가운데 이 글이 특히 주목하고 있는 것은 정치적 의문사에 해당하는 사례들이다. 정치적 의문사란 전두환의 5공독재 이후 형성된 일정한 역사적 개념으로, 장기간에 걸친 정치적 사회적 독재 통치의 산물이라고 할 수 있다. 그것은 국가의 직 간접적인 개입 의혹이 있는, 즉 '사인이 명백히 자연사로 확인되지 아니하고 부당한 공권력의 행사로 인하여 사망하였다고 의심할 만한 상당한 이유가 있는', 또 '타살당했음이 분명한 심적 및 물증이 있음에도 불구하고 공권력에 의해 은폐 조작되어 사인조차 철저하게 묻혀져 버린' 많은 죽음들을 말한다.[4] 돌이켜보면 우리 사회의 민주화운동은 독재권력으로부터 불법 연행, 구금, 고문 등 온갖 탄압을 받았고, 그 과정에서 의문의 죽음을 당하는 일도 비일비재했다. 또한 노동현장의 경우 사측이 직접적인 가해자로, 그리고 이를 축소 조작 은폐하는 과정에서 국가가 간접적인 가해자로 등장하는 의문사가 양산되기도 했다. 넓은 의미에서 볼 때, 정치적 의문사가 일반적인 의문사와 구별되는 지점은 이처럼 일정한 정치적 동기 아래 공권력의 직 간접적인 개입이 전제되어 있다는 점이다.

이러한 정치적 의문사의 유형은 광의의 정치적 의문사와 협의의 정치적 의문사로 구분할 수 있다. 먼저 전자의 경우는 ①비민주적 정권 아래에서 안기부, 보안사, 검 · 경찰 등 공안기관이 관여된 것으로 추정되는 의문사 ②학생운동을 하다가 군에 입대해 의문사한 경우 ③이념과 무관하게 부정과 비리에 항의하다 의문사한 경우 ④노조활동과 관련해 의문사한 경우 등 네 가지로 구분해 볼 수 있다. 다음으로 후자의 유형은 ①(정적) 암살의 결과로서의 의문사 ②고문과정에서의 의문사로, 즉 처음부터 살해 의도는 없었지만 죽어도 상관없다는 생각으로 국가 공권력이 자신들이 요구하는 대로 따르도록 고문하는 과정에서 사망하자 자살이나 사고사로 위장 은폐시킨 경우 ③조직적인 범행 뒤 살해 은폐된 의문사로, 테러를 목적으로 폭행을 하다 살해되자 사고사나 자살로 위장시킨 경우와, 집요한 공작 중에 회유되지 않자 이것이 드러날 것을 우려하여 살해하고 이를 자살이나 사고사로 은폐시킨 경우 등 세 가지로 구분 가능하다.[5]

1997년 전국민족민주열사 회생자추모단체연대회의(추모연대)가 집계한 자료에 따르면, 1960년대 이후 조국의 자주 민주 통일을 이루기 위해 분신 투신 할복 등의 방법으로 목숨을 바친 사람들과 군사독재정권에 의해 살해된 사람들, 오랜 운동과정에서 병을 얻거나 고문 투옥 후유증, 불의의 사고 등으로 사망한 사람은 모두 319명에 이른다. 이 가운데 노동운동과 관련한 사람이 92명, 학생운동과 관련한 사람이 60명, 빈민 노동자 군경 일반시민들이 64명 등으로 분류되고 있다.[6] 그리고 이 가운데 말 그대로 의문사로 분류할 수 있는 사례는 1973년 서울대 법대 최종길 교수의 죽음에서 시작하여 1997년까지 총 44건에 이른다고 한다(뒤의 별첨 〈표 1〉 참조). 한편 2000년 말 발족한 대통령 소속 의문사진상규명위원회에 접수된 의문사 사건은 2001년 1월 16일 현재 총 80건에 달한다.[7] 이 자료들에 근거해 각 시기별로 의문사 발생 건수를 살펴보면 1970년대 12건, 1980~87년까지 40건, 1988~92년까지 23건, 1993~97년까지 5건 등이다(다음 〈표 3〉 참조).

다음의 〈표 3〉이 말해주는 것은 독재 또는 권위주의에서 민주주의로의 이행과 의문사 발생이라는 것이 반비례 관계에 있지 않다는 것이다. 한국의 경우 1987년을 계기로 민주주의로의 이행이 시작되었다고 말해진다. 그러나 그 이후에도 의문사는 사라지지 않은 채 오히려 지속되어 온 것이 우리의 현실이라고 할 때, 이런 이야기가 가능하지 않을까 싶다. 즉 민주주의 이행을 증거하는 기준이 정치적 개방 정도의 최소주의적 기준으로 설정됨으로써, 그리고 그것이 우리 사회의 지배적 담론이 됨으로써 마치 1987년 이후 우리 사회가 민주사회인양 착각을 불러일으킨다는 점이다. 그러나 정치적 개방이 아니라 인권의 문제를 민주주의의 핵심 기준으로 본다면, 우리 사회에서 이행의 개시 시점은 1987년이 될 수 없는 것이 당연하다는 것이다.

한편 80년대 이후 의문사 사건에서 나타나는 특징으로는 그 회생자들 가운

〈표 3〉 1969년 이후 시기별 의문사 발생 사례

시기	사례
1970년대 (12건)	최종길(73) 장준하(75) 정법영(78)
	양상석(71) 김창수(71) 김석조(71) 이수영(72) 박윤서(74) 손윤규(76) 심오석(76) 김제강(77) 이승룡(78)
1980-1987년 (40건)	임기윤(80) 정성희(82) 문영수(82) 김두황(83) 최온순(83) 한영현(83) 한희철(83) 허원근(83) 이윤성(83) 김상원(86) 신호수(86) 김성수(86) 우종원(86) 김용권(87) 노철승(87) 이이동(87) 박필호(87) 박상구(87) 이승삼(87) 정영관(87) 최우혁(87) 정경식(87)
	최석기(80) 김용성(80) 변형만(80) 이진래(82) 최봉대(82) 신영수(82) 노진수(82) 박헌강(82) 정은복(83) 이창돈(84) 임용준(84) 정종인(85) 우수열(85) 이재근(86) 황선철(87) 김소진(87) 박태조(87) 심재환(87)
1988-1992년 (23건)	배중손(88) 오범근(88) 문용섭(88) 고정희(88) 우인수(88) 박종근(88) 이철규(89) 이재호(89) 이내창(89) 김용갑(90) 박성은(90) 남현진(91) 송종호(91) 김영환(91), 박창수(91) 문승필(92)
	안치웅(88) 박인순(88) 장종훈(89) 임태남(89) 김진홍(90) 정도준(92) 박태순(92)
1993-1997년 (5건)	이덕인(95), 박동학(96), 김준배(97)
	권두영(93) 정인택(96)

* 각 시기별 상단의 명단은 1997년 추모연대의 집계 자료이고, 하단은 의문사진상규명위원회에 접수된 추가 명단임.
* 이 가운데 황선철, 박필호, 박상구, 박성은, 정종인의 경우 특별법이 규정하고 있는 '민주화운동과의 관련성', '공권력의 직간접적 개입' 여부의 불분명성으로 인해 의문사진상규명위원회 조사대상에서 기각되었음.

데 대학생들이 많았으며 또 이들 대부분 학생운동과 관련을 맺고 있었다는 사실을 꼽을 수 있다(별첨 〈표 1〉과 〈표 2〉 참조). 이러한 사실은 그만큼 우리 사회에서 대학생들이 민주화를 위한 활동과 역할이 컸음을 반증해준다고 하겠다. 대학 캠퍼스 내에서, 노동현장에서, 병영에서 대학생 출신들이 탄압을 받게 되고 그 과정에서 의문의 죽음을 당한 경우가 많은 것이었다. 그것은 이른바 '녹화사업' 과정에서의 의문사를 포함한 군 의문사의 경우에서 특히 잘 드러난다.

　일반 사람들에게는 민둥산을 푸르게 만들려는 산림청의 사업 정도쯤으로 이해될법한 녹화사업이란 것은 강제징집과 '병역법 제19조(지원), 시행령 제94조(학적변동)에 의하여 학원 소요 관련 학사 징계로 1981년 11월~1983년 11월 사이에 입대조치된 자 447명에 대한 정훈교육계획'을 말한다. 당시 대학가는 전투경찰과 정보요원들이 학내 곳곳에 상주한 채 평화적인 학내 시위조차도 허용하지 않았으며, 시위를 주동한 학생뿐만 아니라 단순 가담한 학생들까지 관할 경찰서로 연행, 구속되거나, 아니면 곧바로 군대로 끌려가야 했다. 이러한 탄압은 학원의 좌경화를 막고 사회 안정을 도모해야 한다는 명분 위에 '제적-구속'과 '지도휴학-강제징집'이라는 두 개의 장치가 맹위를 떨치는 가운데 이루어지게 되었다. 정부 발표에 따르더라도 1980년 5·17 쿠데타 이후부터 1983년까지 학생운동과 관련하여 학원으로부터 추방당한 학생들은 모두 1,800여 명으로, 이들 중 1,363명이 제적 또는 투옥되었고, 나머지는 강제징집되었다. 이들 강제징집된 학생들 대다수가 이른바 '특수학적변동자'라는 붉은 낙인이 신상 기록카드에 찍힌 채 군수사기관의 녹화사업의 대상이 되었다. 1982년 9월부터 시작되어 1984년 11월 공식 폐지될 때까지 보안사에서 녹화사업 교육대상자로 분류, 관리한 인원은 429명이며 교육을 실시한 인원은 265명에 달했다.

　여러 당사자들의 증언을 종합해보면, 녹화사업이란 학생운동에 대한 정보 입수와 탄압을 위한 수사기관의 순화 및 공작 사업을 총칭하는 것으로 풀이된다. 즉 특수학적변동자로 처리돼 강제 징집된 학생들은 대부분 최전방에 배치되어 순화시켜야 할 대상으로 간주되는데, 녹화사업의 기본 취지는 반체제·반정부 의식에 물든 이들 운동권 학생들을 일단 좌경 용공분자로 규정하고 그들의 붉은 색깔에 가까운 의식을 푸르게 녹화시킨다는 것이었다.[8] 이와 관련해

유시민(1980년 서울대 총학생회 대의원 의장)의 항소이유서에 있는 주목할만한
증언을 들어보자.

　　제대를 불과 두 달 앞둔 83년 3월 또 하나의 시련이 기다리고 있었읍니다.
지난해 세상을 놀라게 한 '녹화사업' 또는 '관제프락치공작'이 바로 그것입
니다. 인간으로 하여금 일신의 안전을 위해서는 벗을 팔지 않을 수 없도록 강
요하는 가장 비인간적인 형태의 억압이 수백 특변자(특수학적변동자)들에게
가해진 것입니다. 당시 현역군인이던 본 피고인은 보안대에 대한 공포감을
이겨내지 못하여 형식적으로나마 그들의 요구에 응하는 타협책으로써 일신
의 안전을 도모할 수 있었지만 그로 인한 양심의 고통은 피할 수 없는 일이었
습니다. 이처럼 군사독재정권의 폭력탄압에 대한 공포감에 짓눌려 지내던 본
피고인에게 삶과 투쟁을 향한 새로운 의지를 되살려준 것은 본 피고인과 마
찬가지로 강제징집당한 학우들 중 6명이 녹화사업과 관련하여 잇달아 의문
의 죽음을 당하거나…….⁹⁾

　　이러한 '지도휴학-강제징집-녹화사업-정보제공 강요 및 관제프락치 공
작-의문의 죽음'이라는 연쇄 과정에서 희생된 사망자는 김두황, 한영현, 최온
순, 정성희, 이윤성, 한희철 등 모두 6명이었다. 그리고 이 사건들은 당국에 의
해 일방적으로 사고사나 자살 등으로 처리되었다. 한편 녹화사업이 공식적으
로 중단된 후에도 보안사의 공작에 의해 군부대 내에서의 의문사는 계속 발생
되었다. 김용권, 최우혁, 우인수, 남현진, 송종호 등이 그 희생자들인데, 이들
모두 대학생 출신이자 학생운동 관련자들이었다.
　　다음으로 노동자들이 희생자로 많이 등장하고 있다는 것도 의문사의 또 하
나의 특징으로 꼽을 수 있다. 그것은 그만큼 국가와 자본에 의한 노동탄압이

극심했고 '노역장'을 방불케 할 정도로 노동환경이 너무나 열악했다는 사실과 함께, 이에 대한 노동자들의 저항과 노동운동의 실천이 치열하게 진행되어 왔음을 말해준다. 1991년 5월투쟁 정국에서 의문사를 당한 박창수 한진중공업 노조위원장의 사례는 노동자 의문사의 한 단면을 잘 보여준다고 하겠다.

민주노조운동을 탄압해 온 노태우 정권의 노동정책 기조는 1991년에도 계속 유지, 강화되었다. 특히 1991년 들어서 노태우 정권의 전노협에 대한 강경 방침이 거듭되는 가운데, 한진중공업 노조를 전노협으로부터 탈퇴시키기 위해 국가기관인 안기부가 직접 개입하여 탈퇴 공작을 진행하고 있었다. 이 과정에서 제3자 개입 혐의로 서울구치소에 수감중이었던 한진중공업 노조위원장 박창수 씨가 의문의 부상으로 병원에 입원한지 이틀 뒤인 5월 6일 새벽 병원 마당 시멘트 바닥에서 시신으로 발견되었다. 그의 죽음을 둘러싼 여러 가지 의혹이 제기되는 가운데, 특히 유족과 대책위에 양측 합의하에 부검하기로 한 검찰이 17시간만에 약속을 어기고 영안실까지 부수며 시신을 탈취해 부검을 강행한 사실, 그리고 그 사인이나 결과를 발표하지 않은 사실은 그의 죽음에 의혹이 있다는 것을 반증하는 것이었다. 이에 진상규명을 요구하는 투쟁이 전국적으로 확산되는 가운데 5월 18일 전국 150개 노조, 10만여 명이 참여하여 조직적인 총파업투쟁이 전개되었으며, 6월 29일 장례식을 끝으로 투쟁은 막을 내렸다.

그렇다면 이 의문사, 특히 정치적 의문사는 어떤 배경에서 발생해 왔는가? 국가 폭력을 그 본질로 하고 있는 정치적 의문사가 발생하는 첫번째 근본적인 원인은 반공이데올로기와 국가보안법으로 대표되듯이 사상의 자유를 부정하는 것에서 출발한다. 개인의 사상 및 신체의 통제를 일상화한다는 점에서 국가보안법은 단순히 법이라기보다는 폭력 그 자체라고 할 수 있다. 국가보안법이 생겨난 이후 국가의 자학적 도착증세로 인해 이 법의 제단에 바쳐진 무고한 국민의 눈물과 피와 목숨은 상상을 초월한다.[10] 이 악법 중의 악법인 국가보안법을 유지시키는 두 축은 극단화되고 기형화된 광적인 반공주의와 편집광적이고 국수주의적인 애국심이라고 할 수 있다. 이런 상황에서 기존 질서에 대한 반대나 저항의 논리와 실천에는 '빨갱이'라는 공포의 붉은 딱지가 붙여진 대신, 국가에 의한 일체의 인권유린적 행위는 '국가안보'라는 미명 아래 정당화, 합리화되었다. 그리하여 인간 이성의 파괴를 수반하는 국가보안법의 광풍이 몰아치는 속에서, "나는 당신의 의견에 반대한다. 그러나 당신이 당신의 견해로 말미암아 탄압을 받는다면 나는 당신 편에서 싸울 것이다", "사상의 자유는 우리가 동의하는 사상의 자유가 아니라 우리가 증오하는 사상의 자유를 보장하는 것이다"는 등등의 말은 우리의 실정에 전혀 어울리지 않는 공허한 메아리였을 뿐이다.[11]

다음으로, 정치적 의문사 뒤에는 공권력의 음험한 그림자가 짙게 드리워져 있다. 그동안 역대 반민주적 반민중적 반민족적 독재정권은 정권 유지를 위한 수단으로 장애가 되는 인물들을 직접 살해하고 은폐 조작해 왔다. 또 불법 연행 및 고문 등의 과정에서 '우연하게' 발생한 죽음의 경우 사인과 관련한 진실 은폐 및 조작의 방법으로 성급한 강제부검이나 유족 부재중 부검, 화장 강요, 일방적 가매장 후 유족에게 연락, 증거품 은닉, 시신의 변형 조작 등을 구사하기도 했다.

그리고 이처럼 기득권에 도전하는 어떠한 행위도 법과 질서 유지의 이름으로 용납하지 않는 가운데 아주 예외적인 경우를 제외하고는 죽음의 진상을 규명하지 않은 채, 국가가 영구미제사건으로 묻혀 버렸기 때문에 정치적 의문사가 속출해 왔다고 할 수 있다. 수사 당국은 피해 당사자의 입장에서 진상을 규명하기보다는 가해 당사자의 입장을 존중하여 대체로 진실을 은폐하고, 축소하는 태도로 일관해 왔다. 여기에 특히 국립과학수사연구소가 '과학'의 이름으로 실체적 진실을 왜곡하면서 가해자의 책임을 면하게 하는 데 크게 기여했다. 이러한 수사기관들의 묵인이나 방조하에서 가해자들은 자신의 범죄를 은폐하거나 조작할 충분한 시간적 여유와 자신감을 가지게 된다. 적지 않은 경우 가해자들이 바로 정보기관이나 검 경찰 등 국가기구에 속해 있는 사람들이기 때문에 공정한 수사활동 자체가 불가능하다. 이들의 방해와 위협으로 희생자들의 유족들은 사건의 진상에 대해 접근하지 못한 상태에서 수사기관의 결론에 동조 협조하거나 의혹을 가지면서도 침묵할 수밖에 없게 된다. 그리고 국가가 간접적인 가해자로 등장하는 경우에도 이와 유사한 조작과 은폐의 과정이 반복된다. 여러 사례 가운데 두 가지 사례를 선별하여 살펴보자.

사례 1 : 정치적 의문사와 관련해 가장 큰 논란을 불러일으킨 것 가운데 하나로 이내창 사건을 꼽을 수 있다. 이내창은 중앙대 안성캠퍼스 총학생회장으로서 2학기 사업점검으로 한창 바쁜 때인 1989년 8월 15일 생전 한 번 가보지도 않은 거문도 앞바다에서 외상에 의한 피하출혈 흔적이 7군데나 있는 사체로 발견되었다. 이후 8월 19일 부검이 실시되었는데, 국립과학수사연구소와 경찰과 검찰측은 단순 실족익사로 발표하고 사건을 종결지었다. 반면 대책위와 학생, 교수들은 자살이나 실족은 절대 아니며 타살을 당했다고 주장하면서 수사과정의 전면공개와 검찰측의 은폐조작 기도를 중지할 것을 촉구하기에 이르렀다. 비등한 여론에도 불구하고 정확한 사망 경위는 끝내 밝혀지지 않았다. 다만 신문 〈한겨레〉의 끈질긴 추적에 의해 나중에 안기부 인천분실(세칭 인하공사) 소속 여직원으로 밝혀진 도연주와 그 남자 친구 백승희 등 2인과 동행하여 같은 배에 동승한 사실을 밝혀내 보도함으로써 명예훼

손 공방이 번지기도 하였다.

이 사건은 목적의식적으로 죽음의 장소에까지 유인, 타살하고(정황이나 목격자의 진술, 상처 등으로 보아 자살일 수는 없다) 그 살인행위를 국가권력이 의식적으로 은폐, 조작한 사건이라는 의혹을 받는다는 점에서 특색이 있다고 할 수 있다. 즉 이제까지는 수사과정이나 연행과정에서 전적으로 죽일 목적이 없이 고문 등을 가하는 과정에서 살해하게 되고 그것을 사후에 은폐, 축소하는 것이 상례였다고 할 수 있다. 그러나 이 사건은 처음부터 살해의 목적을 갖고 대상을 선별하고 사후대책까지도 마련한 치밀한 계획 하에서 진행된, 정치적 목적의 의도적 타살이 발생할 수 있는 최초의 사례일 가능성이 있는 사건이라고 할 수 있다.

사례 2 : 1982년 8월 19일 전남 광주에서 술을 마시고 싸움을 하다가 경찰에 연행되어 구타와 폭행에 의해 8월 22일 적십자병원에서 사망한 진아교통 노동자 문영수의 경우는 경찰에 의해 주소불명으로 허위 조작되어 의대 해부학 교보재로 인계되었다. 그 후 담당 경찰관은 공문서 위조 등의 죄로 처벌받았으나 폭행치사 부분에 대해서는 밝혀지지 않았다. 무고한 한 시민이 경찰에 연행되었다가 시신이 되어 나온 것, 그리고 멀쩡하게 있는 가족들에게 알리지 않은 채 실습용 해부학 교보재로 사용되었다는 이 끔찍한 상황은 과연 무엇을 말해주는 것일까?

정치적 의문사, 그 고통의 세월과 실체적 진실의 규명

이러한 의문사는 그 자체로 심각한 문제를 야기시킨다. 무엇보다 의문사는 인간의 생명권을 참혹하게 유린하는 인권 침해의 극단적인 형태로, 인간의 생명은 어떤 경우에도 존중되어야 한다는 대원칙에 위배된다. 특히 인간의 생명을 정치적인 목적에 의해, 또는 권력기관을 보호하기 위해 압살시키는 일은 민주사회라면 도저히 있을 수 없는 일이다. 다음으로 의문사는 희생된 당사자의 인격과 명예를 훼손한다는 점에서 심각한 문제가 있다. 대체로 수사기관은 그 부당성을 은폐하기 위해서 사인을 자살이나 사고사로 위장하게 된다. 죽임을 당한 것만도 억울한데, 이것은 죽은 희생자에게 터무니없는 누명을 씌우는 격이 된다. 아마도 원혼이라는 것이 존재한다면, 아직도 영원의 안식처로 가지 못하고 구천지하를 떠돌고 있으리라.

한편 의문사는 희생자 한 사람만의 고통과 비극으로 끝나지 않는다. 그것은 개인 차원의 비극을 뛰어넘는 가족사적 비극으로, 즉 남겨진 가족들의 '행복추구권'을 박탈하면서 가족들에게 심신의 큰 상처를 남기게 된다. 특히 정치적 의문사의 경우, 대부분 유가족들은 진상 조사를 요구하거나 개인적으로 조사에 나섰을 때 관련 기관으로부터 여러 유형의 협박과 회유를 받았다고 증언하고 있다. 의문사가 초래하는 비극적 결과와 가족들의 고통이 어떠한 것인지 알아보자.[12]

1987년 '안전'을 위해 군에 강제 입대시킨 아들이 4개월여 만에 주검으로 돌아온 충격에 실어증을 보이던 고 최우혁 씨의 어머니는 "내 눈에 흙이 들어가기 전까지 억울한 죽음의 진상을 반드시 밝히겠다"는 뜻을 이루지 못한 채 1991년 2월 한강에 몸을 던지고 말았다. 실의 속에서 결국 아들의 뒤를 따른 것이다.

많이 배우지 못한 것이 한이 되어 아들을 대학에 보내는 것이 소원이었다는 아버지……. 아들 이이동 씨의 죽음의 진실을 밝히기 위해 백방으로 뛰어다니던 아버지 이춘원씨는 결국 1990년 11월 "더 이상 힘이 없어 먼저 갑니다. 남은 사람들이 진상규명과 민주화를 위해 힘써 주세요"라는 유서를 남기고 음독자살을 하고 말았다.

　11년 동안 피눈물을 흘렸습니다. 아들의 죽음에 대한 진실을 밝히고 눈을 감아야겠다는 생각밖에 없습니다(고 정연관 씨의 아버지 정명화 씨의 말, 〈한겨레〉, 1998. 12. 11).

　처음엔 협박도 많이 받았고, 여기저기 다니다 보니 가정은 돌볼 수 없었지요. 그나마 모아둔 돈도 탕진했고, 그런데 어려울수록 이런 생각이 들데요. 시신도 제대로 못 거둬 준 내 아들놈 저승가서 부끄럽지 않게 보려면 끝까지 싸워야겠다……(고 신호수 씨의 아버지 신정학 씨의 말).

　억울하게 인권침해를 당한 사람들을 일상적으로 구제해 줄 수 있는 제도가 더 필요하다고 생각합니다. 힘없는 개인이 억울한 사연을 밝히려고 뛰어다닐 때 감수해야 하는 고통과 좌절은 겪어보지 않은 사람은 모를 겁니다(고 김상원 씨의 동생 김상모 씨의 말).

　경식이가 그렇게 되기 전에는 먹고 사는 데 바빠 세상이 어떻게 돌아가는지도 몰랐지예. 야당, 여당 구분도 못했거든. 우리 경식이가 무식한 애미 깨우치려고 그렇게 됐다는 생각이 듭니더. 어서 억울한 사람들 누명벗고, 우리 학생들, 노동자들 평범하게 살아도 되는 세상이 됐으믄 좋겠어예(고 정경식 씨의 어머니 김을선 씨의 말).

　대표적인 의문사로 주목되어 온 고 최종길 교수의 25주기 추모식에서, 사건 당시 10살이었던 그의 아들 최광준 교수는 입밖에 내 놓으면 아픔이 더 커질까봐 차마 하지 못했던 말이라며 "고맙습니다" "미안하다" 라는 말로 어머니와 누이를 감싸안았다. 남편의 억울한 죽음으로 하늘이 무너져 내렸을 것임에도 꿋꿋이 자식들을 키워온 어머니와, 자신보다 나이가 많은 오빠에게 문제의 해결을 기대했을 누이에게 30대 중반의 나이가 되어서야 쏟아놓은 말이었다. 또한 최 교수는 모든 의문사 문제가 해결된 다음에 "우리 유족은 마지막으로 눈물을 흘리겠습니다"라며 다짐하기도 했다(〈한겨레〉, 1998. 11. 11).

1998년 9월 10일 「다큐멘터리 대한민국 : 인권보고 2 ── 잊혀진 죽음을 말한다」가 TV를 통해 방송되었다. 이를 제작한 황범하 PD는 "너무 빨리 국민들 뇌리에서 민주화의 역사가 잊혀지는 것이 안타까왔다"며 "잘못된 역사가 한 인간과 그 가족의 삶을 어떻게 왜곡시키는지 보여주고 싶었다"고 기획의도를 밝히면서, "훈장이나 포상을 받고 대우를 받아야 할 사람들이 제작진의 두 손을 꼭 잡고 고맙다고 눈물을 흘리는 현실이 슬펐다"(〈한겨레〉, 1998. 09. 10)고 제작 후기를 밝히고 있다.

의문사 문제는 잊혀지거나 묻혀진다고 해서, 그리고 단지 슬퍼한다고 해서 끝나는 것이 아니다. 그것은 마땅히 해결되어야 하기 때문이다. 이와 관련해 우리는 도대체 국가란 무엇인가를 짚고 넘어갈 필요가 있다. 이론적으로는 물론 의견이 분분하긴 하지만, 어릴 적부터 우리가 귀에 못이 박히도록 들어온 것은 국민의 생명과 재산을 보호하는 데 국가의 존재 의의가 있다는 것이었다. 그리고 인간의 존엄성이 지켜져야 한다는 것과 모든 사람이 행복할 수 있는 권리, 우리는 그것을 민주주의가 인간에게 부여한 기본권이라고 배워왔다. 그랬을 때, 의문사 및 정치적 의문사의 실체적 진실이 규명되어야 하는 것은 너무도 당연하다. 그것은 무엇보다 국가에 의해 유린된 인간의 존엄성을 지키는 것이자, 아무 죄없이 희생된 피해자의 명예 회복인 동시에 유가족의 행복추구권을 돌려주는 일이기 때문이다.

다음으로 의문사가 유가족과 국민들의 알권리를 침해해 왔으며, 결과적으로 공포의 동원을 통해 인권신장을 거부한다는 점에서도 심각한 문제를 가지고 있다. 유가족은 가족의 죽음에 대해 일차적으로 그 진실을 알아야 할 권리가 있으며, 또한 국민들도 언론보도를 통하든 법정을 통하든 그 죽음의 진실을 알아야 할 권리가 있다. 의문사는 그 진실을 원천적으로 봉쇄함으로써 절망과 공포를 낳게 된다. 유가족들은 그 절망을 이겨내지 못하고 결국 자살이나 병사하게 되는데, 이는 의문사로 인한 또 다른 죽음을 야기하는 것을 의미한다. 한편 국민들은 의문에 쌓인 죽음을 접하면서 누구든지 의문사의 대상이 될 수 있다는 공포를 갖게 되며, 불의와 부정을 보고도 이에 대해 침묵하게 됨으로써 굴종적 삶을 받아들이게 된다. 결국 이를 통해 국가권력이 가해자를 보호하게 됨으로써 인권의 신장을 가로막게 된다. 국가권력이 나서서 인권을 유린한 장본인을 국가의 이름으로 보호하는 꼴이 되어 폭력성을 구조화하게 되는 것이다.

따라서 의문사와 같은 중대한 인권 침해를 그대로 방치해서는 안된다는 것은 두말할 나위가 없다. 침해된 인권은 회복되지 않으면 안되며, 그 회복은 원칙적으로 원상회복이어야 한다. 생명권이 침해된 경우 원상회복은 원천적으로 불가능하지만, 바로 그렇기 때문에 원상회복에 근접한 최대한의 회복이 이루어지지 않으면 안된다. 그리고 그 조치들은 헌법 제10조, 즉 '개인이 가지는 불가침의 기본적 인권을 확인하고 이를 보장할 의무'를 지고 있는 국가에 의해 이루어져야 한다. 국가가 적극적인 조치를 취하지 않을 경우, 원래의 인권 침해에 대한 국가의 책임 외에도 그 침해로부터의 회복을 위한 조치를 취하지 않고 있는 데 대한, 즉 국가의 부작위에 따른 피해자 본인의 생명권 및 명예권의 침해 및 유가족들의 정신적 물질적 피해의 증대에 대한 국가의 추가적인 책임은 당연히 추궁받아야 한다.[13] 의문사를 방치하는 국가는 그 자체로 의문사의 공범에 다름 아닌 것이다.

'강요된 자살'로서의 분신

'강요된 자살'이란 말 그대로 자살은 자살이되, 자살이라는 불가피한 선택에 이르기까지의 과정이 국가폭력과 암울한 시대상황 등 외적 요인에 의해 강요된 그런 죽음을 의미한다. 이 강요된 자살에는 자기 몸을 불사르는 분신, 투신과 단식 등으로 인한 죽음 등 다양한 죽음의 형태들이 포함된다. 이 가운데서 이 글이 주목하고 있는 것은 분신에 대한 것이다.

지배의 논리에 따르면, 한국 민주화과정에서의 분신은 체제전복세력의 반인륜적 행위, 영웅주의적 허무주의적 심리에서 비롯된 사회병리적 현상이라고 치부된다. 물론 비록 강요된 자살이라고 하더라도 분신 그 자체를 미화하거나 신화화할 수는 없다. 그러나 그렇다고 해서 지배의 논리를 수용할 수는 더더욱 없는 것이다. 그 이유는 무엇보다 이러한 지배의 논리가 역사의 실체적 진실을 은폐하고 왜곡하고 있기 때문이다.

그랬을 때, 분신이란 독재와 불의와 거짓이 활개치는 세상에서 이에 대한 저항의 과정에서 빚어진 극단적인 투쟁 형태이자 감연한 희생정신의 표출로 성격을 규정하는 것이 타당하다고 할 수 있다. 즉 그것은 지배집단의 통제와 탄압이 인내의 수준을 넘은 상황에서, 변화를 추구하는 강력한 열망에도 불구하고 국가의 압도적인 폭력성으로 인하여 이를 실현할 수단을 갖지 못할 때 약자가 최대한의 도덕적 힘을 발휘할 수 있는 가장 치열한 무기로써 선택해 온 것[14]이자, '자기희생을 통해 대중의 도덕적 분노, 힘의 결집을 이끌어낼 수 있는 실천'[15]이었던 것이다. 한편 이는 한국의 운동세력이 전통적으로 테러와 같은 공격적인 무력 행사를 사용하지 않는 것과도 일맥상통한다. 즉 분신이란 '개인주의적이고 합리적인 판단보다는 공동체주의와 도덕적 요소가 인간관계에 매우 중요한 비중을 차지하는 사회에서 나타날 수 있는 저항의 방법'이자, '적을 향해서 무력을 행사하는 것이 아니라 자살이라는 극단적인 자기부정의 방법을 통해서 동료와 투쟁의 대상 모두에게 경종을 울리려는 목적 하에 선택'된다는 것이다.[16]

이러한 의도 하에서 어쩔 수 없이 선택된 분신의 결행은 1970년 청계피복 노동자인 '아름다운 청년' 전태일의 분신에서 시작되어, 1986년 서울대생 김세진과 이재호의 분신을 거쳐, 박종만, 박영진, 성완희와 경동산업 집단분신 사건 등에 이르기까지 80년대를 통틀어 많은 청년 학생과 노동자들이 민주화운동과 노동에 대한 탄압의 항거 표시로써 이루어져 왔다. 그리고 이러한 분신은 90년대에도 계속되었다. 그 가운데서도 1991년 5월투쟁 정국에서의 일련의 분신 사태는 우리 사회에 커다란 충격을 던지기도 했다.

몇 가지 구체적인 사례를 통해 이들이 죽음으로써 고발하려고 한 것이 무엇인지, 사회적 경종을 울리려고 한 것이 무엇이었는지, 그 실체적 진실에 한 발짝 가까이 접근해 보도록 하자.

'미제의 용병교육 전방입소 결사 반대!'

1980년대 사회운동, 특히 학생운동의 큰 특징 가운데 하나는 반미(민족)자주화운동이었다. '반미의 무풍지대'로 알려져 온 한국 사회에서 1980년 5월 광주를 계기로 '우리에게 미국이란 존재는 무엇을 의미하는가'에 대한 치열한 물음과 반성, 그에 따른 실천이 전개되기 시작했다. 광주 미문화원 방화사건 (1980. 12. 9), 부산 미문화원 방화사건(1982. 3. 18), 레이건 방한 반대투쟁 (1983. 10.), 전두환 방미 반대투쟁(1985. 4), 서울 미문화원 점거농성사건 (1985. 5. 23) 등과 함께 콘트롤데이타 노동쟁의(1981. 12.), 개방농정 반대 전국 소몰이 시위(1985. 4.) 등은 그 대표적인 투쟁 사례였다.

이러한 일련의 반미운동은 1986년에 접어들면서 "한국은 미국의 신식민지 또는 식민지일 뿐이다. 결코 미국은 우방이 아니다"라는 인식의 전환에 근거하여 더욱 광범위하고 전면적으로 전개되었다. 당시 학생운동의 양대 세력 가운데 하나라고 할 수 있는 NL(National Liberation)계열, 즉 민족해방계열은

'반미민족해방운동을 기본으로 한 반독재민주화운동을 벌여 민주주의 국가를 수립하고 조국통일을 설계하는 것'을 주요 과제로 설정하였다. 이러한 미국에 대한 인식 전환의 근거로서 이들은 한국전쟁 중 이승만에 의해 미군에 이양된 한국군에 대한 작전지휘권의 미군 장악, 세계에서 단위면적당 가장 높은 밀도로 배치된 핵무기, 매년 실시하는 팀스피리트 훈련, 임대료도 내지 않은 채 계속되는 미군 주둔 등을 제시하기도 했다.

이러한 논리에 입각하여 1986년 본격적인 반미(민족)자주화운동이 전개되었고, 3월과 4월 각 대학에서는 전방입소교육을 앞두고 반전 반핵운동과 전방입소 반대투쟁[17]이 일어났다. 그리고 바로 그 과정에서 이재호와 김세진의 분신사건이 일어나게 되었다. 즉 서울대 2학년생들의 전방입소 예정일인 1986년 4월 28일 신림동 4거리에서 '반전반핵 양키 고 홈', '작전권 없는 군대는 용병', '미제의 용병교육 전방입소 결사반대'를 외치던 이재호와 김세진은, "물러서지 않으면 분신하겠다"는 경고를 무시한 경찰의 폭력적 강제 진압 앞에서 결국 분신을 결행하기에 이른 것이었다. 두 사람은 병원으로 옮겨졌으나 5월 3일에는 김세진이, 5월 26일에는 이재호가 눈을 감고 말았다.

이에 대해 당시 전두환 독재권력과 반동적 보수언론들은 북의 남침 위협 운운하면서 핵 위협을 비롯한 민족의 생존권을 애써 외면하였다. 나아가 이들의 분신을 두고 "요즘 학생들은 인간의 존엄성을 경시하고 있다"느니, "고생을 모르고 자라 나약하다"느니 하는 것으로 애써 치부해 버리면서 문제의 본질을 호도하고 나섰다. 그러나 학생운동권의 평가처럼 두 젊은이의 죽음이라는 값비싼 대가를 치르면서 비로소 이 땅에서 반전 반핵운동과 반미(민족)자주화운동은 조금씩 확산되어 갔고, 이후 통일운동으로 이어지게 되었다고 할 수 있다.

<표 4> 80년대 이후 노동자 분신 사례

시기	사례
1980-1987년	박종만(84) 박영진(86) 변형진(86) 이석구(87)
1988-1992년	성완희(88) 이대건(88) 장용훈(88) 원태조(90) 박성호(90) 윤용하(91) 이진희(91) 석광수(91)
1993-1997년	최성묵(94) 박삼훈(95) 서전근(95) 양봉수(95) 김시자(96)

노동자도 인간이다!

1984년 박종만 씨의 분신에서 1996년 김시자 씨의 분신에 이르기까지 80년대 이후 숱한 분신 사례 가운데 노동자들의 분신이 특히 많았다. 이러한 사실은 앞서 의문사의 사례에서도 본 것처럼 노동현장 내외부 환경이 그만큼 열악하다는 것과 동시에, 저항의 치열함을 증명해주는 것이었다. 국가와 자본은 노동탄압으로 일관하는 가운데 노동운동을 불온시했다. 즉 노사문제에 대해 경찰은 조기에 불법 과잉 개입하여 노동자와 노동운동을 폭력적으로 탄압하고, 또 부당노동행위를 밥먹듯 일삼던 자본측은 노동자들의 저항에 대해 어용노조나 구사대 등을 동원하여 억압하는 사례가 수도 없이 이루어져 온 것이었다. 그리고 이에 치열하게 저항하는 과정에서 '강요된 자살'로서 노동자들의 일련의 분신들이 속출하게 된 것이다.

위의 <표 4>에 언급된 사례들의 경우 노동자들은 분신을 통해 노동자들의 열악한 생존 환경과 함께 사측의 부당노동행위 등 일련의 노동탄압과 이에 대한 어용노조의 외면 등 열악한 노동환경을 고발하고자 한 것이었다. 그리고 그것은 국가의 친자본적인 태도에 대한 사회적 고발로서의 성격을 띤 것이기도 했다. 이들이 분신을 통해 말하고자 한 것은 노동자들도 인간이라는 전제 아래 생존권을 비롯한 인간으로서 누려야 할 최소한의 권익을 개선해 달라는 것이었다. 그러나 우리의 국가와 자본은 그 최소한의 요구조차도 무시하고 외면한 채 '산업의 역군', '가족적 노사관계'라는 허울 속에서 노동배제적 정책과 전략으로 일관해 왔다. 이들에게 노동자는 인간이기 이전에 단지 이윤을 창출하는 기계이자, 기득권층을 배부르고 등 따습게 하는 노예일 따름이었다. 노동자 분신의 몇 가지 대표적인 사례를 통해 이들이 강요된 자살에 이르기까지의 과정이 어떠했는지, 그리고 이들이 분신을 통해 말하고자 한 것이 무엇이었는지를 살펴보자.

사례 1 : 1980년 신군부의 유혈적 권력 장악과정에서 등장한 국보위는 노동3권의 부정, 산별노조체계의 기업별체계로의 강제 전환을 통한 노조의 분절화, 노조의 정치활동 금지와 제3자 개입금지, 노사협의회의 기능 강화 등을 통해 노동자에 대한 탄압을 가일층 강화했다. 이러한 변화는 특히 택시노동자들에게는 치명적이었다. 그것은 택시노동자들의 노동조건이 부제, 택시요금, LPG 요금 등 정부 정책사안과 밀접히 연관되어 있기 때문이었다. 또한 사납금 제도라는 급여체계가 이들의 생존권을 극도로 침해하고 있었다. 이런 가운데 대구와 부산의 택시노동자들의 노조 결성 등 투쟁이 활성화되고, 이 과정에서 노조 결성을 막으려는 회사의 부당행위에 의한 피해가 속출하였다. 그리고 1984년 11월 30일 민경교통 회사의 부당한 해고에 맞서 3명의 동료와 함께 단식투쟁을 벌이던 중 박종만 씨가 분신하게 된다.

이후 택시노동자들의 분신이 속출했는데, 부당노동행위에 항의하며 분신한 변형진, '노조탄압 중지하라'는 구호를 외치며 분신한 이석구, 파업중에 분신한 이대건, 노조탄압에 항의해 분신한 장용훈 등이 그들이었다. 그리고 1991년 6월 15일 인천택시 노동자 석광수 씨의 분신사건이 발생했는데, 그것은 벼랑 끝에 몰린 택시노동자들의 열악한 생존 상황, 회사측의 불성실하고 무책임한 임금교섭 태도, 경찰측의 강제연행, 폭력, 구속, 그리고 택시노동자들의 생존권을 위한 기본적인 대책 마련에 무관심했던 노동부와 교통부 등 당국의 태도가 한 노동자로 하여금 분신을 선택하도록 강요한 것이었다.

사례 2 : 1986년 전두환 정권은 개헌운동을 중심으로 민주화운동이 활성화되자 이에 대한 강경 탄압으로 일관하였고, 이에 따라 노동운동에 대한 탄압도 강화되었다. 이런 상황에서 1986년 3월 17일 공권력의 강경 진압과 구사대의 폭력에 맞서는 가운데 신흥정밀 노동자 박영진 씨가 분신하는 사건이 발생하였다. 1986년 신흥정밀에서는 임금인상 시기를 앞두고 조기 출근과 잔업 및 특근을 거부하는 움직임 등 합법적인 노동자들의 초보적 수준의 단체행동이 일어났다. 이에 경찰이 개입하여 관련 노동자들에 압력을 가해 강제 사직을 하도록 하였다. 이에 맞서 박영진 등 일부 노동자들이 식당을 점거한 가운데, "근로기준법을 지켜라! 살인적 부당 노동행위 중지하라!"는 구호를 외치면서 일당 1,120원 인상을 주장하였다. 그러나 식당 점거 10분만에 경찰과 회사 구사대가 출동하여 경찰이 식당을 에워싼 가운데 구사대가 쇠파이프를 들고 벽돌을 던지며 식당 진입을 시도하였다. 옥상까지 밀려난 박영진 씨는, "더 이상 다가오지 마라. 열 셀 때까지 물러가지 않으면 분신하겠다"고 외치며 "노동3권 보장하라" 등의 구호를 외쳤다. 그러나 이에 아랑곳하지 않고 경찰이 그를 체포하기 위해 다가서자, 박영진 씨는 "노동운동 탄압말라"는 등의 구호를 계속 외치면서 몸에 불을 붙였는데, 13시간만에 사망하고 말았다.

사례 3 : 강원탄광 노동자 성완희 씨의 경우 탄광노동자의 인권문제와 부당해고에 맞서 민주노조 결성을 시도하다가, 1988년 6월 29일 회사와 공권력의 교묘한 탄압과정에서 분신하였다. 강원탄광은 회사와 어용집행부에 의한 민주적인 노조활동을 하는 노동자들에 대한 탄압이 극심하였다. 그 과정에서 동료 노동자 이기만 씨가 해고되었는데, 이에 대해 강원지방노동위원회에서 부당해고 판정이 났음에도 불구하고, 회사는 이기만 씨의 복직을 계속 거부하였다. 이에 이기만 씨의 단식농성, 성완희 등 6명의 노동자들의 동조 단식농성 돌입 등이 이어지자, 어용노조 간부들이 각목으로 무장한 가운데 농성장 진입을 시도하였다. 그리고 "들어오기만 하면 분신하겠다"고 외쳤음에도 불구하고 이들이 난입하기 시작하자, 성완희 씨는 "부당해고 철회하라" "인권탄압 중지하라" "광산쟁이도 인간이다"는 구호를 외치며 분신하였다.

사례 4 : 박노해의 시 「손무덤」에서도 드러나는 것처럼 주방용품 생산업체인 경동산업 사업장은 저임금과 장시간의 노동, 산재왕국이라고 불릴 정도의 열악한 환경 속에서 산재로 인한 사망자와 부상자가 속출하고 있었다. 이러한 상황에서 1989년 9월 기업주가 업무시간 외 기업외적 행사인 해고자돕기 일일주점 행사를 문제 삼아 평소 민주노조운동에 관심이 있던 노동자들을 징계하였다. 그러자 이에 맞선 노동자들의 저항이 일어났고, 구사대의 폭력과 어용노조와 공권력이 이를 진압하는 과정에서 4명이 분신하고 2명이 할복하는 사건이 발생, 이들 가운데 강현중 씨와 김종하 씨가 사망하고 말았다. 당시 경찰측은 사건의 원인 제공자이자 노골적인 폭력의 주체인 회사측을 처벌하기는커녕, 오히려 피해자인 노동자들을 처벌함으로써 회사측 편에 섰다.

사례 5 : 대우조선은 신경영전략으로 현장의 노동통제를 통해 노동강도를 강화하고, 개인의 사생활까지 감시, 감독하는 정책을 전개하였다. 그리고 단체교섭에서도 무성의한 태도로 일관하였다. 이에 따라 노동자들은 상호감시자가 되어야 했고, 조합원의 정당한 권리인 집회 참석조차 마음대로 하지 못하는 비인간적인 생활을 강요당해야 했다. 이러한 혹독한 사내 상황에 대한 항의 차원에서 1995년 6월 21일 박삼훈 씨가 분신하였다. 당시 박삼훈 씨의 유서 내용에는 이러한 내용이 적혀 있었다.

이놈에 세상 가진 자만이 판치는 세상
우리 근로자는 작은 월급으로 치솟는 물가를 따라 가지도 못하고
노동자여 왜 이렇게 살아야 합니까.
우리도 인간답게 살려고 살아가는 게 아닙니까.
툭하면 집회 참석 못하게 하고 우리 권리를 우리가 찾아야지 누가 찾습니까.
노동자여 뭉치면 살고 흩어지면 죽는다.
올 임금 100% 쟁취하기 바랍니다.
사용자여 각성하라!
앞서간 노동동지 뒤를 따라갑니다.
노동형제 여러분!
올해 목적을 기필코 승리하기 바랍니다.

사례 6 : 분신 사례 가운데는 노동자들만이 아니라 노점상의 경우도 있었다. 그 대표적인 사례로는 1995년 3월 8일 장애인 노점상 최정환 씨의 분신 사망 사건을 꼽을 수 있다. 최정환 씨는 척수장애와 교통사고 장애인으로 1급 1호의 중증 장애인이었다. 그는 사건 당일 오후 9시 30분경 서초구청을 방문해 담당자를 만나 압수된 물품을 찾으려 했지만, 심한 멸시만을 받고 좌절한 채 그 직후 분신, 3월 21일 세상을 떠나고 말았다.

그간 우리 사회에서 장애인에 대한 인권 유린은 수없이 이루어져 왔다. 장

애인복지법, 장애인고용촉진법이 있더라도 최소한의 생존수단이 보장되지 못한 상황에서 많은 장애인이 스스로 목숨을 끊을 수밖에 없었으며, 장애인의 인권을 보호해야 할 국가기관, 복지기관에서조차 장애인에 대한 가해와 폭력은 끊임없이 지속되어 왔다. 생존을 위해 거리로 나선 장애인 노점상들은 아무 생존대책 없이 국가기관에 의해 무리하게 이루어진 과잉 폭력 단속에 의해 다시 거리에서마저 쫓겨야 했다. 결국 이들 가운데 많은 사람들이 죽음을 선택한 데에는 국가기관의 직무유기 또는 과잉 단속과 부당한 탄압이 주요 원인이라고 할 수 있다.

1991년 5월투쟁과 분신 – 타살정국 : 잊혀진 역사

1991년 5월투쟁은 노태우 정권을 최대의 위기로 몰아간 6공 최대의 국민적 항쟁이었다. 5월투쟁이란 '백골단'에 의해 대학생 강경대 군의 타살 사건이 발생한 4월 26일부터 투쟁의 지도부가 명동성당에서 완전히 철수하는 6월 29일까지, 약 60여일에 걸쳐 전개된 투쟁을 의미한다. 이 기간 동안 전국적으로 2,361회의 집회(비공식 집계)가 열렸고, '해체 민자당, 퇴진 노태우'라는 구호 아래 대규모의 시위들이 잇따라 터져나왔다. 그 과정에서 학생, 빈민, 노동자 등 11명이 분신했고,[18] 한진중공업 박창수 노조위원장의 의문사와 강경진압으로 인한 성균관대 학생 김귀정의 질식사까지 포함하여 모두 13명이 사망했다 (다음 〈표 5〉 참조).

그렇다면 이른바 '위대한 보통 사람들의 시대'에 이처럼 보통 사람들의 '죽음의 행진'이 이어진 까닭은 무엇인가? 죽음, 분신, 폭력의 둘레를 맴돌면서 이 5월투쟁의 역사적 실체를 둘러싸고 완전히 상반된 두 개의 역사적 장면 묘사가 놓여 있다.

먼저 하나의 묘사는 국가권력과 각종의 보수반동적 언론매체, 그리고 권력

〈표 5〉 1991년 5월투쟁의 분신 및 주요 사건

날짜	주요 사건
4월 26일	명지대 강경대, 시위도중 백골단에 의한 폭행 사망
4월 29일	전남대 박승희, 분신(5월 19일 사망)
5월 1일	안동대 김영균, 분신(5월 2일 사망)
5월 3일	경원대 천세용, 분신 사망
5월 6일	한진중공업 노조위원장 박창수, 의문사
5월 8일	전민련 사회부장 김기설, 분신 사망
5월 10일	광주 윤용하, 분신(5월 12일 사망)
5월 18일	연대 앞 철교에서 이정순, 분신 사망 전남 보성고 김철수, 분신(6월 1일 사망) 광주 운전기사 차태권, 분신
5월 22일	광주 정상순, 분신(5월 29일 사망)
5월 25일	성균관대 김귀정, 시위도중 강경진압에 의한 질식사
6월 8일	인천 삼미기공 노동자 이진희, 분신(6월 15일 사망)
6월 15일	인천 공성교통 택시 노동자 석광수, 분신(6월 24일 사망)

형 해바라기성 지식인 '스타' 들에 의해 이루어졌다. 이들은 공격의 초점을 '죽음을 무기로 한 체제전복세력의 반인륜적 행위'이자 운동권 사이에 죽음을 찬미하는 소영웅주의적, 허무주의적 분위기가 집단 감염되듯 확산되면서 나타나는 병리적 현상이라는 데에 맞추어 왜곡하였다. 그리고 그 와중에 '우익총궐기론'의 비장한 '우국충정'이 확산되기도 했다.

연세대 교수인 김동길은 "입학한 지 2개월된 신입생이 사회에 대한 문제의식을 얼마나 느끼고 행동했길래 그를 열사라 부르는가…… 그는 배후조종된 선배들에 이끌려 시위 도중 도망가다가 맞아 죽은 것일 뿐"이라는 발언을 통해 분위기를 고조시키기도 했다.

서강대 총장이자 예수회 신부인, 이후 주사파 파문 발언으로 권력의 총애를 받았던 박홍은 기자회견을 자청해, "우리 사회의 젊은이들을 죽음으로 몰아넣는 반생명적인 선동세력의 정체를 폭로해야 한다", "김씨 등의 잇따른 분신을 보면 우리 사회에는 젊은이들에게 죽음을 선동하고 이용하는 음흉한 세력들이 분명히 있다", "이 세력을 없애는 데 함께 일어나야 한다"고 주장하였다.

　　최고의 압권은 〈조선일보〉 1991년 5월 5일자에 실린 「젊은 벗들! 역사에서 무엇을 배우는가」라는 제호의 김지하의 글이었다. 그것은 "젊은 벗들! 나는 너스레를 좋아하지 않는다. 잘라 말하겠다. 지금 곧 죽음의 찬미를 중지하라…… 지금 당신들 주변에는 검은 유령이 배회하고 있다. 그 유령의 이름을 분명히 말한다. '네크로필리아' 시체선호증이다. 싹쓸이 충동, 자살특공대, 테러리즘과 파시즘의 시작이다…… 자살은 전염한다. 당신들은 지금 전염을 부채질하고 있다. 열사 호칭과 대규모 장례식으로 연약한 영혼에 대해 끊임없이 죽음을 유혹하는 암시를 보내고 있다. 생명 말살에 환각적 명성들을 씌워주고 있다. 컴컴하고 기괴한 심리적 원형이 난무한다. 삶의 행진이 아니라 죽음의 행진이 시작되고 있다"는 것이었다.

　　이와는 상반된 다른 하나의 역사적 장면 묘사는 일련의 분신이 공안통치가 빚어낸 필연적인 결과라는 인식에서 출발한다. 즉 5월투쟁은 강경대의 죽음을 직접적인 도화선으로 해서 발생했는데, 그것은 '우연적인 치사'라기보다는 권력누수현상을 막고 장기집권 구상을 관철하기 위한 노태우정권의 공안통치에서 비롯되었던 것이며, 분신사태의 속출은 이에 대한 도덕적 저항이라는 것이다. 그리고 이 공안통치적 폭압에 더하여, 물가앙등과 주택문제 등 민생파탄과 실정에 따른 누적된 분노, 수서비리와 페놀사건으로 대표되는 각종 비리에 대한 반독재 민주화투쟁이 집약적으로 표출된 것이 바로 5월투쟁이라는 것이었다. 먼저 분신을 감행한 사람들의 유서는 그 이유를 이렇게 밝히고 있다.

정권 타도에 힘썼으면 하는 마음에 과감히 떠납니다. 볼감증 시대라고 하는 지금 명지대 학우의 슬픔과 연민을 가져다 다시 제자리로 안주해 커피나 콜라를 마시는 2만 학우가 되지 않기를 바라는 마음입니다(박승희의 유서 내용 중에서).

단순하게 변혁운동의 도화선이 되고자 함이 아닙니다. 역사의 이정표가 되고자 함은 더욱이 아닙니다. 아름답고 맑은 현실과는 다르게 슬프게 아프게 살아가는 이 땅의 민중을 위해 무엇을 해야 할까 고민 속에 얻은 결론이겠지요(김기설의 유서 내용 중에서).

강경대 학우가 백골단의 쇠파이프에 맞아 죽고 강 열사의 죽음에 항의하던 여학생이 있었습니다. 민주세력을 탄압하는 노정권을 타도하는 그날까지 싸워나갑시다(김영균의 유서 내용 중에서).

학우들이 쇠파이프에 맞아죽고 꽃다운 청춘을 불사르는 동안 우리는 과연 무엇을 했습니까? ……슬픔과 분노를 떨쳐 일어나 힘차게 투쟁합시다(천세용의 유서 내용 중에서).

지금 많은 열사들의 죽음과 분신을 현 정권은 운동권 학생들에게 그 책임을 전가시키려 하고 있다…… 현 정권은 퇴진하라(윤용하의 유서 내용 중에서).

한편 당시 지배의 논리하에 이루어진 부당한 역사적 장면의 묘사에 대한 항변은 이렇게 제기되기도 했다.

민족문학작가회의 청년위원회 부위원장 김형수는 김지하에 대해 "김지하는 지금 세상을 두 눈이 아닌 한 눈으로 보고 있다. 왼쪽 눈을 가리고, 그야말로 일목요연하게, 그것도 강 건너에서 맞는 자가 저항하는 장면만을 보고 방어의 폭력성을 경고하고 있는 것이다. 왜 본질을 감추는가? 먼저 학생이 쇠파이프로 맞아 죽었다. 그에 대한 항의를 폭력이 막았고, 분노한 저항자가 분신까지 했다면 이는 타살이다. 이를 놓고 '그리도 경박스럽게 목숨을 버렸' 느냐고 말하란 말인가?"라고 묻고 있다.[19]

월간 『말』의 경우 1991년 6월호의 특집으로 「벗이여, 새날이 온다」에서 '쇠파이프에 찢긴 젊은 넋' 강경대, '행복과 사랑을 나눠준 민속학도' 김영균, '혁명을 그린 젊은 미술가' 천세용, '노동해방을 꿈꾼 진짜 노동자' 박창수, '민중의 아픔을 껴안은 청년 활동가' 김기설, '가난과 폭압을 불사른 민중의 아들' 윤용하, '반미구국의 선봉에 선 여성전사' 박승희 등으로 그리면서 이들의 죽음을 '역사의 새벽을 밝힌 젊음들'로 표현하고 있다.

그러나 숱한 죽음 속에서도, 그리고 '제2의 6월항쟁'에 대한 열망에도 불구하고 1991년 5월의 거리에서 제2의 6월항쟁은 결국 일어나지 않았다. 그것은 지배세력에 의한 민주화의 최소화 또는 일종의 '역전' 과정이 성공하는 대신, 민주화를 향한 '혁명적' 열기가 가라앉는 마지막 분수령이었다. 그리고 1991년 5월의 거리에 있었던 사람들에게 남은 것은 단지 가슴아픈 패배와 기억하기조차 싫은 상처뿐이었다. 그리하여 1991년 5월은 잊혀진 역사로서만 존재하게 되었던 것이다. 그렇다면 왜 그렇게 되었는가? 이 물음과 관련해 두 가지 점을 초점에 맞춰 살펴볼 필요가 있다.

하나는 지배의 논리의 고정화 과정이다. 당시 노태우 정권은 한국판 드레퓌스 사건이라고 할 수 있는 '김기설씨 유서대필사건'을 비열하게 조작해 냈고,

또 일종의 해프닝에 불과한 '정원식 밀가루·계란 세례'를 교묘하게 왜곡해내면서 정세역전의 카드로 이용했다. 이 두 사건은 5月투쟁을 소멸시키기 위한 지배세력의 교묘한 전술이었고, 이후 민중운동의 도덕성과 신뢰성을 무너뜨리는 결정적 계기로 작동했다. 한 예로 우발적 즉흥적인 일회성 에피소드에 불과했던 정원식 사건은 반체제 좌경용공세력에 의한 '계획적 조직적인 테러'이자 학생운동권의 폭력성의 표출로 매도되었다. 그리고 '반인륜적 행위'라는 비난 속에서 민중운동 일반의 반도덕성을 보여주는 상징으로 아주 신속하게 고정화되었던 것이다.

다른 하나는 5月투쟁의 비극적 요소로서 죽음과 분신의 알레고리에 관한 것이다. 물론 국가 폭력이 사회를 짓누르는 반이성적이고 비도덕적인 정치 상황에서 이에 치열하게 저항하기 위한 도덕적 정의감과 감연한 희생정신의 표출로, 일련의 분신에 대해 성격을 규정하는 것이 타당하다. 그러나 이것만으로는 1991년의 5月이 잊혀진 기억으로, 역사의 수수께끼로 남을 수밖에 없는 것에 대해 이해하기 어렵다. 1991년 5月투쟁의 다른 이름인 이른바 '타살정국, 분신정국'은 군사독재의 파시스트적 폭압정치가 극에 달했던 70~80년대에도 찾아보기 힘든 국면이었다. 그럼에도 불구하고 1991년의 5月은 더 이상 이야기되지 않고 있으며 역사적으로 되살아나거나 현재화되지 않고 있다. 1980년 5月을 말하고 1987년 6月을 기억하고 되살리는 진보적인 담론의 장에서조차도 1991년의 5月은 좀처럼 보이지 않는다. 왜 그런 것일까? 이에 답하기 위해 주목해야 할 것은 바로 이런 것이다.

열사정신의 계승, 몇 주기 집회마다 열사의 현재성을 강조하는 현대 한국 운동사의 의례는 민주주의의 진전에서 중요한 역할을 했다. 실제 1991년 5月 현수막, 만장, 플래카드 등에 쓰여진 "열사는 싸우고 있다"는 정서는 이러한 한국 운동사의 역사적 특징을 표현해 준 것이다.…… 5월 내내 거리와 집회, 투쟁 현장을 뒤덮었던 '젊은 벗의 초상'은 투쟁의 상징이었다. 열사는 싸우고 있다는 구호로 시작되어 기나긴 노제, 밀고 밀리는 거리에서의 투쟁은 열사의 죽음에 대한 분노에서 출발해서, 기나긴 분노와 죽음의 꼬리를 물었다. "이제는 열사보다 전사가 필요하다"는, 학우들의 불감증을 질타하는 박승희 열사의 절규와 운동과 소박한 일상에서의 신념을 메모장 등에 적어 놓은 김귀정 열사의 애잔함은 저항에서 타살 그리고 부활로 이어지는 운동의 동력이었다. 다시 살아나는 열사들의 죽음들은 투쟁하는 자들의, 약자의 무기였다. 그러나 이어지는 죽음과 분신은 투쟁을 지리한 연장으로 바라보는 눈을 만들었다.[20]

　죽음은 삶의 단절이라는 개인적인 의미를 벗어나 집단을 자극하고 움직였다. 누군가의 말처럼 그것은 재앙이었다.…… 5월 투쟁은 다분히 돌발적이었다. 돌발투쟁으로 시작된 싸움은 숱한 죽음을 매개로 어느덧 복수극이 되어가고 있었고, 죽어간 사람들은 살아남은 자들이 감당하기에 너무도 버거운 빚을 남겼다.…… 도덕적 우월감과 설득력은 싸우는 사람들이 즐거움으로 충만할 때에야 비로소 얻어진다.…… 하지만 '죽음'을 거역할 수 없는 화두로 잡고 언제까지나 즐거운 싸움을 할 수는 없었다.…… 죽음의 의미는 50여 일의 짧고도 긴 시간 속에서 확대되거나 축소되거나 심지어 비틀어져 훼손되었다. 사람들은 서서히 진저리를 쳤다. 싸움의 목표나 대안에 대한 고민보다는 언제쯤 이 불가해한 죽음의 투쟁이 끝날 것인가를 궁금해했다.[21]

이처럼 죽음과 폭력이, 특히 죽음이란 것이 지배적인 언어였다는 사실은 1991년 5월투쟁의 '재앙'이었다. 그것은 5월투쟁을 촉발시키기는 했지만, 5월투쟁을 소멸시키는 기폭제가 되기도 했기 때문이다. 물론 투쟁이 확산되자 짧은 기간 동안 대중의 생존권적 요구가 분출하였고, 또 대안적 공동체에 대한 논의들이 미미하게나마 있었던 것은 사실이었다. 그러나 그것만으로는 죽음과 폭력의 지배적 언어를 대체할 수는 없었다. 결국 죽음은 투쟁의 시발이자 대중적 공분의 소재였지만, 연이은 분신 속에서 죽음을 등 뒤에 매고 나아간 거리에서의 투쟁은 악순환 속에서 대중들뿐만 아니라 활동가들조차도 지치게 만들었던 것이다.

이러한 사실은 '운동권의 폭력성과 반(反)도덕성'이라는 공세적 담론에 바탕한 지배세력의 전면적인 공격에 대해 효과적으로 대응할 수 없는 한계로 작용하였다. 현실의 갈등과 대립을 보다 투명하게 인식할 수 있는 저항적인 담론화의 부재였던 것이다.[22] 결국 1991년 5월이라는 투쟁의 공간에서 대중들이 의식적으로 또는 무의식적으로 경험한 것은 다름 아닌 대안의 부재와 '희망의 죽음'이었다. 즉 "(1991년 5월투쟁이라는)유·무형의 공간은 '폭력'과 '죽음'이 지배하는 곳이었으며, 결국 그곳에서는 미래에 대한 희망과 꿈을 발견할 수 없었던 것"으로, "1991년 5월을 겪으면서 우리는 유토피아를 꿈꾸는 마지막 힘, 즉 희망마저 잃어버린" 것이었다.[23]

맺는 글 : 살아남은 자의 과제

우리는 오랫동안 공식적인 기억의 지배와 '전도된 역사'의 비극 속에서 살아왔다. 역사의식의 빈곤과 그에 따른 역사적 무뇌아의 양산은 그 당연한 귀결이었다. 과거를 지배하는 자가 미래 역사도 지배한다고 할 때, 지금이라도 이 거꾸로 선 역사를 바로 세워야 한다. 이를 위해서는 무엇보다 먼저 지배의 부당한 힘과 왜곡된 공식적인 기억에 의해 침묵당한 목소리, 비공식적인 저항의 기억에 마음 깊이 귀기울이는 것이 중요하다. 이들의 목소리를 경청할 때 비로소 역사는 정의로와질 수 있는 계기를 마련할 수 있기 때문이다.

한편 죽음이 살아남은 사람들에게 과제를 던져준다는 것은 세상살이의 상식이다. 하물며 거짓과 불의에 맞서 싸우는 과정에서 일어난 의문의 죽음과 강요된 자살의 경우는 더 말할 나위가 없다. 그리고 억울한 죽음의 진실을 밝히는 것은 세상의 진실을 밝히는 일이 될 수도 있다. 그렇다면 살아남은 자의 과제는 보다 명확해진다. 그것은 무엇보다 실체적 진실의 규명을 통해 민주화운동 과정에서 희생된 사람들의 명예를 회복하는 일[24]과 함께, 잘못된 과거를 올바르게 청산하고 창조적으로 극복하면서 죽어가고 있는 희망을 새롭게 창출하는 일로 모아진다.

따라서 정치적 의문사와 분신 등 국가폭력과 '죽음의 정치'로 얼룩져 온 과거에 대한 청산의 문제를 논하는 방향은 '과거와 현재의 대화'라는 관점에서만이 아니라, '과거와 현재 그리고 미래와의 대화'라는 관점에서 이루어질 필요가 있다. 미래는 과거와 분리되어 있지 않으며, 현재를 매개로 하여 과거와 깊숙이 연결되어 있기 때문이다. 그리고 당연한 이야기이지만 낡은 시대의 잔재를 청산하고 새로운 시대로 전진하는 데는 역사적 진통이 따르게 마련이다. 구체제 아래서 배양된 기득권의 온존을 위하여 구세력이 수단과 방법을 가리지 않고 몸부림치리라는 것은 당연하기 때문이다.

그러나 그것이 두려워 역사와의 화해니 국민화합이니 하는 따위의 말의 성찬 속에서, 역사의 실체적 진실을 은폐하거나 축소하려는 흐름에 타협할 수는 없다. 그것은 결국 정의와 진실에 대한 열정의 포기를 의미하는 것이며, 따라서 매듭만 더욱 꼬이게 할 뿐 역사의 진전을 통한 희망의 새로운 창출은 불가능하게 되기 때문이다. 비록 늦긴 했어도 이제야말로 거짓에서의 집단적 탈주, 역사의 실체적 진실을 찾기 위한 힘찬 비상이 시작되어야 할 때다.

■ 별첨

〈표 1〉 의문사 사례(1997년 추모연대 집계 자료)

이름	사고 일자	신분	사고 내용
안기부 중앙정보부 관련(총 5명)			
박창수	91. 5. 6	한진중공업 노조위원장	전노협 탈퇴 강요받던 중 병원서 주검 발견
이내창	89. 8. 15	중앙대 안성교정 총학생회장	안기부 요원과 나간 뒤 거문도 앞바다에서 주검 발견
이철규	89. 5. 10	조선대	지명수배중 광주 수원지에서 주검 발견
장준하	75. 8. 17	재야 인사	유신헌법 철폐 개헌운동중 포천 약사봉에서 주검 발견
최종길	73. 10. 19	서울대 법대 교수	조작된 유럽 거점 대규모 간첩단 사건 조사중 중앙정보부에서 사망
경찰(대공과, 보안수사대) 관련(총 17명)			
고정희	88. 5. 13	연세대	서초서 연행, 정신병원 강제수용 뒤 사망
김성수	86. 6. 21	서울대	시험기간중 전화받고 나간 뒤 부산 송도 앞바다에서 주검 발견
김상원	86. 5. 6	도장공	검문 항의에 경찰서 연행된 뒤 행려병자로 버려져 사망
김준배	97. 9. 15	한총련 투쟁국장	은신처에서 보안수사대 검거과정중 사망
문영수	82. 8. 19	진아교통 노동자	광주 서부서 연행된 뒤 숨진 행려병자로 버려져 발견
문승필	92. 11. 3	전남대	경찰 협박받던 중 행방불명 뒤 병원 영안실서 주검 발견
신호수	86. 6. 19	인천 연안가스 노동자	서울 서부서 연행 뒤 고향 근처 동굴서 목맨 채 발견
우종원	86. 10. 11	서울대	(사망 추정) 민추위 관련 수배중 경부선 철로변서 주검 발견
정법영	78. 7. 8	청주신학대	노동자들과 단식투쟁 뒤 괴한들에 의해 사망
군(보안사, 기무사) 관련(총 22명)			
김두황	83. 6. 18	고려대	강제징집 뒤 보안대 녹화사업 과정에서 두부 없어진 채 발견

이름	사고 일자	신분	사고 내용
김영환	91. 4. 27	한겨레사회연구소 연구원	보안사 추적받던 중 자취방에서 주검 발견
김용권	87. 2. 20	서울대	보안부대 조사 뒤 정신불안으로 치료받던 중 내무반서 목맨 채 발견
남현진	91. 2. 3	한국외국어대	군에서 미국 비판발언 뒤 목맨 채 발견
노철승	87. 3. 1		수도방위사 근무중 머리에 총 맞은 채 발견
박상구	87. 5. 11		군 복무중 사망
박성은	90. 5. 24		방위병 근무중 부대비리 고발문건 작성 관련 조사중 행방불명 뒤 주검 발견
군(보안사, 기무사) 관련			
박종근	88. 8. 1	한의대 졸업	방위병 근무중 보약상납 거부 뒤 동사무소 창고서 온 몸 불탄 채 발견
박필호	87. 3. 19	부산대 의대 졸업	군입대 직후 화장실서 목맨 채 발견
송종호	91. 2. 20	서울대	군 이동상황실서 목맨 채 발견
우인수	88. 6. 24	성균관대	외박 나온 뒤 의문의 사고 사망
이승삼	87. 3. 3	부산대	자대배치 3일만에 중대장실서 숨진 채 발견
이윤성	83. 5. 3	성균관대	강제징집 뒤 보안사의 녹화사업 과정서 사망 의혹
이이동	87. 6. 15	전남대	입대해 광주항쟁 옹호 발언 뒤 사망
임기윤	80. 7. 26	사회정의구현 부산기독인회 회장	국군 보안사령부 부산분실 연행 사망
정성희	82. 7. 23	연세대	강제징집 뒤 철책초소 야간 근무중 주검 발견
정연관	87. 12. 4		군 부재자 투표날 내무반에서 변사체로 발견
최온순	83. 8. 14	동국대	강제징집 뒤 보안사 녹화사업 과정서 사망 의혹
최우혁	87. 9. 8	서울대	사회과학서적 읽다가 보안대에 적발 뒤 쓰레기 소각에서 화염에 싸인 채 사망
한영현	83. 7. 2	한양대	강제징집 뒤 보안대 조사중 사망 의혹
한희철	83. 12. 11		보안대 조사 받은 뒤 총탄 맞은 채 발견
허원근	83. 4. 2	부산수산대	입대 뒤 부대 유류고 뒤서 총탄 사망

이름	사고 일자	신분	사고 내용
기타			
김용갑	90. 3. 28	동우전문대 총학생회장	학원자주화 투쟁중 주검 발견 / 경찰 관련 의혹
문용섭	88. 6. 9	광무택시 노동자	회사 비리 관련 투쟁중 의문의 죽음 / 경찰 관련 의혹
박동학	96. 5. 8	대구공전	시위 중 의문의 죽음 / 경찰 관련 의혹
배중손	88. 11. 14	구미 금성사 노동자	어용노조 민주화투쟁 중 사망 / 경찰 관련 의혹
오범근	88. 3. 10	후지카 대원전기 경비실	파업농성 지지표명, 회사에 불려간 뒤 음독상태 발견 / 직원경찰 관련 의혹
이덕인	95. 11. 28	노점상	강제철거 반대 투쟁중 실종, 바닷가서 주검 발견 / 경찰 관련 의혹
이재호	89. 10. 29	인천 협신사 노동자	귀가중 둔기 맞고 사망 / 경찰 관련 의혹
정경식	87. 6. 8	대우중공업 창원공장 노동자	노조 선거 뒤 산에서 유골로 발견 / 경찰 관련 의혹

<표 2> 의문사 진상규명위원회에 추가 접수된 사례(2001년 1월 16일 현재)

이름	사고일자	신분	사고 내용
양상석	71. 4. 27	신민당 금산지구 위원장	71년 국회의원 선거에 입후보. 선거운동 중 4월 27일 행방불명, 4월 30일 산에서 변사체로 발견
김창수	71. 6. 25	목포시 동선거 관리부위원장	국회의원 선거 부정투표 관련. 참고인 대질신문차 경찰 및 공화당 간부 4인과 상경중 김제역 부근에서 변사체로 발견
김석조	71. 11. 11	경북대 조교	대구 소재 소탕골 뒷산 중턱에서 변사체로 발견
이수영	72. 4. 21	주프랑스 대사	대사관저에서 칼에 찔린 채 발견, 병원 후송중 사망 / 중앙정보부 관련 의혹
박응서	74. 6월경	정치범	국가보안법 위반으로 대전교도소 복역중 5사 독거방에서 변사체로 발견
손윤규	76. 4. 1	비전향 장기수	대구교도소 복역 중 단식농성 과정에서 병사로 옮겨진 뒤 변사체로 발견
심오석	76. 11. 14	경북대	유신반대 운동에 적극 참여하던 중 행방불명
김제강	77. 11. 4		중앙정보부에 불시에 소환 당한 뒤 귀가하여 갑자기 사망
이승룡	78. 6. 10	경북대	강제징집으로 군 복무. 전역한 뒤 교내 숲 속에서 혁대로 목을 맨 변사체로 발견
최석기	80. 3월경	정치범	정치범으로 대전교도소 복역중 5사 독거방에서 변사체로 발견
김용성	80. 7. 11		청주보호감호소 복역중 서적제한 조치 반대 단식농성을 하다가 감호소 내 지하실에서 변사체로 발견
변형만	80. 7. 11		청주보호감호소 복역중 서적제한 조치 반대 단식농성을 하다가 감호소 내 지하실에서 변사체로 발견
이진래	82. 1. 2	서울대	군 입대 후 카튜사 부대에 배속된 지 이틀만에 목맨 변사체로 발견
최봉대	82. 2. 9	운수업	2월 8일 행방불명, 2월 9일 사망
신영수	82. 3. 12	건국대	국가기관의 계획적인 미행 상황에서 변사체로 발견. 국과수의 부검 조작

이름	사고일자	신분	사고 내용
노진수	82. 4. 17	서울대	학년대표로 선출되어 학생운동을 하던 중 행방불명
박헌강	82. 5. 20	충남대 졸업.	5월 17일 의식불명인 상태에서 병원 응급실 입원 뒤 사망
정은복	83. 12. 15	가정주부	안기부에 의한 지속적인 감시를 받던 중 급히 누구를 만나야 한다고 나간 뒤 행방불명
이창돈	84. 5. 14	인하대	내무반에서 총기에 의해 사망
임용준	84. 11. 2	연세대	국가 기관에 의해 강요된 군 입대. M16 소총 탄환에 의해 목 부분이 관통당한 상태의 변사체로 발견
정종인	85. 1. 16	진주 경상대	고성군 소재 신흥교 뚝 밑에서 변사체로 발견
우수열	85. 6. 30	서울대	학교 간다고 집을 나갔다가 철로변에서 변사체로 발견
이재근	86. 7. 29	무직	군 전역 뒤 경찰 및 보안대로부터 회유와 협박을 받던 중 한강에서 익사체로 발견
황선철	87. 1. 24	부산산업대	전경 입대, 근무중 농업용 살충제 중독으로 사망
김소진	87. 7. 30	군인	87년 7월 30일 유격훈련장에서 행방불명, 99년 9월경 훈련장 근처에서 유골로 발견
박태조	87. 11. 26	광업소 직원	내란죄로 수감생활. 출감 후, 화순 주거지 방에서 잠을 자다가 토혈한 상태의 변사체로 발견
심재환	87. 12. 16	부평 삼화정밀 노동자	서울대 인문대 학생회장 출신으로 노동운동 중 자취방에서 사체로 발견
안치웅	88. 5. 26	서울대 졸업	아침 식사 후 평소와 같이 외출, 행방불명
박인순	88. 6. 23	한신대 대학원	집중적인 경찰의 추적을 받던 중 학교 기숙사에서 변사체로 발견
장종훈	89. 3. 31	경희대	행길에서 의식불명인 채로 발견, 병원에서 연수마비 및 뇌좌상으로 사망
임태남	89. 11. 30	운전사	광주민중항쟁 관련자로, 광주 이사짐 센타 부근에서 변사체로 발견
김진홍	90. 7. 14	무직	경찰의 계속적인 감시를 받는 상황에서, 주거지에서 변사체로 발견

이름	사고일자	신분	사고 내용
정도준	92. 4. 24		군 세면장에서 목을 맨 상태의 변사체로 발견
박태순	92. 8. 29	노동자	기무사령부의 추적 상황에서, 친형 집으로 귀가하던 중 서울 구로역 인근에서 행방불명
권두영	93. 1. 14	한국광물주식회사 대표	국가보안법 위반 혐의로 구속 기소, 독방에서 목을 맨 채 발견, 병원 후송 중 사망
정인택	96. 6. 6	연세대	아파트 앞에서 심한 두부 손상 상태에서 발견, 병원에서 9년간 치료를 받다가 사망

주

1) 이에 대해서는 조현연, 『한국 현대정치의 악몽 ─ 국가폭력』(책세상, 2000) 참조.

2) 김대중 정부가 구사하고 있는 '이율배반의 정치'란 역사적 화해라는 미명 아래 독재와의 정략적 대타협을 한 축으로, 그리고 민주주의와 민주화운동에 대한 최소주의적 접근을 다른 한 축으로 하는 것을 핵심으로 한다. 이에 대해서는 조현연, 「과거 청산과 민주주의 역사 복원의 이율배반성」, 민주노동당 정책위원회, 『김대중 정부 3년 : 평가와 대안 ─ 국민 없는 국민의 정부』(이후, 2001) 참조.

3) 김동춘, 「민주화운동기념관, 왜 건립해야 하는가?」, 민주화운동자료관 건립 준비모임 외, 『민주주의 역사의 현재화와 '민주화운동자료관' 건립운동』, 기획 학술심포지움 자료집, 1999년 10월 1일, 19쪽 참조.

4) 좀 더 구체적으로 말한다면, 정치적 의문사란 ①타살이 아니라고 처리되었음에도 불구하고 타살 가능의 상당하고도 명백한 정황이 있는 죽음(타살 가능의 정황), ②죽음의 현장 또는 사건 발생의 목격자가 부재하거나 또는 목격자가 있음에도 불구하고 나타나지 않는 죽음(사건 발생 목격자의 부재), ③정치적인 이유로 해서 수사를 기피하거나 또는 수사 내용을 은폐하려 했다는 의혹이 제기되는 죽음(수사 기피 또는 은폐의 의혹) 등이라고 할 수 있다.

5) 김학철, 「중대한 인권침해 사례인 의문사 해결을 위해」, 민족민주열사 희생자 추모(기념)단체 연대회의, 『의문사 진상규명을 위한 학술회의 자료집』, 1999년 11월 5일, 216쪽 참조.

6) 전국민족민주열사 희생자추모단체연대회의, 『열사회보』 제6호, 1997년 4월, 22쪽.

7) 물론 이 통계 수치가 의문사의 모든 사례라고 할 수는 없다. 아직 파악되지 않은 채 묻혀 있는 의문사가 있을 것이기 때문이다. 위원회에 접수된 80건의 진정 건수 가운데는 유신과 신군부 치하 국가권력의 폭압적 전향공작 과정에서 목숨을 잃은 비전향 장기수 사망자 5명이 포함되어 있다. 위원회는 접수된 80건 가운데 총 75건을 조사 대상으로 정했다(한겨레 2001. 01. 22). 접수된 사례에 대해서는 뒤의 별첨 〈표 2〉 참조.

8) 국군보안사령부는 1982년경부터 녹화사업을 전담하는 특별심사과를 신설, 순화사업과 프락치 공작사업을 병행토록 했으며, 이 목적을 위해 정규 대학 출신의 중위급 단기장교를 선발, 특수학적변동자들이 복무하던 전방 일부 사단에 배치, 녹화사업을

담당케 한 것으로 알려져 있다.

9) 이 내용은 1985년 5월 27일 서울형사지방법원 항소 제5부 재판장 앞으로 제출된 유시민의 「항소이유서」(사건 번호 : 85 노 2270), 13~14쪽에서 인용한 것임.

10) 국가보안법 사건이 발생할 때마다 '불법연행→장기구금과 고문→허위 자백→국가보안법의 적용과 정찰제 판결', 또는 '불법연행→장기구금과 고문→정치적 의문사'라는 과정이 되풀이되었다. 이 과정에서 헌법과 법률에 쓰여 있는 인간의 존엄과 가치, 불법 연행이나 고문 금지, 묵비권 보장 등 신체의 자유 조항 및 형사소송법상의 피의자, 피고인의 권리 등은 한낱 휴지조각에 불과했다.

11) 조현연, 『한국 현대정치의 악몽 ─ 국가폭력』(책세상, 2000), 28~29쪽 참조.

12) 출처 처리가 되지 않은 사례들은, 김유진, 「억울한 죽음 묻을 수 없었던 유가족의 한과 소망」, 참여연대, 『참여사회』, 2000년 11월호 참조.

13) 김창록, 「의문사 문제의 입법 부작위」, 추모연대 외, 『의문사 진상규명을 위한 학술회의』, 1999년 11월 5일, 32쪽 참조.

14) 최장집, 『한국민주주의의 이론』, (한길사, 1993), 43~44쪽.

15) 김정한, 『대중과 폭력, 1991년 5월의 기억』(이후, 1999), 43쪽.

16) 김동춘, 「1980년대 민주변혁운동의 성장과 그 성격」, 학술단체협의회 편, 『6월 민주항쟁과 한국사회 10년 Ⅰ』(당대, 1997), 94쪽.

17) 전두환 군사독재정권은 학원을 병영화하여 분단 이데올로기를 주입하고 대학생들의 민주적 요구를 억압하기 위해 1981년부터 대학생들을 대상으로 전방입소 훈련을 강제적으로 실시해 왔다.

18) 최장집에 따르면, "이들은 모두 '자유민주주의체제'로 자임하는 독재정권에 대한 항거로서 분신이라는 극한적인 투쟁을 마다하지 않았다. 이러한 연속적인 분신은 비극적 사태임에 틀림없다. 베트남 전쟁 당시 미군의 전쟁 개입에 대한 항의의 표시로써 빈발한 베트남 승려들의 분신을 제외한다면, 한국 말고는 민주화운동의 수단으로써 분신의 방법을 택한 사례는 거의 없다. 이 점에서 한국의 민주화 투쟁은 특이한 형태"라고 할 수 있다(최장집, 『한국 민주주의의 이론』, 한길사, 1993, 243쪽).

19) 김형수, 「우리 그것을 배신이라 부르자 : 젊은 벗이 김지하에 답한다」, 『한겨레』, 1991. 05. 14. 3쪽 참조.

20) 김원, 「1991년 5월투쟁, 80년대와 90년대의 결절점」, 민족민주열사 희생자추모

(기념)단체 연대회의 외, 『91년 5월, 잊혀진 우리의 자화상』, '91년 5월투쟁' 학술심 포지움 자료집, 2000년 11월 25일, 70~71쪽.

21) 김별아, 『개인적 체험』(실천문학사, 1999), 109, 117, 122쪽 참조.

22) 김정한, 「91년 5월투쟁에 관한 '상식'의 해체와 '사실'의 복원」, 민족민주열사 희 생자추모(기념)단체 연대회의 외, 『91년 5월, 잊혀진 우리의 자화상』, '91년 5월투 쟁' 학술심포지움 자료집, 2000년 11월 25일, 17~18쪽.

23) 권경우, 「죽음의 정치에서 삶의 미학으로」, 민족민주열사 희생자추모(기념)단체 연 대회의 외, 『91년 5월, 잊혀진 우리의 자화상』, '91년 5월투쟁' 학술심포지움 자료 집, 2000년 11월 25일, 57~58쪽. 이처럼 희망의 죽음 속에서, 5월투쟁을 끝으로 기간의 민주화투쟁 과정에서 형성된 죽음과 분신이라는 집단적 상징이 갖는 의미도 결정적으로 전도되었다. 즉 1991년 5월투쟁을 계기로 이제는 더 이상 죽음과 분신 자체가 분노와 저항을 조직화할 수 있는, 대중을 호명할 수 있는 계기가 되지 못했던 것이다. 그것은 1993년 광주교대생 이경동과 한상용의 분신, 1995년 장현구의 분 신, 1991년과 유사하게 연이은 분신이 일어났던 1996년의 사례(진철원, 황혜인, 오 영권)가 증명해주고 있다. 1991년 5월과 마찬가지로 이들의 죽음은 '역사화' 되거나 '현재화' 되지 못한 채, 단지 기억하기 싫은 개인의 가슴아픈 과거로만 존재하게 되 었을 따름이었다.

24) 이를 위한 오랜 투쟁이 전개되어 오다가, 마침내 유가협 어머니 아버지들의 422일 에 걸친 여의도 천막농성으로 「민주화운동 명예회복법」과 「의문사 진상규명 특별법」 이 2000년에 제정되고, 민주화보상지원단과 의문사진상규명위원회가 발족되어 활 동을 시작하였다.

20세기 한국의 야만 2

제10장

한보사태의 정치경제

— 정경유착과 부패구조

•

김용복

경남대학교 정치언론학부 교수

신군부 독재 · 민주적 개방 · 신자유주의

"돈이 지배하는 정치는 쿠데타보다 더 나쁘다"(김영삼 후보, 1992년 12월 1일 관훈클럽 초청토론).

"나는 누구한테도 돈 한 푼 받지 않았고, 여러분에게 요구한 일도 없다. 앞으로도 이를 지킬 것이며 이것이 부정부패를 고치는데 제일 중요하다는 생각에는 변함이 없다"(김영삼 대통령, 1993년 8월 9일 30대 그룹 회장초청 오찬모임).

"1992년 대선의 경우 정당을 가리지 않고 막대한 자금이 필요했던 것이 사실이다"(김영삼 대통령, 1997년 5월 30일 한보사태 담화문).

들어가는 글

'부패'는 세계적인 현상이자 주위에서 늘 볼 수 있는 문제이다. 문제는 부패를 부패로 인정하지 않고 당연한 하나의 관행으로, 그래서 부패에 대한 청산이나 근본적인 해결을 회피하는 것이다. 부패구조가 제도화되어 있는 후진국인 경우에는 더욱 그러하다. 이른바 '압축성장 모델'로서 주목을 받아온 후발산업화 주자들은 고도성장의 대가로 정치경제사회의 모든 면에서 엄청난 구조적 모순과 부작용을 낳았다.[1] 이러한 문제에 대한 해결없이 새로운 도약을 기한다는 것은 매우 어렵다는 것을 1990년대 이후 한국사회는 극명히 보여주었다.

박정희 정권 이후 새롭게 들어서는 정권은 그것이 군부독재정권이든 민주정권이든 모두가 재벌개혁을 외쳤다. 그리고 시장의 자율성을 강조하였다. 왜 그러하였는가? 이는 과거 발전전략으로는 새로운 국제환경에 적응하기가 어렵다는 것을 인식하였기 때문이다. 개혁의 지체는 효율성과 건강성의 후퇴를 의미한다. 작은 부정부패 사건의 발생과 그러한 사건들의 축적에 의해 총체적 위기의 잠재력은 점점 커져왔다.

따라서 '한보사태'는 이미 오래전부터 잉태되어 있었고, 어느 순간인가 분출될 수밖에 없었던 것이다. 그래서 누구나 다 개혁을 외쳤던 것이고, 그 개혁의 실패로 우리는 위기에 의한 강요된 개혁이란 현실을 맞이하게 된 것이다. 한보사건은 한국사회의 총체적 부패구조를 보여준 사건이었다. 축소 은폐되었다고 강한 의혹이 드는 검찰 수사였지만, 그 과정에서 구속된 사람은 내무부장관, 고위 여당정치인, 고위 야당정치인, 그리고 은행장들이었다. 한국사회 엘리트 구조의 총체적 부패사슬이 적나라하게 표출된 사건이었다. 한보사건은 유착부패의 전형이자 정치, 경제, 관료, 언론이 결탁한 구조적인 커넥션의 실체를 보여주었다.

사실 한보사태는 갑자기 폭로된 것은 아니었다. '수서사건'이라는 제1의 한보사태가 몇 년 전에 발생하여 이미 한보사태를 예견하였던 것이다. 그것이 유야무야 덮어지는 바람에 한보사태로 이어지고, 그것이 국가부도라는 IMF사태로까지 발전되었던 것이다. 호미로 막을 수 있었던 사태를 가래로도 막지 못하고, 결국은 둑이 터져버린 꼴이 되었다. 이러한 사태 진전의 기저에는 오래되고 견고한 정경유착의 사슬이 자리잡고 있었다.

한국형 발전모델의 위기

후발산업국은 '따라잡기(Catch‑up)' 단계에서는 경제의 총량확대와 성장전략을 주축으로 전략적 산업화를 추진한다. 한국전쟁 이후 전쟁복구를 거치면서 산업화의 후발주자로서 한국은 경제성장에 대한 광범한 합의를 가지게 되었다. 박정희 정권은 경제우선주의를 무엇보다도 강조하였다. 경제발전이 쿠데타의 명분이었기 때문에 가시적인 성과가 요구되었다. 더불어 박정희는 남북한 대결을 체제 대결로 인식하였으며, 이의 핵심적인 내용은 경제개발이었다. 이러한 박정권의 경제제일주의는 외연적 성장제일주의를 의미하였다. 가시적인 결과를 중시하는 이러한 입장은 경제규모의 양적 확대로 나타났으며, GNP지상주의로, 혹은 수출목표액 제시 등으로 표출되었다.

이 결과 박정희 정권이 집권하였던 60∼70년대 한국경제의 양적인 성장과 질적인 변화는 누구도 부인할 수는 없을 것이다. 경제성장률이 연평균(1962∼1979) 9.3%였으며, 1인당 GNP도 1962년 87달러에서 1979년 1,640달러로 급상승하였다. 산업구조에 있어서도 농업의 비중이 1962년 39.8%에서 1979년 22.9%로 저하되어 급속한 공업사회로 이행을 보여주었다. 이러한 토대가 현재 한국경제 도약의 기초가 되고 있기도 하다. 그러나 박정권의 '압축형 산업화'는 여러 측면에서 구조적 문제를 가지고 있었으며, 그 휴우증과 유산은 최근의 여러 대형사건들에서 보이듯이 경제성장에도 걸림돌이 되었다.

박정희 정권하에서 형성된 한국형 발전전략은 대체로 다음과 같은 특징을 가지고 있다.

첫째 박정희 정권은 경제성장 우선주의를 견지하였는데, 이는 목적을 위해서는 수단, 과정, 절차는 중요한 것이 아니라는 성과제일주의에 기초하여 있다. 더욱이 근대화의 진전을 생산력 발전수준 혹은 공업화라는 척도로 단순 환원하는 경향을 가져왔다.[2] 따라서 생산력 발전을 위해서는 모든 것을 희생시켜도 좋으며, 과정보다는 결과에 관심을 갖는 경제에서의 '군사주의'의 확산을 가져왔다.

둘째 이 결과 성장제일주의는 외연적 확대에만 관심을 갖고 산업구조의 내적 연관성에는 소홀하였다. 따라서 목표달성을 위한 쉬운 방법으로 재벌에 의존하는 결과를 가져왔으며, 중소기업의 육성을 통한 경제적 하부토대의 구축과 유연성 확보에는 실패하였다. 전략산업에 대한 정부의 집중적인 투자는 산업구조의 유기적 관련성을 고려하지 않은 채, 손쉬운 대기업 위주로 진행되어 무차별 다각화를 통한 재벌의 팽창으로 나타났다. 특히 70년대 중반 이후 진행된 대기업 중심의 중화학투자는 재벌성장과 비관련 다각화의 발판을 만들어

파행적인 산업구조를 만들었다. 이 과정에서 정경유착이 구조화되어 부정부패를 양산하였으며, 기업경쟁력을 약화시키는 결과를 낳았다.

셋째 박정희 시대는 친자본적 노동배제로 특징지워 진다. 콜리는 한국의 발전모델이 ①사회를 통제하고 변형시킬 수 있는 능력을 가진 매우 권위적이고 침투적인 조직을 가진 국가 ②수출 등에 의해 제조업의 확대를 가능하게 한 국가와 지배계급간의 생산지향의 동맹 ③국가와 지배계급에 의한 체계적인 농민과 노동자의 억압 및 통제 등을 구성요소로 하고 있다고 주장하였다.[3] 그런데 억압적 · 강권적 방식에 의한 노동배제는 정책의 방향과 성격이 친자본적이라는 것을 의미한다. 국가와 자본의 공생적 관계(symbiotic)의 유지는 경제정책이 기본적으로는 생산자 지향의 동맹이었다는 것을 의미한다.[4] 이는 고도성장기에는 압축적인 발전을 가져올 수 있는 국가와 자본의 협조관계를 의미하지만, 중장기적으로는 정경유착의 구조화라는 발전의 걸림돌이 될 소지가 매우 높았다.

넷째 이러한 발전과정에서 관료는 상당한 정도의 자율성과 능력을 가지고 있었다. 관료기구는 중앙집중되어 있고 사회적 압력으로부터 격리되어 있어, 관료는 정책을 수행할 수 있는 높은 수준의 능력뿐만 아니라 많은 정책적 선택성을 가지고 있다.[5] 그러나 독재의 강화에 의한 권력의 사유화는 관료에게는 정책적 자율성보다는 정책집행의 능력이 더욱 요구되는 자질이었다. 대통령 중심의 일원적 행정주의가 구축됨으로써 기술적 효율성만이 중요한 가치기준이었다. 박정희 시대 개발국가는 오원철의 표현에 따르면 한국주식회사라기보다는 대통령이 총사령관인 경제건설을 위한 하나의 군대였다. 따라서 관료는 자율성보다는 효율적인 명령수행이 요구되었다. 즉 박정희 정권은 대통령의 자율성과 관료의 능력이 위계적으로 결합된 국가자율성이 높은 개발국가의 특징을 보였다. 관료는 대통령의 정책의지 내에서 자율성을 향유하였으며, 일사불란한 집행능력이 요구되었다. 이러한 특징은 경제정책의 결정에 있어서 '경제논리' 보다는 '정치논리'가 우선시되고, 정치가들의 전횡적 의사결정에 제동을 걸기는 매우 어려운 것이었다. 따라서 기술합리적인 관료의 결정은 정격유착적인 대통령이나 권력자의 입김에 의해 쉽게 번복될 수 있는 것이었다.

결국 고도성장기에 형성된 한국형 발전모델은 정치 – 관료 – 대기업 – 금융 등의 유착에 의해 희소한 자원을 '전략적'으로 배분하여 고도성장을 도모한 것이었다. 이는 가시적인 경제의 양적 확대와 압축성장을 가져왔지만, 정부의 지나친 규제, 관치금융, 고비용의 정치구조, 기업의 정경유착적 경영 등 부정적인 측면을 그 유산으로 남겨놓았다.

그런데 이러한 발전전략은 80년대 이후 많은 한계를 노정하게 된다. 새롭게 바뀌고 있는 국내외 정치경제 환경은 과거 발전모델의 근본적인 전환을 요구하고 있었다. 경제자유화의 진전, 민간 기업의 성장, 민주화와 정치개혁의 요구, 노동운동의 성장, 세계화와 정보화의 급진전 등은 시장원리에 입각한 한국경제의 구조조정과 효율성 제고를 압박하였다. 이러한 환경의 변화 속에서 구태를 벗지 못한, 발전모델 '전환의 지연'이 한국경제의 여러 충격적인 사건을 발생시키면서 위기의 폭발로 몰아가고 있었다.

한국의 정경유착과 경제위기 : 한보사태의 정치경제

1997년은 한국경제에 있어서 최악의 해로 기억될 것이다. 1월 한보철강의 부도에서 시작되어 12월 IMF 구제금융을 받지 않을 수 없는 국가부도의 사태를 맞이하였다. 한국 경제의 위기는 비록 국제금융시장의 불안과 헷지펀드 (hedge fund)의 횡포 등에 의해서도 큰 영향을 받았지만, 한보사태에서 보여지는 한국경제의 부정부패, 정경유착의 문제들이 응집적으로 표출된 것이었다고 할 수 있다.

1997년 1월23일 제일은행을 비롯한 45개 금융기관장들은 자금난에 몰린 한보철강을 부도시키기로 합의하였다. 당초 법정관리나 은행관리를 조건으로 자금지원방안을 논의했으나 정태수 한보그룹 총회장이 끝까지 경영권 포기각서 제출을 거부했기 때문이었다. 이것이 이른바 한보사태의 시작이었다.

이 날 불과 54억 원의 자금을 막지 못한 한보그룹은 계열사 24개, 그룹 매출 규모 7조원으로 재계 14위의 재벌그룹이었다. 부도직후 집계된 한보철강의 부채는 4조 2,460억 원이었으며, 총투자액 5조 7,000억 원이었지만 자본금 3,147억 원에 불과하였다. 거의 모든 사업을 빚으로 하였다는 것이다. 일반서민들은 전세자금 몇천 만원을 대출받는 것도 매우 어려운데, 어떻게 자기 자본금에 십수배나 되는 돈을 은행은 아무런 담보도 없이 대출해 주었을까? 한보의 정태수회장이 부도 직전에도 경영권을 포기하지 않은 고집은 어디에서 나온 것일까? 한보사태는 90년대 한국의 정치경제 현주소를 그대로 보여주는 사건이었다. 그것은 개발시대의 유산이자, 후유증이 여전히 한국의 정치경제에 뿌리깊게 잔존하고 있다는 것을 보여 주었다.

한보사태의 전조 : 노태우정권과 수서비리사건

한보사태는 1997년 김영삼정권 말기에 발생하였지만, 그 전조는 노태우정권 말인 1991년 수서사건으로 표출되었다.[6] 수서사건이란 1991년 한보그룹이 주도한 비리사건이었다. 한보가 서울 수서지역의 녹지 3만 5,000여 평을 택지로 전환해 분양하는 과정에서 거액의 돈이 뇌물로 제공되었고, 이로 인하여 청와대 비서관과 5명의 국회의원들이 줄줄이 교도소에 들어갔었다. 당시 정당과 정파를 막론하고 수서사건에 깊이 연관되었던 정치권에는 정기적으로 한보 정태수회장의 정치자금이 광범위하게 흘러들어갔다. 검찰 수사기록에 의하면 매년 민자당에는 5억 원씩, 선거때 에는 30억 원씩 정치자금을 기부하여 약

300~400억 규모로 추정되는 한보비자금이 정치권에 유입된 것이 아니냐는 의심을 불러일으켰다.

그런데 사건이 끝난 얼마 뒤 한보의 정태수 회장은 경영일선으로 복귀했고, 3만 5,000여 평의 녹지만 사라진 채 한보는 수서지역 아파트를 분양하여 돈을 벌었다. 그리고 6년이 지난 지금 다시 한보사태가 벌어졌다.

수서사건과 한보사건은 최고 권력자들의 비호가 있었기 때문에 가능했던 사건이었다. 수서사건은 단순히 택지분양을 둘러싼 비리사건이 아니라 바로 오늘날 한보사태의 축소판이자 제1차 한보특혜사건이라고 할 수 있다. 한보와 최고권력자간의 유착은 노태우 대통령이 퇴임하자마자 재임기간에 발생하였던 수서비리사건의 장본인인 정태수에게 자신의 비자금을 금융실명제를 피하기 위해 가명계좌를 통하여 실명전환하여 사실상의 관리를 맡겼다는 사실에서도 명백히 확인된다.

문제는 군사정권의 연장인 노태우 정권과 김영삼 문민정부 사이에 개혁이라는 슬로건에도 불구하고 정경유착의 구조가 견고히 지속되어 왔다는 것이다. 김영삼 정부의 개혁정치가 실질적인 효과를 거두었다면 수서사건의 연장이자 확대판인 한보사태는 일어날 수 없었으며, 한국 경제의 위기도 극복되었거나 약화될 수 있었을 것이다. 그러나 노태우 정권을 부정했지만, 김영삼 정부의 개혁정치는 그 본질을 변화시키지 못하고, 겉치레 개혁만을 요란하게 내세운 것에 불과하였다. 그러한 면에서 수서사건과 한보사태로 이어지는 정경유착의 구조는 노태우 정권과 김영삼 정권의 차별성보다 연속성을 보여주는 것이고, 90년대 한국 정치경제의 특징을 극명하게 보여준 경제적 사건이자 정치적 사건이었던 것이다.

한보사태는 왜 일어났는가? : 문민정부 개혁정치의 한계

민주화운동의 일정한 역할을 담당하였던 김영삼 후보의 대통령 당선은 3당 합당이란 부정적인 요인에도 불구하고 개혁에 대한 국민들의 기대를 한껏 부풀려 놓았다. 이에 부응하듯 김영삼 대통령의 화두도 개혁이었다. 김영삼 대통령은 1993년 3월 취임후 첫 기자간담회에서 "5년간 나의 재임기간 중에는 결코 어떤 개인이나 기업으로부터도 돈을 받지 않을 것입니다. 추석이라고 해서 떡값이 아니라 차값도 받지 않을 것입니다"라고 깨끗한 정치를 선언하였다. 그리고 5년이 지날 무렵 김영삼 대통령은 한보사태의 '몸통'이라는 의혹을 받으면서 자신의 아들이 조세포탈과 알선수뢰 혐의로 감옥에 가는 것을 지켜보아야 했다. 왜 이러한 일이 발생하였는가? 그것은 한마디로 김영삼 정부의 개혁정치가 실패하였기 때문이다.

김영삼 정부는 정치개혁과 재벌개혁 등 과거의 관행과 유산을 청산하고 새로운 환경에 맞는 정치와 경제를 만들고자 하였다. 김영삼 대통령은 취임후 공직자윤리법을 개정하여 고위공직자의 재산을 공개하고, 재산변동상황을 신고하게 하였다. 더욱이 1993년 8월 금융실명제를 전격 단행하여 검은 돈의 흐름을 원천적으로 봉쇄하려고 하였다. 더불어 하나회를 해체하고 기무사를 개혁하는 등 군에 대한 문민통제를 강화하였다. 족벌체제와 차입경영으로 특징되는 재벌체제도 개혁의 대상이었다. 업종 전문화를 통해 비관련 다각화를 경쟁력 있는 중점육성사업으로 전환시키고, 경영의 투명성과 책임성을 제고하고자 하였다. 이는 압축적 고도성장을 지탱하여 왔던 한국형 발전모델의 전환을 의미하였다.

그러나 세계화의 진전과 이에 대응하기 위한 국가경쟁력 강화 논리에 밀려 재벌과 외국자본의 입장이 강화되면서 개혁의 본래 목적은 실종되었다. 더욱이 부패와의 전쟁을 통해 깨끗한 정치를 선언한 김영삼정권 아래서도 각종 사업의 선정과 신규사업 진출 허용을 둘러싸고 의혹과 소문이 끊이지 않았다. 1994년 4월 대통령의 아들이 한약업자로부터 1억원을 수수하였다는 의혹이 제기되었다.

개혁정치의 실패를 대내외에 선포한 것이 한보사태였다. 자본금 900억 원의 기업에 무려 2조 7,000억 원의 투자사업이 당진제철소 건설이 허가된 과정이나 자본금 3,000억 원 정도의 기업에 은행들이 앞다투어 무려 5조 원 이상의 무리한 대출을 감행한 사실, 이 과정에서 한보가 4개에 불과하던 계열사를 늘려 계열기업 24개를 거느린 재계 14위 재벌로 떠오른 사실 등은 도저히 정상적인 기업과 정부의 관계에서는 가능하지 않다는 점이다. 한보를 매개로 개혁의 대상이었던 정경유착의 사슬은 견고하게 유지되고 있었던 것이다.

5조 7,000억 원의 한보특혜는 어떻게 가능하였을까? 이는 수서사건 당시 이루어진 한보와 김영삼 정권과의 결탁이 막대한 대선자금 지원 등으로 발전해 온 것이다. 수서사건으로 구속되었던 정태수 회장은 그룹의 재기를 위하여 차기 대통령으로 유력시되던 김영삼 후보에게 접근하여 거액의 정치자금을 제공함으로써 유착관계를 구축하였다. 이는 정태수 회장이 1992년 대선 당시에 김대중 후보에게도 30억 원의 대선자금을 보냈으나 이를 돌려 보냈다는 증언에 비추어 볼 때도 확인된다.[7] 야당후보에게 30억 원의 대선자금을 보낸 정회장이 유력한 여권후보에게 엄청난 대선자금을 보낸 것은 미루어 짐작할 수 있다.

김영삼 정권하에서 정태수 회장은 철강산업을 본격적으로 추진하였으며, 한보철강의 시설자금을 유용하여 문어발식 그룹확장을 도모하였다는 의혹도 제기되었다. 정태수 회장은 김영삼 대통령 취임 후 13개 기업을 무더기로 인수하여 매출액 순위 14위 재벌로 대약진하게 된다. 이러한 급성장은 한보철강의 부실화로 초래하였으며, 더욱이 철강업에도 불황이 닥치면서 부도로 이어지게 되었던 것이다.

한보사태와 관련하여 가장 큰 타격을 입은 제일은행의 경우 자기자본의 무려 94%에 달하는 자금을 한보철강이라는 단일기업에 대출해줌으로써 다각화에 의한 위험의 축소와 분산이라는 원칙에서 벗어나는 자산운용을 행하였다. 제일은행의 한보에 대한 대출이 1993년 말 335억 원에 불과하였지만, 1996년 말에는 1조 1,400억 원으로 무려 34배나 폭증하였다. 한보에 대한 대출을 삼가라는 은행감독원의 경고를 묵살하고 대출은 계속한 것은 청와대 등 권력층의 비호가 있었기 때문이다. 또한 당초 2조 7,000억 원으로 책정되었던 한보철강의 시설비가 5조 7,000억 원으로 증폭되는 과정에서 제일은행이 외부압력에 의한 특혜대출한 것이 아니냐는 의혹에 제기되었다. 특히 제일은행 등은 1997년 1월23일 한보철강이 부도처리 되기 직전인 1월11일 한보철강에 1,300억 원을 추가로 융자해 주었다. 당시 사채시장에서는 한보는 이미 부도가 난 상태였다.[8]

이러한 특혜대출 뒤에는 정치가들의 후견이 존재하였다. 재벌의 총수는 계열사간 내부거래와 자금의 유출입 등을 통하여 재무제표를 왜곡, 분식하여 막대한 비자금을 조성하고, 특혜의 대가로 검은 돈을 정치권에 뿌렸다. 검찰 수사결과에 따르면 정태수 리스트에 올라와 있는 대부분의 정치인이 한보의 돈을 받았다고 자백하였다.[9] 더욱이 한보의 대출이 문제가 되었을 때에도 국회에서 논의되는 것을 막을 정도의 막강한 커넥션이 존재하였다. 한보의 정태수회장은 국정감사에서 국민회의 의원들이 한보의 여신 및 담보현황 등에 대한 자료제출을 요구하자, 1996년 10월 초 여당인 신한국당의 정재철 의원에게 부탁하여 국정감사의 질의를 무마해 달라면서 1억 원을 권노갑의원에게 전달했다는 의혹이다. 이것은 한보의 커넥션이 여야를 막론하고 광범위하게 얽혀있으며, 또한 국정감사도 로비에 의해 쉽게 넘어갈 수 있었다는 단면을 보여주는 것이다.

정경유착에 대한 우려가 정치개혁과 재벌개혁의 목소리로 표출되었지만, 모든 정권의 공약에도 불구하고 개혁은 실종되고 유착의 견고함은 변하지 않았던 것이다. 정경유착의 결과는 국가의 사유화이자, 시장의 개인화였던 것이다. 국가의 돈은 사적인 목적으로 남용되었고, 기업과 금융은 재벌의 개인 소유화되어, 결국은 총체적인 위기와 붕괴로 이어졌던 것이다.

한보사태의 본질은 무엇인가?

1995년 12월 두 명의 전직 대통령이 뇌물수수혐의로 구속, 실형을 선고받았다. 군사정권의 뒤를 이은 문민정부 아래에서는 대통령의 아들이 철창에 가는 신세가 되었다. 80년대 이후 한국의 대통령은 모두 부정부패와 관련되어 법의 심판을 받았다. 부패공화국과 뇌물공화국의 상징적인 모습이었다.

김영삼 대통령은 취임 초에 한푼의 돈도 받지 않겠다고 선언하였다. 그러나 문민정부의 정치개혁이 말만의 잔치로 끝나고, 정당구조와 정치환경은 이전과는 크게 변화되지 않았다. 그런 상황에서 대통령이 돈을 받지 않겠다고 선언한 것은 정치자금의 소요가 없어진 것을 의미하는 것이 아니라 자금을 조달하고, 전달하는 방식이 달라질 것임을 말하는 것이었다.

모든 부패는 경제적 이익과 관련되어 있다. 한보사태는 외압과 비자금이 핵심이다. 한보에 5조 원이나 되는 엄청난 대출을 가능하게 한 '외압'의 실체가 무엇이냐, 그리고 엄청난 대출금으로 비자금을 형성하여 정치권에 로비한 구체적인 내역이 어떠한 것이냐 하는 문제이다. 한국사회의 구조적 비리는 관료와 금융을 매개로 하여 재벌과 정치권력간의 유착관계, 즉 정경유착을 그 핵으로 하고 있다. 정치권력은 정권을 창출하고 유지하는데 막대한 자본을 필요로 한다. 관치경제하에서 대기업들은 시장논리에 의한 이윤창출보다는 특혜와 이

권을 통해 자신의 부를 키우는데 더 열중하였다.

당시 경제수석인 이석채 씨는 "한보를 부도낸 것은 현체제에서 매우 용기 있는 일로 평가받을 것"이라고 말하였다. 이 말은 본인의 의도와는 달리 현 체제가 견고한 정경유착구조이기 때문에 정치자금을 받은 한보를 부도내기는 굉장히 어렵다는 사실은 반증한 것이었다.

한보사태로 최측근이었던 홍인길 씨가 구속되는 과정에서 자기는 깃털에 불과하면서 이른바 '몸통론'을 제기하였다. 결국 그것은 최고권력자임을 누구나 짐작하게 하였으며, 대통령인지 소통령으로 불린 대통령의 아들이냐 하는 문제였다. 사실 그 문제를 명확히 구분하는 것이 무슨 의미가 있는지 많은 사람들은 의아했다. 대통령의 아들인 김현철 씨는 한보비리의 의혹을 받고 검찰 수사를 받았지만, 1997년 2월 한보비리와 관련이 없다는 무혐의 수사결과가 발표되었다. 많은 국민들이 분노했고, 김영삼 대통령은 국민에게 사죄하는 사과 담화를 발표하지 않을 수 없었다. 검찰의 수사진이 교체된 이후에 한보비리는 재수사되었으며, 결국 김현철 씨는 조세포탈과 알선수재 혐의로 유죄판결을 받았다. 김씨는 검찰 조사중에 대선 잉여자금 70억 원의 헌납을 약속하였는데, 이는 대선자금과 한보비리의 관련성을 일부분 인정한 것이었다.

더욱 문제는 정치인들이 여야구별이 없이, 상당한 액수의 돈을 이미 수서사건으로 오명을 받았던 재벌에게서 아무런 거리낌없이 돈을 받았다는 사실이다. 물론 정치 초년생도 예외는 아니었다. 야당의 유력한 정치인으로 구속되었던 권노갑 씨는 "조건 있는 돈은 받지 않는다. 한보사건에서도 절대 조건 있는 돈은 받지 않았다"고 항변하였다. 그는 한보그룹 정태수 총회장으로부터 2억 5,000만 원의 뇌물을 받은 혐의로 '포괄적 뇌물죄'가 적용되어 징역 5년형을 받았다. 그의 항변은 돈이 많이 드는 정치에서 돈을 받지 않을 수 없는 환경이고, 대신에 조건이 있는 돈은 받지 않는다라는 야당정치인의 능란한 정치감각을 표현한 것이었다. 그러나 이는 조건이 있든, 없든 기업가로부터 정치자금을 음성적으로 거래한 관행이 오래되었다는 사실을 확인해 주는 것이었다. 또한 기업인들도 특정한 대가를 바라고 정치자금을 준다기 보다는 이른바 장기적인 보험의 의미를 가진 떡값으로 거래를 행하였다는 상식을 보여준 것이었다. 그동안 대가성 없는 금품수수는 '단순 떡값'이라 하여 관행상 처벌을 기피하여 왔다. 그러나 엄청나게 비싼 떡은 어떠한 형태로든 되돌아가는 대가성 뇌물이라는 것은 정치인외에는 다 알 수 있는 것이다.

이러한 정경유착의 성장전략은 한보에게도 불행한 것이었다. 한보는 기업의 구조조정과 기술혁신보다는 로비를 통한 지대추구행위에 더 힘을 기울여서 그룹을 확장하였다. 그래서 한보의 정태수 회장은 한보청문회에서도 끝까지 3천억원만 융자해주었더라면 문제가 없었을 것이라고 항변하였다. 또한 "자금이란 것은 주인인 내가 알지, 머슴이 어떻게 아는가"라는 발언을 서슴지 않고 행하였다. 이는 은행을 사금고화하고, 대기업을 사유화하며, 고용자를 머슴으로 여긴다는 재벌총수의 봉건적 경제관을 드러낸 것이었다.

그러한 '주인'의 주변에는 심복들만 있을 뿐 전문경영인이 설 자리는 없었다. 검증도 되지 않은 코렉스공법 제철소에 6조 원의 자금을 쏟아부으며 그룹의 명운을 걸 때도 자신의 로비력만 믿고 밀어붙였다. 한보청문회에서 김종국 전 한보재정본부장은 "정총회장의 무리한 명령을 말렸지만 듣지 않았다"고 털어놓았다. 정총회장은 은행측이 자금지원을 전제로 경영권 포기각서를 요구했을 때 '한보 회생의 마지막 기회'라는 경영진의 충고를 듣지 않고 경영권에 연연하다가 그룹의 공중분해를 맞았다. 최근 감옥에서도 정태수 씨는 한보그룹의 경영권에 미련을 가지고 재기를 위해 움직이고 있다는 우울한 소식도 들려온다.

한마디로 한보사태는 엄청난 금융지원을 받은 재벌의 도산, 대통령 아들의 국정개입, 정치인들의 음성적인 정치자금 수수, 비효율적인 국회청문회, 검찰의 위상 등 총체적인 부정부패 구조, 사회의 도덕적 불감증, 만연된 도덕적 해이 등이 응집된 사건이었다. 이러한 상황에서 정부정책은 '경제논리'가 아니라 '정치논리'에 의해 결정될 수밖에 없었다. "모로 가도 서울만 가면 된다"는 권력지상주의와 결과지상주의의 관행이 결합되어 나타난 것이 한보사태였으며, 그것은 부정부패의 깊은 뿌리에서 나온 하나의 곁가지에 불과하였다.

한보사태, 도덕적 해이, 그리고 경제위기

은행을 사유화시켜 정치자금과 무분별한 사업확장을 거래한 정경유착의 대표적인 사례중의 하나가 한보사태였다. 사실 한보사태는 수서사건이 근본적으로 해결되지 않은 채 봉합되었기 때문에 발생한 사건이었으며, 이의 처리를 둘러싸고 미봉적 해결을 도모하다가 국가부도라는 사상 초유의 경제위기로 비화되었던 것이다. 이러한 사건 진행의 기저에는 '신뢰의 위기'가 놓여 있었다. 재벌체제의 효율에 대한 불신, 정부정책에 대한 불신, 금융기관의 신뢰도 저하 등이 결국 국가신인도의 붕괴를 가져왔던 것이다.

따라서 한국의 경제위기는 국제금융체제의 불안정성과 같은 외부적 요인의 영향도 크지만 기본적으로 개발독재의 유산, 거액의 부실채권을 발생시킨 금융제도의 취약성과 투명성의 결여, 국가개입이 가져다 준 특정분야에의 과잉투자, 재벌체제의 비효율성 등 내부적 요인에 기인한다. 장상환 교수는 외환위기의 직접적 계기는 경제적 기초여건의 악화에 있다고 보았다. 국제수지 악화와 외채누적, 기업의 수익성 악화, 자본자유화의 진전 등이 그것이다. 외환위기를 초래한 기본적인 원인은 한국 자본주의의 내적 취약성이다. 이러한 취약성을 심화시킨 것은 한국 자본주의의 구조적 모순이다. 정부의 경제통제와 신자유주의적 경제운용, 재벌의 경제독재체제, 관치금융과 재벌지배하 금융기관

의 부실운영, 사유재산 절대주의, 자본의 제조업 기피심화, 제조업 위축 등이 다.[10]

한국경제의 위기를 '도덕적 해이 문제(moral hazard)'에서 찾는 내인론의 입장은 한보사태를 중요한 기점으로 해석한다. 즉 대규모 자본의 차입보다는 더 중요한 것은 어떻게 빌렸느냐와 그 자본을 어디에 사용했느냐 하는 자본유입의 구성이라고 한다. 이를 둘러싸고 정부, 금융기관, 대기업간에 도덕적 해이가 발생한다는 것이다.[11] 이는 만연된 범국가적 부정부패와 세계화 시대를 맞이하면서도 전근대적인 경영체제에 머물러 국제적 경쟁력을 갖추지 못한 기업구조의 취약성을 야기한다는 것이다. 이러한 의미에서 한국의 독특한 재벌체제가 지적된다. 경제위기의 재벌책임론에서는 재벌들의 지나친 차입경영, 계열기업간의 상호지급 보증문제, 재벌의 지나친 경제력 집중도, 재벌부채의 금융권 여신에 과다한 점유, 재벌경영의 불투명성과 견제장치의 결여 등을 지적한다.[12] 결국 한보사태를 계기로 외환위기로 확대되었던 한국경제의 위기는 권위주의 정권과 봉건적으로 경영되는 재벌간의 유착을 특징으로 하는 한국형 정치경제체제의 위기에 기본적인 원인을 찾아야 한다.[13]

맺는 글 : 부패구조의 청산과 한보사태의 교훈

부패는 사회적 자원이 적재적소에 배치되는 것을 막을 뿐더러 정상적인 국가체계를 마비시켜 왔다. 한보사태를 통하여 견고한 부패구조의 일면을 볼 수 있었으며, 이것은 IMF 개혁 이후에도 크게 바뀌지 않은 것으로 보인다. 정경유착의 부패구조는 결국 국가부도라는 경제위기를 통하여 국민에게 고통을 전가시켰다. 부패구조의 핵심에 있던 인물들은 여전히 활개를 치고 있으며, 기득권을 잃지 않기 위해 동분서주하고 있다. 결국 정경유착의 최대 피해자는 일반 서민들이었다. 한보사태의 교훈은 철저하고 근본적인 개혁의 필요성을 각인시

컸다는 점이다. 그러나 수구의 논리, 정략적인 정치논쟁, 지역적인 이기심 등은 개혁에 대한 국민들의 합의를 희석시키고, 냉소주의, 정치불신, 무력감 등을 확산시키고 있다. 부패구조의 청산은 국민적 합의에 기초한 지속적인 개혁에 의해서 가능할 것이다. 개혁의 어려움을 논하고 개혁의 정당성을 혼란시키는 세력은 반개혁세력과 더불어 부패구조의 유지를 바라는 기득권세력일 것이다. 한보사태는 정치, 경제, 사회 모든 방면에서 철저한 개혁만이 새로운 도약을 기약할 수 있다는 것을 보여주었다.

무엇보다도 재벌개혁의 필요성을 강조해야 한다. 재벌개혁의 중요성은 후발산업화과정에서 형성된 정치-관료-금융-대기업의 유착구조에서 비롯된다. 실제로 정경유착의 부패구조는 투자와 성장을 저해한다. 정경유착에 능한 기업은 상품과 서비스의 질을 개선하는 데 자원과 시간을 덜 들인다. 부패구조는 또 국민들의 건전한 가치관을 마비시킴으로써 국가경쟁력을 떨어뜨리고 경제성장의 잠재력을 좀먹는다.[14] 재벌의 소유, 지배구조, 사업방식, 자금조달구조 등이 시장논리와 경제적 효율성에 입각해 개혁되어야 하는 것이다. 김상조 교수의 언급처럼 한보의 경우 세계 어느 나라에서도 상업화에 성공하지 못한 코렉스 공법이라는 새로운 제철기업을 도입할 때, 어느 누구도 정태수 총회장의 의사결정을 견제하지 못했다는 것이다.[15]

다음으로 금융개혁이 요구된다. 금융기관은 외부의 압력에서 자유로와야 하며 자신이 한 결정에 대해 책임을 질 수 있어야 한다. 한보사태에서 드러난 것처럼 금융권이 기업의 신규투자에 대한 면밀한 검토 없이 외부 입김만으로 거액을 대출해주는 관치금융 아래서는 재벌들의 독단적인 사업추진을 견제할 수도 없으며, 정치권과 대기업의 검은 거래를 막을 수도 없다.

더불어 불필요한 정부규제의 완화도 필요하다. 각종 정부 규제는 경영보다는 로비에 능한 사업가를 양산한다. 사업가들은 로비를 통해 인허가권을 따내고 돈을 빌리는 능력만 있으면 된다는 풍토가 오랫동안 온존했다. 대기업의 생사가 정권에 달려 있는 현실에서는 전문경영인의 합리적인 판단은 거추장스러운 장애물일 뿐이라는 인식까지 어느 정도 설득력을 가졌다. 정부의 허가 없이는 아무것도 할 수 없는 규제 만능의 시대에는 사업권의 획득이 바로 성공을 의미하기 때문에 독단적인 재벌경영체제를 막을 수는 없을 것이다.

한보청문회에 불려나온 관료들은 하나같이 책임을 회피하는데 급급하였다. "청와대 경제수석이 은행장에게 전화를 걸어 특정기업에 대한 대출을 부탁했다해도 그 자체가 외압은 아니다"라는 궤변에서부터 "국가기간산업(철강산업)의 신기술(코렉스 공법)도입 등 관련사항은 통상산업부장관에게 보고 없이 과장선에서 소신껏 처리한다," "대기업에 대한 수 조원대의 대출이라도 은행들이 자체적인 판단으로 처리할 일이지 정부가 간섭할 수는 없다" 등의 발언은 관료들의 자질을 의심하기에 충분한 증언이었다. 관료의 말에서 추론한다면 한보 사태의 책임은 경제수석의 순수한 부탁전화를 외압으로 오해한 은행장, 한보철강의 재무구조를 제대로 파악하지도 않고 엄청난 자금을 빌려준 금융기관, 코렉스 공법의 경제성에 대해 오판한 통산부 과장 정도이다. 한국 관료의 청렴성은 세계적으로 볼 때 매우 떨어진다. 국제투명성위원회(Transparence International)의 자료에 따르면 1997년 한국 관료의 청렴성지수는 52개국 중 34위로 하위권에 속해 있다. 덴마크, 스웨덴 등 청렴도가 세계 최고 수준인 국가들과는 비교하지 않더라도 싱가포르(9위), 홍콩(18위), 일본(21위) 등 경쟁상대국들과도 큰 차이를 보이고 있다. 심지어 말레이시아(32위)보다도 청렴도 면에서는 낮은 것이 한국 관료의 현주소이다.[16] 책임이 있고 청렴한 관료들이 존재할 때에 정책결정과 집행과정의 투명성이 확보될 수 있다. 이를 위해서는 관료의 중립성이 보장되는 것이 필요하며, 소신껏 능력을 발휘할 수 있는 제도적 뒷받침이 이루어져야 한다. 여기에 행정개혁의 필요성이 있는 것이다.

끝으로 돈 안드는 정치로의 개혁이 절실히 요구된다. 고비용 저효율구조의 개혁을 외치면서 정치개혁을 추진했지만 결국 용두사미로 끝난 것이 최근의 경험이다. 이는 개혁의 대상인 정치인이 개혁의 주체가 되어야 하는 정치현실의 한계일 수 있다. 정치에는 돈이 필요한 것은 분명하다. 정당이나 정치인이 여론을 수렴하고 정책을 개발하기 위해서, 그리고 선거에서 유권자에게 올바른 선택을 하기 위한 정보를 제공하는데 필요한 비용이 있다. 이러한 돈은 대의정치에서 반드시 필요하기 때문에 민주주의 비용이라고도 불린다. 많은 나라에서 국민의 세금으로 정치자금을 보조해 주는 이유도 바로 여기에 있다.[17] 정치는 어찌 보면 자체가 경쟁이고 그 경쟁에서 이기기 위해 돈은 중요한 무기다. 그러나 돈이 중심이 되는 정치풍토에서는 정책이나 인물이 중요한 초점이 되기는 어렵다. 그러한 환경에서는 정치인과 기업간에는 자연스럽게 검은 '협력' 관계가 맺어지게 된다. 따라서 돈이 적게드는 정치환경으로의 개혁이 매우 중요하며, 최소한 필요한 돈도 수수과정과 사용과정의 투명성과 책임성이 확보될 수 있어야 한다. 이것이 정치자금과 특혜의 거래로 얼룩진 한보사태와 같은 또다른 정경유착의 비리를 반복하지 않는 길일 것이다.

주

1) 최근 일본정치도 정경유착의 사건이 노출되어 큰 파장을 일으키고 있다(『Nikkei Net』, 2001.1.17, 사설. 소위 KSD(중소기업 경영자 복지사업단)이 참의원 의원에게 국회에서 유리한 질문을 해달라는 사례로 2,000만엔을 주었다는 의혹이 제기된 사건이다. 여기서 그치는 것이 아니라 관련된 자민당 의원은 노동정무차관으로 있었을 때 KSD가 추진한 사업을 인가해 주고, 국가 보조금까지 교부하였던 것으로 알려져 있다. 한마디로 하면 KSD라는 이익집단이 돈과 표를 정치가에게 제공하여 주고, 그 반대급부를 받은 전형적인 정경유착의 단면이었다. KSD는 그 의원을 참의원 비례

대표명부에 상위로 만들기 위해서 KSD의 이사장 지시에 의해서 KSD 회원 약 30만명이 서명하고 자민당비를 일부 내는 등에 의해 전면적으로 지원하였다는 것이다. 지난해 알선이득처벌법이 만들어져 돈으로 정치활동을 사는 것을 금하였으며, 공직선거법이 개정되어 참의원 선거방식이 비구속명부식이 도입되어, 특정한 이익단체로부터 지원을 받는 의원의 폐해를 방지하고자 의도하였다. 그러나 모습과 형식은 정비되었지만, 정치의 체질이 변하지 않는한, 부패는 없어지지 않는다는 것이 이번 사건에서 보여졌다.

2) 손호철, 『현대한국정치』, 265쪽 ; 이병천, 「냉전분단체제, 권위주의정권, 자본주의 산업화 : 한국의 경험」, 『동향과 전망』(1995. 겨울호) 참조.

3) Kohli, "Where Do High Growth Political Economies Come From?", *World Development. Vol.22, No.9(September, 1994)* pp. 1269-1270.

4) Evans, "The State as Problem and Solution," in S. Haggard and R. Kaufman ed. *The Politics of Economic Adjustment : International Constraints, Distributive Conflicts, and the State* (Princeton University Press, 1992). p.157 ; Johnson, "Political Institutions and Economic Performance", *The Political Economy of the New Asian Industrialism. 1983*, p.145 ; Kohli, "Where Do High Growth Political Economies Come From?", p. 1270.

5) Haggard, Stepan, and Robert R. Kaufman, "Introduction : Instituions and Economic Adjustment," *The Politics of Economic Adjustment*, p.26 ; Evans, Peter. "The State as Problem and Solution" p.177

6) 「전현정권 핵심부 수서사건을 덮는데 합의했다」『신동아』(1997년 5월호).

7) 「대선자금이 한보사태 불렀다」『한겨레 21』(1997.3.13) 참조.

8) 한보그룹의 부도설은 몇 달 전부터 사채시장에 나돌았다. 이것을 정부가 막아서 더욱 문제가 커졌다는 것이다. 한보어음의 은행권 부도징후가 처음 나타난 것은 1996년 11월 정도. 이때 한일은행의 일선 창구에 돌아온 한보발행 어음을 밤 10시까지 연장하면서 막아주었다. 12월초 들어서도 한보는 동화, 동남은행 등 여러은행에서 부도직전까지 갔으나 청와대에서 "부도는 곤란하다"고 해 위기를 가까스로 넘겼다고 한다. 그러나 한보어음 할인이 안되기 시작한 사채시장에선 그 전인 10월에 이미

부도가 나 있었다. 사채시장에서의 부도시기는 최종 부도처리된 지난 1월23일보다 무려 석달 가량 빨랐던 것으로 보인다. 정태수 총회장이 이수휴 은감원장, 이석채 청와대 경제수석 등을 만나 자금지원을 요청한 것이나 한보직원들이 12월부터 강남 파이낸스회사 등을 누비고 다닌 것도 결국 사채시장에서의 '부도'가 가져온 청탁발걸음인 것이다.

9)「실종된 한보대출 몸통」『한겨레21』(1997년 5월10일) 참조.

10) 장상환,「한국자본주의, 왜 IMF시대를 맞았나」,『역사비평』(42호, 1998년 봄호).

11) Paul Krugman, *What Happened To Asia?* January, 1998 ; Jeffrey A. Frankel, *The Asian Model, the Miracle, the Crisis and the Fund,* delivered at the US International Trade Commission, April 16, 1998.

12) 공제욱,「IMF 구제금융이후 한국자본주의의 재벌구조 개편」,『경제와 사회』(1999, 여름).

13) 홍덕률,「김대중정부의 개혁 1년을 평가한다」,『동향과 전망』(1999년 신년호, 40호).

14)「부패의 경제학」,『이코노미스트』(1998.3.17) 참조.

15)『신동아』(1999년 2월호)

16)「부패청산, 이렇게」,『이코노미스트』(1998.3.17) 참조.

17)「선거와 정치자금」,『이코노미스트』(1997.4.8) 참조.

20세기 한국의 야만 2 제11장

'군사적 성장주의'와 성수대교의 붕괴

홍성태

상지대학교 교양과 교수

신군부 독재 · 민주적 개방 · 신자유주의

들어가는 글 : 박정희와 '군사적 성장주의'

지난 100년 사이에 서울은 급격한 '퇴락'을 경험하였다. 일제는 식민통치를 위해 서울을 조직적으로 파괴하였다. 일제의 '근대화'는 서울의 오랜 역사와 문화를 파괴하는 과정이었다. 진정한 해방은 일제의 침략으로 말미암은 역사의 단절과 왜곡을 철저히 바로잡는 것이어야 했다. 이를 위한 과제는 크게 인적, 제도적, 그리고 공간적 차원의 것으로 나누어 볼 수 있다. 그러나 불행하게도 우리는 어떤 과제도 제대로 달성하지 못했다. 친일파는 청산되기는커녕 오히려 새로운 지배층이 되었고, 일제가 이식해 놓은 각종 군국주의적 제도들은 우리 사회의 기본적 틀이 되었고, 박정희(다카키 마사오)의 '군사적 성장주의'는 일제의 개발정책보다 더욱 가혹하게 전 국토를 파괴하게 되었다.

서울의 '퇴락'은 600년의 역사와 어울리지 않는 이상스런 것들이 도심에 가득 들어차는 모습으로 나타났다. 대표적인 예로는 일제가 지은 총독부와 경성부, 박정희가 지은 세운상가와 청계고가도로를 들 수 있다. 일제와 박정희 통치의 유사성, 아니 일제의 자식으로서 박정희의 면모를 여기서 잘 살펴볼 수 있다. 이 건물들과 구조물은 모두 커다란 몸집으로 위세를 과시하는, 다시 말해서 그 기능에 앞서서 정치적 선전물의 성격을 크게 갖는다. 차이가 있다면, 그 아비는 천년만년 통치할 욕심에 아주 튼튼하고 미적 형식을 갖추어 건물을 지은 반면에, 그 자식은 취약한 정치적 정당성을 보완할 필요에 쫓겨 튼튼하지 않고 볼품은 더욱 더 없는 건물과 구조물을 세웠다는 것이다.

일제와 박정희에 의해 집중적으로 저질러진 서울의 파괴는 당연히 그 역사와 문화의 파괴로 이어지는 것이었다. 물론 그것은 언제나 '개발'을 내걸고 이루어졌다. 요컨대 그것은 '파괴적 개발'이었다. 일제로부터 시작된 이러한 '파괴적 개발'로서 한국의 근대화는 박정희에 의해 한층 더 강력하게 추진되었다. 그는 일제의 군사학교에서 배운 '하면 된다'는 군사주의의 정신으로 이런 식의 근대화를 밀어 붙였다. 그의 능력과 의도를 믿지 않는 국민들의 눈을 속이기 위해 그는 사람들의 눈에 금방 띄는 거대한 건물과 구조물을 여기저기에 열심히 바쁘게 세웠다. '군사적 성장주의'란 이처럼 일제의 군사주의를 바탕으로 정치적 목적을 위해 외형적 성장을 추구하는 박정희식 근대화 노선을 가리킨다.

'군사적 성장주의'는 사람들의 눈을 속이는 데 커다란 성공을 거두었다. 무엇보다 그는 끊임없이 대규모 공사를 벌임으로써 많은 사람들을 자신이 지배하는 거대한 '공모관계' 속으로 끌어들일 수 있었다. 이런 사람들이 자발적으로 나서서 그를 우상화하고 신격화하는 것은 너무나도 당연한 일이다. 박정희의 지배는 곧 자신들의 지배를 뜻하기 때문이다. 그러나 '군사적 성장주의'는 박정희로 대표되는 그 '공모관계'의 이익을 위해 엄청난 사회적 댓가를 요구했다. 외형적 성장을 추구하는 가운데 한없이 커진 공간적 위험이 이러한 사실을 잘 보여준다. 세운상가와 청계고가도로는 그 대표적인 예로 자주 거론되지만, 그것을 극단적인 방식으로 보여준 것이 바로 '성수대교 붕괴사건'이다.

이 끔찍한 사건은 어쩌다가 일어날 수도 있는 하나의 불행한 '사고'가 아니라, 박정희식 근대화 노선의 본질적 문제점을 분명하게 드러내 보여준 필연적 '사건'으로 이해되어야 한다. 이런 점에서 이 사건에 대한 관심은 일제 식민지배와 독재로 점철된 우리의 불행한 20세기에 대한 역사적 관심으로 이어져야 한다. 그리고 그 불행한 역사를 바로잡지 않는 한, 불행한 '사건'은 계속된다는 숙연한 자각으로 이어져야 한다.

성수대교의 건설

한강에는 많은 다리들이 놓여 있다. 성수대교는 그 중에서 11번째로 놓인 다리이다. 1977년 4월에 건설되기 시작해서 1979년 10월에 완공된 이 다리

〈표 1〉 성수대교의 기본사항

위치	성동구 성수동~강남구 압구정동	설계자	대한컨설턴트
연장(m)	1,160.8	시공자	동아건설
폭원(m)	19.40(4차로)	공사기간	1977. 4. 9~1979. 10. 15
구조형식	Gerber Truss교	공사비	11,580,000,000원
최대경간장(m)	120	설계하중	DB24(1등교)

자료 : http://user.chollian.net/~sy15/SungSu.htm,
　　　http://www.gikim.com/main/bridge.htm

는 박정희 통치 기간에 한강에 놓인 마지막 다리이기도 하다. 이 다리의 기본 사항은 위의 〈표 1〉과 같다.

성수대교는 강북의 뚝섬과 강남의 압구정동을 연결해 준다. 이 다리의 기능적인 목표는 강남 지역의 개발에 맞추어 서울 동부권의 균형적인 발전을 도모하는 것이다. 실제로 성수대교는 이와 관련하여 중요한 구실을 하고 있다. 강변북로와 동부간선도로가 건설되면서 성수대교의 이러한 기능은 더욱 중요해졌다.

중랑천이 한강과 만나는 지점과 강남의 신흥 번화가를 연결하는 중요한 기능을 하는 성수대교가 불과 15년의 세월만에 무너져 앉으리라고 생각한 사람은 아무도 없었을 것이다. 더욱이 성수대교는 단순히 기능적 요건만을 추구한 다리가 아니었다. 성수대교 이전에 한강에 놓인 모든 다리들은 사람과 물자가 이동하는 기능에만 촛점을 맞추고 건설되었다. 이와 달리 성수대교는 한강에 놓이는 최초의 미학적 다리로 건설되었다. 이것은 세가지 방식으로 실현되었는데, 첫째는 다리의 구조로 거버 트러스 형식을 취한 것이고, 둘째는 다리 사이의 간격을 아주 길게 한 것이고, 세째는 다리의 남북단에 강변도로와 연결되는 입체 교차로를 건설한 것이다. 이런 점에서 성수대교는 '새로운 형식의 현대식 교량'으로서 '국내 교량사의 중대한 전환점'으로 소개되었다.

분명히 성수대교는 다리의 형식에서 하나의 '전환점'이었다. 그리고 그 전환은 분명히 의미있는 전환이었다. 무릇 모든 건설에는 자연의 파괴가 따르게 마련이고, 그런만큼 인공의 산물이 파괴된 자연을 어느 정도라도 대체할 수 있도록 하기 위해서는 세심한 주의와 노력이 필요한 법이다. 그러나 '군사적 성장주의'는 이런 점을 완전히 무시하고 오직 '외형적 실적주의'만을 강력하게 추구한다. 이런 식의 개발은 기필코 '파괴적 개발'이 되지 않을 수 없다. 이 경우에 개발은 군사작전을 펼치는 것과 비슷하다. 요컨대 전략적 목표를 세운 뒤에는 수단과 방법을 가리지 않고 가장 빠른 시간 내에 그 목표를 달성하는 것이다. 이런 식의 개발에서 아름다움이란 늘상 '사치'로 여겨지게 마련이다. 이런 점에서 성수대교가 이룬 '전환'은 분명히 의미있는 것이었다. 그것은 '파괴적 개발'과는 다른 관점, 그 당시 이미 우리에게 절실해진 '미학적 개발'의 관점을 제시해 주었기 때문이다.

그러나 성수대교의 전환은 대단히 형식적인 것이었다. '미학적 개발'은 단순히 밖으로 보기에 그럴싸한 다리의 건설로 이룰 수 있는 것이 아니다. 불행하게도 성수대교가 이룬 전환은 이 정도에 머무르는 것이었다. 이런 정도라면 '미학적 개발'은 단지 '파괴적 개발'이 외형을 바꾼 것에 그칠 뿐이다. 아름다운 것은 튼튼한 것이기도 하다. 그것은 자연과 조화를 이루고 사회와 융합을 이루기 때문이다. 이렇게 되기 위해서는 다리를 만들고 보살피는 과정 자체가 다른 것으로 바뀌지 않으면 안된다. 그렇지만 성수대교는 똑같은 틀로 찍어낸 꼴만 다른 다리였다. 이 다리는 분명히 더 나은 것을 추구한 노력의 산물이었지만, 결국 이 낡은 틀의 제물이 되고 말 운명이었다. 꼴을 바꾼다고 틀이 바뀌는 것은 아니라는 단순한 사실을, 꼴보다는 틀을 바꾸는 것이 더 중요하는 단순한 사실을 우리는 잊지 말아야 한다.

여기서 성수대교를 건설한 동아건설의 운명을 미리 살펴보는 것도 유익할 것이다. 동아건설은 성수대교의 붕괴에 따라 기부금 형식으로 서울시에 450억 원을 지불하기로 했다. 그러나 물론 동아건설은 이 약속을 제대로 이행하지 않았다. 오히려 동아건설은 서울시와 붕괴의 책임을 둘러싸고 법적 공방을 벌였다. 2000년 7월 21일 서울지법 민사합의 12부(재판장 정장오 부장판사)는 서울시가 동아건설을 상대로 낸 구상금 미 손해배상 청구소송에서 다리 붕괴에 양쪽이 1 대 2의 책임이 있으며, 동아건설은 서울시에 191억원을 배상해야 한다는 원고 일부승소 판결을 내렸다. 그리고 마침내 2001년 3월, 동아건설은 이번에는 법원으로부터 사실상 파산선고를 받았다. '리비아 대수로 건설'의 영광이 '성수대교 붕괴사건'의 참담한 실패를 거쳐 기업의 완전한 몰락으로 이어진 셈이다.

성수대교의 붕괴

1994년은 조선의 태조 이성계가 서울을 새로운 도읍으로 정한지 600년이 되는 해였다. 태조는 600년 전인 1394년 9월 27일(음력 8월 24일)에 도읍을 개경에서 한양으로 옮기기로 결정했다. 서울의 거리들은 이 사실을 알리는 각종 현수막이며 안내판으로 어지러울 지경이었다. '정도 600년'을 맞이해서 축하하는 것이니 사실 거리는 좀더 어지러워도 좋았을 것이다. 그러나 서울은 '정도 600년'의 역사를 느끼기 어려운 곳이 되어 버렸고, 그런만큼 '정도 600년'을 축하하는 행사들은 그저 관 주도의 의례적 행사였을 뿐이었다.

1994년 10월 21일 금요일, 서울은 아직 '정도 600년'을 축하하는 들뜬 분위기에서 벗어나지 못한 상태였다. 오전 7시 38분, 멀쩡해 보이던 성수대교가 무너져 앉았다. 참으로 기가 막힌 일이 발생한 것이다. 이 참담한 사건의 기본 사항은 다음의 〈표 2〉와 같다.

하루에도 수만명의 사람들이 건너다니는 한강 다리가 무너지다니, 방송을

〈표 2〉 성수대교 붕괴사건

항목	내용	
사건 일시	1994. 10. 21.(금) 오전 7시 38분	
피해 정도	사망 32명 , 부상 17명	
사건 내용	1994. 10. 21.(금) 7시 38분 성수대교 1,160m 중 제10번, 11번 교각 사이 상부 트러스 48m가 붕괴하여, 차량 6대가 한강으로 추락하는 사고로 사망 32명, 부상 17명의 피해가 발생함.	
사건 원인	제도적 원인	정부의 표준품셈 및 설계적용 자재, 노임단가가 현실과 맞지 않아서 실행 공사비 추가 비용은 조잡 또는 저질 건설재 사용으로 적자의 충당이 불가피한 것으로 보이며, 공사감독이 매 공정을 제대로 점검하지 못하거나 전문성이 낮아지는 실정임에도 공사 준공시 구조물의 안전도를 평가하는 제도가 없어 부실부분에 대한 확인이 미흡하였음.
	기술적 원인	- 수개월만에 국내 최초의 신공법 교량을 완벽하게 설계하는 것은 그 당시 수준으로서는 무리였음. 교량의 상부 구조가 여유도가 없는 구조로 계획되어 수직재 파단시 붕괴의 사전예고가 전혀 이루어질 수 없었고, 수직재와 핀플레이트 용접의 시공성을 충분히 고려하지 않은 구조로 설계된 점을 조사팀은 지적하고 있음. - 국내 최초의 용접교량으로 용접전문기술자 부족(이 시기에는 해외 송출이 많았다), 경험부족, 기능공의 미숙련, 책임감 결여 및 용접의 중요성 인식 부족 등 시공능력이 전반적으로 부족하고, 특수교량을 일반교량 건설과 같이 실적위주로 2년 6개월(77. 4~79. 10)간의 무리한 준공 계획으로 인하여 완벽한 시공관리가 결여됨. - 설계하중 이상의 과하중이 구조물에 미치는 악영향에 대한 인식이 부족하여 과적차량의 단속을 소홀히함으로써 불량하게 제작된 부재단면의 균열진전을 더욱 가속화시켰으며, 설계기준 연도의 교통량보다 실제 많은 양의 교통량이 증가되었음. - 안전점검시 노출된 결함이 전체 구조체계에 미치는 영향을 평가하기 위한 구조해석의 과정도 없었고 관리자들의 강교량에 대한 전문지식이 부족하여 단편적인 보수공사만 시행하였음. 즉 붕괴시점 훨씬 이전부터 오랫동안 피로 균열의 진전이 그대로 위험하게 방치되었음이 조사결과 확인되었고, 경직된 유지관리조직 및 예산운영체계로 인하여 효율적인 유지관리 업무 수행이 곤란하였음.

자료 : http://www.cn.co.kr/data/Fm173-01/S173-14-a01.htm

통해 이 소식을 접한 시민들은 처음에는 잘 믿어지지 않았을 것이다. 아니 아마도 믿고 싶지 않았을 것이다. 마른 하늘의 날벼락 식으로 봉변을 당한 사람들의 소식을 접하고 시민들은 황당하고도 처참한 기분에 빠지지 않을 수 없었다. 성수대교를 자주 이용하던 사람들은 그 아슬아슬함에 숨이 막히고 토할 것 같은 현기증을 느끼기도 했다. 많은 사람들이 졸지에 희생자가 된 사람들을 위로하면서도 자신은 무사하다는 사실에 안도하는 이율배반의 처지에 빠져들었다.

당연한 소리겠지만 같은 문제가 되풀이되는 것을 막으려면 문제의 원인을 정확히 파악하고 대책을 세우는 것이 중요하다. '소 잃고 외양간 고치기'는 절대 바보 같은 짓이 아니다. 소를 계속 길러야 한다면 당연하게도 소를 잃은 뒤라도 외양간을 철저히 고쳐야 한다. 그런 점에서 성수대교와 같은 실패사례를 철저히 연구하는 작업은 대단히 중요하다. '한국건설정보시스템'에서 작성한 앞의 〈표 2〉도 그런 연구의 한 결과일 것이다.

그런데 이 표는 문제를 가지고 있는 것으로 보인다. 그것은 내용의 문제라기보다는 '관점의 문제'이다. 이 표에서는 사고의 원인을 제도적 원인과 기술적 원인으로 나누고 있다. 그런데 필자가 보기에 기술적 원인은 오히려 제도적 원인에 더 가까운 것으로 보인다. 여기서 제기된 네가지 기술적 원인은 모두 기술 자체의 문제라기보다는 기술을 이용하고 관리하는 방식의 문제로 보는 편이 더 옳지 않을까? 국내의 부족한 기술력에도 불구하고 신공법을 강행하고, 그나마 무리한 준공계획에 맞추어 군사작전을 펴듯이 공사를 강행하고, 미래의 교통수요를 적절히 예상하지 못하고, 문제를 평가하고 감시할 수 있는 장치가 전혀 없었던 것 등은 분명히 기술적 원인이 아니라 제도적 원인으로 보아야 할 것이다.

이런 관점에서 〈표 2〉의 내용을 다시 해석하자면, '성수대교 붕괴사건'은 훨씬 더 심각한 원인에서 비롯된 것으로 파악된다. 요컨대 그것은 기술적 보완으로 해결될 수 있는 것이 아니라 더욱 치밀한 사회적 변화를 통해서만 비로소 관리될 수 있는 것이다. '고도위험체계'나 '위험사회'에 대한 사회학적 논의들이 잘 보여주듯이, 현대 사회는 거대한 위험을 구조적으로 생산하는 동시에 그러한 위험에 의존하여 존속하는 사회이다(Perrow, 1984 : Beck, 1992 : 홍성태, 2000ㄱ). 우리가 지금과 같은 삶의 방식을 근본적으로 바꾸지 않는 한, 우리는 언제나 재앙적인 사고가 발생할 가능성을 안고 살아갈 수밖에 없다. 고작해야 보험회사들이 안전한 삶에 대한 우리의 희망을 대신해 줄 수밖에 없는 것이다.

오늘날과 같은 '위험사회'의 상황에서 국가가 국민의 생명을 보호하는 구실을 제대로 하려면, 마치 야누스처럼 생산력인 동시에 살상력인 기술을 이용하고 관리하는 제도를 꼼꼼하게 수립하고 철저하게 운영해야 한다. 우리의 경우는 그런 제도 자체가 아직도 여러모로 갖추어져 있지 않고, 있다 하더라도 극히 심각한 부실과 부패의 사슬 속에서 형식적으로 운영되고 있다는 것이 큰 문제이다. 이런 점을 강조해서 '한국적 위험사회' 운운하는 사람들도 있다. 그러나 여기서 '한국적'이라는 것이 '부실과 부패의 사슬'을 가리키는 것이라면, 그것은 사실 아무것도 가리키지 않는 것과 마찬가지다. '부실과 부패의 사슬'은 심지어 사회가 가장 체계적으로 조직되어 있다는 독일에서도 만연되어 있는 문제이기 때문이다.

만일 '한국적'인 것이 있다면, 그것은 좀더 문화적인 것으로 이해되어야 한다. 그리고 그것은 근 100년에 걸쳐 진행된 일제와 전쟁과 독재의 억압사·파괴사가 우리의 세계관과 심성에 미친 역사문화적 영향으로 이해되어야 한다.

뒤틀어진 역사는 우리로 하여금 결코 정상적이라 할 수 없는 것을 정상적인 것으로 받아들이고 살아가도록 만들었다(홍성태, 2000ㄴ). 대표적인 예로 '군사적 성장주의'가 조장한 '파괴적 개발'과 '외형적 실적주의'를 당연한 것으로 받아들이는 태도를 들 수 있다. 이런 점에서 우리의 잘못된 근대사를 바로잡는 것보다 더 중요한 '외양간 고치기'는 없다. 그리고 이 문화적이고 역사적인 과제는 결국 뒤틀어진 정치를 바로잡는 것으로 나아가야 한다. 뒤틀어진 정치야말로 뒤틀어진 문화와 뒤틀어진 역사의 모태이기 때문이다.

사실 1990년대에 들어와 잇따라 발생한 대형 사고들을 보면서, 많은 사람들이 그 원인으로 '한국적' 특수성을 거론했다. '빨리빨리'와 '대충대충'은 문화적인 면에서 '한국적' 특수성을 설명하는 상징어가 되었다. 그러나 이러한 설명은 너무나 표피적이다. 그리고 자학적이기도 하다. 그럴 듯하지만 잘못된 설명이다. 이런 생각은 흔히 '민족성'에 관한 논의로 연결되곤 한다. 물론 이런 논의는 잘못된 것이다. 그것은 거의 우생학적인 논의와 같은 것이라고 해도 좋을 것이다. 이런 논의가 대상으로 하고 있는 문제들은 모두 역사적 결과들이다. 그것을 어떤 초월적 원인으로 보는 것은 내용뿐만 아니라 방법 자체가 잘못된 것이다.

이런 문제를 잠시 접어두고 '그래도 삶은 계속된다'는 관점에서 보자면, 성수대교 붕괴사건은 우리의 잘못된 제도를 돌아보고 고칠 수 있는 계기를 제공했다는 점에서 중요하다. 필요한 제도를 만들고 잘못된 제도를 고치는 당연한 일을 하는 데 그처럼 많은 사람들의 목숨이 필요했던 것이다. 이 점에서 성수대교 붕괴사건은, 세상은 결코 윤리의 명령대로 움직이지 않는다는 것을 다시 한번 확인하는 계기이기도 했다. 성수대교 이전에 다리는 그저 놓는 것으로 끝날 뿐, 유지·보수·관리의 대상이 아니었다. 성수대교 붕괴사건은 이런 상황을 바꾸어 놓았다. 다리는 놓는 것만큼이나 지속적으로 관리되어야 한다는 당연한 사실이 이 사건을 통해서 비로소 제도적으로 확립되었다. 그러나 그것이 정치를 개혁하는 데까지 나아가지 못했다는 점에 우리는 주의해야 한다.

성수대교의 건설이 다리의 형식에서 한 전환점이었다면, 성수대교의 붕괴는 다리의 관리에서 한 전환점이었다. 전자는 단순히 불충분한 전환에 머물렀으나, 후자는 참으로 커다란 불행을 수반한 전환이었다. 이런 불행을 막기 위해서는 제도의 개혁이 반드시 필요하며, 다시 그것을 위해서는 정치의 개혁이 반드시 요구된다는 사실이야말로 성수대교의 붕괴가 우리에게 주는 가장 중요한 교훈이다.

성수대교의 재건

무너진 성수대교를 다시 세우는 데에는 2년이 넘는 시간이 걸렸다. 재건공사는 1995년 4월에 시작되어 1997년 8월 15일에 공식적으로 완료되었다. 이 공사에는 780억원의 돈이 들었다. 시간은 처음과 비슷하게 걸렸으나, 비용은 처음의 116억보다 훨씬 많이 들어간 것이다. 이렇게 많은 돈을 들여 성수대교는 전보다 훨씬 더 예쁜 다리로 다시 태어났다. 그러나 그 기능에는 여전히 문제가 많아서 1998년부터 성수대교는 다시 확장공사에 들어갔다. 통행량에 비해 도로는 턱없이 좁고 강변북로나 올림픽대로와도 연결되어 있지 않기 때문이다. 확장공사는 2002년까지 진행될 계획이다. 4차로를 8차로로 넓히는 이 확장공사가 완료되면, 상습적인 체증이며 간선도로와 연결되지 않는 등의 문제가 아무쪼록 깨끗하게 해결되기를 바랄 뿐이다.

서울시는 '성수대교 붕괴사건'이 워낙에 황당한 사건이었던만큼 성수대교의 재건에 상당히 주의를 기울이고 재건된 성수대교에 상당한 자부심을 느끼는 것으로 보인다. '성수대교 붕괴사건'이 '우리 사회의 부실 관행에 경종을 울린 비극적인 사건이었으며, '건설기술인에게는 반성의 계기가 되기도 하였

<표 3> 성수대교의 특징

항목	내용
구조적 차이	· Gerber형 구조의 취약부인 Suspended Span의 지점부에 사재를 보강하여 횡방향 하중에 저항토록 함. · 직경 6m의 하부기초가 분리되어 있던 것을 타원형으로 묶어 보강하였으며 강바닥 밑의 암반까지 굴착하여 물을 막고 육안으로 확인하면서 콘크리트 기초를 시공. · 낙교사고가 발생했던 트러스의 연결방법은 핀구조에 받침구조를 추가 설치하여 이중 안전장치를 함으로써 앞으로는 어떠한 경우에도 낙교되지 않도록 하였음. · 강교에 사용되는 철판의 두께를 기존교량보다 30%정도 두껍게 하였고, 트러스 교량 상판을 콘크리트가 아닌 철판을 사용하여 교량 자체무게를 줄여서 그만큼 통과할 수 있는 차량의 무게를 증가시켜 종전의 32.4톤까지 허용되던 2등교에서 43.2톤까지 통행 가능한 1등교로 교량성능을 향상시킴.
정밀·정교한 시공	· 외국인 감리단이 강교 제작공장 및 공사현장에 각각 상주하면서 시공절차 및 품질 보증계획을 사전검토·승인후 매 단계마다 철저한 확인하에 공사를 진행하였음. · 용접 등 주요작업에 동원되는 기능공은 일정한 검증절차를 거쳐 높은 수준의 작업능력을 갖춘 경우에만 투입하였고, 모든 작업결과는 초음파 검사 및 방사선 검사 등을 거쳐 완벽하게 시공되었는지 여부를 확인하였음. · 모든 강교제작은 강재제작 기술과 경험을 보유한 현대중공업과 현대철구 공장에서 컴퓨터와 자동용접기 등 첨단장비를 사용하여 정밀하게 제작하고 현장에서는 조립작업만 실시하였으며 현장조립시 필요한 일부용접도 작업장에 이동식 가건물을 지어 공장과 동일한 작업조건을 갖추고 자동 용접기를 사용하여 실시하였음.
유지관리	· 효과적인 유지관리를 위해 점검작업이 용이하도록 종·횡방향의 점검통로를 설치하였으며, 강재가 녹스는 것을 방지하기 위하여 도장의 내구연한이 훨씬 긴 아연과 우레탄을 주성분으로 하는 중방식 도장을 실시. · 차량통행 개시 전 초기계측을 실시하여 그 결과를 향후 교량거동 분석시 활용할 수 있게 하는 등 유지관리 수준도 대폭 향상시킴.

http://www.metro.seoul.kr/kor/overview/bridge/bdg7.html

다'는 서울시의 자평에 대해서는 더 보탤 말이 없다. 그러나 '사고 이후 새롭게 복구된 성수대교는 종전과 모양은 비슷하지만 내용은 완전히 다른 실질적으로는 새 교량'이라는 새로운 성수대교에 대한 서울시의 자평은 썩 미덥지가 않다. 여기서 중요한 것은 '새 교량'의 의미이다. 재건에 들인 돈과 시간, 그리고 무엇보다 희생자들을 생각하면, 성수대교의 재건은 결코 쉽게 완료될 수 없다. 그것은 단순히 기술적인 의미에서 다리를 재건하는 것으로 끝날 수 있는 과제가 결코 아닐 것이다.

서울시에서 성수대교의 재건을 '새 교량'의 건설이라고 설명하는 근거는 앞의 〈표 3〉과 같다. 이 자료에 따르면 성수대교의 재건은 확실히 단순한 '복구'에 그친 것은 아니었다. 기술적 문제와 제도적 문제가 모두 크게 보완된 것으로 보이기 때문이다. 성수대교가 이전보다 훨씬 예쁜 다리로 다시 태어날 수 있었던 것은 그 재건이 단순한 '복구'를 넘어설 수 있었기 때문일 것이다. 그러나 빨간색으로 예쁘게 치장한 성수대교는 어딘가 여전히 석연치 않다. 눈에 잘 띄지 않는 파란색을 눈에 잘 띄는 빨간색으로 칠하고, 밤에는 밝은 조명까지 밝혀서 아름답게 보이게 되었지만, 오히려 저 현혹적인 모습에 절대 속아서는 안된다는 생각이 나를 사로잡는다. 그 까닭은 '군사적 성장주의'의 문제가 철저히 비판되지도, 따라서 철저히 극복되지도 않은 것으로 생각되기 때문이다. 아름다움은 안전함 위에서 피어나야 할 꽃이다. 안전함에 대한 관심을 호도하기 위한 아름다움은 단지 허울만의 조화일 뿐이다.

앞에서 살펴본 〈표 2〉를 작성한 '한국건설정보시스템'은 '성수대교 붕괴사건'의 '교훈 및 대책'을 다음과 같이 제시하였다(http://www.cn.co.kr/data/Fm173-01/S173-14-a01.htm).

· 성수대교 사고는 용접불량 등 공사 및 유지관리 부실, 그리고 규정 이상의 중차량 통행 단속소홀 등이 직접적 원인으로 발생하였으나,

· 그 배경에는 경제성장 주도기에 행정편의 또는 실적위주의 제반 사회 구조적인 문제와 공학적 논리가 소외되는 사회환경이 간접적인 원인으로 작용되었음이 명백하고,

· 특히 입찰제도, 심의제도, 예산편성 등 회계제도 및 기술인력운영 등이 오히려 안전성 확보를 저해하는 요인으로 적용하는가 하면 국민의 안전 의식의 결여는 무리한 건설 계획을 부추기거나 그것이 관행인 것 같이 굳어지게 하였음.

· 이러한 부실공사와 관리소홀 사례의 발생을 방지하기 위해서는 기술과 기준의 개발에 대한 연구 투자에 집중해야 할 때이며, 안전과 관련된 문제점의 해결원칙은 일시 교통통제 등의 조치로 이용의 불편과 많은 사회비용이 투자되더라도 단 한 사람의 희생도 있을 수 없는 인본주의의 시책추진이 절실하게 요구됨.

재건된 성수대교가 과연 진정으로 '새로운 교량'인가는 '인본주의의 시책'이 실제로 추진될 수 있도록 제도와 문화와 정치가 바뀌었는가를 통해 판단되어야 할 것이다. 서둘러 상처의 치유를 선언하고 무너진 다리를 예쁘게 치장하는 것은 이런 실질적 변화와 거리가 멀다. 성수대교의 재건은 무너진, 아니 무너질 수밖에 없었던 '군사적 성장주의'의 사회를 쇄신할 때 비로소 끝나는 과제이다. 아직 완료되지 않은 것을 완료되었다고 선언하는 것 자체가 '성수대교 붕괴사건'을 가져온 그 문제가 전혀 해결되지 않았음을 보여준다. 빨간 페인트와 화려한 조명으로 다리를 꾸미는 것도 의미있는 일일 수 있지만, 그것이 더욱 의미있는 일이 되기 위해서는 '군사적 성장주의' 자체를 종식시켜야만 한다.

물론 '군사적 성장주의'의 극복은 생각보다 훨씬 더 어려울 것이다. 일제의 오랜 식민지배가 그렇듯이, 그것도 하나의 사회체계로 작동하면서 거대한 '사

회적 공모관계'를 형성해 놓았기 때문이다. 이 점에서 '군사적 성장주의'의 극복은 친일파나 파시즘 청산과 마찬가지로 역사적 과제이다. 이것은 무너진 다리를 예쁘게 재건하는 식으로 달성할 수 있는 과제가 아니다. 만일 '군사적 성장주의'나 '폭압적 근대화'가 순수하게 폭력에만 의존하는 것이라면, 그것은 이미 오래 전에 완전히 무너져 흔적조차 찾지 못하게 되었을 것이다. 그것이 여전히 우리에게 현재적 문제일 정도로 강고한 위력을 발휘하는 까닭은, 박정희의 통치 하에서 형성된 거대한 '사회적 공모관계'가 여전히 강고한 위력을 발휘하고 있기 때문이다.

'군사적 성장주의'를 넘어서

필자는 이 글에서 '성수대교 붕괴사건'을 가져온 사회적 원인을 '군사적 성장주의'에서 찾아 보고자 했다. 이것은 일찍이 박정희가 일본의 군사학교에서 온몸으로 익힌 군국주의적 정신을 바탕으로 외형적 결과를 가장 중요한 목표로 추구하는 개발방식을 뜻한다. 이 점에서 '군사적 성장주의'에 바탕을 둔 개발은 자연과 사회를 체계적으로 파괴하는 '파괴적 개발'일 수밖에 없으며, 이런 식의 개발을 성공적으로 달성해서 이루어지는 근대화는 결국 '폭압적 근대화'일 수밖에 없다(홍성태, 2000ㄱ : 55-57, 249-253).

사회를 바꾸는 일은 무섭고도 어려운 일이다. 첫 단추를 잘 끼우는 것은 정말로 중요하다. 어떤 사회체계가 형성되어 초기의 위험을 극복하고 안정되면, 그것은 점차 그 구성원들에 의해 자동적으로 재생산되기 때문이다. 각자가 자기 이익을 추구하는 방식으로 전체 체계를 지속적으로 재생산하는 것이다. 박정희는 폭력을 이용하여 '군사적 성장주의'를 이 사회의 지배체계로 확립시켰다. 오랜 세월 동안 많은 사람들이 그에 대항해 싸워왔으나, 그 싸움의 의미에 걸맞는 성과를 우리는 아직도 충분하게 거두지 못하고 있다.

민주주의적 변화는 더디고 어렵게 일어난다. 여전히 과거의 낡은 틀이 완전히 사라지지 않았다는 것은 그 틀이 주조한 삶의 방식과 인성대로 살아가는 사람들이 이 사회에 널려 있다는 것을 뜻한다. 그리고 커다란 변화를 가져오기에 충분할 정도로 제도와 문화와 정치의 개혁이 이루어지지 않고 있다는 것을 뜻한다. 변화는 언제나 우리가 원하는 대로 빠르고 쉽게 이루어지지 않는다. 성수대교가 무너지고 삼풍백화점이 무너져도 여전히 끊이지 않고 있는 이른바 '안전사고'는 이런 사실을 잘 보여준다.

한 일간지에서 성수대교 붕괴 5주년을 맞아 유관기관·단체를 통해 1989~98년까지의 '안전사고' 통계를 집계했다(〈경향신문〉, 1999-10-22).

조사 기간 동안 각종 안전사고로 15만 900여명이 숨지고 4백 35만여명이 부상당했다. 베트남전에서 사망한 한국군 4,960명의 30배에 이르며, 이런 식이라면 10년마다 김천, 서산, 정읍 정도의 1개 도시 전체 인구가 없어지는 셈이다. 그 경제 손실은 무려 143조원 정도로 추산되었다. 1998년만 해도 1만 2,300여명이 사망하고 39만 5,000여명이 다쳤으며 경제손실은 20조원에 이르렀다. 올해 정부예산 88조 5,000억원의 4분의 1에 가까운 돈이 사고비용으로 날아간 것이다. 이처럼 사고가 잦고 피해규모도 큰 것은 지난 30년간 성장위주의 경제정책으로 인해 안전관리에 소홀하고 안전의식이 낮기 때문인 것으로 분석된다. 우리나라의 안전수준은 사망만인율(1만명당 사망자 비율)의 국제비교에서 극명하게 드러난다. 국제도로교통안전협회(PRI)의 1998년 통계에 따르면 우리나라 교통사고 사망만인율은 11.1로 세계 42개국중 33위를 차지했다. 또 지난해 우리나라의 산업재해 사망만인율은 2.92인 데 비해 영국 0.11, 일본 0.30, 독일 0.33, 미국 0.49 등으로 최소 6배 이상 차이가 났으며, 안전수준은 이들 국가보다 20년 이상 뒤진 것으로 평가되고 있다.

'군사적 성장주의'는 노동을 전투로 여긴다. 전투에서 죽거나 다치는 사람들은 늘 있게 마련이다. 그럼에도 불구하고 명령이 떨어지면 전투원은 목표를 향해 돌진해야 한다. '군사적 성장주의'는 이런 비정상적인 상황을 정상적인 것으로 만든다. 이제 더 이상 이런 상황을 정상적인 것으로 받아들여서는 안된다. '군사적 성장주의'를 창안하고 주도한 자들은 이제 마땅한 역사의 비판을 받아야 한다.

'군사적 성장주의'가 우리를 얼마나 비인간적인 상황으로 내몰았는가에 대해 다른 예를 통해 살펴보자. 앞의 통계를 집계한 『경향신문』 특별취재팀의 연속된 기획기사이다(〈경향신문〉, 1999-10-29).

성수대교 붕괴사고 후인 94년 10월말 당시 남재희 노동부장관이 중국을 방문했을 때의 일이다. 리보용(李伯勇) 중국 노동부장관이 '성수대교 사고가 터졌는데 노동부장관이 어떻게 자리를 비우고 올 수 있느냐'고 묻자 남장관은 '사고는 서울시장 책임소관'이라고 대답했다. 이에 리장관은 '중국에서는 안전사고가 노동자 교육의 미흡에서 생기고 노동자의 생명을 뺏는 것으로 인식하기 때문에 안전사고에 관한 모든 책임소관은 노동부로 돼 있다'고 말했다고 당시 남장관을 수행했던 노동부 관계자가 전했다.

'안전사고'가 끊이지 않는 데에는 여러가지 이유들이 있지만, 국가적 차원에서 우리는 이 에피소드의 교훈을 깊이 새겨야 하리라고 생각한다. 무엇보다 정치가 바로서야 한다. 정치는 공익의 관점에서 수많은 사적 이해관계들을 조정하고, 한 사회를 전체로서 유지하기 위한 집합활동이다. 요컨대 정치는 권력을 쥐고 다른 사회 성원들을 멋대로 희롱하는 행위가 아니라는 뜻이다.

불행하게도 '군사적 성장주의'는 정치에 대한 개념을 완전히 바꾸어 놓았다. 민주주의를 파쇼의 시혜물로 바꾸어 놓고, 시민을 파쇼의 말을 충실히 따르는 '착한 양'으로 바꾸어 놓았다. '군사적 성장주의'에 대한 싸움은 이러한 정치의 왜곡을 바로잡는 것, 다시 말해서 근대화의 정치적 고갱이를 명실상부하게 실현하는 싸움의 한복판에 자리잡고 있다. 오늘날 우리는 누구나 시민으로서 태어나지만 시민으로서 살아가지는 않는다. 시민답게 사는 것은 결코 쉽지 않은 과제이다. 시민으로 태어난다고 해서 누구나 시민으로 사는 것은 아니다. '군사적 성장주의'와 '폭압적 근대화'를 끝장내는 것, '파괴적 개발'을 넘어서 '생태적 개발'을 실현하는 것, 이런 역사적 과제를 제대로 실현하기 위해서는 우리 자신이 시민다운 안목과 여유와 용기를 가지고 살아야 한다.

1999년 8월에 '성수대교 붕괴사건'에서 딸을 잃고 괴로워하던 아버지가 '성수대교 희생영령위령비' 옆에서 독극물을 마시고 자살한 사건이 발생했다 (〈한겨레〉, 1999-08-24). 비극은 계속된다. 성수대교를 예쁘게 치장하는 식으로는 이 비극의 막을 내릴 수 없다. 시민으로 태어나 시민으로 살기 위한 우리의 노력은 여전히 절실하기만 하다.

이름	용도	위치	준공년도	비고
한강철교	철도	이촌동-노량진동	1900. 7	최초의 한강다리
한강대교	도로	이촌동-본동	1917. 10	최초의 한강 인도교
광진교	도로	광장동-천호동	1936. 10	확장 공사중
양화대교	도로	합정동-당산동	1965. 1(구교)	
			1981. 2(신교)	제2한강교, 성능개선 및 보수 공사중
한남대교	도로	한남동-신사동	1969. 12	제3한강교, 확장 및 보강 공사중
마포대교	도로	마포동-여의도동	1970. 5(구교)	
			2000. 7(신교)	
구 서울대교, 보강 공사중				
잠실대교	도로	자양동-잠실동	1972. 7	
영동대교	도로	성수동-청담동	1973. 11	
잠수교	도로	서빙고동-반포동	1976. 7	홍수시 잠수,승개교
반포대교	도로	서빙고동-반포동	1982. 6	잠수교와 복층교
천호대교	도로	광장동-천호동	1976. 7	강동개발 촉진
성수대교	도로	성수동-압구정동	1979. 10	
			1997. 8(복구)	붕괴로 재시공, 확장 공사중
성산대교	도로	망원동-양화동	1980. 6	
잠실철도교	도로+전철	구의동-신천동	1980. 11	지하철 2호선과 겸용교
원효대교	도로	원효로4가-여의도동	1981. 10	민자 건설
당산철교	전철	합정동-당산동	1983. 12	
			1999. 11	철거 재시공
동호대교	도로+전철	옥수동-압구정동	1984. 6	지하철 3호선 통과
동작대교	도로+전철	이촌동-동작동	1984. 12	지하철 4호선 통과
올림픽대교	도로	구의동-풍납동	1990. 6	콘크리트 사장교
서강대교	도로	신정동-여의도동	1996. 12	닐슨 아치교
청담대교	도로+전철	노유동-청담동	1999. 12	복층교 · 지하철 7호선
가양대교	도로	상암동-가양동	2001. 12	국내 최장 경간 · 공사중

주

1) 일제의 군사학교를 두 군데나 우수한 성적으로 졸업한 박정희가 대표적인 예이다. 우리는 그의 일본명인 '다카키 마사오'를 반드시 기억해야 한다. 그는 일제가 공인한 '우수 일본인'이었기 때문이다.

2) 성수대교는 공화당 실세였던 구자춘 씨가 서울시장으로 재직하던 시절에 건설되기 시작해서 정상천 씨가 서울시장으로 재직하던 때에 완공되었다. 뒤에 알려진 바에 따르면, 구자춘씨는 안보목적을 강조해서 성수대교를 잠수교 식의 이중교로 만들 셈이었다고 한다. 성산대교에 '허리굽은 새우 모양'의 철판을 '멋내기'로 갖다 붙이도록 한 사람도 구자춘 씨였다(〈대한매일〉, 1994. 02. 17).

3) 재판부는 '성수대교 붕괴사고의 가장 주된 원인은 사고가 난 10번 교각 부분의 콘크리트상판을 받치고 있는 트러스의 용접결함'이므로 '다리 설치와 트러스트 제작을 맡은 동아건설이 기량이 떨어지는 외부 용접공에게 일을 맡기는 등 제작과 시공상의 하자를 낸 책임이 인정된다'고 밝혔다. 또한 재판부는 "시공상의 감독을 소홀히 하고 무게 초과차량 단속, 녹 제거 작업 등을 제대로 하지 않은 서울시에도 3분의 1만큼 사고발생 책임이 있다"고 밝혔다(〈한겨레〉, 2000. 07. 22).

4) 조선이 한양을 도읍으로 정하기 훨씬 전에 한양 부근이 백제의 도읍이었다는 사실을 기억하는 사람들에게 '정도 600년'이라는 표현은 영 마뜩치 않은 것이었다. 이들은 '백제를 말살하는 정도 600년'이라고 주장한다. 백제의 시조인 온조가 하남으로 추정되는 위례성을 도읍으로 정한 것은 기원전 18년이기 때문이다. 이 '서울 정도 2000년'론은 풍납토성으로 대표되는 백제의 유적을 발굴하는 역사적 과제로 연결된다(김태식(2000), '백제 말살 서울정도 600주년' http://my.netian.com~greatkan/history2/history2-2-51.htm). 이왕 서울의 역사와 문화를 되찾고자 한다면 분명히 백제로부터 시작하는 편이 옳을 것이다.

5) 필자도 그런 사람들 중의 한 명이었다. 밤 늦게 택시를 타고 집으로 돌아올 때면, 거의 늘상 성수대교를 건너서 왔기 때문이다. 그 다리가 무너졌다는 소식을 어느날 아침 출근길 전철에서 듣게 되었다. 당시 필자는 성북역과 용산역을 오가는 지상철을 타고 출근했는 데, 그 열차에서는 응봉역과 이촌역 구간을 오갈 때 창밖으로 성수대교가 보인다. 그 날 창밖으로는 이가 빠진 듯 다리의 한 부분이 무너져 내린 성수대교가 보였다.

6) 적절하게 예상했더라면 아마도 공기는 더욱 늘어나야 했을 것이다. 공기를 단축하기 위해서, 다시 말해서 주어진 준공일자를 맞추기 위해서, 미래의 교통수요에 대한 예측은 그저 적당한 수준에 맞추어야 했을 것이다. 박정희에 의해 이미 이러한 방식으로 경부고속도로가 건설되지 않았던가? 경부고속도로 건설은 최고통치자가 몸소 시범을 보인 '군사적 성장주의'의 모범사례이다. 이후 주요한 공사가 모두 이 예를 따라야 했던 것은 다시 말할 필요가 없을 것이다. '경부고속도로 건설법'이 각종 공사의 모범이 된 나라에 과연 어떤 미래가 있을 수 있겠는가? 이것만으로도 박정희는 '민족과 역사의 죄인'이다.

7) 독일 통일의 위업을 이루었다고 큰소리치며 자랑하던 독일의 전 수상 콜을 둘러싼 뇌물 스캔들은 이런 사실을 잘 보여준다. 똥이 있으면 구데기가 꾀게 마련이다.

8) 예컨대 '빨리빨리' 문화는 오늘날 지구화의 가장 중요한 한 양상이라고 할 수 있다. 시중에 널려 있는 '느림'에 관한 그 많은 책들이 이러한 상황을 잘 보여주는 좋은 예이다. 그리고 일부의 논자들이 지적하듯이 우리에게는 세계적인 기록문화가 있으며, 또한 천년이 넘는 세월이 흘러도 원형대로 남아 있는 목조건축물이 있다. '빨리빨리'나 '대충대충'이 이른바 '한국적' 특수성을 구성한다고 해도 이런 예들에서 알 수 있듯이 그것은 그렇게 오래된 일이 아니다.

9) 거듭되는 사고를 접하고 리영희 선생조차 시름에 겨워 이런 류의 탄식을 내뱉는다. "우리 민족성은 너무나 '경박한' 것 같다. 일을 급히 서둘러 서툴게 한다는 졸속의 차원이 아니라, 기본 성향 자체가 경박하지 않은가 하는 두려움이다"(리영희, 1998 : 121)

10) 그런데 왜 하필 재건공사의 완료일이 '광복절'일까? 이것도 역시 정치적 계산에 따라 설정된 날짜가 아닐까?

11) 〈연합뉴스〉 2000년 7월 21일치 보도에 따르면, 서울시는 재건비 780억원 외에 희생자 배상금 및 위로금 72억원, 사고조사비 8억원 등 모두 860억원 이상을 지출했다. 그러나 〈경향신문〉 2000년 9월 27일치 보도에 따르면, 서울시는 재건에 971억원, 특별위로금과 철거 및 교통대책 수립 등에 3백억원 이상을 써서 모두 1천2백71억원을 지출했다.

참고자료

리영희, 『스핑크스의 코』, 까치 1998.

홍성태, 『위험사회를 넘어서』 새길, 2000ㄱ.

홍성태, '50년 전쟁체제의 사회적 결과 : 비정상적인 것의 정상화', 계간 『문화과학』
24호, 2000ㄴ.

Perrow, Charles, *Normal Accidents : Living with High- Risk Technologies*,
New Yark : Basic Books, 1984.

Beck, Ulich, 홍성태 옮김, 『위험사회 – 새로운 근대(성)를 향하여』 새물결, 1997.

20세기 한국의 야만 2 제12장

야만의 세기
— 환경파괴와 생태계 위협

신군부 독재 · 민주적 개방 · 신자유주의

들어가는 글 : 20세기, 환경파괴와 생태계 위기의 세기

'벨 에포크(belle epoque)'로 시작한 20세기는 두 차례의 세계전쟁, 화학 및 핵무기의 개발, 지구환경의 위기, 대량학살과 제3세계의 빈곤의 만연 등 어두운 부분 또한 두드러졌다. 특히 식량생산체계의 위기, 삼림파괴, 황사현상, 사막의 확대, 산악지역 환경악화, 에너지 위기, 관개수계에서의 염분과 토사의 퇴적, 열대림 감소, 어획량 감소, 화학물질에 의한 수질오염·토양오염·환경호르몬 등의 환경문제가 심화 확대되어 왔다.

독성물질의 개발, 특히 환경호르몬이라고 불리는 화학물질의 대량사용으로 우리는 우리의 신체에 중독이상을 일으킬 뿐만 아니라 정자수 감소, 성염색체의 변화로 인간의 재생산이 불가능하게 될 위험성에 노출되었다. 20세기의 가장 핵심적인 특징은 과학기술도, 경제성장도, 민중의 등장도, 민족국가의 변화도 아니다. 그것들은 모두 19세기의 연장선 위에서 발전한 것들이다. 또 그것들은 인류의 생존을 좌우할 수 있는 것들이 아니다. 20세기의 가장 핵심적인 특징은 환경파괴와 생태계의 위기라고 해야 한다. 환경파괴와 생태계의 위기는 21세기의 인류를 파멸에 몰아넣을 위력을 갖고 있기 때문이다.

인간·지구·사회를 조작 가능한 대상으로 바꿔버린 20세기 과학기술

AFP 통신사는 20세기 10대 발명품을 마르코니 무선신호기술(1901), 라이트형제의 동력비행기(1903), 포드의 컨베이어벨트(1913), 텔레비전(1926), 콜로수스 컴퓨터·원자폭탄(1945), 트랜지스터·아폴로 우주선(1968), 아르파넷-인터넷(1971), 복제양 돌리(1996)로 선정하였다.

이 발명품들은 하나하나가 우리의 생활과 의식에 큰 변화를 가져온 것들이었다. 첫째 무선신호기술과 비행기의 발명은 정보통신혁명, 교통혁명을 가져와 우리들의 의식 · 활동 · 이동을 공간적으로, 그리고 시간적으로 압축해주었다. 둘째는 원자폭탄의 발명으로 인류 전체를 절멸시킬 수 있는 파괴력을 인간이 갖게 되었고, 텔레비전으로 불특정 다수에게 일방적으로 정보를 전달할 수 있게 되었다. 또 포디즘 생산방식의 도입으로 생산력은 비약적으로 증대하였다. 셋째는 20세기 과학기술 발전으로 인해 인간, 지구, 사회가 조작가능한 대상으로 변화했다. 아폴로 우주선의 발사는 지구도 우주 속에서 상대화시킬 수 있음을 우리들에게 보여주었다. 더구나 이제 복제양 둘리의 탄생으로 인간의 유전자까지도 조작이 가능한 대상이 되어버린 것이다. 인간이 지구와 인간 자신을 조작이 가능한 대상으로 변화시킨 20세기 과학기술의 발명은 인간의 자연에 대한 승리와 같은 것으로 비쳐졌다. 지구 전체로 볼 때 20세기 과학기술의 발전은 경제성장을 가져왔고, 빈곤을 크게 감소시켰으며, 인구증가를 가능케 하였다. 그러나 과학기술의 발전에 기초한 다른 한편으로 자원고갈, 환경파괴, 생물다양성의 감소, 지구의 온난화현상 등 전반적인 지구생태계 위기를 불러오기도 하였다.

월드워치연구소 보고에 따르면 1900년 세계에너지 소비는 9만 1,100만 톤(석유환산치)이었으나 1997년에는 96만 4,700만 톤(석유환산치)으로서 10배 이상 증가했다. 그 가운데서도 석유의 소비는 163배나 증가했다. 석유의 비중도 2%에서 30%로 증가했다. 20세기는 에너지면에서는 '석유의 시대'라고 부를 수 있다.

화학물질로 '도둑맞은 미래'

현재까지 전세계적으로 개발된 화학물질의 수는 약 1,200만여 종이며, 매년 약 50만여 종이 추가로 개발되고 있다. 이중 상업적으로 전세계에 유통되고 있는 화학물질은 약 10만여 종이며, 매년 2,000여 종씩 증가하고 있다. 우리나라의 경우 3만 5,000여 종의 화학물질이 상업적으로 유통되고 있으며, 매년 200 여 종이 증가하고 있다. 화학물질의 종류는 물질 특성에 따라 산업용 물질, 살충제 · 살균제 · 제초제, 작업장관리물질, 소비재, 첨가제, 환경오염물질(대기, 수질, 폐기물 배출에 대하여 기준이 설정되어 있는 물질) 등이 있다.

고도로 산업화된 현대생활에서 가정용품, 의약품, 자동차용품 등 우리가 일상적으로 접하는 수많은 화학물질은 편리성과 유용성으로 그 사용이 점차 증가하고 있다. 그러나 이와 같은 화학물질은 생산, 유통, 사용 및 폐기 등 전 생애에 걸쳐 다양한 경로를 통하여 인체와 환경에 노출되고 있어 화학물질의 위해성으로 인한 피해가 점차 증가하고 있다. 대표적인 화학물질은 다이옥신이며, 대표적인 피해사례는 환경호르몬과 오존층파괴, 화학물질에 대한 내성증가를 들 수 있다.

유독성화학물질의 유해성은 면역독성, 발암독성, 생식독성으로 나눌 수 있다. 첫째 면역독성은 우리 몸을 이물질로부터 방어해주는 면역체계의 약화로 인해 각종 질병의 발병률이 높아지거나 알레르기 반응이 유발될 수도 있다. 둘째 발암독성은 암 또는 종양이라 불리는 비정상적인 세포증식을 일으키며, 조직병리학적으로 양성종양과 악성종양으로 분류할 수 있다. 발암성이 있는 물질로는 벤조피린, 석면, 카드뮴, 납, 크롬 등이 있으며, 발암촉진제로는 PCBs, TCDD 및 유기염소계 농약 등이 있다. 셋째, 생식독성은 임신기간 중 어떤 특정 기간에 모체가 기형유발물질을 섭취하거나 그에 노출됨으로서 태아에 기형을 야기한다. 납이나 카드뮴 등이 이들 물질에 속한다.

화학물질의 위해성에 대한 최초 사례는 영국의 대기오염으로 인한 산성비 사고로 산업혁명이 시작된 지 100년이 채 못된 1872년에 발생했다. 이후 1900년대 들어 본격적으로 화학물질이 사용됨에 따라 오염발생률 및 피해규모도 증가하게 되었다. 유해화학물질 중 중금속에 의한 가장 대표적인 오염사고는 수은으로 인한 미나마타병과 카드뮴으로 인한 이타이이타이병이다.

　미나마타병이 낳은 생태적 순환과정은 다음과 같다. 질소공장에서 배출된 폐수에 함유된 수은으로 인근해가 오염되었으며, 그로 인해 그 지역에 서식하는 물고기에 고농도의 유기수은이 농축되었고, 그 오염된 물고기를 섭취한 사람들에게 손과 발이 마비되고 통증과 오한, 두통, 시각장애 등의 증상이 나타나게 되었던 것이다.

　1968년 발생한 이타이이타이병은 폐광석에 들어있는 카드뮴이 원인이었다. 카드뮴은 동물의 체내, 뼈에 농축되어 신장기능의 장애를 일으킨다. 또한, 카드뮴은 제련소, 석탄, 석유연소, 쓰레기 소각 등에서 대기오염물질로 배출되어 체내에 유입되기도 한다.

　중금속 이외의 대표적인 유해화학물질로 다이옥신을 들 수 있다. 다이옥신은 월남전과 이탈리아 세베소 사고로 그 위해성이 널리 알려졌다. 60년대와 70년대에 걸쳐 월남전에서 미군이 사용한 고엽제는 다이옥신이라는 맹독성 물질이 포함되어 있어 높은 암 발생률과 기형아 출산, 정신질환 피해가 속출하였고 현재까지도 그 고통이 월남전 참전 용사들에게서 계속되고 있다. 1976년 7월 10일 이탈리아 세베소시의 한 화학공장에서 반응기 내부 과압으로 인해 안전밸브가 열렸고, 염소가스와 다이옥신이 다량 함유된 유독가스가 대기 중으로 방출되었다. 약 15분간의 독성가스 누출로 인근 5km 이내 11개 마을에 있는 수백 마리의 동물이 죽거나 병들었고, 많은 사람들이 피부병에 걸렸다. 특히, 대기가 회복된 후에도 토양오염문제로 인해 다이옥신이라는 물질의 독성이 처음으로 명확하게 드러났다. 다이옥신은 최근 미국 환경청(EPA)이 60여종의 환경호르몬 중 암과 기형아를 유발한다는 사실을 최초로 규명한 물질이다.

국내 최초 환경난민 '울산공단사람들'

울산은 우리나라 최초, 최대의 공업지대이자 환경오염의 무서움을 처음으로 깨우쳐 준 곳이다. 울산은 분지로서 백두대간이 남북으로 뻗어 있고, 동해의 바닷물이 태화강 하구에 밀려든다. 삼산과 광산의 넓은 평야를 동대, 사월, 문수의 준수한 산맥과 영봉이 포근히 감싸고 있다. 동쪽 연안에는 방어진, 염포, 장생포가 바다를 끼고 있어 산과 바다가 깊은 옥토에 물고기, 소금이 많아 살기 좋은 고을이었다.

1962년 2월 3일 국가재건최고회의 박정희 의장이 참석한 울산공업단지 기공식을 통하여 정유, 제철, 비료공장을 주축으로 한 최초의 공업전진기지가 되었으며, 중화학공업 임해공단의 효시가 되었다. 1962년 울산공업센터가 기공되면서 울산은 모든 것이 변하고 말았다. 1963년 울산화력이 가동되면서 대단위 공장들이 본격적으로 들어서기 시작하였다. 1964년 정부와 미국 걸프사간 합작으로 설립된 대한석유공사 정유공장이 가동을 시작하였고, 한국석유(1965년 설립), 한국비료(1967년), 영남화학(1967년), 공영화학(1967년), 조선비료(1969년), 한국알미늄(1969년), 동해전력(1971년) 등이 속속 들어섰다. 태화강과 울산만을 두고 서쪽은 석유화학단지이며, 그 반대쪽은 현대그룹 계열회사들이 해안을 끼고 줄지어 서 있다. 이러한 산업시설이 들어서면서 물장구치던 태화강의 맑은 물, 노을진 태화강변의 서정, 으스름달 비치는 백사장의 낭만도 사라졌다. 향긋한 배, 싱싱한 생선회, 기름진 쌀, 정겹던 인심도 사라졌다. 그 대신 인구의 폭발적 증가, 공업단지의 확대, 공업단지에서 나오는 각종 화학물질들로 인한 수질오염과 대기오염 등이 생겨나기 시작하였다.

한국최초의 공단 울산의 공업탑에 새겨져 있는 다음과 같은 말을 생각해보면 환경오염문제는 필연적인 귀결이다. "공업 생산의 검은 연기가 대기 속에 뻗어나가는 그 날엔 국가와 민족의 희망과 발전이 눈앞에 도래하였음을 알 수

울산공단의 오염이 확대되면서 철거되는 주택

있는 것입니다." 울산공단은 규모만큼이나 오염물질 배출량도 많다. 울산공단
의 하루 폐수 유출량은 20여 만 톤, 아황산가스 배출량은 하루 18만 톤으로 전
국에서 가장 많다. 울산시가지, 특히 공업지대는 항상 잿빛 속에 가려져 있다.
매연으로 하늘은 푸른빛을 잃은 지 오래이다. 산업화로 인하여 농작물이 피해
를 받아 농업을 포기하는 농가가 속출하였다. 울산 대기오염의 주범은 불소화
합물, 아황산가스, 염화수소, 암모니아, 유화수소 등이다. 울산의 대기오염은
바람의 방향에 따라 크게 좌우되는데, 바람이 바다 쪽으로 불면 피해가 생기지
않지만 남동풍이나 북동풍이 불면 삼산들은 피해를 입게 되어 있다. 울산에 대
기오염 피해가 본격화된 것은 몇몇 공장들이 가동하기 시작한 1967~1969년
경부터이다. 논밭의 농작물, 과수가 제대로 자라지 못하고 공업지대 주민들은
각종 질병으로 시달림을 받고 있다. 농작물 상습피해지역은 달동, 삼산동의 삼
산평야 90만 평 등 여천동 공업지구 주변 240만 평, 야음동, 선암동, 매음도

일대, 석유화학단지 주변의 상개동, 부곡동, 황성동 일대, 그리고 울주군 청량면과 온산면 일부 등의 벼논, 배·포도·복숭아 과수단지 240만 평 등 피해면적이 500만 평이나 된다. 주거지역을 포함하면 5,000만 평이나 된다. 피해는 여기서 그치지 않는다. 저기압일 때는 유해·유독성 가스들이 대기 중으로 확산되지 못하고 울산 시가지 전역은 물론 인근 울주군과 경북 월성군 일부까지 피해를 입게된다. 심한 경우에는 아황산가스 등 유해가스가 서쪽으로 10여km 떨어진 울산시 태화동 명정 일대, 북쪽으로는 20여km 떨어진 경북월성군 외동면까지 퍼져 벼에 '적고(赤枯)현상'을 일으켜 피해를 입힌 일이 있다. 1962년 공단건설전까지 67.3%나 되던 울산농민이 1981년에는 9.7%로 변하였다.

농어업의 중심지였던 평온한 마을에 선진국의 공해산업시설이 입지하면서 농사와 고기잡이는 점차 줄어들어 결국에는 휴폐업을 하게 되고 쥐꼬리만한 보상금을 받기 위해 처절한 생존투쟁을 해야 했고, 눈병, 피부병, 호흡기 질환 등 각종 공해병에 시달리면서 주민들은 이주를 희망하게 되었다. 주민들이 떠난다고 해서 문제가 해결되는가? 오히려 공해피해는 더욱 확산될 뿐이다. 공업단지 건설→농업황폐화, 주민건강침해→집단이주→공업단지 확장→농·어업황폐화 범위 확산, 주민건강침해 확대 및 심화→집단이주의 악순환이 가속화되었다. 여기서 그 대표적 사례를 살펴보자.

일본 공해수출의 대표적 사례 : 울산무기화학

울산시 여천동 한국비료공장 옆에 있는 울산무기화학은 제비표 페인트계의 건설화학과 일본화학의 합작투자로 설립된 회사이다. 일본화학은 위해성이 매우 큰 6가크롬을 생산하는 회사로서 203명의 종업원 중 161명이 피해를 입었을 정도이다. 6명이 폐암으로 사망하였고, 4개 공장에서 폐환으로 죽은 사람이 51명, 비중격천공(鼻中隔穿孔 : 콧구멍 벽이 뚫리는 병) 환자가 408명에 달하였다. 이 밖에도 신경장애, 관절염, 빈혈, 위궤양, 턱의 뼈가 썩는 증상, 이가 빠지고 상하는 증세 등이 있다. 크롬으로 오염된 땅에서는 식물들이 자라지 못하고, 그 폐수가 인체에 들어가면 맹독성을 발휘하여 사람의 다리가 썩는다. 일본화학은 크롬찌꺼기를 도쿄 시에 묻었는데, 이것이 1972년 지하철공사로 들통이 나고 말았다. 그러자 공장을 도꾸야마만으로 옮겼으나 도꾸야마 공장의 크롬광 폐기물을 실은 배가 침몰하여 근처의 어패류를 모두 폐사시키는 사고가 발생하였다. 이에 어장을 잃은 주민들이 도꾸야마공장의 추방을 요구하고 나섰다. 일본 내에서 발붙이기 어렵게된 일본화학은 한국진출을 시도하였다. 이러한 사실이 알려지자 일본에서는 일본화학의 공해수출에 대해 45회의 시위가 일어났고, 이 문제는 일본 국회로까지 비화되었다. 일본화학의 공해수출에 대해 당시 미노베 도쿄지사는 "일본화학이 공해문제를 해결하지도 않고 한국에 중크롬산소다 공장을 세우려하고 있다. 일본화학이 공해의 최악질 기업으로 밝혀진 지금 이러한 행위는 일본 시민뿐만 아니라 한국민에 대한 도전이다"라고 말하였다. 국내에서는 일본에서처럼 강력한 반대운동이 일어나지 못하고 결국 일본 공해수출을 저지하지 못했다. 당시만 해도 국민들의 공해에 대한 인식이 낮았고 반공해운동도 극히 미미하였다.

1976년부터 울산무기화학이 크롬원광을 수입해서 크롬을 뽑은 뒤 폐석을 공장부지 내 저지대에 야적을 하면서 조업을 시작하자 주변의 농토가 황무지로 변하여 농작물 수확이 불가능하게 되었다. 주민들은 울산무기화학을 추방시켜 주든지, 완전한 보상금과 함께 이주시켜줄 것을 요구하였다. 울산무기화학은 1984년 2월 수지가 맞지 않아 생산을 중단할 때까지 3가크롬의 시설만되어 있다고 해 놓고 10여 년 동안 6가크롬을 생산해온 것이다. 6가크롬을 생산한 10여 년 동안 근로자들이 어느 정도 크롬피해를 입었는지, 또 크롬 찌꺼기로 인해 토양과 수질이 어느 정도 오염되었는지 확인조차 되지 않았다.

선진국에 의한 제3세계로의 공해수출문제는 매우 심각하다. 경제적 부와 안정을 누리고 있는 선진국들은 위험한 공해산업을 수출하면서 자국에서와 같은 안전설비를 갖추어주지 않는다. 비용이 많이 들기 때문이다. 1984년 미국 유니온카바이드사의 농약제조 가스가 인도 보팔시에서 폭발, 20만여 명이 피해를 입고 그 중 2,500여 명이 사망한 사건도 바로 이 공해산업수출로 인한 것이다. 이러한 사건은 급속한 경제성장에만 매달려 안전시설을 갖추지 못한 한국 등 제3세계에서 앞으로 얼마든지 일어날 수 있는 산업재해의 전조라고 미국언론들은 경고했다. 유독성 화학물질이 한국, 대만, 이스라엘, 서독, 일본 등에서 제조되고 있으며, 숙련노동자와 정부의 구제조항이 불충분한 공업국에서 공통적으로 계속 증가할 가능성이 크다고 지적하였다. 제3세계 국가들의 경우 산업시설이 인근 농촌지역으로부터 취업을 원하여 몰려든 농민들로 이루어진 빈민가에 둘러싸여 있는 경우가 많기 때문에 인명피해가 엄청나게 클 것으로 전망했다. 석유화학, 제철, 중금속, 농약 등의 제조업이 대표적인 공해산업으로 제3세계에 많이 수출되고 있다.

원진레이온과 '원진병'의 중국 수출

'제1차 경제개발5개년계획'을 시작한 1961년 박정희 정권은 정신대문제, 강제징용문제 등 일본과의 외교 사안들을 무상원조 3억 달러, 유상원조 2억 달러, 민간차관 3억 달러 등의 경제원조와 맞바꿨다. 이 때 경제원조의 하나로 일본 도레이(동양)레이온으로부터 방사기계를 들여오게 된다. 39억 엔에 들여온 이 기계는 이미 20년 동안 풀로 가동해 감가상각이 지난 중고기계였다. 일본은 산업합리화 과정에서 폐기처분된 기계를 고가에 매각함과 더불어 이황화탄소 중독증이 알려지기 전에 한국에 건네준 셈이 됐다. 원진레이온의 독가스에 전선이 1년이 채 안돼 끊어지고, 130년 된 느티나무가 말라죽고, 도농역 구내의

35년 생 향나무를 비롯한 마을 나무들이 시름시름 시들어 갔다. 심지어는 도농동 주택가의 TV 안테나가 새로 세운지 6개월도 못돼 삭아버렸다. 특히 마을 주민들은 계란 썩는 듯한 냄새와 독한 가스 때문에 한여름에도 창문에 못을 박고 살아야 한다고 했다. 만성 두통에 시달리던 주민들은 급기야 공장을 찾아와 "우리도 특수건강검진을 받게 해달라"며 '공해병'에 항의했다. 세상이 바뀌어 나일론과 테트론 등의 화학섬유에 밀려 동남아 수출이 막힌 원진레이온은 경영자가 바뀌기도 여러 번, 고질적인 채무관계와 공해산업이라는 취약점을 극복하지 못한 채 산업은행의 관리에 놓이게 됐고 1993년 폐업, 공개입찰되었다. 1994년 4월21일 산업은행은 54억 1,000만 원에 일괄낙찰을 받아 생산설비기계 일체를 중국 국단동시 화학섬유공업공사에 매각했다. 1996년 12월중국단동시 화학섬유공업공사는 원진에서 근무했던 사람들에게 기술교육을 부탁했다. "공장 전체부지가 150만 평이나 됐고 그 중 인견사 솜만 생산하는 공장도 15만 평이나 됩니다. 원진에서 가져간 기계를 그대로 쓰고 있었습니다." 원진의 공장장을 지냈고 기술이전을 위해 중국에 다녀온 한상윤 씨의 말이다. 일본 도레이레이온에서 20년, 원진에서 36년, 그렇게 60년을 사용한 기계이다. 직업병을 경고하기 위해 박물관에나 가 있어야 할 그것이 버젓이 '수출' 됐다. 10년간 무려 7백 명이 넘는 이황화탄소중독자가 나온 기계를 그대로 중국에 옮겼으니 '원진병'을 중국에 수출한 것과 마찬가지이다. 생명을 위협하는 야만적인 공해산업 수출이 한국도 예외가 아니었던 것이다.

이종구 씨는 원진직업병의 최초 희생자로 알려져 있다. 1966년에 입사해 방사과에서 10년을 근무했지만 우울증을 앓으면서 해고된 뒤 청량리정신병원에 입원해야 했다. 치료비에 집안 살림은 거덜났고 그 역시 1981년 10월17일 원인도 모른 채 세상을 떠났다. 이종구 씨로부터 조병수 씨에 이르기까지 30명이 죽었고 7백명이 넘는 직업병 환자를 남긴 원진레이온. 살지도 죽지도 못하는 사람들. "근무한지 몇 년 뒤부터는 까닭 없이 두통이 났어요. 의무실에 가면 사리돈을 주는데 나중에는 10알씩 받아 먹었지요. 그렇게 사리돈 먹기를 밥먹듯 했어요. 그래도 혹여 쫓겨날까봐 아프지 않은 척 했어요. 밥줄 끊어질까 걱정만 했지 직업병이라고는 생각도 못했어요." 그러나 박영목 씨도 결국은 쫓겨났다. 1982년 전두환 대통령의 6촌형 전창록 씨가 사장으로 있을 때 '경영합리화'를 이유로 1,300명의 노동자를 해고시켰다. 세계적으로 원진레이온과 같은 공정의 공장은 이황화탄소 누출 때문에 3교대 8시간 근무를 철칙으로 하고 있다. 그 사실을 알면서도 2교대 12시간 근무로 바꾼 것은 '살인' 행위와 다름없는 결과를 불렀다.

검은 민들레 : 박길례

1979년 당시 동대문구 상봉동으로 이사 간 박길례 씨는 그 해 겨울부터 아무리 독한 약을 먹어도 듣지 않는 감기에 걸렸다. 몇 년째 떨어지지도 않고 좀 덜했다가 도로 심해지곤 하는 감기에 시달리던 1983년, 갑자기 시력이 급격하게 떨어졌다. 동대문 이화여대 부속병원에서 건강종합검진을 받았다. 시력저하 원인은 밝혀지지 않았다. 감기증세에 대한 결과뿐이었다. 단순 감기로만 나오는 검사결과를 믿을 수 없어 '정말 아프다'고 자꾸 다시 검사해 달라고 하니까 병원에서는 신경정신과에 데려가 치료를 했다. "정말 미쳐버릴 것만 같았어요." 1984년도 종합검사에서도 뾰족한 진단이 나오지 않았다. 1985년도 종합검사에서 폐결핵 판정을 받았다. 약을 먹고 치료를 해도 차도가 없었다. 1986년 결핵협회를 찾아가 상담을 했다. "암만 약을 먹어도 증세가 심해만 가니 어떻게 된 건지……." 결핵협회는 국립의료원을 찾아가 보라고 했다. 국립의료원에서 1주일 입원하면서 종합검진을 받았다. 결핵이었다. 그 독한 결핵약을 다시 먹기 시작했다. 그러나 종내 약을 먹어도 속에서 받지를 않았다. 약이 독해

속을 버렸던 것이다. 설사가 계속되면서 결핵약까지 함께 쓸려 나오기 시작했다. 죽음이 손닿는 곳에 있었다. "이렇게 죽을 바에야 무슨 병으로 죽는지나 알고 죽자"고 이를 악물었다. 그리고 1986년 11월 국립의료원에서 폐조직 검사를 받았다. 떼어낸 폐조각은 숯처럼 까만 빛이었다. "흉간경으로 보니까 완전히 썩었어. 한 2년이나 살겠니." 간호원들이 쉬쉬하며 하는 말을 듣고 박길례 씨는 퇴원했다. 공식 판정이 나왔다. 진폐증이었다. 그 무슨 약도 치료도 소용이 없다는 불치병, 그래도 살아야 했다. 살고 싶었다. 애지중지 기르던 화초분 수십 개를 아는 이들에게 모두 나누어주고는 강원도로 들어갔다. 그렇게 한 1년 요양을 하고 1988년 1월 서울로 돌아와 병원을 다니기 시작했다. 그러나 그 동안 투병생활을 하느라 쏟아 부은 돈이 집 두 채 값이었다. 병원비를 감당할 수 없었다. 할 수 없이 옆집 사는 이의 의료보험카드를 빌려 가지고 다녔다. 그러던 1988년 1월 하순이었다. TV 뉴스에 "상봉동의 연탄공장 다니던 여인이 진폐 판정을 받았다"는 내용이 나왔다. 연탄공장을 다녔으니 진폐증에 걸릴 수도 있겠다는 식이었다. 억장이 무너졌다. 억울하고 분 했지만 정작 어디다 호소해야 할지를 몰랐다. 그러다가 조영래 변호사와 연결이 되어 1월 23일 토요일이었지만 곧장 소장을 작성해서 삼표연탄을 상대로 손해배상청구소송을 냈다. 곧 박씨에게는 환경운동연합의 전신인 공해추방운동연합이 박씨의 외로운 싸움에 동참하여 우군이 된 것이다. "공추련의 박상철 씨가 나의 진폐증을 공해병으로 인정하지 않으려고 재판을 질질 끌던 재판부를 향해, 공추련의 박상철 씨가 왜 꺼져가는 생명의 불길을 놓고 재판을 지연하냐고 소리치던 것이 영 잊히질 않아요." 삼표연탄의 본사인 강원산업에서 회유가 들어오고 갖은 협박이 들어왔지만, 박길례 씨는 꺾이지 않고 싸웠다. 이미 그는 환경투사였다. 각종 환경교육에 나가 사례발표를 하고 마이크를 잡고 가두에 나서 환경오염의 심각성을 일깨우는 환경운동가였다. 공해추방운동을 하는 동지들과 한덩이가 되어 싸운 지 1년 여 만인 1988년 12월, 마침내 1심 재판부는 그를 공해병 환자로 인정했다. 이후 대법원까지 올라간 재판은 결국 삼표연탄 공장은 박길 례 씨에게 1천2백만 원을 보상하라는 원고승소 판결로 결론지어졌다. 또한 정 부는 재판에 든 비용을 무료로 하겠다고 발표했다.

한국 최초의 공해병 환자로 인정받은 승리의 의미는 큰 것이었다. 무엇보다 한국 환경운동 대중화의 기폭제가 되었다. 그러나 박길례 개인의 인생은 이미 파괴되어 있었다. 건강과 재산을 잃고 죽음을 기다리는 신세가 된 것이다. "여 기 신영동은 상봉동보다 숨쉬기가 좋아요. 이제 날이 갈수로 점점 힘들어지는 데 이렇게 조용히, 조금씩 가는 거지요." 앞만 보고 달려온 한국 산업사회의 비 극적인 상징은 그렇게 세상으로부터 지워지고 있었다. 검은 민들레 박길례씨 는 그렇게 이 세상과 인사를 하고 떠났다.

소각장 건설과 다이옥신 공포

환경부의 쓰레기 정책은 소각정책으로 일관되었다. 감량과 재활용 활성화를 통한 쓰레기 발생량 감축에 대한 노력을 하는 것보다는 리베이트도 생기고 공 무원의 성과도 올릴 수 있는 소각장을 선호하게 된 것이다. 또한 피해 영향은 불특정 다수에게 퍼지지만 성과는 몇 사람이 가져갈 수 있는 장점 때문에 소각 장이 확산되었다. 심지어 서울시 같은 경우 '1구 1소각장' 정책을 내세우기도 하였다.

소각장에서 고형 쓰레기를 태우는 것이 다이옥신과 푸란이 생겨나는 주원인 이다. 비록 소각방법을 개선함으로써 이런 형태의 오염도를 낮출 수는 있겠지 만 다이옥신 발생을 줄이는 데 무엇보다도 효과적인 방법은 제품 소비과정에 서 가능한 한 염소 성분을 배제시키는 것이다. 소각로에 들어가는 도시 쓰레기 의 염소성분의 80%가 PVC에서 나오며 의료 폐기물에서 발생하는 염소성분의 거의 전부가 바로 PVC에서 나오고 있다. 따라서 새로운 화학경제는 PVC의 제거에 초점이 주어져야 하며, 아예 염소 없이 생산되는 물질을 개발하도록 해야 할 것이다. 초기에 염소 대체물질의 가격은 비쌀 수밖에 없겠지만 일단 환경적으로 우수한 가치가 대중적인 지지를 얻게 되면 규모의 경제로 나아갈 수 있을 것이다. 팝쓰(POPs, persistent organic pollutants : 난분해성 유기 오염물) 문제로부터 우리가 물려받은 것은 무엇보다도 우선해야 할 것이 다름 아닌 '환경적 시각의 확립' 이라는 교훈일 것이다.

난분해성 유기오염물질의 미래

1962년부터 1970년 사이에 남베트남군과 연합군은 동남 아시아 숲에 1,200만 갤런이 넘는 제초제를 뿌려댔다. 이 작전은 북베트남군과 베트콩 게릴라들이 혹시라도 은신해 있을지도 모르는 거의 모든 지역을 포괄하는 것이었다. 당시에 비행기에서 이 일을 담당했던 요원들은 "연기로 곰을 잡자"는 유명한 슬로건을 외치면서 "오직 우리만이 숲을 보호할 수 있다"고 말하기까지 했다. 이 제초제는 오렌지색 줄무늬가 그려진 드럼통에 들어 있었기에 '에이전트 오렌지(agent orange)' 라고 불렸다. 그 내용물은 2, 4, 5 -T와 2, 4 -D의 두 가지 화학물질의 혼합이었는데 그 당시로서는 비교적 흔한 제초제였다. 특히 이들 부산물 가운데는 '다이옥신' 도 들어 있었다. 1985년에 미국 환경청은 다이옥신을 '실험동물에 사용된 물질 중 가장 독성이 강한 발암물질' 이라고 정의하고 있다. 에이전트 오렌지에는 이 다이옥신이 무려 1,000배나 농축되어 있었다. 이런 베일 속의 에이전트 오렌지가 함의하는 것은 다이옥신같이 위험한 화학물질을 취급함에 있어 해결해야 하는 애매함의 전형이다. 환경분석의 입장에서 다이옥신은 유력한 독성물질로 분류되는 것이며, '팝쓰' 라 불리는 것이다. 지구상의 모든 생물들이 팝쓰의 욕조 속으로 한 발짝씩 걸어 들어가고 있다는 정도일 뿐이다. 여기에는 물론 당신도 포함해서 말이다. 당신이 어디에 살건 온갖 종류의 팝쓰의 오염 흔적으로부터 자유로울 수 있는 사람은 아무도 없기 때문이다. 음식과 물, 숨쉬는 공기, 페인트와 가까이 있는 당신의 피부에도 다가와 있는 것이다. 현재 140여개 국가가 12개의 대표적인 팝쓰를 몰아내기 위해 협약을 진행중에 있다. 소위 '열 두가지 더러운 물질(dirty dozen)'에는 살충제, PCB, 두 종류의 산업용 부산물, 다이옥신과 퓨란이 포함되어 있다. 조약의 이름은 '난분해성 유기오염물질에 국제적 영향력을 행사하기 위한 국제법 협약'인데 이름만으로는 그럴 듯 하지만 실질적인 효과는 미지수이다.

다이옥신 오염의 90%는 동물성 식품

다이옥신 화합물은 다이옥신계 화합물(Polychlorinated Dibenzo Dioxin : PCDD)과 퓨란계 화학물(Polychlorinated Dibenzo Furan : PCDF)을 총칭하는 용어이다. 다이옥신은 유해폐기물 소각, 도시쓰레기소각, 제지 쓰레기 소각 등의 연소과정 이외에도 제초제, 살충제 제조과정, 염소 표백과정, 금속제련이나 담배연기 및 자동차 배출가스에도 상당량이 배출되는데, 산업화의 진전에 따라 다이옥신 오염은 더욱 심해지는 양상을 보이고 있다.

다이옥신은 인류가 만든 화학물질 중 최악의 독물로 청산가리보다 1,000배나 강한 독성을 지니고 있다. 다이옥신은 신체 내에서 수용체에 결합하여 암발생, 면역독성, 생식계독성 등을 촉발하는 것으로 알려져 있다. 다이옥신, 퓨란 외 PCBs와 같은 산업화합물, DDT, 앨드린, 코단, 엔드린 등의 살충제와 같은 화합물은 독성과 잔류성이 강하고 환경에서 장거리로 이동이 가능하고 생물학적 농축 현상을 보여 생체 내 유해영향을 유발할 수 있기에 잔류성(난분해성) 유기오염물질(POPs)로 특별한 관리를 요한다. 최근의 경험에 비추어 보면 전체 다이옥신 섭취의 90~98%가 식품 섭취와 관련된 것으로, 이들 중 동물성 식품이 다이옥신 섭취의 90%를 차지한다고 한다. 전체적으로 90년대 초 이후 유럽, 미국 등지에서는 다이옥신 오염원을 발견하고 환경에 다이옥신 배출을 줄이려는 수많은 노력이 시도되었으며, 그 결과 전체적으로 식품과 인체시료에 있어서 다이옥신 오염은 줄어들고 있다고 보고되었다. 다이옥신, PCB 오염 사건으로 유해물질 분석비용 외에 벨기에는 오염된 가축, 식용품 폐기 비용 등 직접비용 1억 달러, 간접비용 3억 달러 등 총 4억 달러가 소요돼 실로 엄청난 경제적인 손실을 경험하였다. 일본은 PCB로 오염된 식용유를 먹은 산모에게서 색소 이상, 성장 장애, 인식능력발달 저하를 보이는 선천성 이상아가 발생한 카네미유증사건으로 이미 1979년에 PCB오염이 크게 사회문제화되었다.

제3세계 민중의 집단적 지식과 노력의 훼손 : '유전자 조작기술 생명특허'

"종자와 곡물을 지배하는 자가 세계를 지배한다"는 말이 있다. 이 말이 진리라는 것을 증명하듯이 다국적기업들은 이 분야에 뛰어들어 세계적 과점체계를 형성하고 있을 뿐만 아니라 피라미드 구조를 형성하여 엄청난 이윤을 얻고 영향력을 행사하고 있다. 세계적인 다국적기업 곡물회사 카길, 콘티넨탈, ADM, 벙기, 루이 드레퓌스, 앙드레 등으로 이들 6개 회사가 전세계 곡물유통(보관, 저장, 수송 및 가공의 일부)의 70~80%를 차지하고 있다. 종자분야의 다국적기업은 파이오니아, 카길, 몬산토, 데칼브, 노바티스, 아그레보, 엎존, 듀퐁 등이다. 이 들의 목표는 '최고의 종자회사, 최고의 농민만들기, 최고의 유통업자, 최고의 가공업자'를 지향하고 있다. 이들의 전략은 먹이사슬의 연장과 먹이연쇄를 확장하는 것이다. 먹이사슬과 먹이연쇄의 각 단계에서 부가가치 제품을 개발하고 최종단계에서 그 부가가치가 더 유지되도록 하는 것이다. 이를 위해서는 우수한 농산물을 생산하여 유용한 성분재료로 사용되고 공업의 원자재로서 가치가 있어야 한다. 다국적기업이 이처럼 생명공학에 막대한 투자를 하는 이유는 자신의 경제적 이익이다. 전 세계적인 농화학 시장의 규모는 300~350억 달러인데 반하여 유전자조작 농산물은 50억 달러를 차지하고 있다. 그러나 산출물의 측면에서 보면 유전자조작 농산물의 시장가치는 5,000억 달러에 달한다.

현재 시중에서 가공식품 중에서 유전자조작 농산물 식품으로 확인되고 있는 대표적인 것은 채소치즈, 토마토 퓨레이다. 다음은 몬산토에서 개발한 '라운드업 레디(Round Up Ready)' 콩과 노바티스의 '비티 메이즈(Bt maize)' 옥수수이다. 콩과 옥수수는 식용, 사료용, 공업용, 화장품, 제초제, 살균제, 살충제의 제조 등 그 활용범위가 상당히 광범위하다. 독성이 높은 농약을 뿌리면 잡초도 죽지만 농작물도 죽는다. 만일 그 농약에 저항성이 있는 작물을 유전자조작으로 개발하면 잡초는 다 죽어도 씨앗은 끄떡하지 않는다. 다국적기업은 유전자 조작을 통하여 이 원리를 상용화한 상품을 이용하면 농가소득 증대와 농업환경개선의 효과가 있다고 주장하나 실제로는 생태적, 환경적 위험을 사회에 전가한 채 자사의 특정 농약과 특정 씨앗을 하나의 세트로 팔아 이윤을 높이는데 있다. 1997년 기준으로 유전자 조작된 농산물 중 제초제 저항성이 54%, 살충제 저항성이 31%, 살균제 저항성이 14%로 전체의 99%를 차지하는 반면 양보다 질을 개선하려는 품질향상이 1% 미만이라는 통계자료는 두 가지의 선전이 허구임을 여실히 보여주고 있다.

유전자조작 식품이 자연생태계에 미치는 영향을 살펴보면 다음과 같다. 첫째 진화과정을 교란시킨다는 것이다. 지구상 생물이 35억 년 동안 진화되어 왔다고 추정하고 있는데, 생물의 진화란 생물이 생존하는 동안에 얻은 우수한 획득 유전자 또는 형질이 후대에 전달되는 과정이라 할 수 있다. 이러한 진화는 대부분 동종 내에서 후대에 전달되게 된다. 생명공학기술이 동일종이 아닌 생물종간의 유전형질을 인위적으로 삽입시키고 발현시킴으로서 자연적으로 발생할 수 있는 진화과정을 엄청난 속도로 가속화시킬 수 있다. 둘째 미생물 생태군의 변화와 식물의 잡초화, 셋째 신종 병·해충의 출현 등의 문제가 예상되고 있다.

인구증가, 육류소비증가, 지구온난화와 같은 환경문제가 계속될 경우 세계 식량문제는 심각한 위기에 처하게 되는데, 기계 및 화학의존형 농업생산력 증가의 잠재력은 거의 없는 것으로 나타나고 있다. 따라서 유전자 조작 농산물을 통하여 식량문제를 극복할 수 있다는 논리는 식량문제를 단순화한 발상이다. 제3세계의 기아문제는 이들이 지불능력이 없기 때문이다. 생명공학에 기술우위를 가진 나라는 선진국이지만 이 기술을 통하여 식량문제를 해결해야 하는 나라들은 제3세계 국가들이다. 미국에서 빠르게 생명공학이 적용되는 작물은 콩, 옥수수, 면화, 유지작물과 같이 미국이 세계시장에서 가장 높은 시장점유율을 갖고, 이미 가격 경쟁력이 있는 자국의 농산물에 집중되어 농업의 재구조화가 진행되고 있다. 또한 안정적인 식량공급을 가능케 하는가라는 문제는 슈퍼잡초나 슈퍼벌레가 출현할 가능성을 보이면서 회의적일 뿐만 아니라 종 다양성을 해치게 될 가능성이 있다는 점이다. 미국 코넬대 존 로시 교수팀은 『네이쳐(Nature)』최신호에서 해충을 죽이는 독소를 스스로 만들어내도록 유전자 조작된 옥수수의 꽃가루가 제주왕나비의 애벌레를 죽이는 것으로 확인됐다고 한다. 이 옥수수는 해충을 잡아먹는 천적 곤충 등에는 영향을 주지 않는 것으로 밝혀졌지만, 이 꽃가루가 묻은 식물을 먹은 곤충 등에게 피해를 주는 것으로 추정됐다고 한다.

생명공학에 사용되는 원재료는 제3세계에 종의 90%, 종의 다양도가 2/3가

집중되어 있다고 알려지고 있는데 아시아와 남미에 많은 것으로 나타나고 있다. 따라서 제3세계의 유전적 자원을 이용하여 개발한 생명공학 제품에 대한 특허의 인정은 지금까지 농민이 자유롭게 접근할 수 있던 유전적 자원에 대하여 기업이 배타적 소유권을 가지게 되는 것이다. 그러나 제3세계에서는 작물의 다양성은 오랫동안 경작을 통해서 얻어진 것이며, 수 천년에 걸쳐 농민들이 집단적으로 공유하고 있는 지식이 작용한 결과이다. 따라서 생명공학에 대한 특허는 수 천년의 제3세계 농민의 집단적 지식과 노력을 사유화하려는 것이다. 이제 제3세계 농민은 생명공학기업과 세 가지 수준의 관계를 맺게 된다. 첫째 다국적 기업에 유전자원을 무료로 공급하는 공급자, 둘째로 유전자원을 혁신하는 측면에서 기업과의 경쟁자, 세 번째로 기업이 개발한 제품의 소비자가 될 것이다.

'석유시대'의 산물 : 지구온난화와 생태계 위협

미국 항공우주국(NASA) 산하의 고다드 우주연구소는 1997년도 지구 표면의 평균 온도가 엘니뇨 등의 영향으로 섭씨 14.4도로 1950년의 13.86도, 1960년 13.98도, 1970년 14.02도, 1980년 14.18도, 1990년 14.38도와 비교하여 사상 최고치를 기록했다고 발표했다. 우리나라에서의 지난 100년간 기온 상승률은 약 1.4도로 북반구 기온 상승치의 2배에 달하였고, 과거 10년간 이러한 경향은 더욱 뚜렷해져 자연생태계 훼손과 교란에 대한 위기감이 고조되고 있다. 영국 로덤스테드 연구소의 곤충학자 우어워드 박사팀은 35종의 나비 서식지를 연구해 100년 전에 살았던 지역과 비교한 결과 유럽의 기온이 1.4도 가량 높아지면서 나비가 서식지를 120km 북쪽으로 옮겼다는 사실을 밝혀냈다고 한다.

기온이 온난화되면 난대식생대는 확장되나 한대식생대가 쇠퇴하며, 식물의 개화시기가 빨라지고 동물의 서식처가 교란되는 등의 다양한 생태적 부작용이 야기된다. 예를 들어 100년에 섭씨 3도의 기온이 상승했을 경우 기후대는 매년 10km의 속도로 이동하게 된다. 그러나 식생이 이동할 수 있는 속도는 연간 2km로 추정되고 있다. 따라서 기후대의 이동 속도에 식생의 이동 속도가 적응하지 못할 때 일부 식생은 축소 혹은 소멸될 우려가 높다.

특히 한반도의 척추를 이루는 백두대간 상에 격리되어 분포하는 고산대와 제주도와 같이 바다에 의하여 고립된 도서의 산정부에 분포하는 한대성 동식물은 한랭한 기후에 적응한 생물로 기온이 상승할 경우 서식할 공간, 이동할 통로 혹은 피난처를 찾지 못하고 멸종하게 된다. 기온이 온난해지면 식생대는 수평적 이동할 뿐만 아니라 수직적으로 상승하는데, 현재 백두대간 상의 산정부와 한라산 정상 일대에 분포하는 고산식물은 이동하여 피난처(refugia)를 찾지 못하고 위기에 처할 것으로 보인다.

한국은 남북으로 길고 기후 변화의 폭이 커 나비의 종류가 꽤 다양한 편이다. 그 동안 기록된 남북한 나비를 합하면 총 264종(토착종 253종, 미접迷蝶) 11종)이며 북한에만 53종이 분포되어 있어 남한에서는 총 211종을 볼 수 있다. 우리와 국토 면적이 비슷한 영국에 58종의 나비만 있는 것에 비하면 우리나라에 많은 종이 서식하고 있다고 볼 수 있다. 이렇게 우리나라에 나비의 종류가 많은 이유로는 국토에 산이 차지하는 비율이 높고 게다가 식생도 다양하기 때문이다. 현재 세계적으로 우리나라에만 분포하는 고유한 나비는 없다. 이는 일본처럼 대륙과 고립되어 종 분화가 일어날 만한 오래 격리된 장소가 없었다고 보기 때문이다. 물론 제주도와 같은 섬들이 현재 육지와 단절되어 있지만 신생대 제4기 이후에야 비로소 섬이 되었기 때문에 고유의 특산종이 출현하기에는 시간적으로 불충분했던 것으로 보인다. 그러나 몇몇 종에 있어서 종 수준 이하이긴 하지만 아종(亞種)으로 분화된 예는 있다. 빙하시대 이후 기후가

온난해지자 바다에 의해 고립된 한라산의 고산지역에 산굴뚝나비, 가락지나비, 함경산뱀눈나비, 산꼬마부전나비 등의 한지성 나비들이 따뜻한 기후를 피해 이동해 올라왔고 지금까지 고립되고 있다. 이들 대부분은 한반도 본토와 격리됐던 기간이 그래도 길었기 때문에 형태적으로 약간의 다른 특징을 갖게 된 것이다. 한국산 나비는 분포학적으로 크게 구북구계와 동양구계를 터전으로 삼는 나비가 서식하고 있는데 대략 그 비는 15.9 : 1로 구북구계 나비가 많은 비율을 차지하고 있다. 특별히 구북구 계열의 나비를 한지성 나비, 동양구계 나비를 난지성 나비라고 할 수 있다. 이들 나비가 어떻게 우리나라로 이주해 살게 되었는지에 대한 명확한 해답은 아직 없다. 나비는 연약한 몸을 지녀 화석으로 발견되지 않기 때문에 이주나 진화 경로 등의 증거를 확보하기 어려워 이 방면의 연구가 크게 진행되지 못하고 있는 실정이다. 또 정확한 규명까지는 앞으로도 꽤 많은 시간이 필요할 것으로 보인다. 그러나 대략적으로 우리나라 나비의 기원을 살펴본다면 시기는 우리나라의 서해와 남해가 대륙과 붙었다 분리됐다 하는 신생대 제3기 이후로 생각할 수 있는데, 그 대체적인 이주 경로는 중국 남부로부터 우리나라 남부지방으로 진출한 남방계 계열과 시베리아로부터 북방계 계열의 나비들이 우리나라 북부지방으로 각각 진입되었다고 볼 수 있다. 이후 서해와 남해가 대륙과 떨어지자 남방계 계열의 나비의 이주가 주춤하는 사이 북쪽에서는 계속 대륙과 붙어 있었고, 한랭한 기후 관계로 구북구 계열의 나비의 이주는 계속되어 현재처럼 구북구 계열의 나비가 많아지게 된 이유가 된다. 그렇다고 하더라도 소수이긴 하지만 남방계열 나비가 그 이후에도 계속 진입되었는데 주로 태풍 같은 바람에 의해 이동되었던 것으로 추정되고 있다.

거대한 사기, '난개발'로 무너지는 녹지 및 습지·생물다양성·지역공동체

20세기에 진행된 대부분의 환경문제 가운데 하나는 토지의 용도변경이다. 특히 정부의 적극적인 지원아래 진행된 농업생산계획이 낳은 비참한 결과는 다음과 같은 것들이 있다. 미국 대평원에서 1860년에 진행된 이주정책과 80년대 인도네시아에서 진행된 이주정책은 100년의 차이가 있지만 초래한 결과는 유사하다는 것을 알 수 있다.

먼저 미국 대평원에서 진행된 이주정책을 살펴보자. 중앙정부는 이주자에게 160에이커의 토지를 주기도 하였다. 토양은 비옥한 편이나 강우량이 부족하여 작물재배를 할 경우에는 1년 정도 재배를 하지 않는 것이 필요하였다. 첫번째 시련은 1890년에 닥친 가뭄이었다. 농민들은 빚을 이기지 못하고 떠나거나 소작농으로 전락하였고, 20세기에 접어든 1910년 가뭄에는 더 많은 농민들이 삶터를 떠나게 되어 트랙터와 콤바인이 등장하게 되었다. 대형농기계의 등장은 농가가 경작할 수 있는 경지면적을 크게 증가시켰으나 농민들에게는 더 많은 경작지를 확보해야만 했고 최대의 수확을 올려야만 했다. 이런 여건에서 제1차 세계대전이 일어났고 유럽의 농업이 무너지면서 세계 밀 가격은 폭등하게 되고 초원은 마구 농경지로 개간되는 여파가 20년대까지 지속되었다. 30년대에 접어들면서 표토가 바람을 타고 1,500마일이나 떨어져 있는 뉴욕의 하늘을 뒤덮어 백야 때의 하늘과 같이 컴컴하게 만들었고, 시카고에서는 하루 1,200만 톤의 먼지가 쌓였다.

인도네시아에서는 열대림을 팔아 경제성장의 기반으로 삼았다. 또한 벌목에 필요한 인력을 공급하기 위한 목적과 자바섬의 인구를 분산시키기 위한 정책의 일환으로 습지를 농지로 전환하는 '메가라이스 프로젝트(mega rice project)' 정책을 칼리만탄지역에서 시행하였다. 이 과정에서 토지이용과 관련

한 분쟁이 발생하였을 뿐만 아니라 열대림이 갖고 있는 생태적 특성을 모르는 자바사람들에 의해 토양이 수탈될 뿐만 아니라 농지를 형성하는 과정에서 많은 산림이 산불에 의해 사라져 버렸다. 이로 인하여 토양의 침식은 심화되고 국지기상은 악화되어 생태계의 자립성, 안정성, 순환성, 지속성을 위협하였다.

시화호, 사기꾼 없는 거대한 사기

시화호 조성사업의 결과 발생한 주민들의 삶의 변화를 보면 일종의 '거대한 사기극'을 보고 있는 듯한 느낌이 든다. 주민들은 조국발전을 위한 국토개발이라는 일견 숭고한 목적 앞에 누구도 이의를 제기하지 못하였고, 바다를 메워 육지를 만든다는 인간의 위대한 힘과 기술에 감탄했으며, 농경지와 공업단지 그리고 담수호의 조성 등 장밋빛 미래를 약속하는 청사진에 가슴이 부풀었다. 공사를 시작한다 해도 당장 생계를 위협하는 일은 일어나지 않았으며, 자신들이 소유한 바다도 아닌데 큰 돈은 아니지만 보상까지 받았다. 막연하게나마 "그렇게 넓은 땅이 생긴다는데 우리에게도 무언가 혜택이 있겠지"라는 기대감마저 가졌는데 누구도 그러한 기대가 백일몽이라고 일깨워주지 않았다.

그러다가 바다가 막히고 나면서 생각지도 못했던 일들이 일어나기 시작했다. 갯벌이 마르면서 소금이 하얗게 드러났고, 바람이 불면 미세한 먼지와 함께 소금이 날려 눈을 뜰 수 없을 정도였다. 포도는 말라죽고, 불로초라 불리는 영지버섯도 제대로 자라지 않고, 배나무 가지에도 쭈그러진 열매가 늘어갔다. 고달프지만 익숙한 바닷일을 그만두고 받은 보상금은 서투른 장사를 시작했다가 금방 거덜나버렸거나 가입선물로 주는 금반지에 끌려서 보험에 넣었다가 인플레를 견디지 못하여 푼돈과 마찬가지가 되어버렸다. 농업용수와 공업용수로 맑은 물을 공급할 것이라던 시화는 '썩은 물이 넘실대는 죽은 호수'로 전락하였다. 시화지구 간척사업 면적은 총 1만7천3백ha로 농경지 4천9백90ha, 공업단지 1천3백ha, 그리고 담수호 6천1백ha 등을 조성하는 사업이다. 시화 담수호가 물막이공사가 끝나자마자 화학적 산소요구량(COD)이 급격하게 증가하여 호수가 죽어 '물고기 하나 없는 사막'으로 변해 버렸다. 이제는 심한 악취까지 진동하는 시화호의 깊은 곳은 무산소층으로 오염물질이 분해되지 않고 계속 축적되고 있으며, 염분도가 높아 배수갑문을 열어도 아랫물과 윗물이 섞이지 않는다. 그러한 가운데 시화호에서 방출된 물은 인근 해역까지 크게 오염시키고 있으나 '공해지역'으로 낙인찍힐 경우 관광객의 발길이 끊겨 그나마 관광수입마저 감소할 것을 두려워하는 일부 주민들은 크게 불평조차 하지 못하고 있다. 이렇게 삶은 무너지고 살길은 막연한데, 당국의 수질개선 노력에도 불구하고 호수는 점점 더 썩어가고 있어 이제는 갯벌파괴라는 제1차 환경재앙에 이은 제2차 환경재앙이 예고되고 있다. 그런데 문제는 아무도 이러한 '사기극'의 극본을 쓰고 연출하고 감독한 사람이 없다는 것이다.

민주주의와 인권을 위협하는 새만금 갯벌간척사업

새만금 강행 발표를 하는 과정은 '국민의 정부'가 국민의 의사를 전혀 반영하지 않는 '국민없는 국민의 정부'라는 것을 만천하에 드러냈다. 뿐만 아니라 정부는 새만금 사업강행을 발표하기 위해 공식문서까지 조작하는 과감한 행동을 하였다. 정부는 대통령직속 지속가능발전위원회와 공동으로 '새만금 평가회의'를 구성하고 그 논의결과를 따르기로 약속하였다. 평가회의는 아직 해결되지 않은 수많은 문제가 있기 때문에 대통령이 결단할 문제라고 결론 내렸다. 그러나 정부는 평가회의가 대통령이 아닌 정부차원에서 결정하도록 건의했다고 평가회의 결론문서를 조작하여 물관리정책 민간위원회의 새만금 반대 결정을 무시하고 물관리정책 조정위원회에서 강행결정을 한 것이다.

새만금간척사업은 전북 군산에서 비응도–야미도–신시도–가력도–부안을 잇는 33km의 방조제를 건설하여 농지확보를 하겠다는 계획으로, 1986~88년 사업 타당성 검토를 거쳐 1991년 11월 28일 공사에 착수하였다. 그리고 2000년 12월 현재 총 1조 1,385억 원을 투입하여 방조제 총 33km 중 58%인 19km 정도가 진행된 상황이다. 2011년까지 진행될 내부개발공사를 포함한다면 현재 사업진척율은 20%도 안 된다고 할 수 있다. 새만금 간척사업에는 엄청난 규모의 토석이 필요한데, 농업기반공사와 수자원공사 등 공공기관이 새만금, 시화지구 등 20개 간척사업을 추진하는 과정에서 106.3km의 방조제를 쌓으며, 15톤 트럭 4백 38만대 분의 흙과 돌을 채취하여 전국 150개 산들이 형체도 없이 사라지거나 크게 망가졌다. 특히 전체 새만금 간척사업을 위해서는 20개 간척사업을 위한 토석량 중 50% 가까운 양이 필요하다.

1999년 5월 「새만금 민관공동조사단」을 구성하여 활동을 시작하여 2000년 8월 최종보고서가 총리실에 제출되었다. 조사분야가 방조제 건설을 전제로 한 환경영향, 수질, 경제성 평가에 한정되어 있고 대규모 사업으로 인한 사회문화

영향에 대한 평가가 빠져있다. 민관공동조사단 보고서에서 양측의 입장이 판이하게 다르게 나타나 객관적 사실에 대한 근거조차 다르게 나왔다. 이에 '새만금 민관공동조사단'에 참여했던 연구위원들이 최종보고서 시정요청 기자회견을 하게되었다. 그 이유는 민관공동조사단 전체회의에서 민관공동조사단의 단일안을 내기 어렵다는 회의 결론을 무시하고 국무총리실 수질개선기획단의 압력을 받은 민관공동조사단장이 독단적으로 '요약문'을 작성하였다. 요약문의 내용을 한마디로 이야기하면 "새만금 사업을 중단할 근거는 찾지 못했다"는 것이다. 새만금 사업을 추진해도 좋다는 근거도 없는데 중단할 근거가 없다는 식으로 연구결과를 왜곡한 것은 새만금 사업을 추진하려는 세력들의 압력이 얼마나 거세게 진행되었는지 간접적으로 알 수 있게 해준다.

또한 연구를 진행하는 과정에서 다른 분과 연구를 볼 수 없도록 함으로서 참여하는 위원조차 통합적인 접근을 막아왔을 뿐만 아니라 총리실에 보고서가 제출될 때까지도 참여한 민간위원들은 최종보고서 내용을 모르고 있었다는 것이다. 단군이래 최대의 간척사업인만큼 공개적이고 투명하게 문제들을 토론하고 논의하여 합리적인 안을 만들어 나가는 것이 21세기 성숙한 민주주의 모습이 아닌가? 정부는 새만금 민관공동조사단 운영조차도 절차적 오류와 비공개적 폐쇄적으로 진행함으로서 객관적인 자료조차 도출하는데 실패하는 잘못을 저지른 것이다.

총리실에서는 최종보고서를 받아 관계부처에 검토의견을 요청하였다. 각 부의 검토의견 결과 수질개선의 비현실성이 밝혀졌으나, 총리실과 농림부는 내부적으로 새만금 사업 강행방침을 결정해 놓은 상황에서 정부의 공식입장은 3월 말로 연기되었다. 이는 시화호 담수계획 실패에 따른 부담과 각 부처 의견 수렴 과정에서 농림부를 제외한 환경부, 해양수산부가 새만금 사업 계속 추진을 반대하고 있기 때문이었다.

새만금 강행결정이 남긴 5가지 문제

2001년 5월 25일 정부가 강행결정을 함으로서 다음과 같은 다섯 가지 문제가 있다.

첫째 새만금 간척사업이 새만금사람들에 미칠 사회문화적 영향평가가 이루어지지 않았다. 새만금 사람들은 어떻게 될 것인가? 간척사업이 실시되는 지역에 거주하는 약 2만명 정도의 어민들에게 과연 어떠한 영향이 있을 것인가를 고려하지 않고 사업을 추진해 왔다. 심지어 새만금 공동조사단의 경우에도 환경, 수질, 경제성 등의 항목만 고려의 대상이 되었지, 사람에게 과연 장기적으로 어떠한 영향을 미칠 것인가에 대한 연구나 검토는 없었다. 주민들의 생활 기반을 완전히 바꾸어버리게 될 엄청난 사업을 실시하면서 주민들에게 어떠한 일이 발생할 것인가에 대한 정확한 정보를 충분히 알려주지 않았다.

둘째 해양생태계에 대한 영향이 조사되지 않았다. 간척공사로 인한 엄청난 면적의 갯벌의 상실이 장기적으로 황해의 해양 생태계에 미치는 영향이 우리가 감당할 수 있을 정도에 불과한 것인가, 아니면 도저히 감당할 수 없는 커다란 파괴적 영향을 미칠 것인가?

셋째 수질의 악화를 방지할 수 있는 현실적 방안이 존재하는가? 환경부의 자료를 보면 수질을 유지하는 것이 현실적으로 거의 불가능하다. 농업기반공사는 수질의 유지가 가능하다고 주장하고 있으나 과연 그러한가? 축산농가의 증가를 억제하거나 전북의 도시들의 개발을 억제하는 등의 조치가 과연 현실적으로 가능한가?

넷째 '농업용지' 인지 '복합산업단지' 인지 활용방안이 불확실하다. 농지로 사용할 것인지, 복합산업단지로 사용할 것인지 불확실하다. 사업의 유일한 추진 근거는 식량안보를 위한 농지의 확보이지만 이에 대해서 대부분의 현지 주민들이나 지방자치단체는 전혀 다른 생각을 가지고 있다. 일단 농지라는 구실로 간척을 하고 복합산업단지로 활용한다는 생각을 가지고 있으며, 특히 전북도는 '경제성'을 이유로 이를 확신하고 있는 상황임.

다섯째 정보 흐름의 차단과 왜곡: 지역언론과 지방자치단체의 음모가 있다고 해도 좋다. 사업의 강행을 바라는 지방자치단체는 지역언론에 영향력을 행사하여 새만금 사업의 진상에 대한 정보의 흐름을 차단하거나 왜곡하였으며, 자신들에게 유리한 부분적 진실만을 전달한 것으로 판단되고 있다. 이는 민주주의의 기초인 정보의 자유에 대한 심각한 위협이며, 주민들의 생활에 엄청난 영향을 미치게될 사업에 대한 주민들의 '알 권리'를 크게 침해한 것이다. 주민들은 가급적 정확하고 충분한 정보를 바탕으로 자기 자신은 물론 자손들의 생활과 미래가 걸린 문제에 대하여 판단을 내릴 수 있어야 하는데, 정보의 차단과 왜곡으로 이것이 불가능하다. 따라서 새만금 사업은 단순한 환경보호의 문제가 아니라 이 땅의 민주주의 및 인권과 관련된 문제이다.

산업화와 도시화로 인한 환경파괴와 생태계 위협

20세기에 진행된 산업화와 도시화가 생태계에 미친 영향을 살펴보면 다음과 같다.

첫째 농업의 공장생산체계는 재배식물의 단순화와 재배면적의 확대를 통하여 재배하지 않는 식물을 먹이로 하는 생물 개체군의 감소와 심한 경우 멸종을 초래하였다.

둘째 산업화와 도시화는 그 과정에서 생물의 서식지인 습지나 초지, 숲 등을 인위적 환경으로 변형시켜 서식지로서의 기능을 상실하게 만들었다.

셋째 산업화 과정에서 발생하는 유해가스는 산성비 등의 문제를 일으켜 토양 속의 미생물을 감소시킴으로서 유기물의 분해능력을 떨어뜨려 토양의 영양분을 척박하게 하였다.

넷째 생산력주의에 기초한 공장생산체계는 화학물질 사용을 통하여 생산량을 증대하는데 성공하였으나 '우리의 도둑맞은 미래'에서 지적한 바와 같이 토양 내 중금속의 축적과 호소생태계 내에 흘러들어 수질오염을 일으키고, 생태계 먹이사슬을 통하여 생물농축이 진행되어 환경호르몬 문제를 야기하였다.

다섯째 산업화와 도시화는 인위적으로 건설되는 환경으로서 자연의 광주기를 거스르는 체계를 갖고있어 소음이나 불빛 등에 의해 생물의 광주기 교란과 생리적 영향을 주었다.

여섯째 산업화와 도시화는 화석연료에 기초한 에너지를 집약적으로 사용함으로서 지구온난화를 초래하여 한지성 식물이 사라지고 난지성 식물이 분포하는 특성을 보일 뿐만 아니라 생육기간도 달라져 개화시기가 교란되는가 하면 곤충의 분포도 변화시켜 한지성 곤충이 사라지고 난지성 곤충이 확산되는 특성을 보이고 있다. 특히 이러한 식물과 곤충의 분포 및 생육기간의 변화는 생태계의 먹이사슬에서 상위에 속하는 새들에게도 치명적인 영향을 미치고 있다. 오랜 세월에 걸쳐 각각의 생물들이 정교하게 형성한 자연의 시계가 더 이상 일치하지 않는다는 것이다.

일곱째 산업화와 도시화는 생명의 원천인 숲을 없애고 숲에 영향을 주는 시설들로 변형시켰다. 그 결과 산림생태계를 구성하는 많은 생명체들이 그들의 삶터를 잃고 사라져버린 결과를 초래하였다. 특히 우리나라는 20세기 초반 식민지배를 받는 과정에서 일어난 자원 수탈의 하나로 진행된 벌목으로 산림이 황폐한 가운데 '산림녹화사업'을 펼쳐 피복을 하는데 성공하였으나

80년대 이후 골프장, 스키장, 콘도, 놀이시설 등 여가시설을 위한 공간으로 급격하게 훼손되어 왔다.

두산 페놀 방류사건

3월16일 오후 2시경 대구시의 낙동강 다사수원지 인근인 성서·두류동 등지의 상수도물에서 심한 악취가 풍기기 시작, 불과 8시간만에 시 전역으로 확산된 악취소동은 두산전자 구미공장에서 흘려보낸 325톤의 페놀원액과 폐수 때문에 벌어진 것으로 밝혀졌고 이어 부산·마산·창원등 낙동강 수계 1,000여 만 영남지역 주민들의 수도물을 오염시켜 악취와 발암 공포로 몰아넣었다. 여기에다 불과 한달만인 4월17일엔 대구 비산염색공단에서 비밀 배출구를 통해 하루 6만2천톤의 산업폐수를 금호강과 낙동강으로 방류해온 사실이 밝혀져 미처 페놀 충격에서 벗어나지 못한 주민들을 분노에 떨게했고, 전국적으로 환경공해 추방캠페인이 요원의 불길처럼 타오르게 했다. 특히 낙동강 페놀 유출사건으로 30일간 조업정지처분을 받았던 두산전자가 재가동에 들어가면서 시설보완공사의 부실로 페놀 원액 2톤이 또다시 새어나와 낙동강지류인 옥계천으로 흘러든 사실이 드러나는 등 두차례에 걸친 페놀 소동이 국민감정을 자극, 허남훈 환경처장관과 박용곤 두산그룹회장이 퇴진하는 등 정치문제로 비화되기도 했다.

페놀사건의 쟁점인 피해보상문제는 물적 피해 177건 중 113건(배상금 1,640만 원)은 합의 조정하고 주소불명·배상거절 등 55건을 제외한 나머지 9건(4,723만 원)은 중앙환경분쟁 조정위원회에 조정신청을 해놓고 있으나 임산부들에 대한 정신적 피해문제에 대한 논란은 계속되었다. 대구시 환경분쟁조정위원회(위원장 정충검 부시장)는 1991년 11월 16일 두산전자가 "피해사실증명 불충분과 신청금액 조정이 어렵다"는 이유로 조정신청한 임산부피해 844명

중 인공유산, 자연유산, 사산한 임산부 등 271명은 기준금액 50만 원을 일률적으로 지급토록 하고, 이 가운데 30세 이상 35세 미만은 기준금의 20%, 35세 이상은 50%, 30세 및 35세 이상으로서 초산은 50%의 가산금을 각각 적용, 지급키로 해 35세 이상 초산의 경우 기준금액과 가산금을 합쳐 모두 100만 원을 받도록 했으며, 순산 등 기타 임산부 573명은 20만 원씩 일률지급토록 조정했다. "대구시와 환경분쟁조정위가 역학조사나 구체적인 피해사례조사도 없이 페놀피해를 인정하지 않고 두산전자의 입장만 옹호한 조정은 받아들일 수 없다"고 주장하는 피해 임산부대책위 대표 김성분 씨(32)는 "지금이라도 연구기관을 동원, 진료기록 등을 토대로 역학조사를 실시해 임산부들의 신체에 악영향을 끼친 페놀피해를 규명해야 된다"고 했다. 한편 "두산그룹 박용곤 회장은 계열사인 두산전자가 91년4월말 낙동강 페놀방류사건으로 물의를 일으키자 이에 대한 사죄의 명목으로 노태우 대통령에게 10억원을 건네줬다."

LG, 씨프린스호 사고

푸른 빛을 잃은 해초, 패류의 껍질, 죽은 해삼, 오염된 바다에 산다는 불가사리들…… 회색으로 끝없이 이어진 사막같은 바다는 달 표면처럼 변해 버렸다. 사고 당시 무차별 살포한 유처리제는 바다 속 생명을 일거에 도살했다. 잿빛으로 변한 바다 속에는 소리도 빛깔도 움직임도 없고 다만 해저에 가라앉은 폐타이어, 게 통발, 밧데리 등 온갖 쓰레기만이 수북하게 버려져 있다. 몰살당한 해저 생명들, 쪽빛 바다에서 잿빛 바다로 변한 여수 앞 바다. 30여 분간 방영되는 장면에선 음산한 회색바다의 빛깔이 계속 반복되고 수중촬영자가 뿜어내는 산소호흡 소리만이 괴이한 음색으로 들려온다. 한 치 앞을 내다볼 수 없는 뿌연 바다, 은빛과 푸른빛을 자랑하며 마음껏 춤추던 생명들은 다 어디로 사라졌을까.

1996년 4월 1일의 남면 바다 속은 폐허 그 자체였다. 씨프린스호 사고가 난지 약 9개월이 지났지만, 객토작업을 용역 맡은 해우실업이 수중촬영한 이들 화면에는 푸른 수면과는 달리 깊은 바다 속은 생명체를 보여주질 못했다. 바다가 점점 뭍에서 나온 쓰레기의 매립장이 되어 가면서 각종 폐수와 온갖 오염물질을 마구 퍼붓는 탓에 남해안 일대는 최악의 상태로 변했다. 특히 1995년 7월에 발생한 씨프린스호에 이은 두 번의 대형 기름유출 사고는 황금어장이라 불리는 남해안의 생태계에 치명적인 타격을 입히고 어민들의 생존을 극도로 위협하고 있다. 그리고 자정능력을 상실해 가는 바다는 적조로 인해 붉은 피울음을 울고 있다. 마치 인간의 탐욕을 저주하듯 개펄엔 떼죽음 당한 바지락 등의 패류들이 깔려 있고, 황금어장에서 마음껏 자유를 누리던 고기떼들은 더 이상 남해 바다로 돌아오지 않는다.

남자는 일당 5만 원 여자는 4만 원을 받던 3달 여에 걸친 갯딱기 작업으로 인해 마을 주민들은 한결같이 피부병과 두통을 앓고 있다고 한다. 심지어는 "갯딱기 해서 번 노임보다 치료비가 더 들어간당께"라고 한다. 독한 원유와 유처리제로 인해 환자가 수시로 발생하던 갯딱기 작업 당시에 '신풍애양원'에서 치료를 해주던 호남정유측은 작업이 끝나자 마을 주민들을 병자로 만들고는 외면했다고 한다. 어처구니없는 세상이다. 바다는 바다대로 죽어 가고 사람은 사람대로 병들어 고통에 시달리는데 가해자는 기름자국을 없애고는 마치 뺑소니 운전사 마냥 달아나고 보이질 않는다.

초불량 LG

기름유출의 주범, 뇌물수수의 주범 LG는 수산종묘 방류와 사고해역 환경영향조사 등 바다 살리기 사업 등을 위해 51억 5천만 원을 내놓고 마치 면죄부를 산 듯이 호남정유를 LG정유로 명칭을 바꿨다. LG는 스스로 뉘우치지 않았다.

그 동안 환경운동연합, 여수·여천 해양오염시민대책본부 등 환경·사회운동 단체들이 피해보상과 환경복원을 외면하는 LG를 상대로 'LG제품 불매운동과 호유 기름 안넣기'를 비롯해 'LG그룹 이미지 훼손하기 운동'을 전개하자 이에 위협을 느낀 LG는 마지못해 환경복원대책을 마련하는 등 초불량기업임을 스스로 입증하였다. 씨프린스 사고 1주년을 맞은 7월 23일 LG는 남면과 가막만 연안에 넙치, 우럭, 전복 등 치어 130만 마리를 방류하였다. 그러나 어민들과 전문가들은 그러한 치어 방류가 선한 행동이 아니라 후안무치한 행동이라며 어이없어 한다. 7월의 바다수온은 급상승하기 때문에 어린 치어들은 뜨거운 수온을 견디지 못하고 대개가 죽게 된다는 것이다. 얄팍한 광고효과만을 노린 참으로 어처구니없는 일이었다.

여수 수산대 양한춘(어병학)교수가 조사한 바에 의하면 기름유화제가 가라앉은 바다 밑은 수산생물 서식환경이 악화되면서 어패류와 해조류의 어획량은 40%에서 최고 70% 가량 줄었으며, 개펄에 서식하는 낙지와 문어 등 연체동물과 패류는 일부지역에서 멸종상태이며, 대부분의 물고기들은 타지역으로 서식지를 옮긴 것으로 확인됐다고 전한다. 미국의 액슨 발데스호 사고에서도 볼 수 있듯이 정부는 국토보존 차원에서 명실상부한 방제를 할 수 있는 기틀을 마련하고 그 비용은 가해자인 원인 제공자로부터 받아야 하며, 아울러 기름유출 사고가 국토에 미치는 영향을 엄격히 고려하여 기업주를 형사처벌하는 등의 강력한 조항을 법제화시키는 것이 상습적 오염기업의 인식을 전환시키는 방법이다.

굴업도 핵폐기장 백지화와 동강댐 백지화의 의미

핵폐기장 선정을 둘러싸고 벌어진 정부와 반핵운동 진영의 한판 싸움에서 10여 개월만에 찬핵진영 스스로 손들고 물러나게 한 '굴업도 핵폐기장 반대운동 승리'는 반핵평화운동에 기록될 만하다. 반핵운동가들이 굴업도 현장에 직접 들어가 핵폐기장의 문제점을 홍보하고 조직하는 선도적인 활동 끝에 주민들이 스스로 나서게 되었고, 수차례의 서울 상경투쟁과 명동성당에서의 철야 텐트농성을 거쳐 급기야는 지역주민의 사망과 구속사태로 치달은 1995년도의 굴업도 반핵항쟁은 "인천지역 학생운동과 지역사회운동과의 성공적인 결합으로 1980년대 후반부터 이어져온 반핵운동의 역사를 훌륭하게 계승 발전시켰다"고 평가할 수 있다. 특히 울진이나 고리지역과 달리 인천이라는 대도시에서의 반핵운동에 대해 처음에는 우려가 있었으나 덕적도 지역주민들의 치열한 반핵의지에 인천연합 등 지역사회운동조직들이 가세함으로써 모범적인 운동 사례를 만들어 냈다. 반핵운동 진영은 굴업도 운동의 전개과정을 분석하면서 부족한 부분을 체크해내고 새롭게 시작될 핵폐기장 반대운동의 전열을 가다듬는 계기로 활용하고자 하였다. 핵 시설 후보지를 찾아낸 후 이에 대한 반대운동을 조직하는 따라가기식의 운동에서 벗어나 운동경험을 종합하고 반핵역량을 집결하여 한 단계 발전된 형태의 운동방법을 개발하여 광범위한 규모의 전국반핵운동본부 조직을 강화시키는 필요성이 제기되었다.

2000년 6월 5일 환경의 날 "멸종위기 동식물을 보전하기 위해 동강댐 건설을 백지화하겠다"는 대통령의 발표로 10여 년간 논란이 되어온 동강댐 문제가 종결되었다.[1] 국민의 염원을 모아 수자원공사와 건설교통부라는 거대한 부패 세력과 싸운 동강살리기 운동이 결실을 맺는 순간이었다. 동강댐 백지화운동은 생존권 차원의 주민운동으로부터 시작되어 환경단체, 학계, 종교계, 문화계, 예술계, 전국민들의 참여로 확산되었고 그린피스, 시에라 클럽, 지구의 벗 등 세계적인 환경단체들의 동참으로 이어졌다. 동강을 지키자는 온갖 바램이 담긴 노란 손수건의 물결, 각계 각층 2,000여 명이 참여한 33일간의 밤샘농성, 5,000여만 원의 국민성금 등으로 환경운동사에 중요한 역사적 의미를 가진다.

경부고속철, 영종도신공항, 새만금간척사업 등 주요한 국책사업에 대해 그동안 환경단체들은 끊임없는 반대운동을 벌여왔지만 단 한번도 사업을 중단시킨 예가 없었다. 그런 가운데 동강댐 반대운동은 성공하였는데, 그 이유로는 다음과 같은 것을 들 수 있다.

첫째 댐건설 계획이 확정되지 않은 상태에서 운동을 시작한 것이 결정적으로 중요했다고 할 수 있다. 이는 개발위주의 경제성장정책 속에서 강력하게 형성된 이익집단과 관료들이 정책결정을 좌우하는 상황에서 사업계획 확정 전단계에 국민여론을 형성, 운동을 벌이는 것이 운동의 성패를 좌우할 만큼 중요하다는 것을 말해주고 있다. 따라서 시민참여가 계획의 입안단계에서부터 이루어져야 한다는 필요성을 잘 보여준 사례라고 볼 수 있다. 둘째 첨예하게 찬반 입장이 대립되는 속에서도 댐 건설에 대한 주민반대운동이 공고히 조직된 점이다. 셋째 국내는 물론 국제연대활동을 통해 다양한 운동방식을 구사하고 시민참여의 극대화에 주력했다는 것을 들 수 있다. 넷째 전문가들의 조직화 및 대안제시에 성공했다는 점이다. 건교부와 수자원공사는 수도권지역의 홍수예방과 용수공급을 위해 동강댐 건설을 해야 한다고 주장했다. 환경연합은 전문가들과 함께 토론회, 방송출연, 언론 기고를 통해 공급위주의 물관리 정책을 수요관리 위주로 전환할 것을 촉구하고 물 부족의 원인이 과다한 수요예측과 누수율 때문이라는 것과 동강댐이 수도권 홍수의 대안이 될 수 없음을 밝혀냈다. 또한 동강일대 동굴분포도 조사를 통해서 수자원공사가 엉터리로 동굴 수를 축소 조작한 것을 규명해냈다. 특히 댐 건설에 대한 대안운동으로 펼친 물 절약범국민운동은 정부의 공급위주 물관리 정책에 중대한 영향을 미쳤다. 대통령 지시로 '영월댐건설종합타당성조사를 위한 공동조사단'을 만들 때에도 전문가 구성 및 운영에 적극적으로 결합하여 결국 동강댐 건설 백지화 결론을 이끌어냈다.

동강댐 백지화는 우리나라 환경운동·환경정책에 매우 중요한 역사적 의미를 남기고 있다. 첫째 동강댐 백지화는 동강보전에 한 목소리를 낸 성숙한 국민 여론이 실현된 시민의 승리이다. 둘째 동강댐 백지화는 정부주도의 대형개발사업에 있어 환경의 가치를 국정의 가치로 수용한 첫 사례로 그동안 구호로서만 머물렀던 '환경적으로 지탱가능한 발전 패러다임'을 실현할 계기를 마련했다. 환경가치를 보호하기 위해 처음으로 철회한 정부 주도 대규모 개발사업인 동강댐 백지화는 '선계획 후개발'을 원칙으로 하는 지속가능한 국토 이용의 출발점이 될 것이다. 셋째 동강댐백지화는 공급위주 자원 정책에서 수요관리 위주의 정책으로 전환하는 계기가 될 것이다. 그동안 수자원, 에너지, 토지자원 등 유한한 자원을 이용하는 정책이 공급 위주로 되어 있어 엄청난 환경파괴는 물론 경제적 비효율, 자원 낭비로 이어져 왔다. 넷째 동강댐백지화는 새천년을 개척할 미래세대의 권리와 요구에 부응한 정책결정이다. 동강지키기만큼 어린이들과 청소년들이 열심히 참가한 환경운동이 없었다. 동강보전을 염원하며 동강지킴이로 참여하겠다는 미래세대들의 소망이 이루어짐으로서 새천년의 국토이용정책은 과거 세대의 머리에서가 아니라 미래세대의 창조성과 희망으로 설계될 수 있는 기회와 가능성을 마련한 것이다.

위 두 투쟁의 승리는 바로 민중이 환경운동의 중심에 서게 되었다는 점, 그리고 시민사회가 자신의 삶의 기반인 자연과 생태를 스스로 보호해 갈 수 있을 만큼 성장하였다는 점을 반증해 줌으로써 21세기 환경운동의 낙관적 미래를 예고해 주는 의미 있는 사건이었다.

맺는 글

20세기 한국은 일본의 제국주의 침탈과 식민지 지배를 받았으며, 분단과 동족상잔의 고통을 겪게 되었고, 1960년대 이후에는 허울뿐인 일본의 개발모델을 받아들여 압축성장을 이루게 되었다. 이 과정에서 중화학공업중심의 생산체계, 화학비료와 농약에 의존하는 농업생산체계, 도시화와 산업화로 인한 서식지 파괴 및 생물다양성 감소, 핵발전에 기초한 전력체계와 핵폐기물문제, 대량생산 대량소비의 생활양식으로 인한 폐기물의 증가와 소각장 건설과 다이옥신 공포, 울산공단 등에서 나타난 인간과 생태계파괴의 악순환, 원진레이온 공해의 중국 확산, 유조선 사고 등으로 인한 해양생태계 위협, 두산 페놀방류로 대표되는 화학물질의 생태계 위협과 환경호르몬 문제 등이 발생하게 되었다.

지난 20세기 한국은 환경파괴와 생태계위기를 불러 왔을 뿐만 아니라 공해의 확산 지구온난화와 유전자 조작 등과 같은 지구환경문제가 본격적으로 나타나기 시작하였다. 이제 21세기 한국사회가 생태사회를 지향하고 지탱가능한 발전의 토대를 마련하기 위해서는 생태가치 · 생명가치 · 존재가치를 통하여 20세기에 진행된 환경파괴와 생태계 위기를 극복하고 인간과 자연의 형평성을 회복하기 위한 사회적, 제도적, 문화적 체계를 구축해야 할 것이다.

주
_____

1) 동강살리기운동의 경과는 아래와 같다.

1996. 10 '영월댐 반대 대책위원회' 발족

1997. 3 '환경운동연합 동강살리기 특별위원회' 발족

1997. 10.20 건설교통부 댐건설예정지 공식발표

1997. 10 동강현지에서 동강댐반대 수상시위

1997. 11.6 무분별한 댐건설반대국민연대 결성 및 집회(35개 환경사회단체 및 지역대책위)

1998. 7.22 동강댐백지화촉구 각계원로 100인선언(환경연합 강당)

1998. 8.13 건설교통부, 동강댐 내년 착공 발표

1998. 8.23 동강댐백지화 영월 · 정선 · 평창 3개군투쟁위결성

1998. 10.28 「동강은 흘러야 한다」 대형 퍼포먼스

1998. 11.6 동강댐반대 3개군 공동집회(영월군청앞)

1998. 12.13 동강의 문화를 재현한 한강 뗏목시위(한강 잠원지구 → 여의도선착장)

1998. 12.21 소설가, 시인 등 문학인 207인 동강댐백지화촉구 성명발표

1999. 3.15 동강댐백지화를위한 촛불기도회(영월 현지)

1999. 3.17 동강댐반대 영월군민 총궐기대회(영월현지 군청앞)

1999. 3.23 동강댐백지화촉구 각계인사 33인 기자회견 및 밤샘농성돌입(33일간)

1999. 3.25 물절약범국민운동선포식 및 물절약캠페인시작(명동 상업은행 앞)

1999. 4.8 물수요정책에 관한 강연(서울대 이정전교수, 환경연합 강당)

1999. 4.20 그린피스, 시에라클럽, 지구의벗, 월드워치연구소, 보스앤즈 등 세계적 환
경단체 동강댐반대 지지성명 발표

1999. 4.26 동강댐백지화밤샘농성마무리집회 및 인간글씨 퍼포먼스(광화문빌딩앞)

1999. 5. 15~16 동강 살리기 범국민 한마당(정선 · 영월 일대)

1999. 7. 6~8.15 동강현지에서 동강지킴터 운영-동강보존캠페인

1999. 11. 6 동강댐 백지화 조기 결정을 위한 영월범군민대회 (영월군청 앞) 참가 백
투위 단 식농성 돌입

2000. 3.21 민주당 동강댐건설 백지화 방침발표

2000. 6.2 동강댐타당성검토를 위한 공동조사단 '동강댐건설백지화'로 최종연구결과
발표

참고문헌

이시재, 『20세기 딛고 뛰어넘기』 나남, 2000.

김소희, 월간 『환경운동』 5월호, 1997.

박현철, 월간 『환경운동』 5월호, 1996.

임종환, 월간 『함께 사는 길』 10월호, 2000.

선세갑, 월간 『함께 사는 길』 7월호, 2000.

김정수, 월간 『환경운동』 6월호, 1996.

장지영, 월간 『함께 사는 길』 3월호, 2001.

최주영, 월간 『함께 사는 길』 7월호, 2000.

김혜정, 월간 『함께 사는 길』 7월호, 2000.

조태진, 월간『환경운동』9월호, 1996.

김선왕,〈중앙일보〉12월 13일자, 1991.

김성수, 월간『함께 사는 길』8월호, 1999.

한국공해문제연구소, 일월서각.『한국의 공해지도』, 1986.

20세기 한국의 야만 2 제13장

IMF 위기 이후 한국사회의 실업과 빈곤

노대명

보건사회 연구원

신군부 독재 · 민주적 개방 · 신자유주의

들어가는 글 : 실업·빈곤문제를 통해 본 야만

야만은 야만이고, 문명은 문명이다. 야만을 자연스러운 상태로 해석하며 그것을 온갖 자연적 질서로 치장을 하려는 시도는 사람들을 엉뚱한 방향으로 오도할 수 있다. 애당초 야만이 자연스러운 상태를 의미한다고 생각하는 것은 그것이 인간이 만들어낸 인공적 환경과 문화에 앞선 보다 본원적인 성격이라는 생각이 있기 때문이다. 그러나 이러한 원초적 자연상태는 존재하지 않으며, 그러한 의미에서의 야만 또한 존재하지 않는다. 이 점에서 야만은 차라리 인공적 환경 속에서의 자기파괴적 상황이자 정신착란 상태를 의미하는 것으로 이해해야 할 것이다. 그리고 우리는 이것을 현대 사회에서의 야만이라고 부르고자 한다. '금지된 것이 없어, 모든 것이 가능한 상태', 이것이야말로 현대 사회가 처한 상황일 것이다.

그렇다면 2001년의 세계는 어떠할까. 루소보다는 홉스의 세계, 즉 이성보다는 힘과 욕망이 지배하는 세계에 가깝지 않을까. 고도로 발전한 산업문화, 세계시민의식, 공동체 문화 운운, 이 모든 것들이 혹시 20세기 말을 장식했던 빈껍데기에 불과했던 것은 아닌지, 상이한 욕망과 이해관계가 격돌하며 약육강식의 논리가 최후의 승자인 그런 세계는 아니었던지 자문해볼 필요가 있다. 특히 1980년대 이후 선진국과 후진국을 불문하고 거의 모든 국가에서 실업과 빈곤문제가 심각한 지경에 이른 것은 세계가 '금지된 것이 없이 모든 것이 가능한' 야만의 논리(야만적 경쟁논리)와 승자독식의 논리에 따라 지배되어 왔기 때문은 아닐까.

1997년 이후 우리 사회는 외환위기에 직면하여 실업과 빈곤 문제를 처리하는 과정에서 과거 우리 기억 속에 숨겨져 있던 야만과 현재 우리 사회를 지배하고 있는 야만이 한꺼번에 눈앞에 솟아오르는 것을 보게 되었다. 지난 수 십년간 등한시해 왔던 사회정책의 공백이 남긴 상처, 현재 우리사회를 지배하는 수익 지향적 무한경쟁에의 집착이 가져다주는 상처가 바로 그것이었다. 외환위기에 직면했을 때 우리는 갑자기 발생한 실업자와 빈곤계층을 지원할 수 있는 아무런 제도적 안전장치도 갖추고 있지 못했다. 하물며 이미 발생한 실업자와 빈곤계층이 실업과 빈곤상태에서 벗어날 수 있는 실질적인 지원에도 그리 성공적이지 못했다. 사회정책분야에서 많은 개혁이 있었지만, 그것은 시장을 지배하는 야만 앞에서 무력하기 그지없었다. 부도에 대한 불안감에 사로잡힌 자영업자, 상시적인 고용불안에 떠는 봉급생활자, 점점 늘어만 가는 저임금의 비정규직 일자리, 실업에 따른 경제적 빈곤 등은 해결하기 힘든 문제가 되고 있다. 그리고 사람들은 생존을 위해 보이지 않는 누군가와 끝없이 경쟁해야 하는 그런 세상에 살게 되었던 것이다.

이 세계는 "금지된 것이 없어 모든 것이 가능하다"는 점에서 야만 상태이다. 특히 노력하면 꿈이 이루어진다는 메시지를 담고 있지만, 대부분은 그 꿈을 이룰 수 없다는 점에서 진정한 야만 상태이다. 물론 꿈을 이루는 사람이 정해져 있다고 말하기는 어려울 것이다. 그러나 중요한 것은 이 사회가 바로 그 가능성을 미끼로 많은 사람들의 희생과 절망을 합리화하는 그런 간교한 야만에 근거하고 있다는 점이다. 왜 세계는 더 적은 시간으로 더 많은 재화를 생산할 수 있으면서도, 더욱 극심한 빈부격차를 체험하고 있을까. 그리고 이 체제는 어떻게 계속 존속할 수 있을까. 그것은 '나도 언젠가'의 꿈 때문은 아닐까. 이 체제를 바꾸기보다 나에게 돌아올 기회를 기다리는 것이 더 합리적이라고 생각하기 때문은 아닐까.

그러나 여전히 반문해야 하며, 그럴 시간은 있다. 우리는 사회적 합의와 제도적 장치를 통해 이 야만을 극복할 수 없는가. 그 야만의 실체를 파헤쳐 가는 것이 공연히 분란만 자초하는 것은 아닌가. 외환위기와 신자유주의, 국제투기자본과 그 야만성을 이야기하는 것은 이미 타성에 젖은 무딘 비판은 아닐까.

그리고 타성적 비판은 우리의 게으름을 합리화하는 핑계는 아니었을까. 이제라도 '앞으로의 대책'에 대해 이야기해 보자. 우리 사회가 왜 구조조정을 해야 하는지, 구조조정은 어떻게 해야 하는지, 그것이 곧 정리해고를 의미하는지, 이미 발생한 실업자에게 무엇을 지원해야 하는지, 해고한 노동자를 더 낮은 임금의 비정규직 노동자로 재고용하는 것은 정당한지, 노동자와 사용자가 진정 고통을 분담하고 있는지, 그렇지 않다면 어떻게 해야 진정한 고통분담인지에 대한 폭넓은 논의가 필요한 시점이다. 그리고 이 논의의 주제는 '야만의 땅으로부터의 탈출 방법' 정도가 될 것이다. 하지만 야만의 땅에서 벗어나기란 결코 쉬운 일이 아니다. 사람들은 오랜 경험을 통해 야만의 땅이 하루 아침에 사라지지 않으며, 서로 상충되는 이해관계를 타협하기가 얼마나 어려운지 잘 알고 있다.

우리 사회는 이제 실업 · 빈곤문제에 맞서 다음 두 가지 질문에 답해야 한다. 첫째 세계적 차원의 경쟁 속에서 우리 사회가 가진 한줌의 자율성을 최대한 활용하여 실업 · 빈곤문제를 효과적으로 해결할 수 있는가. 있다면 어떠한 대책이 존재하는가. 둘째 우리는 자율성이란 애당초 존재하지도 않았다는 현실주의자들의 말에 귀 기울이며 가능성을 포기하고 있는 것은 아닌가.

많은 국가가 실업 · 빈곤문제와 관련해서 단기적인 성과를 낼 수 있는 대책에 집착하여 장기적이고 근본적인 대책 마련에 실패하였다면, 또 다른 일부 국가들은 정책의 일관성을 유지하고, 실업 · 빈곤문제를 경제정책 · 노동정책 · 복지정책 · 문화정책과 총체적으로 연결시켜 소기의 성과를 거두어 왔다. 우리는 이러한 사례에서 우리 사회가 실업 · 빈곤문제에 어떻게 대처해야 하는지 시사점을 도출해 보기로 하자.

실업·빈곤정책의 세 유형

1980년대 이후 세계 각국은 심각한 전환기적 어려움을 겪게 되었는데, 그 중에서도 가장 특징적인 것이 실업과 빈곤률의 증가였다. 무려 10년 이상 장기간 유지되었던 고실업 사태는 선진국을 출발점으로 1980년대 후반에는 사하라지역 아프리카 국가를 중심으로 하는 저발전국을 강타하였고, 1990년대 초반에는 중남미국가들을 강타하였으며, 1990년대 후반에 들어서서는 한국을 비롯한 동남아시아 국가들을 강타하였다.

물론 실업·빈곤문제는 지역에 따라 다른 양상을 띠고 나타난다. 선진국의 경우는 '장기실업'과 '청년실업'이 가장 중요한 현안이 된다. 즉 사회보장체계가 잘 구축되어 있어 일반 실업자와 빈곤계층은 국가로부터 필요한 지원을 받게 되나, 실업이 10년 이상 장기화됨에 따라 사회보험의 혜택을 받지 못하는 장기실업자와 아직 취업하지 못한 청년실업자가 문제가 되는 것이다. 저발전국의 경우는 농촌실업과 도시주변부의 전반적 빈곤화가 그 특징을 이룬다. 중남미 국가들의 경우 수출지향적 성장정책과 농수산물시장개방이라는 두 정책으로 인해 심각한 타격을 받게 된다. 먼저 수출지향적 성장정책은 아시아 개발도상국과의 경쟁에서 밀려 큰 어려움에 직면하였고, 농수산물시장 개방은 농촌실업자를 양산하고 도시주변지역에 빈민촌이 형성되는 특징을 보인다. 개발도상국의 경우는 노동시장이 매우 불안정한 모습을 보이고 있어 실업자의 규모가 매우 가변적이며, 실업기간이 상대적으로 짧은 특징이 있다. 이는 이들 국가의 대다수가 노동시장 유연화 정책을 추진하고 있기 때문이다.

20세기말 실업·빈곤의 문제는 일국적 현상이 아니라 세계체제 내의 분업체계와 투기자본의 이동 그리고 강대국의 시장개방압력이 한데 어울려 발생한 국제적 현상이었다. 이 점에서 세계 각국이 실업·빈곤문제를 해결하는 정책을 어떻게 추진하고 있는지 살펴보고, 그 유형을 구분할 필요가 있을 것이다.

이념적 측면에서 각국의 실업·빈곤정책은 '신자유주의', '자유주의적 사회민주의', '급진적 사회민주주의'를 기반으로 분화되고 있으며, 기능적 측면에서는 국가의 역할에 따라 개입형·방임형·절충형으로 대별할 수 있다.

실업·빈곤문제를 이처럼 다양한 이념적 스펙트럼에 비추어 보는 이유는 한 사회가 세계체제를 지배하는 야만적 경쟁논리 앞에서 자신의 내부를 더욱 극심한 야만으로 지배하는 것이 아니라 다양한 수단을 통해 저지할 수도 있다는 점을 보여주기 위함이다.

신자유주의(경제주의적 관점)

이 관점은 세계화에 대한 일국적 추수(追隨)가 불가피하다는 전제하에서 노동자는 노동시장의 변화된 여건(유연화)에 적응해야 하며, 근로 가능한 빈곤계층은 노동시장 진입을 통해 자립기반을 마련해야 한다고 주장한다. 첨단정보, 금융, 서비스산업 중심의 고용창출을 중시하고, 빈곤근로계층(Working Poors)에 대해서는 소득공제정책을 적용하며, 복지수혜자에 대해서는 노동시장진입을 촉구 혹은 강제하는 '조건부과정책'을 추진한다.

이러한 정책을 추진하는 가장 대표적인 국가로는 미국을 들 수 있으며, 최근 들어서는 세계의 약소국들이 이러한 정책을 수용하도록 강요당하고 있다. 미국의 실업·빈곤정책은 수급자의 노동시장 진입을 촉진하는 정책이 주류를 이루고 있다. 특히 복지수혜자들의 노동시장진입 촉진정책은 1996년 '개인의 책임과 노동기회의 조화에 관한 법령(PRWORA)'을 계기로 본격화되었는데, 이 제도는 가난한 사람이 평생 5년 미만의 생계비 보조를 받을 수 있으며, 연속해서는 3년 이상 계속 보조를 받을 수 없도록 규정하고 있다. 이 정책에 따라 빈곤계층에 대한 현금지원제도인 AFDC(Aid to Families with Dependent Childeren)가 선별적·제한적 지원제도인 TANF(Temporary Assistance for

Needy Families)로 전환되었고, 이들이 저임금노동시장에 진입할 경우 발생하는 빈곤문제를 부분적으로 봉합해 주는 소득공제제도 EITC(Earned Income Tax Credit)를 확대 적용하고 있다.

그것이 주는 시사점은 아래와 같이 정리할 수 있다. 미국의 실업·빈곤정책은 조건부 수급제도의 모형으로서 복지수혜자의 상당수를 노동시장으로 진입시켰다. 그러나 그 최종결과와 실효성에 대해서는 평가가 크게 엇갈리고 있으며, 특히 소득공제제도(EITC)의 유용성에 대해서도 이견이 존재하고 있다.

자유주의적 사회민주주의(절충적 관점)

이 관점은 세계화의 폐해를 비판하나 일국적 추수가 불가피하다는 대전제 하에서 노동자 스스로가 변화된 노동시장에 적응해야 한다고 주장하며, 장기실업자와 근로 가능한 빈곤계층은 자신의 취업 역량을 제고시킴으로서 일해야 한다는 것이다. 따라서 이 관점은 앞의 신자유주의와 크게 다르지 않다. 반면이 관점은 현실적으로 빈곤계층이 취업 역량을 제고시키기 어렵고, 노동시장에서 지탱하기 어렵다는 점을 인정하여 사회적 일자리 창출정책을 병행할 것을 주장한다는 점에서 차이가 있다. 즉 첨단정보·금융·서비스산업 중심의고용창출과 직업훈련 및 취업지원 정책 강화를 주장하며, 제한적이기는 하지만 장기실업자와 복지수혜대상에게는 사회적 일자리 창출 정책을 적용하는절충안을 취한다.

위와 같은 정책을 추진하는 가장 대표적인 국가로는 영국을 들 수 있다. 영국 실업·빈곤대책의 주류는 실업자들의 능력 향상을 통한 노동시장 진입임에분명하다. 그리고 '복지에서 노동으로(From Welfare to Work)'는 다양한 직업훈련 프로그램과 보조금 지원 취업알선 프로그램이 궁극적으로는 실업자들이 저임금을 무릅쓰고 노동시장으로 진입하도록 유인하는 것이다. 이러한 맥락에서 블레어의 제 3의 길, 혹은 생산적 복지정책은 소득보장제도 내의 실업부조(JSA)와 근로소득 공제제도인 WFTC(Working Family Tax Credit)가 축을 이루고 있다. 그리고 제한적이고 부분적이지만 민간의 비영리단체들이 중심이 되어 극히 취약한 실업·빈곤계층에게 사회적 일자리를 제공하는 정책 또한 추진하고 있다. 이로서 일방적으로 노동시장 친화적인 실업·빈곤정책을 추진함으로서 나타날 폐해를 보완하는 절충성을 보인다.

이것이 주는 시사점은 다음과 같다. 영국의 실업·빈곤정책은 실용적 절충성을 갖추며, 외형적으로는 시장지향적 실업·빈곤정책과 사회적 일자리 창출이라는 세련됨을 갖추고 있지만, 현실에서는 고용불안, 저임금, 빈곤화라는 문제가 압도하는 노동시장의 모순구조에서 벗어나지 못하고 있다.

급진적 사회민주주의(사회적 관점)

이 관점은 세계화의 무분별한 확산과 세계적 차원의 불평등한 분업구조 해소를 기조로 노동자에게는 일자리 배분과 고용안정에 기반한 능력 개발을, 장기실업자와 근로 가능한 빈곤계층에게는 사회적 일자리 제공정책을 추진한다. 첨단산업육성에 주력하는 것이 사실이지만 그로 인해 발생하는 구조적 실업문제에도 주목하는 것이다. 그리고 일부 국가는 노동시장 유연화에 맞서 노동시간단축을 주장하기도 한다.

이러한 경향을 띠는 국가 중 가장 대표적인 국가로는 프랑스를 들 수 있다. 1999년이후 프랑스 정부는 노동시장 개혁정책(노동시간단축 및 비정규직 노동자에 대한 보호입법의 강화 등)을 대전제로 하는 실직빈곤계층의 노동시장진입을 유도하고 있다. 이는 노동시장의 왜곡된 구조를 개선하는 것이 실업자들의 노동시장진입을 촉진시키는 정책에 우선해야 한다는 생각에 기초하고 있다. 아울러 일자리 창출에 있어서는 과거처럼 공공부문에만 의존하는 것이 아니라 공공부문과 민간부문의 협력을 통해 새로운 분야, 소위 제3섹터에서 일자리를 창출하는 정책을 추진한다. 이 과정에는 수 많은 민간단체들이 적극적으로 참여하고 있다. 이러한 정책기조에 따라 프랑스의 사회부조제도인 RMI(Revenu Minimum d' Insertion)는 실직빈곤계층에게 최소한의 생계비를 보장하며, 노동시장 진입을 강요하기보다 일자리 창출·제공을 중시하는 정책기조를 유지하고 있다. 실직빈곤계층을 민간기업 및 비영리단체에 연결시켜주는 다양한 형태의 고용계약(Contrats d' Insertion), 즉 CIE(Contrats Initiatives Emplois : 민간기업을 주 대상으로 하는 보조금지원 취업촉진 정책)나 CES(Contrats Emploi Solidarit : 1901년 시민단체법에 규정된 비영리민간단체가 고용주가 되는 취업촉진 정책), CEC(Contrats Emploi Consolid : CES프로그램을 이미 이수했음에도 취업하지 못한 노동능력과 가구여건이 취약한 대상자를 위한 취업촉진 정책)가 추진되고 있다. 참고로 CEC프로그램 참가자를 고용하는 고용주는 자치단체가 29%, 공공기관이 14.5%, 비영리민간단체가 48.6%를 차지하고 있다.

프랑스 사례가 주는 시사점은 실업·빈곤정책은 실업자들을 서둘러 노동시장에 진입시키는데 초점을 둔 것이 아니라 이들이 안정적으로 일할 수 있는 여건을 형성하는데 주력한다는 점에 있다. 물론 이러한 정책은 성과에 급급해서는 결코 안정적으로 추진할 수 없다. 흥미로운 점은 위에 언급한 CES 프로그램이 1984년이래 실시되던 프랑스판 공공근로(TUC : Travaux d' Utilit Collective)를 대체한 것인데(1989년 12월), 그 형태와 운영방식에 있어 현재 한국 자활지원사업 프로그램 중 자활근로와 매우 유사한 형태를 띠고 있다는 점이다.

한국 실업·빈곤문제의 특징

외환위기를 계기로 한국사회는 극심한 실업·빈곤문제에 직면하게 되었다.

경기침체와 기업의 연쇄부도는 거의 모든 계층에서 실업자를 양산하였고, 상위 몇 %의 고소득층을 제외한 모든 계층이 소득감소와 소비감소를 경험하였으며, 경제 전반에 걸친 내수위축과 생산축소가 다시 실업자를 만드는 현상이 나타나게 되었다. 이 과정에서 우리사회는 고용불안이 실업으로 이어지고, 실업이 장기화되어 빈곤으로 귀착되는 악순환 고리에 말려들게 되었다. 그렇다면 실업·빈곤문제는 얼마나 심각하며, 그것을 해결하기 위한 여건은 어떠한가.

실업·빈곤문제와 통계의 정치

한국사회가 직면했던 문제 중 가장 뜨거운 현안이 되었던 것중 한가지는 실업률과 빈곤률에 관련된 것이었다. 통계청은 고용동향과 도시가계연보를 통해 계속 실업률과 도시가구의 경제상황을 알리지만 이 수치에 대한 대중적 신뢰도는 매우 낮았던 것처럼 보인다. 1998년 봄부터 정부는 실업률 발표와 관련해서 민간단체의 크고 작은 항의와 비판에 시달려야 했으며, 1999년 가을부터는 빈곤률 추계와 관련해서 또 한 차례의 논쟁에 휘말려야 했다. 이것은 우리 사회가 아직 실업과 빈곤같은 민감한 사안에 대해 진실을 털어놓고 그 위에서 문제를 해결하는 노력을 하는데 서투르다는 점을 말해 준다. 그러나 흥미로운 것은 이것이 통계의 정치가 갖는 한계이자 장점이기도 하다는 점이다.

먼저 실업률과 관련해서 ILO 통계를 따르면, 상당수의 실업자는 실업자가 아닌 상황이 발생한다. 더욱이 무급가족종사자 등 많은 사람이 실업자 통계에서 누락되는 것이나 신규실업자가 누락되는 것도 문제였다. 또 일부에서는 좀더 근본적으로 성인인구 중에서 경제활동인구의 비율이 낮은 우리사회가 외국보다 실업의 충격이 더 클 수 밖에 없다는 점을 지적하기도 하였다. 하지만 어떻게 이야기하든 당시의 실업률은 매우 심각한 수준이었으며, 우리 사회가 일찍이 경험해 보지 못한 수준이었다. 실제로 1999년 1/4분기의 실업자 수는 약

180만 명에 달하였다. 다행히 실업률은 단계적으로 감소하기 시작하였고, 2001년 4월 현재 공식으로 집계된 실업자는 100만 명에 미치지 못하고 있다. 그러나 1999년초 실업자가 180만 명까지 치솟았던 상황이 불과 1~2년만에 특별한 이유도 없이 완전히 해결되었으리라고 생각하기는 어려울 것이다.

또한 빈곤률과 관련해서도 상황은 비슷하다. 빈곤선을 정하고 빈곤률을 측정하는 방법은 매우 복잡하며, 정하는 기준과 방법에 따라 상이한 결과가 도출될 수 있다. 이 점에서 빈곤률에 대한 논쟁이 발생하는 것은 불가피한 측면이 있다. 하지만 1999년 말 발생했던 한 사건은 정부의 통계발표에 대한 사회적 불신감을 잘 보여준다. 국제기구의 위탁을 받아 국내 민간단체가 실시한 빈곤문제관련 연구보고서는 1999년 우리 사회의 빈곤인구가 1,000만 명을 넘어서고 있다고 발표하였다. 물론 이 주장에 대해 정부는 다양한 문제점을 지적하며 반박하였다. 가구원 수 산정의 문제나 1인 가구 배제의 문제 등은 서로 물리고 물리는 논쟁을 촉발하였다. 하지만 문제는 빈곤률 추계방법이 아니라 빈곤문제를 바라보는 시각 차이와 정부발표에 대한 대중적 신뢰도에 있었다. 당시 언론과 민간단체는 1,000만이라는 수치와 관련해 그것이 외환위기 이후 우리 사회의 실상을 보여주는 증거로 인용하였다. 사실 이 짧은 기간 동안 정부의 주장은 받아들여지지 않았다. 이것은 외환위기 이후 한국사회가 통계의 생산과 관련해 얼마나 큰 불신을 받고 있었는지를 잘 말해준다.

실업·빈곤문제의 여건

우리 사회가 외환위기 이후 심각한 수준의 실업·빈곤문제에 직면했다는 것은 분명한 사실이다. 이는 온갖 통계수치가 말해주고 있으며, 일상생활을 통해 쉽게 체험할 수 있다. 하지만 우리 사회는 이 문제를 해결하기 매우 힘든 여건에 처해 있다. 좀더 구체적으로 그 이유를 들면 다음과 같다.

첫째 한국은 다른 선진국에 비해 경제활동 참여율이 매우 낮은 약 61%에 불과하다는 점이다. 이처럼 경제활동 참여율이 낮은 이유는 여성의 취업율이 낮고, 청년층의 노동시장 진입연령이 높고, 진입규모가 작기 때문이다. 이는 실업·빈곤문제로 인해 취업을 희망하는 사람은 더욱 많아지는 반면, 제공할 수 있는 일자리의 규모는 더욱 적어짐을 의미한다.

둘째 한국의 노동시장에서는 비공식부문이 다른 선진국에 비해 월등히 높은 비중을 차지하고 있다. 이 때문에 평상시나 일시적인 경제변동기에는 실업·빈곤문제를 해결하는 사적 안전망(Private Safety Net)의 역할도 기대할 수 있지만, 좀더 심각한 위기상황에서는 안전망으로서의 역할을 하기 어렵다. 그리고 좀더 근본적으로 비공식부문은 저소득층 가구의 소득파악을 어렵게 하여 각종 사회보장정책을 추진하는데 걸림돌이 된다.

셋째 한국의 노동시장은 비정규직 노동자의 급속한 증가라는 특성을 보이고 있다. 외환위기 이후 대부분의 봉급생활자들은 심각한 수준의 소득감소 현상을 체험하였으며, 몇 년이 지난 현 시점에도 소득은 당시의 수준을 회복하지 못하였다. 더욱이 노동시장 유연화로 인해 고용불안은 더욱 심화된 상황이다. 참고로 한국사회에서도 비정규직 노동자가 차지하는 비율은 1999년 1/4분기를 기점으로 이제 과반수를 넘어서고 있다. 이는 실업·빈곤의 문제가 방대한 고용불안계층에 의해 포위되어 있는 상황임을 말해준다.

넷째 한국의 노동시장은 과도기적 이행상태에 처해 있으며, 그로 인한 어려움을 겪고 있다. 특히 전통제조업에서 고부가가치산업으로의 이행과정에서 직면하게 된 외환위기는 전통제조업의 급속한 붕괴와 영세사업장에서의 대량실업사태를 부추겼던 측면이 있다. 여기서 문제는 경기가 회복됨에도 불구하고 전통제조업 분야에서의 일자리 창출이 기대했던 수준에 미치지 못하고 있다는 점이다. 그리고 이것이 저학력·비숙련 실업자들의 실업·빈곤문제가 쉽사리

해결되지 못하는 이유이기도 하다.

실업 · 빈곤계층의 현실태

이제 '고용불안 – 실업 – 빈곤'의 고리는 우리 사회의 거의 모든 노동자가 직면하고 있는 삶의 현실이 되어버렸다. 이 현실은 현대사회에서 각각의 노동자가 한번 말려들면 쉽게 빠져 나오지 못하는 연쇄적 함정과도 같은 것이다. 물론 그렇지 않은 노동자도 존재할 것이다. 그러나 사람들의 절대 다수는 이 세 가지 단계 중 어느 한 단계에 이미 진입해 있을 것이다. 이를 좀더 구체적으로 설명하면 다음과 같다.

첫 번째 단계는 '고용불안상태'이다. 봉급생활자는 구조조정과 정리해고가 진행되고 기업간 인수 · 합병이 활발하게 진행되는 상황에서 항구적인 고용불안에 시달린다. 특히 비정규직 노동자는 자신의 미래를 설계하기 어려울 정도로 극심한 고용불안을 체험하게 된다. 그리고 이 고용불안은 3년이 지난 현재에도 여전히 사람들의 마음을 불안하게 만들고 있다.

따라서 실업 · 빈곤문제를 해결하기 위해서는 최소한의 고용안정성을 확보하는 노력이 필요하다. 이와 관련해서는 특히 노동시장 유연화정책이 갖는 효용성에 대한 재검토가 필요할지 모른다. 먼저 계약제 · 연봉제 등이 암시하는 고용불안은 노동자들의 입장에서 뿐 아니라 기업가들의 입장에서도 결코 경제적이 아니다. 먼저 고용불안상태에서 노동자들의 대부분은 열심히 일하는 듯하지만 결과적으로 기업에 대한 애사심이나 동료의식을 기대하기는 힘들다. 더욱이 노동자가 기업가들의 예상처럼 능력 없는 사람부터 나가는 것이 아니라 능력 있는 사람부터 내보내는 역효과가 있다는 점 또한 지적해야 할 것이다.

두 번째 단계는 '실업상태'이다. 이들이 실업자로 전락하여 극심한 고통을 체험하게 되는 상황이다. 실제로 실업자들은 사회로부터 '내동댕이쳐 진 듯한

〈표 1〉 외환위기 이후 한국의 실업률과 빈부격차

	1997	1998				1999				2000			
		1/4	2/4	3/4	4/4	1/4	2/4	3/4	4/4	1/4	2/4	3/4	4/4
취 업 자	21,106	19,762	20,244	20,049	19,924	19,105	20,362	20,695	20,962	20,313	21,268	21,395	21,266
실 업 자	556	1,179	1,481	1,597	1,587	1,749	1,435	1,220	1,011	1,092	840	809	817
실 업 률	2.6	5.6	6.8	7.4	7.4	8.4	6.6	5.6	4.6	5.1	3.8	3.6	3.7
Gini 계수	0.283	0.316				0.320				-			

자료 : 통계청, 「경제활동인구조사」, 「도시가계조사」

절망감'을 느끼고 있으며, 소득감소로 정상적인 가정생활을 위협받는 것 이상으로 이 사회에 아무런 기여도 참여도 할 수 없다는 무력감으로 고통받고 있다. 더욱이 1년 이상의 장기실업에 시달리고 있는 실업자들의 고통은 경제적 빈곤과 사회적 소외가 중첩된 매우 심각한 상태인 것이다.

따라서 최근의 실업문제를 해결하기 위해서는 일자리 창출이 시급하다. 일반적으로 실업문제를 해결하기 위해서는 세 가지 정책을 사용한다. 첫째는 취업알선이고, 둘째는 직업훈련이며, 셋째는 창업지원이다. 그러나 장기실업자는 위의 세 가지 서비스를 통해 실업상태에서 벗어나게 하기 힘든 것이 사실이다. 이러한 이유에서 1998년이후 한국정부는 실업자들의 긴급한 욕구를 충족시키기 위해 공공근로사업을 실시하게 되었다. 그러나 이것 또한 근본적인 대책이 될 수 없었다. 그로 인해 한국사회는 수 십 년 만에 처음으로 국가가 좀더 안정된 일자리를 창출해야 하는 상황에 접어들게 되었다.

세 번째 단계는 '빈곤상태'이다. 실업자, 특히 장기실업자들이 마지막으로 처하게 되는 빈곤상태이다. 실제 우리 사회에는 최저생계비이하의 소득으로 생활하는 공식적인 빈곤계층이 약 150만 명 가량 존재하고 있는데 이들은 육체적으로는 질환에 시달리고 있으며, 사회적으로 실업에 이은 소외상태에 처해 있다.

따라서 이미 빈곤상태에 빠진 복지수혜자들에 대해서는 최소한의 인간다운 삶을 보장할 필요가 있다. 현재 시행중인 '국민기초생활보장제도'는 이를 목적으로 설치된 제도이며, 복지수혜자 중 근로능력이 있음에도 계속 실직상태에 있는 수혜자들에게는 자활사업에 참여하도록 조건을 부과하고 있다. 그러나 실제로는 근로능력이 있는 수급자의 대부분은 어떠한 형태로든지 근로활동에 참여하여 소득을 올리고 있다. 나머지 일하지 않는 수급자의 상당수는 질환이 있는 상태이다. 이 점에서 현재 한국사회는 근로활동을 기피하는 도덕적으로 해이한 복지수혜자가 문제가 아니라, 저임금으로 근로활동을 하고 있으나 그로 인해 생계급여가 줄 것을 우려하여 근로사실 자체를 은폐하거나 소득을 축소해야 하는 상황이 문제이다. 따라서 현재 한국의 사회부조제도는 부정수급자를 적발하고 징벌하기 위한 제도설계보다는 이들을 유인할 수 있는 근로소득 공제제도와 같은 인센티브 정책을 적극적으로 개발해야 할 것이다.

한국 실업·빈곤정책의 구조

실업정책의 기본구조

실업·빈곤정책의 기본구조는 다음 네 가지로 구성되어 있다. 고용안정, 고용창출, 직업훈련, 생계지원이 그것이다. 첫째 고용안정은 넷 중에서도 가장 중요한 정책이다. 고용안정성이 파괴되면 대량실업이 발생하고, 이것을 수습하기 매우 어렵기 때문이다. 둘째 일자리 창출은 실업이 발생한 상황에서는 가장 일차적으로 취해야 하는 정책이다. 일자리 없는 취업알선이나 직업훈련은 사실상 무의미하기 때문이다. 다만 관건은 이 일자리를 시장과 공공부문에 중 어디에 초점을 두고 창출할 것인지, 그리고 시장 중심적 정책을 취할 경우에도 지원의 방법(직접지원 또는 간접지원)이 무엇인지 하는 것이다. 셋째 직업훈련,

〈표 2〉 1998년~2000년 실업정책 예산

(단위 : 억원)

구 분	1998			1999			2000		
	예산	집행액	수혜자	예산	집행액	수혜자	예산	집행액	수혜자
합 계	56,672	53,321	4,302	92,400	74,536	5,744	59,407	48,405	3,566
고용안정지원	1,224	1,125	781	4,832	2,028	667	3,663	1,219	421
단기 일자리 제공	10,444	9,252	438	26,218	23,272	1,525	13,207	14,169	892
직업훈련 및 취업알선	9,011	7,765	386	6,868	6,260	399	4,305	4,176	212
─실업자 직업훈련	8,351	7,151	386	5,935	5,563	399	3,509	3,424	212
─취업알선 지원	660	614	-	933	697	-	796	676	-
실업자 생활안정	35,993	35,179	2,697	54,482	42,976	3,153	38,232	28,841	2,041
─실업급여 지급	8,500	8,050	441	15,012	9,362	463	10,109	4,299	282
─실직자 대부	7,500	7,153	109	11,382	6,078	99	2,761	904	11
─기존 생활보호	13,791	13,791	1,160	14,531	14,531	1,175	17,090	15,943	893
─한시생활보호 등	2,558	2,558	599	8,616	8,741	893	6,046	5,601	652
─기타	3,644	3,627	388	4,941	4,264	523	2,226	2,094	203

주 : 2000년 집행액은 11월까지의 실적임.
자료 : 노동부 자료, (황덕순(2001), 『사회안전망으로서 실업정책의 확충현황과 발전방향』에서 재인용)

취업알선, 창업지원 등은 실업자로 하여금 일자리로의 접근성을 높이기 위한 지원정책으로서의 의미를 갖는다. 넷째 이러한 지원정책에도 불구하고 장기실업상태에 머물러 빈곤화되고 있는 계층을 위한 소득 · 고용지원정책이다. 이것은 장기실업자의 비율이 증가하고 경기가 장기침체 국면에 들어선 경우, 매우 중요한 역할을 하게 된다.

1998년 이후 한국사회의 실업 · 빈곤정책을 위의 네 측면에서 살펴보면 고용안정정책은 다른 정책에 비해 우선 순위에 있지 않았으며, 예산 또한 큰 비중을 차지하지 않았다. 반면에 고용창출정책은 상대적으로 중시되었으나, 시장에서의 일자리 창출이 근본적으로 어려움에 직면한 상황이었기 때문에 공공근로와 같은 한시적인 일자리 창출이 큰 흐름을 차지하였다. 앞의 〈표 2〉에서 보는 바와 같이 단기 일자리제공(즉 공공근로)은 전체 예산의 20% 이상을 차지하고 있었다. 그러나 생계지원이 기존에도 진행되던 사업임을 감안하면 공공근로사업이 전체 실업 · 빈곤대책 예산에서 차지하는 비중은 압도적이라고 말할 수 있다. 그 밖에도 직업훈련은 외환위기를 계기로 큰 폭으로 확대되었으며, 취업알선 네트워크 또한 전국적인 전산망을 갖추게 되었다. 끝으로 생계지원은 '국민기초생활보장법' 제정과 더불어 최저생계비에 따른 합리적 수급대상 범위선정, 체계적인 조사에 의한 지원, 필요한 만큼 지원하는 보충급여제의 정착이라는 새로운 제도를 구축하게 되었으며, 이 분야에서의 예산은 우려했던 수준까지 증가하지는 않았다.

실업정책에 대한 평가

한국사회가 대단히 어려운 여건에서 실업 · 빈곤문제를 해결하려는 의지를 가졌던 이상, 지난 3년간 이 문제를 어떻게 해결하려고 하였는지 살펴 볼 필요가 있다. 가장 먼저 지적해야 할 것은 언제나 불처럼 타오르던 '동원된 사회연대의식'은 강제기제가 약해지면 마치 연기처럼 사라져 버린다는 점이다. 물론 그 불길이 추운 곳을 잠시 데우는 역할을 했을 것이다. 하지만 우리사회가 태생적으로 일종의 만성화된 기억상실증에 걸려 있다는 점을 부인하기는 어려울 것이다.

어찌되었든 외환위기이후의 실업 · 빈곤문제는 정부와 민간단체 모두에게 중요한 교훈을 안겨주었다. 먼저 민간단체의 경우, 실업극복 국민운동을 둘러싼 수 많은 민 · 관 협력사례를 만들어 내었으며, 그 나름대로 실업 · 빈곤문제 해결에 큰 기여를 했던 것은 사실이다. 그러나 이러한 민간단체의 노력과 성과를 평가하기에는 때 이른 감이 없지 않다. 그 평가는 이 운동이 계속 유지되어 자활사업을 통해 새로운 질적 전환을 이루어 내는지, 혹은 이대로 시들어 가는지에 따라 다를 것이기 때문이다.

마찬가지로 정부의 실업·빈곤대책 또한 많은 경험을 축적하였지만, 그와 마찬가지로 한계점을 안고 있었다. 각각의 실업정책에 대한 평가를 통해 그것이 얻은 성과와 문제점을 개략적으로 살펴보면 다음과 같다.

첫째 고용창출정책은 초반기에 제법 화려한 성공을 거두는 듯 하였으나, 얼마가지 못하고 심각한 문제에 봉착하였다. 특히 벤처열풍을 타고 정통부 장관조차 자신하였던 일자리 100만개 창출은 성공을 거두는 듯 하였다. 그러나 정작 벤처업계의 일자리 창출은 신기술 개발이 뒷받침하는 안정된 일자리 창출보다는, 임금과 고용안정성의 측면에서 매우 취약한 비정규직 일자리만을 양산하였다. 좀더 비판적으로 평가하면 한국 노동시장의 전반적인 유연화를 재촉하며, 청년구직자들을 저임금 일자리로 유인하는 역할을 하였던 것이다. 그 밖에도 공공근로사업은 앞서 언급하였던 것처럼 한시적 일자리로서 생계보조의 역할을 하는데 그쳤다. 이 점에 비추어 볼 때 고용창출 정책은 별다른 성과를 거두지 못하였다고 말할 수 있다.

둘째 직업훈련정책은 많은 시행착오를 겪어 왔다. 외환위기 이후 직업훈련이 다양하게 진행됨으로서 많은 사람들이 취업에 필요한 기술을 취득할 수 있었다는 긍정적인 측면을 배제할 수 없다. 하지만 1998년 말~1999년 중반까지 노동시장에서의 수요와 무관하게 교육이 진행됨에 따라 많은 실업자들이 직업훈련을 이수한 이후에도 일자리를 발견하지 못하는 현상이 발생하기도 하였다. 특히 학력이나 연령을 따지지 않는 봉제, 미용, 제빵, 요리와 같은 분야에 교육이 집중됨으로서 공급과잉을 초래했던 측면이 있다. 그 밖에도 당장의 생계문제로 인해 직업교육을 받을 수 없는 훈련생에 대한 생계비 지원문제가 걸림돌로 작용하였다.

셋째 취업알선의 경우 두 가지 문제점을 지적할 수 있다. 첫째는 고용안정센터나 인력은행과 같은 고용안정기관의 취업알선은 특정계층에 대해 그다지 효과적인 지원을 하지 못했다. 특히 40~50대의 임시직·일용직 노동자는 노동시장으로부터 철저히 배제 당하며 취업지원의 사각지대에 놓이는 양상이 나타났다. 둘째로 보조금지원 취업알선의 한 형태인 인턴사원제의 경우도 몇 가지 문제점을 드러내었다. 가장 대표적으로는 고용주가 기존의 사원을 인턴사원으로 임명하거나 이미 채용계획이 잡혀있는 인력을 고용하는데 이용하였고, 그것이 상대적으로 재정적 여력이 있는 대기업에게도 지원되었다는 점을 들 수 있다. 또한 고용주가 일정기간 인턴사원으로 고용한 뒤 정규직 사원으로 전환하지 않거나 전환하더라도 영업직 등에 발령을 함으로서 사실상 퇴사를 유도하는 문제점이 나타났다.

넷째 창업지원대책의 경우는 몇 가지 문제점에도 불구하고 상당히 진취적인 성과가 있었다. 지난 3년간 실업정책이 추진되는 과정에서 창업지원은 실직빈곤계층에게 그림의 떡과 같았다. 먼저 까다로운 대출규정과 보증인 문제 등은 지원이 필요한 계층의 접근 자체를 봉쇄하였기 때문이다. 그러나 여성가구주에 대한 창업지원대책의 경우 건물의 전세금을 지원함으로서 보증인 문제나 대출에 따른 문제점을 해결할 수 있었다. 하지만 창업지원대책의 경우 투입비용에 비해 수혜자의 규모가 너무 적어 확대하기 어렵다는 단점이 있다. 특히 실직빈곤계층의 창업을 지원하기 위한 인프라 또한 크게 부족한 실정이었다.

다섯째 실직빈곤계층을 위한 생계보호대책은 2000년 10월 국민기초생활보장제도를 계기로 진일보하였다. 외환위기이후 급증한 실직자 문제에 대한 대책의 일환으로 '한시적 생활보호제도'를 운영하였으며, 그 규모는 1998년 59만 명, 1999년 89만 명, 2000년 65만 명에 달하였다. 그러나 이들에게 지원되는 생계비는 그 금액이 매우 적어 생계보전효과가 크지 못한 한계가 있었다.

그 밖에도 공공근로는 20~30만 명에 달하는 실직계층, 특히 장기실직계층을 위한 중요한 지원제도가 되었다. 이것은 노동시장에서 일자리를 찾지 못하는 실업자들에게 매우 중요한 생계수단이었으며, 다른 실업·빈곤대책이 없는 상황에서 그 비중이 더욱 커져 2000년의 경우 전체 실업대책예산의 30%를 넘어서기에 이르렀다. 하지만 이것은 실직빈곤계층이 노동시장에 재진입 하는데 실질적인 도움을 주거나 안정적으로 일자리를 창출하였던 것이 아니라 조건부 실업부조로서 한시적인 생계지원정책의 역할을 하는데 그쳤다. 자치단체가 실시하는 취로사업 또한 단신가구나 고령자가구 등의 생계비 보전에 부분적인 기여를 하였다.

2001년 종합실업대책의 의미

2001년 종합실업대책은 매우 복합적인 의미를 담고 있다. 좀더 구체적으로 살펴보면 다음 〈표 3〉에 나타난 바와 같이 2001년의 실업대책에는 자활지원사업이 기존 실업대책의 사각지대에 놓인 계층을 지원하는 새로운 정책으로 자리잡았음을 확인할 수 있는 긍정적인 측면이 있는 반면에, 단기 일자리 제공이 별다른 대안 없이 큰 폭으로 감소하였다는 부정적인 측면이 있다. 아마도 향후 공공근로사업의 축소문제는 시장에서 여기에 참여하는 대상자들이 접근할 수 있는 일자리의 창출규모가 증가하였다거나, 아니면 공공근로사업 참여자의 규모가 자연감소하고 있다는 근거에 기반해서 다루어져야 할 것이다.

맺는 글 : 실업 빈곤문제의 현안과 대안

2001년 한국사회가 직면한 실업, 빈곤문제의 현안은 다음과 같이 설명할 수 있다.

첫째 '실업증가 – 빈곤증가 – 삶의 질 악화'의 악순환 고리가 문제이다. 일반

<표 3> 2001년 실업대책 예산 및 수혜 인원

(단위 : 억원, 천명)

구 분	예 산	수 혜 인 원
합 계	29,060	2,007
고용안정지원	3,066	955
단기 일자리제공	6,500	475
중앙부처 공공근로	2,500	245
지자체공공근로	4,000	230
직업훈련과 취업알선	3,843	168
실업자 직업훈련	2,805	160
여성가장실업자직업훈련	74	5
장애인훈련	171	3
취업알선지원 등	793	-
실업자 생활안정	13,465	337
실업급여지급	8,737	279
실업자 대부	3,559	31
임금채권 보장	765	22
실직어선원 실업수당	404	5
자활지원	2,186	72

자료 : 2001년 종합실업대책에서 인용

적으로 대량실업이 발생하면 소득측면에서 빈곤률이 높아지는 양상이 나타난다. 그러나 실업사태는 실업자뿐 아니라 취업자에게 영향을 미친다. 고용불안이 심화되고 노동강도 또한 더욱 강해지는 양상이 나타나는 것이다. 특히 심각한 것은 고용불안, 임금감소, 연봉제와 더불어 기업 내에 무한경쟁과 개인주의 문화가 만연하고 있다는 점이다. 이는 고용안정성도 적정소득도 보장되지 않은 상황에서 많은 노동자들이 기업에 대한 애정을 가질 수 없고, 장기적으로 기업을 위해 헌신하는 자세를 갖기도 어렵다는 점이다. 그리고 그 결과 기업가

스스로도 노동자를 신뢰할 수 없는 불신의 노사관계가 확산되고 있는 것이다. 이처럼 무분별한 노동시장 유연화 정책과 저임금 촉진정책은 단기적으로 인건비절감과 생산성향상 효과를 가져오고, 기업가들에게 보다 많은 이윤을 가져다 줄 지 모른다. 하지만 이것은 장기적으로 노사관계의 안정성을 해치고, 기업에 부정적으로 작용하는 대단히 비효율적인 정책인 것이다.

둘째 비정규직 노동자가 급속히 확산되어 봉급생활자의 과반수 이상을 차지하고 있다. 한국사회는 1990년대 중반 이후 지속적으로 정규직 노동자에 비해 비정규직 노동자의 규모가 빠른 속도로 증가하는 양상을 보여왔다. 그리고 이러한 추세는 외환위기 이후 더욱 극적인 양상으로 발전하게 된다. 도식적으로 표현하면 지난 4년간 정규직 노동자는 90만 명이 감소한 대신, 반대로 비정규직 노동자는 82만 명이 증가하였던 것이다. 이는 지난 3년간 실업률이 감소하였을지라도 새로이 창출되는 일자리가 비정규직 중심으로 이루어지고 있음을 의미하는 것이다. 물론 이러한 추세는 세계적이다. 하지만 이처럼 비정규직 노동자가 증가하는 문제에 대해 각국 정부는 다양한 정책을 개발하여 추진하고 있다. 하지만 지난 3년간 비정규직 노동자의 무분별한 확산을 저지하고, 이들에게 고용안정성과 각종 사회보험혜택을 제공하려는 실질적인 노력을 발견하기는 힘든 실정이다. 특히 최근 본격적으로 사회문제가 되고 있는 여성 비정규직 노동자 문제에 대해서는 실질적인 대책이 제시되지 않고 있다. 이 점에서 비정규직 노동자의 무분별한 확산을 막고, 기존 비정규직 노동자에 대해서는 고용안정과 사회보험 등을 적극 확대해야 할 것이다.

셋째 장기실업자문제에 대한 연구와 대책이 필요하다. 통계청 자료에 따르면, 2000년 12월 현재 전체실업자에서 12개월 이상 장기실업자가 차지하는 비중은 25천명, 2.8%에 불과하다. 이는 외국의 경우와 비교했을 때 매우 낮은 수준이며, 외환위기과정에서도 크게 증가하는 양상을 보이지 않았다. 물론 이

숫자 자체가 과소 책정되었을 가능성도 배제할 수 없다. 하지만 이는 노동시장 유연화 정책을 취했던 다른 국가에서도 나타나는 현상이다. 이는 취업과 실업이 더 자주 반복됨으로서 나타날 수 있는 일이다.

또 다른 예로 한국의 장기실업문제는 2000년 1/4분기 공공근로사업 참가자를 중심으로 살펴보는 것이 적당할 것이다. 당시 공공근로 참여자(중앙정부, 지자체사업 포함) 중 6월 이상 실업상태에 있던 대상자는 53%에 달하며, 12개월 이상의 장기실업상태에 있던 대상자만도 35.2%에 달한다. 이는 10만 명이 넘는 공공근로사업 참가자가 사실상 장기실업자라는 점이다. 이들의 경우 4분기 연속참여 금지규정에 의해 일시적으로 실업자가 되지만, 다시 사업에 참여할 경우 취업자로 분류되기 때문에 6개월 이상 실업자나 12개월 이상 실업자로 포착되지 않는다. 하지만 문제는 이들의 경우 공공근로사업이 중단되거나 감축될 경우 별다른 소득보장대책이 없다는 점이다. 따라서 공공근로사업이 중단될 경우 이들은 점진적으로 빈곤화 과정에 들어설 위험성이 큰 집단이다.

이미 잘 알려져 있는 바와 같이 장기실업의 가장 핵심적인 문제는 실업이 장기화될수록 재취업 가능성이 낮아지며, 그 결과 이들이 빈곤계층으로 전락하였을 때 이를 지원하는데 더 많은 노력과 비용이 든다. 더욱이 이렇게 많은 비용을 투입해도 결과는 기대했던 것에 미치기 어렵다. 그리고 공공근로사업은 생계보호의 효과를 가지고 있음에 분명하지만, 사업의 한시성이 주는 미래 설계의 불투명성, 소득보전효과의 제한성, 인적 자본개발의 한계 등으로 인해 장기실업자들의 빈곤화를 막기에는 어려움이 많다. 그렇다고 해서 공공근로 예산을 급격히 축소하거나 폐지하는 것은 현재 장기실업자의 규모와 취업·창업 지원체계의 역량을 고려할 때 합리적인 선택이 아닐 것이다. 오히려 장기실업자의 공공근로 수요를 측정하고 여기에 맞게 예산과 대상자 규모를 설정하고, 지원방식개선과 프로그램 개발을 통해 안정된 취업으로 유도하는 것으로 갈래를 잡는 것이 합리적일 것이다.

넷째 청년실업문제에 대한 사회적 관심과 노력이 필요하다. 이미 10년 이상 고실업을 경험했던 선진국이 가장 큰 어려움을 겪었고 최근까지도 가장 큰 노력을 기울이고 있는 문제가 바로 청년실업문제였다. 특히 서유럽국가의 경우, 청년실업자의 실업기간이 장기화됨에 따라 직업훈련을 통해 이들의 능력을 향상시키고 일자리를 제공하는 정책을 추진하는데 전력을 다하여 왔다. 이는 유럽공동체 차원의 고용가이드라인이 강조하는 역점정책이었으며, 영국의 '뉴딜 프로그램'이나 프랑스의 '청소년 고용창출 프로그램'을 통해 그 구체적인 사례를 발견할 수 있다. 외환위기를 계기로 한국사회에도 청년실업문제가 매우 심각한 수준에 이르게 되었다. 아래 그림에서 볼 수 있는 바와 같이 실업률이 정점에 이르렀던 1999년 1/4분기 실업률은 15~19세의 경우 26.2%에 달했으며, 20~24세의 경우 16.5%에 달했고, 25~29세의 경우도 10.7%에 달하였다. 이는 당시 평균 실업률 8.6%에 비해 매우 높은 수준이었다. 더욱이 타연령층과 비교하면 2~3배 이상 높은 실업률이었다. 그러나 문제는 3년이 지났음에도 청년실업문제가 크게 개선되지 않고 있다는 점이다. 전체 실업자에서 청년실업자가 차지하는 비중은 점점 증가하고 있으며, 2000년 12월 현재 청년실업률 또한 전체 실업률 4.1%보다 월등히 높은 수준을 유지하고 있다. 이는 기존의 청년실업대책이 실효성을 거두지 못했거나 충분한 규모로 추진되지 않았음을 의미한다. 이점에서 청년실업문제에 대한 해결책은 이들에게 적합한 일자리 창출 혹은 개조에서 찾아야 할 것이다.

그렇다면 이러한 현안을 해결하기 위한 대안은 무엇인가? 일반적으로 실업률이 증가하고 경기가 불안한 상황에서 실업대책이 성공적인 결과를 거두기에는 근본적인 한계가 있다. 그리고 최근의 상황은 이러한 우려를 더욱 증폭시키고 있다. 한 마디로 표현하면 시장의 상황이 크게 개선되지도 않은 상황에서 고용창출 없는 실업대책을 추진하고 있는 것이다. 따라서 2001년도 종합실업대책은 매우 중요한 의미를 갖는다. 외환위기 직후의 무방비상태와는 달리 일정부분 실업대책에 대한 경험이 축적되어 있고, 문제점이 무엇이며 어떠한 프로그램이 필요한 것인지 잘 알고 있기 때문이다.

그러나 문제는 이 정책들이 얼마나 효과적으로 추진되어 기대했던 성과를 거두는가 하는 점이다. 지난 3년간의 경험은 실업대책의 부재가 아니라 실업대책 '추진의지의 부재'를 교훈으로 남겨 주었다. 그렇다면 향후의 실업대책은 실업·빈곤계층의 욕구에 맞는 서비스를 적절한 규모로 제공하는데 초점을 맞추어야 할 것이다. 이 점과 관련해서 다음의 한가지만 언급하고자 한다. 현재 우리사회의 실직빈곤계층에게 가장 필요한 것은 '그들이 접근할 수 있는' 안정된 일자리의 창출이다. 가령 첨단산업분야에서의 고용창출은 이들 '실직빈곤계층'의 취업에 큰 도움이 되지 않는다. 이것이 일부 연구자가 말하는 '구조적 실업'의 발생 원인이다. 그렇다면 이들의 눈 높이에 맞춰 사회적 서비스 분야에서 일자리를 창출하는 노력이 필요할 것이다. 좀더 구체적으로 말하면 시장에서 경쟁력이 떨어지는 실직빈곤계층을 자꾸 노동시장에 진입시키는데 몰두할 것이 아니라 그들의 능력에 맞는 일자리를 개발하는데 노력을 기울여야 할 것이다.

이 점과 관련해서 '사회적 일자리 창출'이라는 화두가 있는데, 이에 대해서는 좀더 많은 논의가 필요하며, 어떠한 방식으로 가능한지 논의의 공간이 열려 있다. 참고로 최근 들어 자활사업을 통해 '간병·보육·환경' 등의 사회적 서비스 부문에서 일자리를 창출하는 정책을 추진하려는 민간단체의 움직임은 우리에게 많은 시사점을 안겨주고 있다. 그리고 이것은 작은 시작에 불과하지만 큰 의미를 가질 것이다. 발상의 전환은 항상 어떤 사건을 통해 일어나기 때문이다.

참고문헌

자크 르 고프, 『돈과 구원』 김정희 옮김, 이학사, 1998.

금재호, 『도시근로자의 실업실태와 정책과제』 한국노동연구원, 1997.

김동춘 외, 『IMF이후 한국의 빈곤』 나남출판사, 2000.

제레미 리프킨, 『노동의 종말』 이영호 옮김, 민음사, 1996.

박능후 외, 『생산적 복지 모형개발과 정책과제』 한국보건사회연구원-보건복지부, 2000.

박순일, 『한국의 빈곤현실과 사회보장』 일신사, 1994.

베르너 좀바르트, 『사랑과 사치와 자본주의』 이필우 옮김, 도서출판 까치, 1997.

한국도시연구소, 『한국의 노숙자, 2년의 흐름과 진단』 2000.

한국보건사회연구원, 『복지간병사업 제도화 방안』 2001.

한국보건사회연구원-한국노동연구원, 「실업실태 및 복지욕구조사 결과보고서」 1999.

황덕순 편, 「생산적 복지를 위한 노동정책 연구」 한국노동연구원, 2000.

Carlo Borzaga and Alceste Santuari(1998), *Social Enterprises and New Employment in Europe*, Regione Autonoma Terntino-Alto Adige

Jacques Freyssinet, *Le chomage*, La Decouverte, Paris, 1998.

Jean Gautie, *Les Politiques de l'Emploi*, Vuibert, Paris, 1993.

Jean Louis Laville, *Une Troisime Voie pour le Travail*, Desclee de Brouwer, Paris, 1999.

Numa Murard, *La Protection Sociale*, La Decouverte, Paris, 1998.